》叢書・歴史学研究《

江戸時代自治文化史論

一揆・祭礼の集合心性と地域・国制の秩序

澤登寛聡 著

法政大学出版局

はしがき

江戸時代の社会は、天皇を中心とする公家、将軍を中心とする武家（大名）、武家に仕える士族（侍）と卒族、百姓・町人、僧侶・神官、穢多・非人をはじめとするさまざまな身分の人々から構成される身分制社会であった。しかし、戦国時代までの複雑にして多様な身分の存在と比較すれば、江戸時代は、遥かに身分的統合が成し遂げられた社会であったといえる。この意味で、封建制の最終段階としての日本近世社会、殊に江戸時代の社会は、諸々の身分が高度に組織化・平準化された社会であった。そして、天皇・公家、将軍家を中心とする武家や士族・卒族、僧侶・神官などの公権を執行する立場にあった支配身分の人々は、人口の多くを占めた百姓身分・町人身分の人々の村や町を基礎とした自律的・自治的秩序を土台としてのみ現実の統治を実現しえた。

本書は、このような中で、みずからの社会的義務を全うしながら町や村を基礎として自治的な秩序を創り出していった百姓身分・町人身分の人々の自治文化を検討しようとする試みである。

ところで、自治文化は、政治文化という範疇に含まれる概念ということができる。政治文化は、人々が一定の政治的な選択をする背景としての社会的な信条の体系という意味で使われる場合が多い。江戸時代社会の場合、将軍をはじめとする領主の立場からの限りなく公的な統治秩序へと集約しようとする政治的・社会的志向性を狭い意味での政治文化とすれば、なんらかの自治社会の中で暮らす人々の限りなく習俗的・慣習的な信条の地点から形成される政治の文化を自治文化と定義することができる。広義の政治文化は、これら狭義の国家的な統治の実現を志向する政治文化と自主的・自律的な秩序を志向する自治文化との競合・融合によって形成されると考えられる。このような政治文化も自治文化も、制度としての政治や自治ではなく、制度を支える人々の思想・文化・意識構造をさす概念であるといえる。従来、これらに関する研究は維新変革を契機とした国民国家の成立以後の研究、しかも政治学的研究が主流であり、この史的前提としての江戸時代について意識的な研究はなされてこなかった。

本書は、このような点を踏まえてタイトルを「江戸時代自治文化史論」とし、これに「一揆・祭礼の集合心性と地域・国制の秩序」とする副題を添えて編集した論文集である。内容は、著者が一九八三（昭和五八）年三月から二〇〇七（平成一九）年三月までに発表した論文の中から一一本を選び、これらに加筆・訂正を施して三編に編成した。

第一編「江戸幕府の地域社会編成と自治秩序」は、まず、室町時代から続く「領」という地域の単位を通じた江戸幕府の地域社会編成の在り方を析出し、次いで、「領」による郷や町・村の編成ならびに国郡制との関連、これらと割元（割本）制や町・村の自治との関連を明らかにした。

第一章「近世初期の国制と『領』域支配――『徳川政権』関八州支配の成立過程を中心に」は、タイトルが示すように従来、近世史研究がまったくと言ってよいほど関心を払ってこなかった関東の「領」と国制との関連について検討した。

「領」は、いくつかの郷が組み合わさった地域の単位であり、また、この組郷（与郷）がいくつか集まった地域――例外的に一つの郷が一つの「領」となる場合もあるが――の単位であった。これらは、戦国時代の郷や組郷が継承・再編・拡大された地域の単位であるとともに、郡と村との中間にあって国郡制的な支配を補完する地域の枠組みとして存在した。同時に、これらは大庄屋制・割元（割本）制、惣代制・惣代名主制・惣代庄屋制などの管轄地域として機能し、江戸近郊では用元制・触次制の管轄の地域的単位となり、江戸時代の中後期以後、当時の人々の組合村・組合村連合という単位での地域的結合の基盤となった。このような地域としての「領」は、豊臣政権から江戸時代の初期に成立したのであるが、著者が取り上げる以前、近世史研究では本格的に論じられることがほとんどなかった。ここでは、この「領」を通じた郷村支配の在り方について検討した。対象とした時期は、天正一八年（一五九〇）八月から慶長二〇年（一六一五）五月の大坂城落城前後までである。この時期は、徳川家の関八州支配権の成立過程であり、また、江戸幕府の成立・確立過程であった。「領」は、近世初期の関東で、国郡制と領主制の社会編成原理が相互に補完しあって成立した地域支配の枠組みであった。ここでは、このような地域支配の枠組みとしての「領」を析出し、この析出した「領」の基本的性格について検討した。

ところで、このような「領」という地域的枠組みは、戦国大名の本城・支城制などの編成と深く関連していた。本城・支城制は、城館を中心とした軍役衆の政治的・経済的な基盤としての城領から成り立っていたが、豊臣大名であった徳川家康は、天正一八年（一五九〇）八月の国替以後、この方式を継承・再編・拡大しながら関東を支配していった。すなわち、家康は戦国時代までにおける関東の国侍（在地領主）や地侍（小領主）、殊に前者を払拭し、これに代わってみずからの家臣を配置するとともに、従来の地侍衆を中心とした郷村の秩序をまったく否定するのではなく、むしろ、これを中間的な自治の単位として再編しながら統治政策をすすめたのであった。この意味で江戸時代の「領」は、戦国時代の在地領主制や小領主制を止揚して成立した地域的な秩序の枠組みであり、この検討は、江戸時代に固有な国家と社会の質を理解するための不可欠の課題といってよい。

第二章「三田領の成立と地域秩序」は、このような点を武蔵国多摩郡三田領の地域社会を事例に述べた論文で、副題を「奥多摩地域における戦国時代から近世初期の支配をめぐって」とし、戦国時代の「領」や衆をめぐる秩序が、近世初期にどのように変化したのかを探った。

第三章「割本制と郷村の自治秩序」は、「領」という地域の単位を通じた江戸幕府の社会編成が、郷村社会においてどのような実態であったのかについて検討した。対象としたのは、武蔵国多摩郡三田領下師岡村の割本吉野太郎右衛門家の管轄地域である。これによって寛文・延宝期から元禄・宝永・正徳期を中心とする時期における幕領統治と村や町の自治秩序との関連を実態的に検証した。

ここで強調しておきたいのは、割元（割本）制・大庄屋制に関する研究は必ずしも少なくないという点である。しかし、従来の研究は、郡代・代官の地方統治と関わる視点からのみの検討がほとんどであったといわざるをえない。だが、割元（割本）が、郡代・代官と村役人との中間にあって政治的な職務を遂行する地位にあった点に注目するならば、統治する側からの検討ばかりでなく、百姓身分を中心とする当時の人々が町や村を、どのように自治的に運営したのかという立場から割元（割本）制・大庄屋制を検討すべきだというのが著者の強く主張したい点である。

ここでは、元禄から正徳の時期を前後して消滅していった割本制が、町や村という政治社会の中でいかなる役割と機能を持っていたのかを検討した。これを割本制下の村の自治とはいかなる実態であったのか、また、割本制消滅後の村の自治とは、割元制が存在した時期の自治と比較してどのような実態の変動があったのかという視点から検討した。

第四章は「家綱政権の織物統制と木綿改判制度の成立」と題し、家綱政権後半期の織物統制令の基本的性格、および織物統制令を法源として関東や関東近国の藩で成立した城下町木綿改判制度について検討した。主として対象としたのは土浦藩城下町の場合である。これによって木綿改判制度成立の背景を、戦国時代までの城領の枠組みが継承・再編・拡大された土浦領における木綿織物の地域的流通構造や商品流通の流通支配秩序との関連によって考察した。

第二編は、「一揆の正当性観念と役による秩序」として三つの論文を収めた。ここでは、宗教都市（門前町）日光を事例とし、一揆という社会的結合を取り結んだ町人身分の人々の社会的正当性観念と都市自治秩序との関連を取り上げた。

第一章「都市日光の神役と町役人制度」は、江戸時代の日光が東照宮を中心とする権門寺社の宗教儀礼のための賦役を義務づけられた都市だった点を明らかにした。また、都市日光の地域構成と町役人制度について概観し、そのうえで、稲荷町の神役の負担と町人の家業の発展との矛盾・対立という神役をめぐる経済社会の構造を分析し、この構造を前提とした町方騒動が、稲荷町の町政の運営とどのような関連を持っていたのかを論じた。これらを通じて江戸時代後期の日光で、町人身分の人々を中心にどんな都市自治がなされたのか、その具体的な在り方を考察した。

第二章「都市日光の曲物職仲間と地域秩序」は、江戸時代後期における門前町の林業・手工業と日光の地域経済について論じた。町人身分であるとともに職人身分でもある曲物職人は、クラフト・ギルド的な社会集団としての同職組織である職人仲間を結成していた。ここでは、この曲物職人の手工業生産が、門前町日光の江戸時代後期の林業や木材の採取業といかなる関連にあったのかについて検討した。また、曲物職仲間という同職組織が、曲物職人の職業的な利益をどのような方法で相互に保証しようとしたのか、また、曲物職人を含む門前町の人々の町を単位とした地縁的な社会的結合といかなる関連にあったのかについて検討した。

第三章「一揆の正当性観念と役による秩序」は、安永七年(一七七八)五月における都市日光の惣町一揆を対象として、一揆の社会的結合と集合心性とがどのような関連にあったかを検討した。

勝俣鎮夫は「おこすもの」と見られてきた一揆を、「むすぶもの」と指摘し、江戸時代の一揆史研究に視点の転換を促した。これを踏まえて検討すると日光の場合、この社会的結合の軸となったのは、神役への義務と権利の意識であった。東照宮を中心とする宗教儀礼執行のために編成された日光の町では、堂塔伽藍の普請・作事や寺社儀礼に関わることによって得られる収入で担保された家業の存続が神役の負担にとって不可欠であるという権利意識を町人身分の人々の中に生み出した。

しかし、萩藩・岩国藩・広島藩による安永の大名手伝い作事は、このような家業の存続の権利を奪い取る処置であるとの危機意識を町人に与えた。日光の町人にとって神役を負担する義務と家業を営む権利とは切っても切れない関係にあったが、幕府の作事政策は、このような意味を持つ町人の権利を奪う内容を持っていた。日光町人の一揆の結成は、この家業を存続させるための権利意識を正当性の根拠としていた。

ところで、一揆を結んだ町人たちの社会的な結合は、このような神役の負担という公的な表層の次元のみを正当性の根拠としていたのではなかった。日光の町人は、弥生祭や小正月の火祭をはじめとする年中行事を催していたが、これらの習俗的・慣習宗教的な年中行事は、この儀礼の過程の中に共同体的な相互扶助性をもった役を生み出し、同時に社会権力の秩序を繰り返し再生する能力を保持させていた。

そして、この共同体の儀礼の中軸にあって町社会の役を中心となって担ったのが若者仲間であった。若者仲間は、家業の存続と安全を願う町共同体の町人に共通する秩序意識を社会的結合の絆としていた。このような秩序意識こそは、家業の相続と神役の負担との権利・義務関係を媒体として一揆を結成し、打ち毀しを実行した日光の町人の社会的正当性観念の源泉であった。

第三編は、「祭礼の集合心性と一揆の秩序」として四本の論文を収めた。第一章「一揆・騒動と祭礼」は、副題に「近世後期から幕末期の神による相互救済・正当性観念と儀礼・共同体について」としたように、一揆という社会的結合を生み出す集合心性の形成を、習俗的・慣習宗教的な宗教儀礼の中から析出しようとした研究である。

一揆として結集する人々の社会的な正義・正当性観念は、慣習的な宗教・信仰儀礼を繰り返す共同体の人々の神による相互救済的な平等観念を母体としていた。一揆の作法や儀礼には、祭の儀礼や作法と同じ現象がみられるが、一揆の中にみられる祭の現象は、一揆の分母としての祭という儀礼の多様な側面の一部として現象するのだと考える。この意味で、一揆と祭とは、類似するのではなく、人々の集合心性の深層世界において共通するとした。

ここでは、このような観点から関東の一揆・騒動の中で、人々の慣習的な信仰による祭礼との関連が指摘できる事例を取り上げ、両者が具体的にいかなる関連にあったのかについて検証した。

第二章「祭と一揆」は、明和八年（一七七二）四月における水戸藩鋳銭座への打ち毀しと那珂郡静村の静明神磯出祭との関連について述べる。ここでは、幕府の鉄銭鋳造政策と水戸藩鋳銭座の設立事情について概観し、次に静明神磯出祭での太田村鋳銭座への打ち毀しを検討した。打ち毀しの中に祭と共通する要素があるとすれば、それはどのような点だったのか。ここでは、この点を探って祭が一揆へと転化する契機について検討した。

第三章「一揆・祭礼の集合心性と秩序」は、江戸幕府の三方領知替えの撤回を求め、出羽国庄内藩領分の人々が、天保一一年（一八四〇）一一月から翌年七月まで続けた江戸幕府三方領知替え撤回運動を取り上げ、この運動を描く百姓一揆絵巻「ゆめのうきはし」を素材に、一揆に参加した人々のどのような集合心性のメカニズムが、一揆の秩序を形成させていたのかについて検討した。

また、このメカニズムは、人々の祖霊信仰や弥勒信仰による再生・救済への願望が深く関わっているが、第四章では、こうした点と関連する当時の人々の信仰活動を一つの濃厚な政治性をともなう社会運動として捉え、「富士信仰儀礼と江戸幕府の富士講取締令」について検討した。富士信仰は、江戸時代後期において江戸と関東の代表的な庶民信仰であった。富士講の源流となった富士信仰は、修験道系の修行者であった長谷川武邦（角行東覚）を祖として展開した。この流れを受け継いだ伊藤伊兵衛（食行身禄）は、享保一八年（一七三三）七月、富士山七合目の烏帽子岩で三一日間の断食修行の末に入定して即身仏となった。以後、富士信仰は、角行の流れを継承する光清派（村上光清）と身禄派とに分派する。

身禄派の信仰は、修行者の信仰的・社会的立場によって複数の潮流の富士講へと展開していったが、文化五年（一八〇八）三月、身禄の三女「はな」の養子となった参王六行（花形浪江・中行・心行・二代目伊藤伊兵衛）から教義を継承した禄行三志（日光御成道鳩ケ谷宿河内屋庄兵衛・小谷三志）は、この中から富士信仰の呪術的性格と本格的に袂を分かち、後年には、二宮尊徳とも交流を持ちながら不二道を展開させていく。

身禄の入定は、享保の飢饉の影響によって米価が高騰し、米を買うことができず、飢餓におちいった人々の姿、また、江戸での特権的な米穀商人への打ち毀しとして知られる高間傳兵衛騒動を目の当たりにしたことが契機になったといわれる。ここでは、身禄の流れを汲む富士講の江戸市中への勧進について検討して宗教儀礼の呪医的な意義について論じた。また、幕府は、この勧進への取り締まりを身分制的社会秩序の動揺を再編する目的で実施したと述べた。

以上、本書は、江戸時代の自治文化がいかなる秩序と構造によって成り立っていたのかについて検討してきた。江戸時代の社会は、封建制の最終段階としての高度に組織化された身分制社会であった。この身分制社会の実態は、全人口のほとんどを占めた百姓や町人身分の人々の自治に基づく政治社会として成り立っていた。これら百姓身分や町人身分の人々の自主的・自律的な自治文化が江戸時代の政治文化の在り方を大きく決定づけたといってよい。

この政治文化の伝統は、維新変革から自由民権運動を経て大日本帝国憲法、市制・町村制ならびに府県制・郡制が成立する政治過程の中で、立憲君主制的・官治的な地方自治の創出に対抗する共和制型の人民的自治・市民的自治の源流としての意義を持っていたと展望される。国民国家形成の史的過程としての江戸時代の政治文化を、このような自治文化という視点から論じたのが本書である。

二〇〇八年一〇月

著者

✽目　次

第三編　祭礼の集合心性と一揆の秩序

第一編　江戸幕府の地域社会編成と自治秩序

第一章　近世初期の国制と「領」域支配

――「徳川政権」関八州支配の成立過程を中心に

はじめに――課題と方法について

近世の国家史に関する研究は、国制上の支配秩序の解明と「土地所有」論を基礎とする領主制史の研究という二つの方法が理論的・実証的に結合されずに進められてきたといわれる。

このような近世国家史研究における国制史と領主制史研究の持つ問題点を、朝尾直弘は、初期の公儀研究との関連のなかで、前者をもっぱら国制・官僚制の論理で理解し、後者を封建的主従制の論理でのみ位置づけようとする二者択一的思考の研究段階が過ぎ去ったと指摘する。そして、国家史研究の原点に立ち帰り、「国郡制的枠組み」という用語を「地域による人民の区分・編成の問題に限定」して理解しようとするならば、この言葉の抽象的使用法が克服され、太閤検地の研究にも「十分有効性を発揮するであろう」と述べ、国郡制による地域社会の編成について検討する意義を展望している(1)。

これは、国制史の視点を導入した近世史の研究においても、領主制の論理を組み込んだ地域史としての研究を深めるべきだという方法論上の提起だと理解できる。また、ここからは、以上のような視点からの支配の具体的な枠組みを析出し、この支配の枠組みと当時の人々が伝統的・地域的な社会的結合によって培っていた在地秩序との齟齬・乖離の在り方を見出し、これらの検討によって近世国家史研究を、新たな段階に引き上げるべきだという展望を読み取ることができる。(2)

本章は、以上のような視点を踏まえ、近世初期の関東における「領」という地域の枠組みを通じた郷村支配の在り方について検討したい。関東において「領」は、国郡制と領主制の編成原理が相互に補完しあいながら機能した国家の地域支配の枠組みであった。ここでは、このような地域支配の枠組みとしての「領」の実態を析出し、この析出した「領」についての基本的性格を解明していく。これによって、国家による地域支配の原理を見出し、これに対する当時の人々の伝統的な結合や新たな地域的・社会的結合の実態・論理を解明する第一歩としたい。

ところで、「領」は、いくつかの郷を組み合わせた組郷・郷組と称する地域であったり、この組郷・郷組がいくつか集まった地域をさす場合が多かった。また、一つの郷が、単独で「領」としての役割・機能を持つ場合もあった。関東において「領」は戦国時代、国侍と称された在地領主や地侍などの小領主の展開を背景としながら成立した地域支配の枠組みであった。この地域支配の枠組みは、豊臣政権によって北条家が滅ぼされた後も、豊臣大名としての徳川家康の関東支配ならびに江戸幕府開設以後の徳川政権の関八州支配において継承・再編・拡大され、それ以後も郷村を統括し、国郡制を補完する地域支配の基本的枠組みとしての役割・機能を担っていった。そして、大庄屋制・割元（割本）制・惣代制――江戸近郊では用元・触次などという場合もあった――などの地域的な管轄の枠組みとなり、近世中後期からは、惣代名主制・惣代庄屋制を中心とする当時の人々の組合村・組合村連合を通じた地域的・政治的結合の単位となっていった。

このような地域としての「領」は、従来の研究において煎本増夫(3)・伊藤好一(4)のわずかな指摘を除いてほとんどまったく取り上げられてこなかった。もちろん、「領」が国制といかなる関連をもって編成されていたのかという観点からの研究もまったく存在していない。したがって、本章では、この「領」を通じた国郡制・国制への郷村の編成の在り方について検討していきたい。

さて、「領」と国郡制との関連について検討する際、重要な示唆を提供するのが、秋澤繁による豊臣政権の御前帳と検地帳の関連について論じた研究である。氏の指摘によると豊臣政権は、大名に対する改易・転封、直轄領検地、領地差出の徴収を実施するため、天皇より委任された進止権の発動という国制的次元の論理によって全国より御前帳を徴収した(5)。御前帳とは「その内容と形態において、固有の諸特徴を有しながらも、基本的には検地帳」であり(6)、「一定の権力機構・社会構造の最頂点に立つ人物が」、「そのよって立つ」体制的基盤の「保持・展開のため、最も基幹的機能を期待した重要帳簿」としての意味を持っていた(7)。「従って、ある特定の歴史段階にある御前帳の特質は、これを掌握する当該期権力の本質的側面の一端を表現し、特定時点におけるその作成は、政策的志向の基本路線を反映するものと想定される」という(8)。また、豊臣政権は、このような性格を持つ御前帳を、すべての大名から徴収するという理念に立っていたとする(9)。この指摘は、関八州の大名についても、家康を含めて例外なく、御前帳の徴収対象となっていたことを意味している。

このような点を前提として、本章の課題である国制と「領」域支配との関連についての指摘では、検地帳の表紙に記載された在所の単位に注目しているのが印象的である。氏によれば、豊臣政権の御前帳の編成方式は「国・郡・村と云う国制的原理に立つ」という調製理念を持っていた(10)。だがしかし、現実の地域編成の単位は、「『一在所切』に一帳が原則である旨、明言されている」のであり(11)、「ここで使用された『在所』とは、複数形の『在々所々』と共に、豊臣関係史料に頻出する用語で、『国・郡・在所』・『其国・郡・在々所々』というように、国・郡の下部に位置する地域的行政単位を表示する一般的呼称であり、犯罪に対する連帯責任、年貢請負の義務などを課せられた当該期郷村の謂である。いわゆる近世村落への村切が不徹底なこの時点では、中世的な庄・郷・領の呼称乃至実体は根強く残存しており、これらを包括する呼称として、『在所』の語が使用されたのであろう(12)」という。氏によれば、太閤検地帳の表紙に記載された在所の単位には多く庄・郷・「領」の語が記載されていた。豊臣政権と豊臣大名は、これらの庄・郷・「領」と郷村を、国郡制へと再編しなければならなかったのである。

ところで、右の指摘は以下の疑問を著者に提示する。まず、豊臣政権は、太閤検地の実施過程の中で、「中世的な庄・郷・領」を御前帳の編成を通じて志向した「国・郡・村という国制的原理に立つ」郷村へとどのように編成しようとしたのか。それは一体、いつの段階で、どのようにして完成したのか。次に、太閤検地までの庄と「領」、郷と「領」という郷村支配の地域的枠組みは、互いにいかなる関連にあり、それは太閤検地以後の郷村支配の地域的な枠組みとどのように関連していったのか。また、戦国時代からの郷村と太閤検地政策の中で設定された国郡制の下部の単位としての郷村とはどのような関連にあったのか。最後に、これらは、徳川政権の関八州支配の成立過程で、関東総奉行および奉行衆としての代官頭が執りおこなう郷村支配といかなる関連にあったのか。

本章では、このような疑問点を踏まえたうえで、次の点を検討していきたい。第一節では、まず、関東総奉行と代官頭が、関八州における国制上の支配権の成立過程にどのような役割を果たしたのかについて検討する。対象とするのは、江戸幕府の開設とともに公布された慶長八年（一六〇三）三月の「定」である。この定書を通じて関東総奉行青山忠成・内藤清成を中心とする江戸奉行衆としての代官頭の郷村支配を検討し、徳川政権が、豊臣大名から獲得した支配国に対し、いかなる支配政策を展開したのかについてみていきたい。

次に、豊臣大名としての家康は、関東総奉行・代官頭を通じ、郷村を、国制上の支配権の成立にとって不可欠な国・郡・村という国郡制に、どのように編成していったのかという視点を踏まえて「領」の析出をおこなう。言い換えれば、豊臣大名としての家康が実施した天正・文禄検地（太閤検地）は、郷村を国郡制にどのように編成していったのかを、村を包括する地域支配の方式としての庄・保・郷・「領」などとの関連を通じて検討する。

最後に、このような「中世的な庄・郷・領」と指摘される郷村支配の地域的枠組みは、互いにどのように関連していたのかについて検討していく。また、豊臣大名としての家康および幕府開設後の「徳川政権」が、「領」を単位とする地域支配の枠組みを、どのように継承・再編・拡大していったのかについて考察する。

第二節では、「領」を中心とした関東の郷村社会と地域支配との関連について検討する。ここでは、まず、江戸城の城付地における代官の年貢・小物成の徴収方法および公儀普請役の徴発・徴収の在り方と「領」による地域支配とがどのように関連していたのかについて提示する。

次いで、公儀による柑子役の賦課が、「領」を通じた地域支配といかなる関連にあり、それが「領」を構成する郷村の百姓身分の編成すなわち身分の地域的編成といかなる関連にあったのかについて考察する。

最後に、山林原野の入会権をめぐる郷村と郷村との出入が、徳川政権の郷村支配政策とどのような関連を持っていたのか、また、それは、「領」の編成とどのように関連していたのかについて検討してみたい。

一　関八州の国制と「領」域支配

(1)　関東総奉行と代官頭の国制支配

本節では、まず徳川政権の関八州支配権の成立過程において関東総奉行と代官頭が、国制上の支配秩序の編成にどのような役割を果たしたのかについて考察する。対象とするのは、慶長八年（一六〇三）三月、関東総奉行青山忠成・内藤清成の連署になる定書である。これによって、江戸幕府の開設前後からの徳川政権の郷村支配政策を検討する。同時に、関東総奉行および江戸奉行衆としての代官頭が常陸国に発給した文書を検討し、徳川政権が豊臣大名の佐竹義宣から新たに獲得した支配国に対し、いかなる支配を展開したのかについて明らかにする。

豊臣秀吉は天正一五年（一五八七）一二月、「関東奥両国惣無事之事」とする文書によって関東での「国分」の仕置を宣言した[13]。天正一八年八月の小田原城の落城による関東入国によって家康は、江戸城を関東支配の本城に定めた。これとともに伊豆・相模・武蔵・上総・下総・上野の国々に譜代の家臣を配置し、国制上の支配権を得ていった。

一方、常陸国は佐竹義宣、下野国は宇都宮国綱・蒲生秀行、安房国は里見義康によって支配されていた。家康の第二子であり、秀吉の養子でもあった羽柴秀康の下総国結城への配置は、このような関八州の支配権をめぐる政治的緊張関係を緩和させるための緩衝地帯の設定という意味を持っていた(14)。

だが、文禄・慶長の役後の秀吉死去と関ケ原の合戦における戦勝は、豊臣体制の中で最大の大名としての家康の位置を明確にさせた。関東においても家康は、慶長六年（一六〇一）五月、下総国の結城秀康を越前国北庄に転封させて結城の城を破却した。慶長六年八月、宇都宮城の蒲生秀行を会津に増封して関東の外へ転出させ、この年の一二月には家康の外孫にあたる奥平家昌を宇都宮城主とした。慶長七年五月になると水戸城の佐竹義宣を出羽国土崎湊に減転封した。とはいえ、このことはあくまでも豊臣体制の中で最大の大名となったのにすぎず、江戸幕府の開設以後も徳川家と豊臣家は、全国支配をめぐって競合していく。朝尾直弘によると家康の全国での国制の最終的掌握は、大坂冬・夏の陣の決着を待たねばならなかった(15)。

関東においても大坂夏の陣を控えた慶長一九年九月には大久保忠隣事件に連座した安房国館山城の里見忠義を伯耆国倉吉に減封し、これをもって国主に相当し、かつ、徳川政権と少なからざる軍事的緊張関係にあった豊臣大名を関八州から消滅させる。豊臣体制の中で、緊張を孕んだ大名配置となっていた関八州の国制は、関ケ原の合戦における家康の戦勝を契機とする政治過程の中で、次第に徳川政権の下に収斂されていったといえる(16)。

この時期までの徳川政権は、豊臣家の公儀の消滅を通じて徳川家の公儀を獲得していく過程にあり、政権としての実質を成立・確立させる途次にあった。この意味で徳川政権にとっての関八州の支配権はいまだ成立過程の「徳川政権」の段階にあったといえる。そして、関東のみならず、全国に対する徳川政権としての国制上の支配権を成立させるという課題は、江戸幕府の開設から大坂冬・夏の陣を経て元和元年（一六一五）七月における武家諸法度・禁中並公家諸法度・諸宗本山本寺法度の制定をもって最終的に実現されたといえる。この意味で、元和元年七月までの徳川政権としての江戸幕府は、大名政策・郷村支配政策でも豊臣体制を克服し、国制上の支配権をみずからのもとへどのように獲得するのかを最大の課題としていたといえる。

このような政治過程を関八州において常陸国を例にとってみると次の通りである。慶長七年（一六〇二）五月、徳川家康は、佐竹義宣を出羽国土崎湊に減転封させると一一月、水戸城に家康の五男である武田信吉を下総国佐倉城から転封させ、信吉死去後の慶長八年一一月には家康の第一〇子の徳川頼宣を、頼宣が駿府城へ転出した慶長一四年一二月には、家康の第一一子の徳川頼房を下妻城から水戸城へと転封させた。また、慶長七年六月には、本多正信・大久保忠隣を中心として関東総奉行や江戸奉行衆とも称された代官頭に、城地授受の所務、検地、知行宛行、年貢・小物成などの所務、公儀役の徴発・徴収、民事・刑事の裁判、官途の承認などを管轄させ、これらによって豊臣大名から新たに獲得した支配国に対する国制的な支配権を得ていった。

村上直の研究によれば、徳川政権の関ケ原の合戦以後における関東支配は、大久保相模守忠隣・本多佐渡守正信が統轄し、新たな支配地域の拡大に対応して慶長六年一二月、関東総奉行となった青山常陸介忠成・内藤修理亮清成を軸として執行した[17]。青山忠成・内藤清成は、伊奈忠次・大久保長安・彦坂元正・長谷川長綱・井出正次などの代官頭を統括した。代官頭は各々の配下の代官を統率して地域を支配したが、これらの代官の多くは、戦国時代からの在地領主および小領主の展開と相俟って成立した城館などに陣屋を配置し、ここに下代として小領主を被官関係に組織しながら郷村支配を展開させた。

ここでは、こうした点を踏まえて慶長八年三月、関東総奉行青山忠成・内藤清成の連署によって出された定書を検討し、このことを通じて徳川政権の郷村支配の在り方を考察しておきたい[18]。

定

一　御領所并私領之百姓事、其代官・其領主非分有によつて所を立のき候付而は、たとひ其主より相届候とも、みたりに不可返付事

一　年貢未進等有之者、隣郷の取を以、於奉行所、互之出入令勘定、相済候上、何方に成共可居住事

一　地頭之儀申上事、其郷中を立退へき覚悟を相定可申上、さもなくして、むさと地頭の身上、直目安を以申上

儀御停止事
一　めんあひの事、近所（郷）の取を以可相計候事
　　附　年貢高下之儀、直に目安を上事、曲事に思召事
一　総別目安事、直に差上申儀、堅御法度也、但、人質をとられ、せんかたなきに付てハ不及是非、先御代官衆并奉行所へ再三さし上、無承引に付てハ、其上直目安を以可申上、不相届して申上に付ては、御成敗あるへき事
一　御代官衆之儀者於有非分者届なしに直目安を以可申上事
一　百姓むさところし候事、御停止也、たとひ科ありとも、からめ取、奉行所にをいて対決の上、可被申付事
右條々、依仰執達、如件
慶長八年三月廿七日　　内藤修理亮（清成）
　　　　　　　　　　　青山常陸介（忠成）

この定書は従来、百姓の逃散、未進年貢の処理、直訴の公認方法の解釈をめぐる視点から多くの指摘がなされてきた。[19]しかし、著者の論点との関連で改めて重視する必要があるのは、まず、この時期の支配の対象となる在所の単位が、村切によって山林原野まで分村が完了した村、この意味で、幕府の寛文・延宝検地や元禄検地を経て元禄郷帳へと登録された村なのではなく、「郷中」・「隣郷」・「近郷」と示されているような郷であった点である。このような郷は当時、村と称された場合が少なくない。すなわち、関東総奉行および代官頭にとって主要な支配の対象となったのは、「郷中」・「隣郷」・「近郷」と表現されるような、山林原野での村切が十分に完了していない郷切とでも呼ぶべき段階の郷村であり、小百姓による分村運動が開始される以前の村であった。[20]これらの郷村は、人的に見ると戦国時代から在地村落社会の人々を被官関係によって支配してきた地侍としての小領主を中心とし、[21]これに名主・百姓が加わって運営されていた。これらの郷や村の人々の社会関係の結果を、朝尾直弘は、第二条の「隣郷の取を以」という未

進年貢の勘定に関する規定や第四条の年貢率の決定方法に関する規定に求め、この法令を、郷村の社会関係を「数カ村にわたって散り懸かり的に支配（被官）関係をもつ小領主と、村切に貢租徴収を実行しよう」とする代官・地頭との対抗に基づく矛盾の表現であったと指摘している。これは、経済のみならず、郷村の社会的・政治的秩序が小領主を中心とする人々によって形成されていた点を見事に言い当てている。

次に、ここでは、百姓に対する逃散（第一条）・未進年貢の勘定（第二条）・死罪（第七条）の最終的裁定の権限が奉行所に帰属すると述べている点に注目したい。奉行所とは「江戸御奉行衆」と称する場合があったように、関東総奉行を中心とする代官頭によって構成された江戸の訴訟裁定機関である。これを、第五条を中心としてみると、徳川政権の訴訟の裁定権は、①江戸で関東総奉行を中心に評定の場を構成する奉行所、②支配国の中心となる城地で代官頭を中心に裁定を下す奉行所、そして、③代官頭の配下の代官および地頭が支配する支城・城館などに設置された陣屋というような審級的・段階的構成をとっていた。この点に関しては、氏が指摘するように「小領主の伝統的に有した在地支配の構造」と「数カ村にわたる小領主の支配を克服するためには、それを上廻る範囲で、より上級の機関（奉行所）がおかれざるをえない」のであり、また、代官・地頭の恣意的な百姓支配の高次な立場から止揚する権力形態が必要であった」といえる。

これらを踏まえ、この定書が前年の慶長七年（一六〇二）一二月六日、家康が将軍職に就く前に公布された二つの定書を合わせた法令であった点に注目しておきたい。すなわち、この法令は、蔵入地としての御料（幕領）あるいは私領のいずれか一方のみの支配を規定したものではなく、家康が将軍職に就任した事実を踏まえ、これらを統一的に国制上の観点から位置づけ、代官・地頭ならびに百姓以下の人々の総体を対象として規定した点を特徴としている。また、この慶長八年三月の定書は、江戸幕府の国制上の支配権に基づく関東総奉行、奉行衆としての代官頭、代官頭に統率された代官ならびに領主・地頭の支配権・裁判権という支配の三段階的な審級制を規定する法令であった。主たる支配の対象としたのは、山林原野まで十分に村切された村なのではなく、それ以前の「郷中」・「隣郷」・「近郷」と称されるような郷村、および、郷村を支配する小領主を中心とする百姓身分の人々であった。

次に、関東総奉行および江戸奉行衆でもあり、時によって水戸奉行衆でもあった代官頭の支配方式を、佐竹義宣の出羽国土崎湊転封後に、徳川家康の支配国となった常陸国の場合を例として検討してみたい。この時期における常陸国の最初の仕置を示すのが、慶長七年（一六〇二）六月一四日の次の三カ条の定書である。(25)

定

一　在々百姓、如前々有付作毛以下無油断可致、若非分之人於有之、急度可申来事

一　去未進并借儀之不可有取沙汰、附人をうりかふ儀、一切令停止事

一　諸給人衆荷物已下、南郷之内赤館迄、前々の百姓可相送事

右条々違背之輩有之ハ、花房助兵衛殿（職之）・嶋田次兵衛殿（重次）、水戸被罷立之間、彼衆へ可相理者也、仍如件

（慶長七年）六月十四日　大久保相模守（忠隣）（花押影）

本多佐渡守（正信）（花押影）

定書の発給主体である本多正信と大久保忠隣は、家康の意をうけて秀忠を江戸で補佐する地位にあった。定書は、出羽国土崎湊へと減転封させた佐竹義宣の水戸城と常陸の領国を接収するために公布された制札である。第一条では、作毛などを、義宣に付き随って行く給人衆から油断なく守り、給人に非分があった場合には接収の責任者である花房職之・島田重次の両人へ訴え出るように命じている。第二条では、義宣の給人衆による未進年貢や借銭・借米の取り立てを禁止し、また、過去の貸付の取り立てのために給人が百姓身分の人々に人身売買を強制してはならないとしている。第三条では、義宣の給人衆の荷物を退去先の奥州南郷赤館に搬送するため、百姓身分の人々に輸送のための役を命じている。そして、最後に、義宣の所領の接収について軍事を担当する花房助兵衛職之と奉行衆としての代官頭の嶋田次兵衛重次に命じたので、何か不都合があったら二人に注進せよと百姓に告げ知らせている。

この七日後の慶長七年六月二一日、本多正信・大久保忠隣は、義宣から接収した常陸の支配国に対して次の定書を

公布している。(26)

定

一　於在々、理不尽に人をきるよ□（し）、其聞候、若為無成敗不叶者之義者水戸奉行中に可相断、縦理を以いたし候共、不得　公儀、我儘に仕候ハヽ、従類共可遂成敗事

一　所々にて致狼籍（藉）者有之者、急度めしからめ、水戸奉行衆へ可申上事

一　前々よりのたて山、みたりにきり取へからさる事

右条々於違背之族者可処厳科者也、仍如件

慶長七年

六月廿二日　　大久保相模守（忠隣）（花押）

本多佐渡守（正信）（花押）

右の定書は、公儀が許可しない刃傷沙汰の禁止と処罰、すなわち、鑓・刀・鉄砲を使った私闘としての喧嘩の停止、狼藉者の逮捕、立山での竹木伐採の禁止などに関する事件が水戸奉行衆の管轄とされた事実を示している。

惣検地も、慶長七年（一六〇二）八月から翌八年四月にかけて関東総奉行の内藤清成の統率下、水戸奉行衆でもあった代官頭が検地奉行となって実施し、この惣検地に基づいて新たに獲得した支配国での知行宛行も開始された。この段階以後、水戸奉行衆とは、これらの代官頭をも指した。

さて、関東総奉行と奉行衆としての代官頭の職務の内容を、水戸城を中心とする常陸国の事例によってみると次の通りである。(27) 関東総奉行が代官頭と連署しているのは、慶長七年一〇月二六日に鹿島神宮に宛てた神領書立と一一月二五日に武田信吉の年寄衆に宛てた知行宛行状のみである。それ以外の宛行状には、関東総奉行は見られず、代官頭のみの連署形式をとっている。いうまでもなく、鹿島神宮は常陸国の一の宮である。また、武田信吉は家康の第五子として一一月に下総国佐倉城から常陸の国主として水戸城主に就封したのであった。この意味で、鹿島神宮への神領

寄進も武田信吉への領知宛行もともに、徳川政権が関東における国制の掌握に重要な役割を果たす位置にあった。
殊に関東総奉行の職務は、徳川政権の関八州支配の成立過程において、豊臣大名から新たに接収した国に対する支配権を実質たらしめるのに必要不可欠であり、この職務とあわせて奉行衆としての代官頭の職務の遵行を統轄・保証するという立場にあった。

また、代官頭は、奉行衆として水戸を拠点に、城地授受の所務、検地、知行割、公儀役の徴発・徴収、年貢・小物成などの所務、民事・刑事の裁判、官途の承認[28]といった国制上の支配権を具体的に執行する立場にあった。こうした複数の代官頭による支配は、慶長八年（一六〇三）一一月、家康の第一〇子徳川頼宣の水戸城主就封以後、主として伊奈忠次が管轄する体制へと収斂されていった。このときの事情を「水府地理温故録」によってみれば、慶長一一年冬から一五年七月以後の一定の期間、「納税之事は、凡て伊奈家の扱也、此時、伊奈家は、那珂郡菅谷村、万千代君の御廟を、其儘陣屋とし、鈴木金太夫、雑賀の氏族也となる人を置、万事扱はれしと也、同（慶長）十四年酉十二月、頼房公、当御城拝領後、（慶長十五）翌年七月廿八日、芦沢伊賀殿、御城地御受取の後までも暫の間、伊奈家にて万事扱しと也[29]」と記述されている。伊奈忠次は、慶長一一年正月の関東総奉行の内藤清成失脚後、水戸城を中心とする常陸国の支配を、徳川政権の代官頭として管轄し、芦沢伊賀・朝比奈惣左衛門を中心とする水戸奉行衆を管轄する立場にあった[30]。この職務は慶長一四年一二月、家康の第一一子徳川頼房（鶴千代）が水戸城主に就封して家老の芦沢伊賀・中山信吉が城地の請取に赴いた後も、忠次が一五年六月に没するまで続いた。

関東総奉行は、豊臣大名から新たに獲得した支配国で、奉行衆たる代官頭の所務の遵行を統轄・保証するきわめて重要な位置にあったが、慶長一一年正月、青山忠成・内藤清成の失脚と前後して江戸町奉行の職務と関東総奉行の職務が分化し[31]、代官頭は支配国に対する職務管轄を拡大させていく。すなわち、奉行衆としての代官頭は、豊臣大名の転封にともない、徳川政権が新たに獲得した支配国に拠点としての城地を設け、検地、知行宛行（知行割）、役の徴発・徴収、年貢・小物成などの所務、官途の承認などを複数で管轄していった。しかし、支配国に対する城主・城代の支配権が明確になると、水戸の場合は伊奈忠次であったように管轄の主体が次第に一人の代官頭に収斂され、この管轄は、最後に国主としての城主の家老へと引き継がれていった。

以上のように、関東総奉行と奉行衆としての代官頭は事実上、国奉行と位置づけられる役割を果たしていった。ただ、関東の場合、これが関東総奉行を中心とする複数の代官頭によってなされ、かつ、誰か一人が一つの国を担当するという方式ではなく、複数の国を複数の代官頭が担当する方式をとっていた点に特徴があった。[32]このようにして豊臣大名から獲得した支配国に対する徳川政権の支配は、本多正信と大久保忠隣による指揮のもとで関東総奉行と代官頭を中心として執行された。また、代官頭が統率する代官の郷村支配は、多くが戦国時代以来の在地領主や小領主の展開を背景として成立した城館などに陣屋を設置しておこなわれたのであった。したがって、次に、戦国時代以来、小領主の展開の基盤であった郷村に対して豊臣大名としての家康は、どのような支配を展開したのかについて検討していきたい。

(2) 国郡制支配と天正・文禄の検地

豊臣政権は、御前帳の編成を通じて志向した「国・郡・村という国制的原理に立つ」郷村支配の基本政策を、太閤検地政策の中で、どのように実施したのか、また、国・郡・村への郷村の編成を太閤検地以後、どのように進展させていったのか。ここでは以上の問題について考察してみたい。

まず、第一点目の太閤検地を通じた郷村の国郡制への編成という問題について検討する。表1は、「日本六拾余州国割之帳写」より作成したものである。[33]この記録には慶長六年（一六〇一）正月以前の国割が書き載せられている。表には、豊臣政権が、郡をどのように編成したのかを示すため、関八州および伊豆国の郡の数を示しておいた。これによって太閤検地での国郡制的な地域編成の到達点がわかる。

表1　関八州の郡数と石高

国	郡数	高
伊豆	4	69,832.0石
相模	8	194,204.0
武蔵	24	667,126.0
上野	13	496,377.0
下野	9	374,082.8
上総	13	378,892.0
安房	4	45,045.0
下総	13	393,255.0
常陸	16	530,008.0

出典：「日本六拾余州国割之帳写」（秋田藩採集文書）.

表のうち例えば常陸国の郡の数は一六郡に編成されている。これについて江戸幕府和学講談所の中山信名によって著された『新編常陸国誌』によれば、太閤検地による常陸国の郡は「十六郡ヲ更メ、古ニ復シテ十一郡トス」[34]と述べるように一一郡を目標としていた。中山信名によれば、豊臣政権は、国・郡・村という国郡制的な地域編成を、律令制の郡の編成を模範として実現しようとしていた。その方法は「是時、悉ク庄・郷ノ称ヲ廃シテ、直ニ郡ヲ以テ村ヲスベシム」[35]という方針であったという。すなわち、太閤検地は、庄や郷という地域の呼称を廃止し、これを郡・村という在地支配秩序に再編しようという目標を持っていた。しかし、実際の常陸国の郡数は、この時点でも一六郡であり、豊臣政権が太閤検地で目標とした一一郡という郡の編成には至らなかった。従来からの在地支配秩序が保たれた庄や郷を、郡へと再編しきれなかったからである。この意味で、戦国時代までの在地支配秩序に対する郡制上の変革を、太閤検地は、必ずしも実現したとはいいがたかったといえよう。

次に、この時点までの郷村編成の実態を見るために作成したのが表2である。表には、堀江俊次・川名登によって調査された下総国の天正一九年（一五九一）一一月から文禄三年（一五九四）七月までの検地帳[36]、ならびに、原本とみられる常陸国の文禄三年一〇月から翌年三月までの検地帳および著者の調査した若干の検地帳をあげておいた[37]。また、これら天正・文禄の検地帳の表紙に記載された在所の単位を類別したのが表3である。これによって、家康を含む豊臣政権が、庄や郷を、郡と村という国制に基づく地域に、どのように編成していこうとしたのかをみてみたい。

第一に、この表からは、天正・文禄の検地帳の表紙に、郡・保・庄・「領」・内・郷・村・分などの多様な在所の単位が記載されているのを読み取ることができる。このような多様性は、徳川家康が、なによりも従来からの在地支配秩序を容認せざるをえず、太閤検地を、この秩序の中で実施せざるをえなかった点を如実に示すものといえよう。

第二に、このうち、太閤検地が、庄や郷を郡・村へ再編するという基本方針であり、かつ、近世社会を通じて「領」が、郡と村との中間的な地域の枠組みであった点を前提とすれば、保・庄・内は、郡か、あるいは、「領」に再編されていく趨勢にある在所の単位を示すと判断できる。また、郡と庄の間の点線上に類別した内とは、保や庄が、郡に編成されていく過程の在所の単位を示す。また、「領」と郷の中間の点線上に類別した内とは、郷が、「領」か、太閤検地による村切後の郷村のどちらかに編成されていく在所の単位を示していると理解できる。

第三に、表の中で郷と村とが並記されている事例がある。これは、天正・文禄検地の郷切とでもいえる村切政策によって成立した郷や村だと判断できる(38)。元禄郷帳に記載された村は、この村切政策によって成立した郷の次に記載さ

表2　検地帳の在所記載形式

a	下総国香取郡大須賀保内成井郷御縄打水帳
b	下総国香取郡木之内庄木内郷枝虫幡付野帳
c	下総国香取郡木之内庄木内郷屋敷野帳
d	下総国匝瑳郡南条庄椿村御縄打水帳
e	下総海上郡三崎庄まつきし御縄打水帳
f	常陸国信太庄永国村御縄打水帳
g	常陸国那珂内上河内村御検地帳
h	常陸国信田庄上ノ室郷御縄打水帳
i	常陸国那珂郡下小瀬村御検地帳
j	常陸国新治郡田中之郷御縄打水帳
k	下総国香取郡東庄郡之郷枝鹿戸村野帳
l	常陸国筑波郡真壁之内小和田村御検地帳
m	下総香取郡府馬領長岡村御縄打水帳
n	下総国匝瑳郡佐倉領之内虫生［　］水帳

出典：注36，37参照．ただし［　］は原本の破損によって不明の箇所である．

表3　在所の単位の類別

種別	在所の単位								下総	常陸	計
a	郡		保			郷		分	1件	件	1件
b	郡		庄			郷		村	1		1
c	郡		庄				郷		1		1
d	郡		庄				村		3		3
e	郡		庄				―		1		1
f			庄				村		3	7	10
g		内					村			1	1
h			庄				郷			1	1
i	郡						村		1	8	9
j	郡						郷		1	2	3
k	郡					郷		村	3	1	4
l	郡				内					1	1
m	郡			領			村		1		1
n	郡			領			□		1		1
	計								17	21	38

出典：注36，37参照．ただし，□は原本の破損によって不明の箇所である．

れた村である場合が多い。また、村の前に記載された郷村は、こうした村を基礎として成立する組合村の枠組みとなったといってよい。これに対して検地帳の表紙に郷か村のどちらかしか記載のない事例は、天正・文禄検地による村切で成立した郷・村なのか、元禄郷帳段階の村なのか類別しがたい。このような郷や村は、表3では郷と村との中間の点線上に措いた。というのは、これらの郷・村は、その内部にb・kのような枝村や元禄郷帳登録段階の村では明確となるが、この段階ではまったく判然としない村の境界・領域を含む可能性があるからである。

さて、以上の説明を前提に、この表3によって家康を含む豊臣政権が、庄・保・郷を、郡と村とに、どのように編成していこうとしていたのかについて考えてみたい。

第一に、郡と庄・保の関連に注目したい。郡と庄・保が併記されている検地帳は、a・b・c・d・eの七件が確認できる。郡の名称は見られず、内を含んではいるが庄とのみ記載された検地帳はf・g・hで一二件を数える。これに対して郡の次の記載が直接に郷・村となっている場合のi・jも一二件が確認できる。また、「領」と内は、l・m・nのように郡と併記されているが、この形式の検地帳は三件を数えるにすぎない。この段階では、「領」の編成よりも、庄や保を、郡に編成するか、当時の現状のまま残すか、郡と庄・保を並記して従来の秩序を容認するという方針がとられていたといってよい。

第二に、戦国時代からの郷や村と天正・文禄検地の村切政策によって成立した村との関連に着目しておきたい。ここで明確に天正・文禄検地による郷切ともいえる村切以後の村で、理念的な意味で元禄郷帳段階の村と同様の村は、「分」という記載も含めてa・b・kのわずか六件にすぎない。そして、残りの三二件は、戦国時代と類似の在地支配秩序を持つ郷や村であったり、天正・文禄検地による村切以後の郷・村といえる。

このように家康を含む豊臣政権は、庄・保・郷を国郡制に基づく郡や村へと再編しようとしたが、多くの場合、郡は、戦国時代までの庄・保や「領」・郷・村の在地支配秩序を介在させて再編するしかなかった。殊に、村については、天正・文禄検地の村切政策によってわずかに成立した郷村であり、元禄郷帳の原型となるような村ではなく、村切政策以前の郷や村であり、従来からの関東の在地秩序を容認したまま郷村を再編するしかなかったのである。

第三に、とはいっても、このような郷村の在地支配秩序の掌握方式には次のような特徴があった。すなわち、豊臣政権の奉行人石田三成の調製した検地帳のみは、ほとんどの場合、在所の単位が郡・村に統一されていた。これは石田三成による太閤検地が豊臣政権の国郡制的な地域編成の模範（理念型）を示すという意味を持たされていたことを示している。これに対して家康の検地奉行大久保長安の調製した検地帳は、多くの場合、庄・保・「領」・郷の記載が見られた。関東を支配する徳川家康は、従来からの在地支配秩序の表現でもある庄・保・「領」ならびに村切実施以前の郷・村を、国郡制と相互に補完しあう地域支配の枠組みとして意識的に容認し、これを媒介として国制の原理を郡・村に浸透させようとしたのであった。

次に、これらの点を前提として、このような国・郡・村への郷村の編成は、その後、いつの段階で、どのようにして完成したのかという点について検討してみたい。

この点に関して常陸国を例にすれば、前述したように、豊臣政権は、太閤検地を通じて律令制の郡編成を理念型として戦国時代までの郡制を再編しようと試みた。しかし、郡の実態は「然レドモ久シク錯乱ノ境界ヲ俄ニ改定セラレシ故ニ、名ハ復ストイヘトモ、其境ニ至テハ大ニ違ヘル地多シ」[39]とあり、中山信名が地理的な条件を通じて指摘したように、実際の郷村社会にあっては、小領主による戦国時代以来の在地支配秩序が根強く存在しており、これが庄・「領」の秩序を生み出す力となっていた。そして、このことが、当時の現実と豊臣政権が志向した郡編成の理念とを大きく懸け離れさせる要因であったのである。

表4に常陸国の郡の数を示しておいたが、一六郡であった常陸国の郡の数は、正保国絵図調製の段階で一三郡に統合された。しかし、結局は、元禄一五年（一七〇二）四月の国絵図・郷帳の調製段階に至って従来の西那珂郡を茨城郡に、西河内郡を真壁郡に組み込み、ようやく形式主義的に、理念としての律令郡制の一一郡に編成するまで待たねばならなかった。豊臣政権は従来からの在地支配秩序を無視しえず、これを相当に承認しながら従来の郡の数を変更

表4　常陸国の郡の変遷

郡	正保国絵図		元禄15年4月		
鹿島郡	30,070.7760石		44,096.386石		(124カ村)
行方郡	39,971.4430		43,175.487		(89カ村)
河内郡	37,156.4760		54,092.540		(117カ村)
多賀郡	57,646.0778		57,288.290		(88カ村)
久慈郡	100,642.6290		100,869.871		(170カ村)
那珂郡	101,392.3020		102,969.278		(143カ村)
真壁郡	85,389.0922		125,341.177	21貫文	(218カ村)
茨城郡	140,666.0570		157,751.588		(303カ村)
西那珂郡	27,240.9230	(42カ村)			
西河内郡	17,166.9230	(50カ村)			
筑波郡	66,356.5360		71,975.944		(158カ村)
信田郡	41,618.0230		42,114.404		(88カ村)
新治郡	95,485.0520		104,103.493		(179カ村)
計	840,801.8289《(ママ)》		903,778.458	21貫文	(1677カ村)

出典：「正保国絵図」（内閣文庫所蔵）.「水府地理温故録」（『茨城県史料』近世地誌編）42頁.
「常陸国郷帳」（内閣文庫所蔵）.

しようとしたにすぎないのであった。和学講談所の中山信名が「十六郡ヲ更メ、古ニ復シテ十一郡トス」(40)と解釈した豊臣政権の国郡制の編成理念は、実態としては容易に実現しがたかったといえよう。

このような郡の編成に関連して黒田日出男は、国絵図に関する研究で、慶長・正保・元禄の国絵図の在所の単位について庄・郷・村・浦などの使用頻度に注目しながら次のように指摘している(41)。慶長の国絵図では、在所の単位は庄・郷などを多く残している。正保の国絵図でも、まだ、郷・浦などが残存して不統一が見られる。しかし、元禄の国絵図の在所の単位は、地域の実態と関係なく、村という使用法に統一され、従来から使用されていた郷・浦などの呼称が消滅する。この指摘は、豊臣政権から江戸幕府へと続く統一政権が、国制を、律令制的な国郡制に基づきながら村を通じた地域編成として実現しようとしていた点を示し、この終結点が、元禄国絵図調製の段階にあったことを如実に物語っていよう。

豊臣政権は、庄・保・郷を、国・郡・村という制度へと再編しようとした。しかし、このような国郡制への編成は、天正・文禄検地において実現しなかった。それが実現したのは、元禄郷帳・元禄国絵図の調製段階であった。しかも、それは村・町・浦などの実態とは関係なしに、村という支配単位を当時の人々に強制したにすぎなかった。国郡制支配の理念は、このようにして形式主義的にようやく完成したのであった。そして、「領」と郷村は、こうした点を補完する地域支配の単位へと位置づけられて行くのである。以上のような豊臣政権の郷村制に対する郡と村への国制的原理に基づく編成の理念は、次に考察するように、豊臣大名としての家康の関東支配が、庄・郷・「領」を、殊に「領」を、郷村の地域編成の枠組みとして積極的に設定していった点と相互に深く対応しあっていたのである。

(3) 「領」域支配の継承・再編・拡大

天正一八年（一五九〇）八月以後、徳川家康が、関八州における国郡制の編成のために、戦国時代から続く「領」を地域支配の枠組みとして取り入れたとすれば、この「領」は、どのように継承されたのか。また、それは地域社会の秩序とどのように関連していたのか。ここでは、これらの問題について検討していきたい。

まず、「領」の継承を検討する前提として「領」とは何かという点を、戦国史研究の中から取り上げておきたい。中丸和伯によれば、関東の「領」は戦国時代、北条家の支配する地域に成立した。「領」は、北条家の支城主によって統率される城領であった。城領としての「領」は、支城主が軍役の組織としての「衆」を統率するための単位であり、この物質的基盤として北条家が直轄地・給人知行地の双方を統一的に編成する地域の単位でもあった。このように戦国時代の「領」は城付地としての城領であり、主として支城主が軍役衆を編成する際の地域的単位であった。(42)

また、峰岸純夫によれば、衆という組織の形成は、「領」の編成と対応していた。「領」はいくつかの郷村が組み合わされて編成された。この郷は、庄や保を地域的基盤とする従来の知行体系の中に存在していたが、郷の中の地侍・名主・百姓は、この克服をめざして南北朝から室町時代の荘園制支配の中から次第に自立しつつあった。戦国大名は、この郷村を捉え、庄や保を地域的な基盤とする従来の知行体系の克服をめざす貫高制検地を実施して郷村高を決定すると同時に、地侍・名主・百姓に給分を付与し、これを契機に郷村の人々を衆としての地侍に編成したのであった。「領」の編成は、この郷村の編成に対応していた。この意味で「領」は、単なる地域の単位ではなく、郷村の一揆衆と称される在地の地侍・名主・百姓が、貫高制検地における検地増分や百姓年貢の免除を給分として付与され、これによって編制された人的組織としての側面を濃厚に持っていた(43)。

このように荘園制支配の中に存在していた庄や郷村は、貫高制検地を通じ、従来の知行体系に基づく地域支配の枠組みとしての庄・郷から戦国大名北条家の地域支配の枠組みとしての「領」・郷に再編されていったのである。この中で「領」は、地侍あるいは名主・百姓などから成長した郷村の小領主を、軍役奉公という被官関係を通じて衆に、しかも貫高制検地を通じて編成するという新たなる地域支配の枠組みとして成立したのであり、郷も「領」の成立に対応した地域の単位として新たに再編されたのであった(44)。

次に、これらを前提として「領」は、どのように継承・再編・拡大されていったのかについて考察していきたい。

第一に、関東総奉行と奉行衆としての代官頭は、戦国時代の城領支配を、どのように継承していったのかという問題について検討する。

表5は、「新編武蔵風土記」に掲載された「領」の一覧である。時期は下るが、この地誌が編纂された時点で、武蔵国には合計八二の「領」があった。遡って家康は関東入国以後、関東の各地の軍事拠点に譜代の家臣を配置した。この中でも武蔵国は、本城である江戸城の置かれた地域であったが、ここには表6の通り支城主・城代として多くの家臣を配置した。表5と対照すれば明らかなように、これらの支城主・城代の配置された城の名称はいずれも「領」の名称としても使用している。そして、これらの「領」は、近世初期以後にまったく新たに設定された場合を除けば、南北朝・室町時代から戦国時代における在地領主の姓氏や城館・支城の名称あるいは代官陣屋の所在地の名称を踏襲している場合が多かった。このことは関東に本拠地を移してからの家康が戦国時代における北条家の支城と城領とを地域支配の枠組みとして積極的に継承した事実を示している。

表5 「領」の一覧　　　　　　　　　　　　　　　　　　　　　　　（但 武蔵国）

領名	郡名	領名	郡名
麻布領	豊島郡　荏原郡	鴻巣領	足立郡
貝塚領	豊島郡	忍領	足立郡　埼玉郡
野方領	豊島郡　多摩郡		大里郡　男衾郡
	新座郡		幡羅郡　榛澤郡
峡田領	豊島郡	石戸領	足立郡
岩淵領	豊島郡	平方領	足立郡
戸田領	豊島郡　足立郡	差扇領	足立郡
淵江領	豊島郡　足立郡	吉野領	足立郡
西葛西領	葛飾郡	大宮領	足立郡
東葛西領	葛飾郡	植田ケ谷領	足立郡
二郷半領	葛飾郡	与野領	足立郡
松伏領	葛飾郡	笹目領	足立郡
幸手領	葛飾郡	金子領	入間郡
島中河辺領	葛飾郡	河越(川越)領	入間郡　高麗郡
六郷領	荏原郡	入西領	入間郡
馬込領	荏原郡	高麗領	高麗郡　入間郡
世田ケ谷領	荏原郡　多摩郡	加治領	高麗郡　秩父郡
品川領	荏原郡	松山領	高麗郡　比企郡
麻布領	荏原郡		男衾郡
稲毛領	橘樹郡	川嶋領	比企郡
神奈川領	橘樹郡　都筑郡	玉川領	比企郡　男衾郡
小机領	橘樹郡　都筑郡		秩父郡
川崎領	橘樹郡	下吉見領	横見郡
金澤領	久良岐郡	岩槻領	埼玉郡
本牧領	久良岐郡	八条領	埼玉郡
府中領	多摩郡	新方領	埼玉郡
柚木領	多摩郡	百間領	埼玉郡
日野領	多摩郡	菖蒲領	埼玉郡
由井領	多摩郡	騎西領	埼玉郡
小宮領	多摩郡	向川辺領	埼玉郡
三田領	多摩郡	古河川辺領	埼玉郡
拝島領	多摩郡	羽生領	埼玉郡
山口領	多摩郡　入間郡	深谷領	大里郡　幡羅郡
武蔵野新田	多摩郡　高麗郡		榛澤郡
谷古田領	足立郡	御正領	大里郡
赤山領	足立郡	上吉見領	大里郡
舎人領	足立郡	鉢形領	男衾郡　榛澤郡
平柳領	足立郡		那賀郡　児玉郡
浦和領	足立郡	岡部領	榛澤郡
木崎領	足立郡	本庄領	榛澤郡　児玉郡
安行領	足立郡	藤岡領	榛澤郡
三沼領	足立郡	阿保(安保)領	榛澤郡　児玉郡
南部領	足立郡		賀美郡
小室領	足立郡	八幡山領	那賀郡　児玉郡
上尾領	足立郡	秩父領	児玉郡　秩父郡
大谷領	足立郡		

出典：『新編武蔵風土記稿』第一巻～第十二巻（雄山閣出版）.

表6　支城主・城代の配置　　（但 武蔵国）

城名	城主名	高	旧城主
岩槻城	高力河内守清長	2.0万石	太田十郎氏房 城代伊達与兵衛定頸
騎西城	松平周防守康重	2.0	木戸右衛門佐
奈良梨・蛭川	諏訪小太郎頼水	1.2	近藤出羽介実方
忍城	松平主殿助家忠	1.0	成田下総守氏長
深谷城	松平源七郎康忠	1.0	深谷左兵衛吉教
松山城	松平内膳正家広	1.0	上田蔵人政広 城代根岸長兵衛尉 木呂守丹波守友則
川越城	酒井河内守重忠	1.0	瀬尾下総守兼延
羽生城	大久保治部大輔忠隣	1.0	木戸伊豆守清信持分 木戸右衛門佐
東方	松平丹波守康長	1.0	深谷左兵衛尉吉政持分
八幡山城	松平玄蕃頭家清	1.0	松田左馬之介秀治
本庄城	小笠原掃部太夫信嶺	1.0	本庄隼人近朝
鉢形城			北条安房守氏邦
八王子城			北条陸奥守氏照
葛西城			
四山城			
小室	伊奈備前守忠次	1.0	

出典：北島正元『江戸幕府の権力構造』（1964年）191-194頁.
『新編武蔵風土記稿』（第1巻）105頁.

第二に、家康は、北条家の「領」による地域支配方式を継承しつつも、これをさらにどのように再編・拡大していったのかについてみていきたい。

まず、この「領」の再編・拡大について品川領と六郷領の事例を「新編武蔵風土記」の記事から見ると、「今の品川領及び馬込領の内にも六郷の地はありしなり」(45)とある。戦国時代、六郷には、「領」という呼称のない、単なる六郷と称された地もあった。しかし、家康の支配が開始されて以後、この地は、品川領と六郷領という二つの「領」に再編されたとある。もちろん、これは、この記述を読む限りでの解釈である。しかし、こうした例は、品川領や六郷領にとどまらない。たとえば、六郷領に隣接する荏原郡馬込領の場合も「新編武蔵風土記」によると「此辺の領名は、御当代に至りて置れしことは勿論」(46)とある。馬込の地も従来は「領」ではなかったが、天正一八年（一五九〇）八月以後、江戸城の城付地の「領」として再編されたことがわかる。このように江戸城の近郊では、従来は「領」という呼称のなかった地域も、新たに城廻りの「領」として再編されたのであった。

また、武蔵国荏原郡六郷領に関する「新編武蔵風土記」の記事によると「御入国後、御城下四方の近郊へ屡御遊歴ありしにより、領名を以、地の界域をわかたれ、御遊歴ある時は、其所の領内より人夫を出すことあり[47]」とある。家康は、江戸城の城付地を中心とする関東の支配地域でも頻繁に鷹狩を催した。この場合の「遊歴」とは鷹狩を含む関東各地への巡見を意味するが、家康は、この時にも「領」を単位として人足役を徴発したと述べている。

江戸城の城廻りの地域は、天正一八年（一五九〇）八月以後、「当郡も御城下に郊たるを以、いすれの地にも皆、領名ありとす[48]」とあるように、江戸城の城付地として「領」という地域の単位へと再編された。家康は、江戸城の城付地を中心とする関東の支配地域でも鷹狩を頻繁に実施したが、従来の地域は、このような際の人足役の徴発・徴収を契機として新たな「領」を単位とする地域に再編されていったのだといえる。

第三に、「領」の支配地域の拡大という問題について指摘しておきたい。まず、武蔵国における「領」を「新編武蔵風土記」によって網羅的に示した前掲の表5を参照してみたい。この段階の武蔵国の総郡数は合計二四郡から構成されていた。これらの郡のほとんど全ての町・村は、同時に、この表に見られるような「領」に編成されている。前述のように、戦国時代における北条家の支配地域では多くの地域で「領」が編成されていた。しかし、それはあくまでも支城を核とする地域に限定されていた。この意味で「領」は、北条家の支配していた地域の全体を覆い尽くしていたわけではなかった。しかし、徳川家は、戦国時代の北条家の支配方式を継承して品川領・六郷領・馬込領のように、「領」を再編し、これを郡の全域にまでくまなく拡大していったのであった。

次に、「領」の再編・拡大という問題に関連し、「領」が二郡以上に跨って町・村を編成している場合もみられる。「領」の中には天正・文禄検地による村切以前の郷村が存在していた。これらは検地によって郷と郷との境界が画定されたが、なお、地侍・名主・百姓の実質的な結合の地域的単位・伝統的な単位となっており、これら郷の組合的な

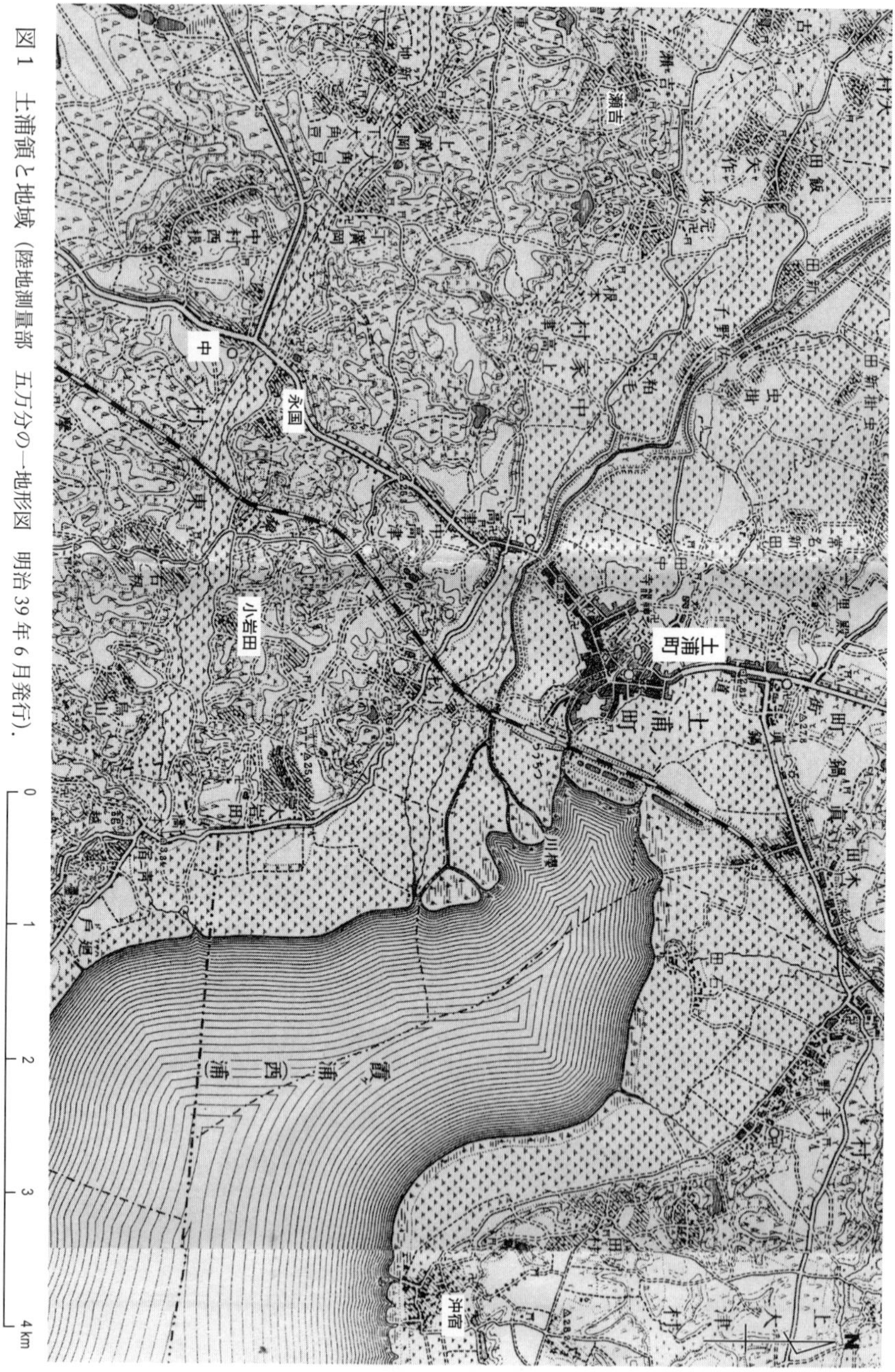

図1　土浦領と地域（陸地測量部　五万分の一地形図　明治39年6月発行）.

結合体・連合体が「領」であった。こうした結合体は、郡や村といった国制的な秩序で切断することができず、律令制を模範とした郡制を編成する桎梏となっていた。このため「領」は、郷の自主的・自律的な結合体としてだけでなく、このような郡の編成の限界を補完する機能も付与されていった。徳川政権は、郷村の実質的な結合体として機能する「領」を捉えて領主制支配の単位とし、この「領」の秩序の単位となっている郷を通じて村を国郡制へと編成し、ここから国制的な支配秩序を浸透させようとしたのであった。この意味で、郷村と「領」は、国郡制の支配原理としての国・郡・村と矛盾せず、むしろ互いに補完しあいながら地域支配の単位として機能したのであった。

最後に、武蔵国以外の支配国に対する「領」の拡大という問題について若干の考察を試みておきたい。すなわち、常陸国・下総国においても「領」は、南北朝・室町時代から戦国時代における在地領主の城館・支城および家康が関東に入国してから設置された代官陣屋の所在地を中心に編成されていった。

これを筑波山西麓を南下する筑波川（桜川）が霞が浦に注ぐ河口の土浦領および筑波山西麓の藤沢領を事例としてみてみたい。藤沢領も土浦領も元来は、鎌倉時代に常陸国の守護にも補任された伝統を持つ小田家の城館を中心に形成された「領」であった。しかし、天正一八年（一五九〇）八月からは、徳川家康の第二子であり、豊臣秀吉の養子となった羽柴秀康が結城晴朝の跡を継いで結城秀康を名乗り、結城の城主となったが、同時に藤沢領と土浦領という二つの「領」を支配した。

次の文書は、天正一八年九月、清水長左衛門が受け取った朱印状である(49)。

常州藤沢・土浦領

一　弐百参十四石　おき宿

一　七十八石　小岩田

一　百六十八石八斗八升　中村

一　七十石九斗八升　吉瀬

合五百五十壱石八斗
右知行分所、宛行不可有相違者也、仍如件
天正十八年
九月晦日　御朱印（結城秀康）
清水長左衛門殿

秀康は、この日、次に説明する三崎新右衛門へ結城領の内に二〇〇石の知行を宛て行う旨の朱印状を発給しているので、(50)これも秀康の文書だとみてよい。内容は清水長左衛門へ知行宛行であり、秀康が、この地域を、土浦領および後世には土浦領に組み込まれていく藤沢領という「領」を単位として支配していた事実を示している。また、次の文書は、文禄五年（一五九六）正月、秀康が三崎新右衛門に発給した黒印状である。(51)

宛行知行分之事
高弐百石者　土浦領永国村内
右分、無相違可令領知候者也、仍如件
文禄五丙申年
正月廿日　黒印（結城秀康）
三崎新右衛門殿

この知行地の宛行が知行の割り替えなのか加増なのかはつまびらかでないが、秀康は、土浦領を構成する永国村の二〇〇石分の所領を軍役衆であった三崎新右衛門の知行地とした。藤沢領も土浦領も家康の支配地域と佐竹義宣の支配地域との中間地帯に位置した。義宣は、豊臣大名としては家康と同じ立場にあり、この意味での軍事的な緊張は拭い切れない関係にあった。このため秀康の所領は土浦領や藤沢領などのような、家康と義宣の所領の境界地域に設定された。

土浦城には、多賀谷刑部村廣が「常州土浦城因二要害之地一為レ之城代也[52]」とも、「常州出（土）浦要塞（害）之地たるの故、城代被二仰付一[53]」たともある。村廣の祖父の多賀谷隠岐守為廣は小貝川を眼下に見る常州小栗城の城代を務めており、父親の安芸守政廣も結城家の外交を担うとともに小栗城の城番を務めた。土浦城は家康の支配地域と義宣の支配地域の軍事的な緩衝のためにきわめて重要な「要害之地」であった。このため結城家から信頼の厚かった多賀谷刑部村廣が土浦城の城代・城将に任命されたのだと考えられる。また、土浦領の検地には、田辺十郎右衛門や青木勘右衛門といった人物が深く関わっていたが[54]、これらは江戸奉行衆としての代官頭大久保長安の手代であった。大久保長安は徳川家康の国奉行であったが、秀康が家康の実子であったがゆえに、徳川家康と佐竹義宣との緩衝地域に設定された土浦の城と「領」の支配に関わったのだと考えられる。このように土浦城では、城の基盤となる城付地が土浦領という城領に編成され、この城領が戦国時代と同じく軍役衆の知行地として編成されていったのであった。

慶長六年（一六〇一）五月、結城秀康は、結城一〇万一〇〇〇石から越前北庄六七万石へ転封となる。この時点で土浦城主には松平伊豆守信一が命じられ、信一は国主の城としての水戸城を中心とする常陸国の付備大名（城主）と位置づけられていく。こうした位置づけの土浦領にあっては慶長一三年九月になると次のような城領の再編がなされた[55]。


郷代官入江源兵衛申上、以来、扱所之義、組郷御定、御預置被下候得ハ、別而持前と存候条、世話行届キ候半と存候、且村方ニても願言上之事、或ハ不時之盗賊、其外義申上ニも役宅定り、便利と存候旨尤ニ付、不為伺、種々之儀早速割合組立、書付可差出候、左様可被　仰付事と談シ遣ス

この記録によれば、土浦領では、従来からの「郷代官」が主体となって郷を組み合わせた「組郷」（与郷）を定め直し、これを契機に組郷を管轄する郷代官の職務を改めて取り決めたとある。郷代官もみずから管轄する郷村が地域的にも確定し「世話」が行き届くと認識している。組郷を構成する郷村からも願い事を取り扱い、また、盗賊を取り

締まったり、そのほかの複数の郷の所務を執り行うためには、郷村の組合が必要だという判断もあった。こうした認識のもとに在地での合意が形成され、郷村の「組立」が自主的になされ、その「組立」の書付が差し出されたとある。土浦領では郷村を組み合わせた組郷が結成されていったが、それは従来の郷村の新たな「領」への再編をともなっていたのであった。

市村高男の研究によれば、土浦領のような戦国時代において北条家の「領」を単位とする支配地域以外の地域には、戦国領主の支配した地域があったが、これら地域では「洞」という地域的な組織の編成を通じた秩序の形成を志向していた。[56]しかし、これらの地域では従来の中世的知行体系を克服するような戦国大名の検地や知行地の割り替えなどの新たな政策が実施できなかった。土浦領も、氏の指摘する地域に類するといえるが、しかし、これらの地域でも、豊臣大名としての徳川家康は、天正・文禄検地を実施して郷村を再編し、「領」による郷村の支配秩序を拡大させていったのである。

二　関東の郷村社会と「領」域支配

(1)　公儀普請役の編成と「領」域支配

初期の「領」に対する江戸幕府の代官支配はどのような実態であったのか。ここでは幕府代官が「領」を地域的な管轄の単位として支配していた点を明示するとともに、この「領」を通じた地域支配と年貢・小物成の徴収方法および用水普請役の編成方式とがいかなる関連にあったのかについて検討していきたい。事例とするのは、幕府代官小泉次太夫吉次の管轄地である。

小泉吉次の代官所は、江戸城の城付地であり、城領を構成する「領」の地域にあった。吉次は戦国時代、今川家に仕えていたが、天正一九年（一五九一）徳川家康の家来となった。慶長六年（一六〇一）橘樹郡稲毛領・川崎領の代官に任ぜられて以後、元和五年（一六一九）に職務を辞するまで「領」を単位として江戸城の城付領地域を支配した(57)。

小泉吉次は、世田谷領を通って多摩川左岸の六郷領を潤す六郷領用水、多摩川右岸の川崎領と稲毛領の二つの領の用水すなわち二ケ領用水の開発を主導した人物として知られている。ここでは、これらの用水路の普請について検討してみたい。慶長一〇年九月、徳川家康が小泉吉次に宛てた下知状には次のようにある(58)。

武州六郷并稲毛、いほり人足之事、私領方へも高次第申付、可鑿者也

慶長十年正月九日　黒印（徳川家康）

小泉次太夫殿

文書は、吉次の曾孫にあたる小泉次太夫吉綱が、幕府に提出した記録の中に採録されている。これを提出した時、吉綱は、吉次の事績について次のように述べている(59)。

曾祖父の吉次は天正一九年、家康が関東入国した時から奉公するようになった。慶長六年、稲毛と川崎の代官を任命されたが、吉次は新田開発の必要性を言上した。これによって新たに用水普請の実施を命じられ、慶長一〇年正月には、私領への「人歩」（人夫）の配当を保証する家康からの黒印状を頂戴した。用水普請は無事に成就し、新田開発の褒美として代官所の本田・新田のうちから十分の一を拝領した。また、「実盛之御刀」も頂戴して現在も所持している。吉次は、秀忠の治世の元和五年まで代官を務めた。

これによれば、家康は、用水普請の人足役を、六郷領・稲毛領といった「領」を単位に割り付けている。しかも、普請人足は、幕領のみならず、私領の郷村にも割り付けるよう命じている。「新用水堀定之事」によれば、六郷領の場合、用水普請を、下知状が出される八年以前の慶長二年正月から開始しているが(60)、黒印状は、御料・私領を問わず、「領」を単位に、人足役を徴発して普請を本格的に実施するために発給されたのだといえる。吉次は元和五年、代官職を辞する。

翌元和六年（一六二〇）、吉次の跡を継いで代官となったのが小泉次太夫吉勝であるが、吉勝は寛永元年（一六二四）七月、代官所の所務について次のような目録を受け取っている。(61)

目録

一　武蔵国神奈川・稲毛・川崎領、慶長十巳年・元和八戌年迄十八ケ年分之事

一　同国六郷・子安、慶長十三申年・元和八戌年迄十五ケ年分事

一　同国小机領、従慶長十八丑年・元和八戌年迄、十五《ママ》ケ年分事

一　所々上給

右小泉次太夫代官所々務事、皆済也

寛永元甲子年七月日

この目録に関しても、吉綱が幕府に差し出した覚書がある。覚書では、次太夫吉勝の事績を、次のように述べている。(62)

秀忠の黒印一通は、慶長一〇年（一六〇五）より元和八年に至る代官所の所務の皆済に関する文書である。小泉次太夫代官所は、武蔵国の神奈川領・稲毛領・川崎領・六郷領・子安領、小机領ならびに所々から収公した給地からなっていた。祖父小泉次太夫吉勝は当初、勘九郎といった。慶長一七年、秀忠に出仕し、元和五年まで花畑番として勤仕した。大坂冬・夏の陣にも供奉した。吉次の跡を継いで元和六年から次太夫と改名し、六郷領・稲毛領・川崎領・神奈川領・小机領の代官を命じられた。吉勝は、家光の時代の寛永六年まで一〇カ年、代官を務めたが、寛永元年、吉次以来の代官所の所務の皆済に関する黒印を下付された。

ここでは次の三点を指摘しておきたい。第一に、吉次は、慶長六年から元和五年までの一九年間、代官を務めた。目録は、寛永元年七月、秀忠の「御黒印一通」として下付された。手形は慶長一〇年から元和八年までの小泉次太夫吉次・吉勝父子の代官所所務の皆済を証明する文書であった。

図2　小泉吉次の管轄する江戸城南郊の地域（六郷領，稲毛領，川崎領，子安領，神奈川領，小机領）（参謀本部陸軍部測量局　輯製二十万分一図　明治19年3月発行）.

第二に、所務と総称される年貢や小物成は、「領」を単位に徴収・勘定されており、これには、近隣の私領から徴収した小物成も含んでいた(63)。そして、きわめて当然ではあるが、おそらく口米のような代官所運営の必要経費なども、このうちに含まれていたのだろうと考えられる。目録の第一条目は、神奈川領・稲毛領・川崎領の代官所の所務である。第二条目は六郷領・子安領の代官所の所務であり、第三条目は小机領の代官所の所務である。小泉次太夫代官所には、「領」という地域支配の枠組みがあり、吉次・吉綱父子は、この「領」を単位として支配の所務を執行した。

第三に、代官は、「領」に編成した郷村の小領主に年貢や小物成の徴収を委任した。これによって小領主は年貢や小物成を村より徴収した(64)。年貢・小物成以外の所務は、いかなる実態であったのかは示されていないので、今後の検討課題とするしかないが、しかし、吉次の所務は、慶長一〇年(一六〇五)正月、家康が開発を命じた二ケ領用水、および、この用水の開発とともに造成された新田の所務を含んでいたと考えられる。ともあれ、ここでは、江戸城の城付地の地域の代官であった小泉吉次が、代官所の所務を、神奈川領・稲毛領・川崎領・六郷領・子安領・小机領というような「領」を単位におこなっていた点を確認できたといえる。

以上、江戸城の城付地では、幕府代官による年貢・小物成などの徴収や用水普請役の編成が、「領」を単位として執行されていた。用水普請の役は、幕領・私領を問わずに人足役を徴発したという意味で、国郡制的な公儀役と同様の徴発原理でなされたといえるが、「領」は、このような役の賦課・徴発を具体的に実施していく地域支配の単位として機能したのであった。

(2) 公儀柑子役の賦課と「領」域支配

初期の「領」と公儀役とはどのような関連にあったのか、また、それは、地域社会にどんな影響を与えたのか。これらを、江戸城のために賦課される柑子役が「領」を通じた地域支配といかなる関連にあり、それが「領」を構成する郷村の百姓身分の編成すなわち身分の地域的編成といかなる関連にあったのかという点から考察しておきたい。
柑子とは、伝統的に栽培されてきた在来種の蜜柑であり、徳川秀忠の居城であった江戸城では、これを水菓子として珍重した。柑子役は、これを郷村で組織的に栽培・収穫・管理させ、江戸城へ輸送させる課役であり、中納言である秀忠のために徴収する公儀役と位置づけられていた。この時期、柑子役は、代官頭大久保長安が管轄した下総国のうち香取郡・海上郡・匝瑳郡の郷村に賦課されていた。次の文書は、文禄三年（一五九四）九月、大久保十兵衛が四人の代官に対して柑子の徴収を割り当てた書状である。(65)

五千石　おみ川　吉田佐太郎殿
五千右　ささ川　清彦三郎殿
三千右　ふま　三宅辰助殿
弐千石　原大炊助殿

右分柑子置候処、三ツニ御わり候而、御作せ可有候、此高之分ハ多キよし申候得者、はくい被申事ニ、只今遅候得者来年（文禄四年）のかうしいかね候よし被申候間、扨々壱万五千石之高ニ申付候、御いそき被成、當月（九月）中ニ出来候やうニ可被成候、おそく候得者かうしくさり候よし被申候間、御油断被成間敷候、已上

午（文禄三年）九月八日　大十兵（花押）（黒印）

吉田佐太郎殿
清彦三郎殿
三宅辰助殿
原大炊助殿

これによれば、第一に、小見川領を吉田佐太郎、笹川領を清彦三郎、府馬領を三宅辰助と原大炊助が管轄していた

が、この三人は、長安が統率した代官であった。江戸城への上納物として賦課された柑子は、これらの代官によって集められたが、その収集方法は地域支配の枠組みとしての「領」を単位に実施されたのであった。「領」は、江戸城の徳川家が賦課した柑子役を徴収する単位としても機能していたのである。

第二に、柑子役の賦課高は「壱万五千石之高ニ申付候」とあって高割で徴収された。役高は全体で一万五〇〇〇石であった。課役高は、小見川領・笹川領・府馬領の三つの「領」に対して五〇〇〇石が均等に割り付けられた。文禄三年（一五九四）一〇月一二日、大久保長安からの指示を受けた吉田佐太郎・清彦三郎が、原大炊助・三宅辰助の宿所に宛てた書状によれば、柑子の賦課基準は、「代官高石ニ付割申候、五千石より百拾弐こつゝの積ニ御座候」とある(66)。柑子の数を課役高五〇〇〇石について一一二個にせよと命じており、柑子の上納量は合計三三六個となっている。このように奢侈品としての柑子は代官を通じて取り集められたが、「領」は、この公儀役としての柑子を徴収するための地域的な単位となっていた。

第三に、「領」がなにゆえに上納物・献上物として柑子を徴収するための地域的単位となっていたのかを検討しておきたい。これについては、文禄三年一二月、大久保長安・彦坂元正・伊奈忠次が、小見川領を管轄する吉田佐太郎に対して指示を与えた文書の一部を掲げておきたい(67)。

松平主殿助(家忠)、御知行三千百九拾八石八斗二升五合、上総ニ而あかり申候、其替、於小見川御渡可被成候、城廻役銭高之積ニ入、御渡可被成候、年来野銭・山銭不出候所者「　」(其カ)まゝ城付へ御渡可有候

松平家忠は、上総国の知行地を、下総国小見川領へと替わるよう命じられた。この知行の割り替えにともなう所務を執行したのが長安の代官吉田佐太郎である。佐太郎は、自分の所管する「領」の郷村で検地を実施し、小物成を打ち出していたが、家忠に新たな知行地を打ち渡す際、この検地で打ち出した野銭や山銭などの小物成を城廻役として知行高の銭高の中に含めよと命じられている。松平家忠をはじめとする徳川家の家臣は、みずからの知行高に応じた軍役を負担した。この知行高には天正・文禄検地によって打ち出された小物成などが物成詰めによって本高として組

0 1 2 3 4 km

図3 岡飯田村および小見川領・笹川領・府馬領と付近の地域
（陸地測量部 五万分の一地形図 明治39年6月発行）.

み込まれていた。「領」は、このような知行高に基づいて城廻役を徴発・徴収する地域的な単位として編成された。

この時期の「領」は、豊臣政権という統一政権から委任を受けた太閤検地の結果を受け、小物成をはじめとする諸々の上納物を公儀役として賦課・納入する地域的な単位となっていたのであり、また、城館を中心とした軍役衆のための所領であった戦国時代の「領」の機能を継承し、豊臣大名としての徳川家が豊臣政権から賦課された軍役を負担する地域的な単位としても機能したのであった(68)。

文禄三年(一五九四)九月、大久保長安・彦坂元正・伊奈忠次・島田次兵衛が小見川領の岡飯田村の柑子坊白意へ発給した下知状によれば「かうしの儀、いつかたにおゐても、其方目聞候て、非分なきやうに、御かい可有候、若難渋之衆候ハヽ、此方へ触下より断可申候、以上(69)」とあって、江戸奉行衆は柑子の徴収・徴発の権限を白意に委任している。上納品としての柑子の管理は、白意を「御柑子御蔵奉行」として被官関係に組織して進められた。白意は谷本善四郎という在地の小領主であり、柑子の買い入れや柑子蔵の管理を命じられた。また、柑子の保存や輸送には竹籠が使われたが、白意は、この竹籠を製作する職人の編成・管理も任されている。江戸城の柑子の調達は、公儀柑子役の賦課として執行されたが、その徴発・徴収は、小規模ながらも在地の小領主が一定の職分に基づく社会集団を編成して執行した。その社会集団とは、竹籠細工の職人や「内之者五・三人」と述べられるような白意と被官関係を持つ人々から構成されていた。白意は、これらの人々を統率する地侍的な小領主であり、代官は、白意のような人々を被官関係に組織し、郷村での公儀役の執行を委任・管轄させたのであった(70)。

こうした公儀柑子役の徴収・徴発の在り方は、「領」に編成された郷村社会を、どのように規定したのだろうか。次の文書は、柑子坊白意すなわち谷本善四郎が名主の大炊丞を、慶長四年(一五九九)四月、江戸奉行衆に訴えた目安書である(71)。

御奉行衆御申上子細之事

一 柑子蔵之四へきニ付而十兵衛殿様・佐太郎殿・同おうか惣右衛門殿、各之御手形を申請、御上意様之柑子之御用ニ仕候処ニ、岡飯田名主大炊丞みたりニ切取申候を、白意ふせき申候処ニ内之者五・三人引出し、半死ニ打ひらき申候、御手形をやふり申候上者、以来之慮外も不被知候間、如此申上候、如何

一　此以前も久野民部殿御代之時分、佐太郎殿御手形をやふり候て、代官を引出し、四へき用木共、みたりニみたり（ママ）ニ切取候へ共、大事之御公方ニ候間、卒爾ニ不申上候

一　其外ニも、村中人別かりを仕候て、四へき并大山迄も切取、柑子蔵之屋敷之内之むき畠をも不蘭、すみをやき申候、是も思慮を存候て卒爾ニ不申上候

一　佐太郎殿御人足を以、柑子蔵之ふきかへ仕候時分、立替之柱一本きり申候処ニよきをとられ申候、是又慮外を存候へ共、是も大切之御事ニ候間不申上候

一　彼大炊丞ニ打ひらかれ申候事ハ、初之三月二日之仕合に候、然ニ後之三月之十五日之比迄ハ、半死にて所用ニ不罷立候、如此候まゝ、御柑子過分ニそんし申候、か様ニ申上候事ハ、思慮千万ニ候へ共、重々之慮外共御座候間、又々此度、命もなからへ候ハヽ、重而之慮外も知不申候間、扨々申上候、如何

此上之御事ハ、四へき御印判を能々御分別を以可被下候歟、如何

慶長四年亥之四月日　　下総国岡飯田
　　　　　　　　　　　　柑子坊（花押）

各々御奉行衆御申上候

（裏書）右之分、御目安上候間、御返答書被成、百姓可申候（被仰付）、急度可給候、以上

後（ママ）六月晦日　　大十兵（黒印）
　　　　　　　　　　長七左（黒印）
　けん持但馬殿　　伊　駿（黒印）

裏判をしている「御奉行衆」は大久保長安・長谷川長綱・伊奈忠次の三人の代官頭（江戸奉行衆）である。「けん持

但馬」がいかなる人物かはつまびらかでない。また、文書の解説によれば、「百姓被仰付」は当初「可申候」とあり、これが「百姓被仰付」に書き直されたとある。この書き直しがいつの段階のものであるか後考を俟つしかない。しかし、この書き替えは目安裏判によって「右之分、御目安上候間、御返答書被成可申候、急度可給候」と命じられた判決が、「百姓被仰付」と理解されるに至ったことを示唆している。奉行衆は、改めて百姓の身分であると岡飯田村の名主であった大炊丞に厳しく告げるよう命じているのであるが、事件の経緯は次の通りである。

慶長四年（一五九九）三月、柑子の蔵奉行であった谷本白意の管理する柑子蔵、および、その敷地の所有権をめぐって出入があった。すなわち、白意は、大久保長安・吉田佐太郎・「おうか惣右衛門」より手形を申し請けて柑子蔵と蔵の建つ敷地を「御上意様之柑子之御用荷ニ仕」っていた。これに対して岡飯田村の名主であった大炊丞は、柑子蔵を破壊し、白意の家来に「半死」の重傷を負わせた。

柑子蔵はおそらく所有権が明確化していなかった土地に建てられたのであろう。柑子蔵の敷地は白意が「御柑子御蔵奉行」に任ぜられるまでは、白意と大炊丞の双方がともに散り懸かり的に所有権を持つか、あるいは、郷村の土地として慣行的に使用してきた場所であった。しかし、柑子蔵奉行が設置されて以後、白意が、みずからの職分に基づく領有権を主張した。これが発端となって大炊丞と白意の双方が領有権を主張し、出入に発展したのではないかと考えられる。そして、大炊丞は暴力的対決も辞さずに白意の柑子蔵の土地所有権を否定しようとしたのであった。

ここで注目されるのは白意と大炊丞の二人が郷村という地域社会の中で強い実力つまり公共的暴力を組織できる人物だった点である。すなわち、大炊丞は岡飯田村の名主で「村中人別かり」というように、郷村の人々を徴発することができるほどの組織力を持っていた。一方、柑子坊白意（谷本善四郎）は、少なくとも「内之者五・三人」と称する家来を抱え、柑子蔵奉行を命じられるほどの身分的・職分的な地位・特権をもって大炊丞に対抗した。出入は郷村の秩序を支配する小領主と小領主との間で起こった点に特徴があった。出入の結果、裏書の奉行衆による裁定にもみられるように、大炊丞は、百姓の身分であることを厳しく命じられたのである。(72)とはいえ、谷本家も、元禄時代になると岡飯田村の名主のみとなって柑子に関する職分に基づく地侍としての社会的な地位・身分を失っていった。

このように公儀による柑子役の賦課・徴収は、「領」や郷村を単位とする身分の地域的編成をともなって実施された。また、これにともなって「領」の基礎単位であった郷村社会の中では小領主が互いに在地の支配権をめぐって対立した。小領主は、基本的には、百姓身分でありながらも、公的・領主制的な課役によって職分的特権を得た地侍に再編された場合、あるいは、こうした課役の対象から洩れて通常の百姓身分――職分としての名主を勤める例も含めて――に編成されていく場合とがあったのである。

(3) 山林原野の入会権出入と「領」域支配

この時期の郷村における山林原野の入会権はどのような実態だったのか。徳川政権の郷村支配政策とはいかに関連していたのか。また、「領」の編成とはどのように関連していたのか。ここでは、これらの問題について常陸国筑波郡の小田領および真壁領北条郷の山林原野入会権の出入を通じて検討していきたい。

筑波山西麓の小田領は、天正一八年（一五九〇）八月以後、佐竹義宣の支城主であった梶原政景・小場義成と支配が続いた。一方、真壁領は義宣の支城主であった真壁房幹の支配となっていた。しかし、義宣の土崎湊転封後、小田領も真壁領も水戸奉行衆の管轄となった。そして、水戸奉行衆による慶長検地を契機として佐竹義宣の支城時代の在地支配秩序が再編されていった。この慶長検地以後の郷村構成を示したのが表7である。

小田領では慶長七年（一六〇二）五月の佐竹義宣秋田転封以後、代官の下代に境西という人物が置かれていた。また、慶長一五年、小田領のうち表7の大形村古組と後世に小田村より分村させられる太田村を除いた五〇〇〇石の地が佐久間備前守安政の支配地となった[73]。この時安政の弟である佐久間勝之（大膳亮勝）も隣郷の北条郷を中心に三〇〇〇石の知行を宛て行われ[74]、久野掃部という人物を下代に任じている[75]。安政・亮勝兄弟の知行地は近接地にセットで宛て行われているので、[76]安政の知行地についても下代による支配がなされたと考えてよい。[77]小田領五〇〇〇石は、元和二年（一六一六）八月になると旗本横山興知の支配地となり、[78]この後は、興知側近の江戸の屋敷と在地の陣屋とを往復していたとみられる家来の指示によって支配された。しかし、実際には、小田領のうち小田郷と称される小田村以下の三カ村は小泉新右衛門に管轄が命じられ、山ノ庄郷と称される東城寺村以下の六カ村は郷代官の岡田太郎兵衛という人物を通じた支配がなされた。[79]小泉新右衛門と岡田太郎兵衛は郷代官と称される在地の小領主であった。佐久間家や横山家は、これら在地の小領主を「領」を構成する郷の代官に任命した。

次の文書は、元和九年一一月、横山興知側近と見られる家来三人が連署し、小田領の「御代官中」に発給した文書である。[80]

あんし

一　百姓等家屋敷・田畠うりかいのき、其所之名主ニ為申聞、其上代官ニ相理、其沙汰可仕候事

一　走百姓有之者両となり四間・むかい三間のものニ相かゝり可申候事

一　たはこ江戸中御法度仰付候条、其意きふく可被申付候事

一　伴天連宗御法度ニ申候、若在々ニ有之者注進可仕候、かくしおき候も、其村名主越度可申付候事

一　公儀御判無之者、他所ゟ引入、鷹取らせ申間敷候事

右之条々、在々者ニかたく可被仰付候、若相背ともから於有之申候ハ、急度可被申候、以上

元和九年　　　　老川五郎兵へ

十一月廿一日　　土屋右馬助

伊藤三郎左衛門

御代官中

参

端書には「あんし」(案紙)とあり、知行地に公布した法令の案文であったことがわかる。文書は、郷代官であった小泉家に残されているので、「御代官中」とは、郷代官の小泉新右衛門・岡田太郎兵衛をさしている。内容は、田畑売買・煙草売買・走百姓・伴天連に対する取り締まりの箇条となっている。書止の部分には、これらの箇条を「在々者」(郷中の人々)に、厳しく命じよとある。郷代官であった

表7　小田領の郷村構成

郷村名	高
筑波郡南野庄小田村	1,678.724石
(太田村)	390.630
大形村(古組)	212.522
新組	701.051
大島村	300.700
筑波郡山ノ庄東城寺村	222.921
小野村	335.045
大志戸村	462.200
本郷村	552.483
永井村	524.850
小高村	222.026
計	5,603.152

出典:「明細帳」(『筑波町史史料集』第1編).
「懸方集覧」(『土浦市史編集資料』第22篇).

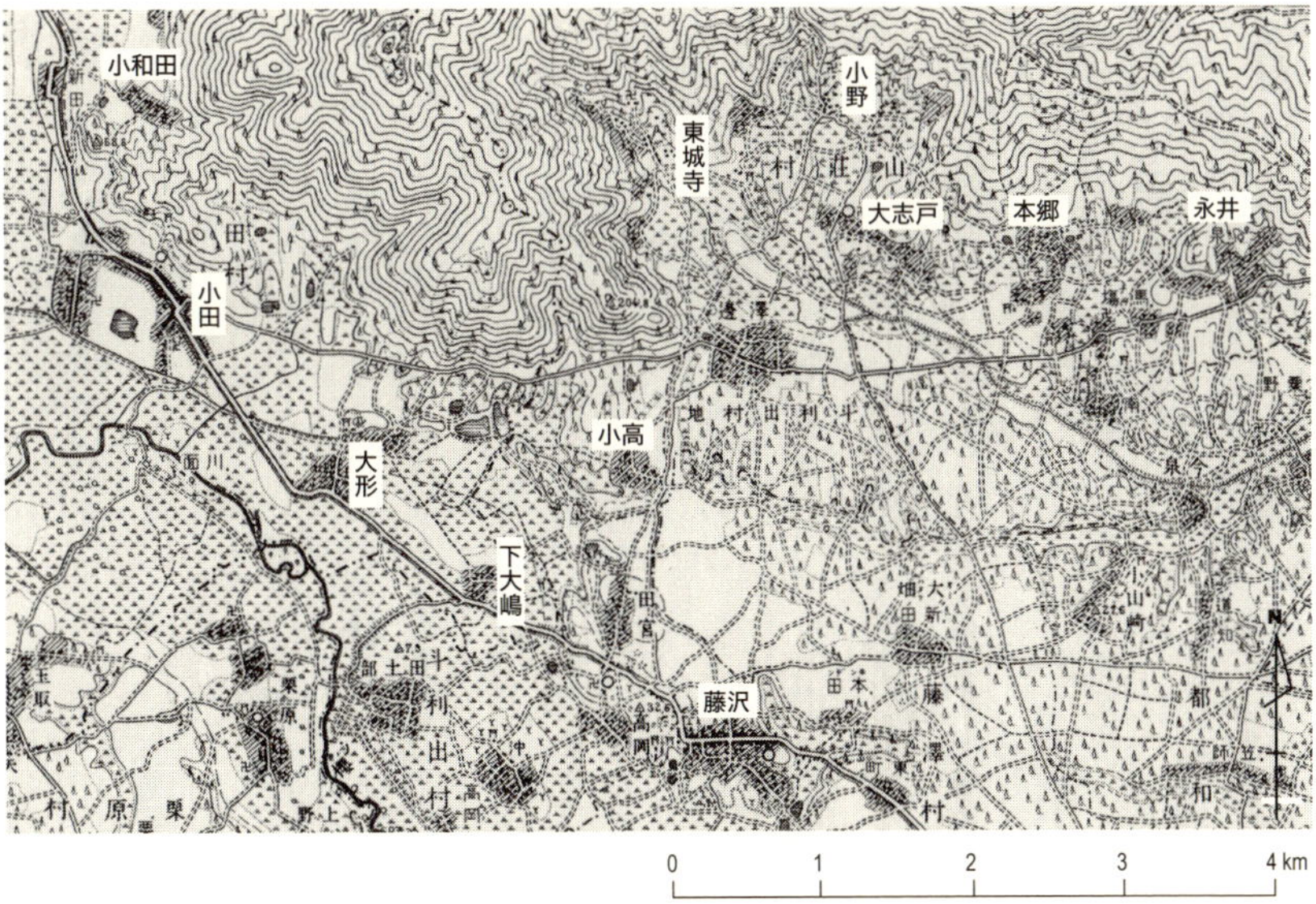

図4　小和田村・小田村および藤沢領と付近の地域
(陸地測量部　五万分の一地形図　明治39年6月発行).

二人は、この法令を郷中に公布し、箇条の内容を取り締まれと命じられたのである。

また、時期が下るが、次の文書は、興知の次の当主の横山知清が検地を開始した寛文七年（一六六七）三月前後、前述のような立場とみられる側近の家来の伊藤三郎右衛門から小泉利右衛門・岡田太郎兵衛の二人の郷代官に発給した達書である。(81)

近年、やゝもすれば名付なしの訴状を調、或は、御かまくら之内ニ落し、或は、御通之道ニ立置候、其文体虚言のミにて無実儀候、唯其者へ之遺恨をさしはさミ、無十方義申上候事、上をかろしめ憚之仕合、不届千万ニ候、たまく\入御披見、被遂御僉儀といへとも、相手ハ、ハね候て無詮事、然時ハ皆、意趣を以、偽を申上候事、従者の所為たるべし、自今以後ハ、御取上被成間敷候、其内当人知候ハゝ、曲事可被仰付候、但、御為之儀、又ハ、百姓中痛に成候実正之事ハ、可為各別候間、伝を以、可申上候、此旨、村々へ急度可被申渡候、以上

三月三日　　伊藤三郎右衛門

小泉利右衛門殿

岡田太郎兵衛殿

このほかにも二人の郷代官は、年貢の徴収、種籾の貸付、伝馬役の人馬徴発などの横山家の知行地である小田領の郷村の所務を執る立場にあった。また、小泉新右衛門・岡田太郎兵衛の二人は、郷代官を職分とするという理由で、寛文検地においても屋敷地が除地として扱われ、同時に、所有地の一部が検地帳に登録されずに別帳に載せられた。(82)旗本の横山家は、小泉新右衛門・利右衛門、岡田太郎兵衛を郷代官に組織し、同時に、屋敷地ならびに所持地の年貢の徴収を免除するという形式をとって給分・扶持を与え、これを媒介とした被官関係の形成を通じて小田領の郷村支配をおこなっていった。しかし、元禄一〇年（一六九七）一一月、横山知清の子の元知が知行地を下野国都賀郡内に移され、小田領の支配が土屋家に替わる。これを契機に小田領は、土浦藩が派遣した代官制度による支配が開始され、小泉新右衛門や岡田太郎兵衛は、「領」内の郷代官としての身分と特権を失って惣代名主へと再編されていくのである。

このように水戸奉行衆や佐久間家・横山家は、側近・直参の家来を小田領の陣屋に派遣し、この「領」を管轄する家来のもとに下代や郷代官を被官関係に組織し、郷村を支配したのであったが、「領」の支配は、郷村のどのような構造を前提としていたのか、次に検討しておきたい。

対象とするのは小田村と小和田村との山林原野の入会権をめぐる出入である。小田村はいうまでもなく小田郷の本郷であり、小和田村は、小田村の隣郷で真壁領の北条郷に属していた。

慶長一二年（一六〇七）一〇月、小田村と小和田村とが山の入会権をめぐって訴訟をおこなっていた。次の文書は、このとき小和田村の百姓が、小田村の目安書に対抗して幕府の江戸奉行衆へ提出した相目安である。(83)

筑波郡小和田之村御目やす之事

此度、小田之衆小わた山為もん答之儀を、御目安以申上候に付て、乍恐相目やす以指上申候、小和田山之儀者前々よりも、又者七左衛門尉様（長谷川長綱）・小刑部様（彦坂元正）・四宮様（四宮彦右衛門）いつれ之御代官被成候ても、一円からせ不申候処を、当（慶長十二年）五月五日に人数をあつめ、小わた山おし籠やふり、かり申候処を、小田之御下代境西と申方へ此由申上候へハ、其日ハおし止被成候由、小田之衆へ何として小和田を破申候やと御せんさく御断被成候処を、ませ不申候て、重而六日に者五百人計に而押懸候間、水戸へ罷登、四宮様へ様体申上候へハ、即水戸にて対決申候て、我等かち申候、なにと小田之衆申上候共、いつわりに御座候、此上なからたいけつ申候者由、能々御さはき奉憑候、仍如件

未ノ（慶長十二年）拾月二日

小わた村　百姓

江戸御奉行衆様

御申上

論所の対象となった山は小和田村の百姓によって小和田山と称されていた。小和田村の百姓によれば、小和田山は、いつ頃からかはわからないが、小和田村の百姓が排他的な入会権を持ってきた。長谷川七左衛門・彦坂小刑部・四宮彦右衛門のいずれの人物が管轄していた時期も一円的な入会権が保証されてきた。小和田村の百姓は、慣行的な入会

の場として小和田山の下草を刈り取ってきたというのである。

慶長一二年（一六〇七）五月五日、小田村の衆は、小和田山へ強引に入り込んで下草を刈り取った。小和田村の百姓は小田郷の下代に抗議したが、しかし、小田郷の下代でもあった境西は、小田村と小和田村の主張を平等に聞き入れず、反対に小田郷の入会権を主張した。翌五月六日には約五〇〇人の小田郷の百姓が小和田山に押し懸けた。

これに対して小和田村の百姓は、水戸奉行衆の四宮彦右衛門に小和田山に対する自分たちの村の独占的な入会権を訴えた。この結果、水戸の訴訟で小和田村は小田村に勝訴した。

しかし、小田村は、これに屈せず、江戸奉行衆に自分たちにも入会権があるという点を認めさせる訴訟を起こしたのである。この文書は、原告となった小田村の訴えに対する被告の小和田村の相目安書で、江戸奉行衆に訴えた小田村の主張は偽りであると主張している。

小田領を中心とする地域には地方巧者の長島尉信によって書き留められた「おたまき」という記録が残されているが、小田村と小和田村との論所についても、「小田村、慶長七年ニ御検地ありて村高定るといへ共、山林経界、未定らす、よって土人、隣里と争ふ[84]」と記録されている。小田村は慶長検地によって村高が決定したが、しかし、小田村と隣郷の小和田村との境界には山林があり、この郷村と郷村の中間に位置する山林のどこを境界とするのか決められなかったとある。

徳川政権の村切政策は、たとえば、慶長「六年に各替り有、御領（料）地方ハ、大久保十兵衛・彦坂小刑部・伊奈備前守、三判証文を以究之、慶長九辰年、検地入て、城付ハ城主自身検地差出候高、御領（料）ハ伊奈備前守家次（忠）、為総奉行町・反を改、上・中・下に盛と云事を定、石代と名付、一村切之高辻を究[85]」めるという方法で進められた。徳川政権は豊臣大名から新たに獲得した支配国で検地を実施した。蔵入地・幕領の検地は代官頭が担当し、城付地は城主が実施した。検地の方法は町・反・畝・歩の面積を測り、これに上・中・下の石盛をつけ、「一村切」と称して一つの郷村――この郷村は多くの場合、寛文・延宝検地によって画定された村ではなく、前述したように、戦国時代から続く郷や村であった——を在所の単位として村高を定めた。検地は代官頭のもとにある代官と下代・郷代官および検地案内人となった郷村の小領主を中心に進められた。

だが、慶長検地は、これをもって山林原野の境界画定を完遂させるというような段階には至らなかった。太閤検地では郷村の境界を画定する作業が重要な政策であり、慶長検地も、こうした政策を継承したといえるが、実際の境界の画定はきわめて困難な作業であったことがわかる。

しかし、郷村の立場からみると検地後、山林原野に賦課される野銭などの小物成は郷村を単位に賦課され、これが炭・薪などの燃料や田畑の耕作に不可欠な採草地を確保する入会山へ踏み入るための権利の公法的な根拠となりつつあった。このような事情から慶長検地を前後して山林原野の境界画定が問題となったのである。

このようにみていくと目安書には示されていないが、慶長検地以前、小田村の百姓もあまり意識しないで小和田山に入っていたのだと考えられる。この意味では、小田村にも、小和田山への一定の潜在的・慣行的な入会権が存在した可能性が高かった。従来は、小田村も小和田村も、この山への入会権を持っていた。しかし、「村高定るといへ共、山林経界、未定らす」という慶長検地の実施後、小田村と小和田村の二つの郷村は、山林原野の境界を画定しなければならない事態に立ち至った。検地によって打ち出した野銭や山銭などの小物成の上納が問題になったからだと推定される。

慶長検地は、集落を中心とした郷村の境界を画定しようとしたが、山林原野の奥深くにまで立ち入って、どこを郷村と郷村の境界とするかという作業を直接の目的とはしていなかった。この結果、検地は、山林原野の入会権に関する郷村相互の主張を尖鋭化させたのであった。小田村と小和田村との入会権をめぐっての対立は、このような事情の中で起こった事件の一つとして位置づけられる。

慶長検地にともなって引き起こされた山林原野の入会権をめぐる出入は、小領主を核とする郷村と郷村との暴力的対立を含むものとして展開した点を特質とする。長島尉信の「おたまき」によれば、こうした暴力的対立は「争ふ時は、鐺・鉄砲ニて闘ひける[86]」とあるように、しばしば鐺・鉄砲を使用した出入となった。小田村と東城寺村の出入では、たとえば、小田村の「ひかの新四郎」という人物が、東城寺村の「鷹とり」なる人物を「打殺し」たというのが実態であったとある[87]。このような激しい自力救済権の発動に対して江戸奉行衆としての代官頭も、容易に事態を鎮静化することができなかった。このため奉行衆の裁定も「以鉄火、可相定由、備前様(伊奈忠次)被仰出候所」とあるように、「鉄火を握らすといふ仕置の振」りが命じられ、神意を占うという方法で解決の仕方を探るしかなかった[88]。

こうした小領主を核とする山林原野の入会権の出入は、小田村の小和田村に対する「当(慶長十二年)五月五日に人数をあつめ、小わた山おし籠やふり、かり申候処を、小田之御下代境西と申方へ此由申上候へハ、其日ハおし止被成候由、小田之衆へ何として小和田を破申候やと御せんさく御断被成候処を、ませ不申候て、重而六日に者五百人計に而押懸候間」とする事態を引き起こした。

目安書には書かれてないが、この小田村と小和田村の出入にも、喧嘩停止令と定書によって法による裁定が求められていたにもかかわらず、なお、鐺・鉄砲を使用した「打殺し」も含んだ暴力的対決の実態が見え隠れする。

これに対して境西は、代官頭伊奈忠次の代官四宮彦右衛門の下代であり、小和田村にとっては、このような暴力的対立を平等な立場で調停する存在でなければならなかった。しかし、下代の境西は、小田郷を管轄する立場の人物であり、この小田郷の立場からしか対処できず、互いの郷村の出入を調停・鎮静化できなかった。なぜなら代官・領主・地頭の下代を通じた支配は、下代以外の小領主が在地で被官関係を通じて形成させていた郷村社会の権力ときわめて接近していたからである。そうであるがゆえに代官・領主・地頭は、そのような郷村の自律的権力と一致する点を見出しながら下代を通じた支配をしなければならなかった。小田領の下代である境西が、従来からの小田村の潜在的な入会権を否定するのは、小田村の人々と対抗関係に立つことを意味する。この意味で境西が、小和田村の主張を受け入れることは現実的に不可能であった。

したがって、小和田村の百姓衆は、境西の調停能力を期待できず、小田村との出入に勝つためには、小田村の剝きだしの暴力に対し、これを上回る剝きだしの暴力で対抗するか、このような自力救済権とは別の司法権力によって法に基づく解決が必要とされた。小和田村の百姓衆の抗議が小田村の下代によって否定された結果、小和田村の百姓が最初に水戸奉行衆に訴えたのは、このような事情からであった。これに対抗して小田村の百姓が江戸奉行衆へ上訴したのも、また、小和田村の百姓が相目安を差し出したのも、このような理由に基づいていた。

戦国時代から維持されてきた郷村での地侍を中心とした小領主的な在地支配秩序は、慶長検地を契機に、これまで利害を共にしてきた二つの郷村が、別々の異なる郷村や「領」へと編成され、これによって利害の対立が発生するという事態を生じさせた。この入会権をめぐる出入は、従来、小田村と小和田村の百姓が、互いに共同の財産として認識していた入会山の権利が慶長検地によって分割された結果として引き起こされた出入であった。

慶長検地は、入会権をめぐる従来の郷村の激しい利害対立を惹起させた。この対立が小領主の主導と考えられる郷村と郷村との暴力的対立を尖鋭化させた。

しかし、元和七年（一六二一）二月二日、板倉伊賀守勝重は「一　郷中にて百姓等山問答・水問答ニ付て、鉄砲にて互ニ致喧嘩候者は、其一郷可致成敗事」という武器を使った喧嘩停止の箇条を公布している[89]。この結果、鑓・鉄砲を使った対立は「山川問答ニ鑓・鉄砲持出す事きひしく禁候間、後ハ棒・鎌専らとせしなり[90]」とあるように、この後、暴力的対立とはいっても、棒や鎌を使った争いへと次第に姿を変えていった。

徳川政権の郷村支配は、これまでも述べたように関東総奉行を軸とする代官頭によって推進された。代官頭のもとには「領」を単位として代官・領主・地頭が編成されていた。代官・地頭の陣屋や領主の支城は、戦国時代までの在地領主および小領主の展開と相俟って成立した城や館などに設置され、これらが「領」による支配の拠点となった。「領」の中には複数の郷村が編成されて下代が置かれた。それは小領主の散り懸かり的土地所有に基づく在地支配秩序を、被官関係を通じて下代のもとに組織し、これによって小領主を代官・領主・地頭の支配秩序の中に組み込もうとする支配の方式であった。

おわりに

以上、本章では、天正一八年（一五九〇）八月から大坂夏の陣までの「領」に関わる事実を関東において析出し、地域の枠組みとしての「領」の基本的性格を検討してきた。また、このことによって国制と地域支配とがどのような関連にあったのかについて論述してきた。

徳川家康は小田原城の落城によって天正一八年八月、関東へ入国して江戸城を本城に定めた。これによって武蔵・相模・上総・下総・上野の五カ国に家臣を配置して国制上の支配権を掌握した。だが、常陸国の国制は佐竹義宣、下野国は宇都宮国綱・蒲生秀行、安房国は里見義康の掌中にあった。

家康が関八州に国制上の支配権を成立させる事実上の契機となったのは関ケ原の合戦であった。合戦後、家康は、蒲生秀行を会津若松城へ増封し、奥平家昌を宇都宮城主として下野国の支配権を得た。常陸国では、佐竹義宣を出羽国土崎湊へと転封させ、水戸城を中心として国制上の支配権を掌握していった。しかし、安房国の支配権の確保は、大久保忠隣事件に連座した里見忠義を伯耆国倉吉へ減封させるまで待つことになった。徳川政権による国制上の支配権の確保は、国を単位とした領知権の獲得が前提となっていた。この積み上げの結果が大坂夏の陣であった。このように関八州における国制も、一度は統一政権となった豊臣家の立場が複雑に影響し、その最終的な掌握は、大坂夏の陣の終了を待たねばならなかった。

このような点を前提としながら第一節では、近世初期の関東で「領」と国制とが、どのように関連していたのかを検討した。ここでの結論は次の三点に要約できる。

第一に、徳川家康と徳川政権による関東の国制は、大久保忠隣・本多正信のもとで関東総奉行が、江戸奉行衆でもある代官頭の職務の遵行を保証するという形式をとって執行した。奉行衆である代官頭は、主として複数で、城地請取にともなう所務、検地、知行割、公儀役の徴発・徴収、年貢・小物成の所務、民事・刑事裁判の管轄などの実務を担当した。しかし、常陸国の場合、支配国の本城としての水戸城に国主たるべき大名が入封すると国制に関わる実務の管轄権は次第に一人の代官頭に収斂されていった。こうして代官頭の職務は事実上、国奉行に相当する内容となった。常陸国において代官頭は江戸奉行衆とも別称された。支配国の国制には関東総奉行に率いられた支配国の奉行衆があたった。常陸国の場合は水戸奉行衆と称された。支配国の奉行衆は、代官・領主・地頭の支城・陣屋を拠点に郷村の支配政策を実行したのであった。

このように関東の国制は、①関東総奉行による関八州内の支配国に関する全体的な支配、②支配国の奉行衆による国別の国制支配、③「領」を単位とする代官・領主・地頭の地域支配から構成されていた。これらの三つの支配の段階は裁判権の審級制を含む支配権の三段階的編成といってもよい。代官・領主・地頭は、下代を通じた郷村の支配を実施した。だが、このような陣屋の下代を通じた支配は、同時に郷村内に土地の複雑な散り懸かり的請作関係を持つ小領主を被官関係に組織しながらの統治であった。小領主は、各々が郷村内に土地の散り懸かり的な所有関係を媒介としながら複雑な同族的・被官的な社会関係を築いていたのであった。支配権・裁判権の三段階的・三審級的編成は、このような郷村における小領主と小領主の対抗関係をより高い次元から裁定・調停しなければならない必要から形成されていたといえる。このようにして郷村を統括した「領」は、御前帳に象徴される国や郡を単位とする国制の支配を、代官・領主・地頭の地域支配を通じて実質的に担保する地域の枠組みとなっていった。

第二に、関東入国以後の家康の郷村支配は、豊臣政権が御前帳の編成を通じて志向した国・郡・村という国制的原理を基礎としていた。この意味で郷村に対する村切政策も国郡制的地域編成への志向を持っていた。村切政策は、この意味で戦国時代までの郷村の中から新たなる村を再編する第一歩としての性格を持っていた。しかし、これは郷村内での小領主の散り懸かり的土地所有、および、このような土地所有に基づく社会関係を全面的に排除する政策ではなかった。というよりも、このような社会関係を基本的に容認して小領主を代官・地頭の下代あるいは郷代官として公的に組織し、これによって郷村の支配を効率的に実施しようとした政策であった。

第三に、「領」を通じた郷村支配は、戦国大名の北条家が実施した地域支配の方式を継承・再編・拡大した政策であった。関東入国後の家康は、戦国時代までの在地領主・小領主の支城・城館を核として郷村を「領」に編成した。「領」には村落の小領主を下代として編成し、この小領主を通じて郷村を支配したのである。「領」を通じた郷村支配は、関東入国から関ケ原合戦を経て里見忠義が伯耆国倉吉に滅封となった事件の前後を通じて関八州の地域全体に拡大されていった。

次に、第二節では、「領」と国郡制との関連を指摘した前節での検討を踏まえ、「領」を通じた郷村支配の在り方を検討した。

第一に、徳川政権の代官は「領」を支配の単位とした。「領」の中には蔵入地（幕領）の郷村も私領の郷村も存在した。蔵入地郷村の年貢は代官が小領主に委任して徴収した。また、小物成は私領の郷村でも幕府に徴収権がある場合が少なくなかった。「領」は、小物成を蔵入地・私領の別なく徴収する単位としても機能していた。また、公儀普請役は、大名・領主が公儀として果たさねばならない重要な義務化された勧農権といえるが、この勧農権の具体的政策としての公儀普請役では、「領」を直接の編成対象とする場合と「領」の中で新たに「行政」上の機能が創出されつつあった村を直接の編成対象とする場合があった。郷村の機能の拡大にともなって小領主の役割は少なくなる趨勢にあった。だが、公儀普請役は、戦国時代以来の郷村から分解した村が、分解する以前の郷村を基本的な単位に組郷（与郷）・郷組として結合し、この郷組を単位に小領主を媒介として負担した場合が多かった。

第二に、公儀柑子役の賦課と地域支配との関連の問題では、「領」が、代官に割り付けられた役高の賦課単位となっていた。柑子役は小物成に類する幕府の課役であった。この課役は、郷村の小領主を柑子の蔵奉行として被官関係に組織しながら編成された。しかし、柑子蔵奉行谷本白意は、柑子を管理するための蔵屋敷の土地所有権をめぐって岡飯田村の名主であった大炊丞と対立した。大炊丞もまた、岡飯田村の小領主であったが、この出入の過程で身分としての百姓へと再編成されていった。

第三に、「領」に編成された郷村の山林原野の入会権をめぐる郷村と郷村との出入を検討した。出入は、関ケ原合戦後の家康が、豊臣大名から新たに獲得した支配国で実施した村切政策の結果、村の領域の画定が問題となった結果として引き起こされた。出入は、この段階の村切までは一つの共同体して山林原野に立ち入ってきた二つの郷村が、互いに異なる「統治」上の地域としての「領」や郷に編成されたのが原因であった。出入は、鑓・鉄砲を使った暴力的な対立を含む事件へと展開した。このような暴力的対立は、郷村における小領主の支配秩序が根強く存在したがゆえに引き起こされたのであった。そして、鑓や鉄砲の使用を通じた在地秩序の封印こそ、この時期の徳川政権の課題であった。関東総奉行による関八州の全体的な支配、奉行衆による支配国の国制の管轄、郡と相互補完の関係にあった「領」を単位とする代官・領主・地頭の地域支配という支配権の三段階的編成や裁判権の三審級的な編成・管轄は、このような課題に対処するための基本的な必要条件でもあった。

以上のように、関東入国以後の徳川政権の地域支配は、「領」を媒介として国制と領主制が、相互に補完関係の位置と役割を持つ方式によってすすめられた。「領」の地域的な単位であった郷村の支配は、小領主制という人的関係を通じて実現された。このような地域の単位は、近世の初期から前期を通じた地域支配の基本的な枠組みとして維持されていった。

このような支配の単位としての地域は、国制と領主制の複合的支配の中に生活した当時の人々の主体的な価値意識といかなる齟齬をきたしていたのだろうか。著者の目的意識としては本来、この点のさらなる解明にこそあるのだが、それは、今後の課題として筆をおかねばならない。

(1) 朝尾直弘「前近代日本における社会と国家」(『現代歴史学の成果と課題』青木書店、一九八二年)一八―二〇頁。
(2) 国制に関する研究には、国奉行制と国役による身分編成を観点とする高木昭作「幕藩初期の国奉行制について」(『歴史学研究』第四三一号、一九七六年）、同「幕藩初期の身分と国役」（『歴史学研究』別冊特集、一九七六年）がある。また、三鬼清一郎は、秀吉の朝鮮出兵による国内動員体制を「太閤検地と朝鮮出兵」（『岩波講座日本歴史』近世1、一九七五年）および「戦国・近世初期における国家と天皇」（『歴史評論』第三二〇号、一九七六年）で、国郡制的支配原理と封建的主従制原理の二元論的編成という視角から論じている。藪田貫によれば、これらの研究では「従来、社会構成史研究の主流をなしてきた封建領主的土地所有・支配にもとづく理解に対抗して国郡制的支配原理を提示したため、近世国家の二元論的な捉え方が強調された」（「『摂河支配国』論――日本近世における地域と構成」（脇田修編著『近世大坂地域の史的分析』御茶の水書房、一九八〇年）」というが、氏の研究（「近世畿内所領構成の特質――『畿内非領国』論の意義と課題にふれて」（『ヒストリア』第七三号、一九七六年）」や朝尾直弘の提言は、こうした近世の国家についての理解の止揚をめざす見解だといえる。

（3）煎本増夫「江戸時代における武州山口『領』の在地支配の実相」（『大和町史研究』第三号、一九六二年）。

（4）伊藤好一「武蔵国における〝領〟について」（『歴史と地理』第二三七号、一九七五年）。

（5）秋澤繁「天正十九年豊臣政権による御前帳徴収について」（『論集中世の窓』吉川弘文館、一九七七年）。

（6）秋澤繁「御前帳と検地帳」（『年報中世史研究』第三号、一九七八年）。

（7）秋澤繁「天正十九年豊臣政権による御前帳徴収について」（『論集中世の窓』吉川弘文館、一九七七年）。

（8）秋澤繁「天正十九年豊臣政権による御前帳徴収について」（『論集中世の窓』吉川弘文館、一九七七年）。

（9）秋澤繁「御前帳と検地帳」（『年報中世史研究』第三号、一九七八年）。

（10）秋澤繁「御前帳と検地帳」（『年報中世史研究』第三号、一九七八年）。

（11）秋澤繁「御前帳と検地帳」（『年報中世史研究』第三号、一九七八年）。

（12）秋澤繁「天正十九年豊臣政権による御前帳徴収について」（『論集中世の窓』吉川弘文館、一九七七年）。

（13）藤木久志「豊臣惣無事令と上野沼田領問題――統一における平和と戦争」（『群馬県史研究』第一七号、一九八三年）。

（14）市村高男「近世成立期東国社会の動向――結城晴朝の動向を中心として」（『栃木県史研究』第二四号、一九八三年）。

（15）朝尾直弘「幕藩制と天皇」（『大系日本国家史』3　近世、東京大学出版会、一九七五年）。山本博文「『豊臣体制』消滅過程の一断面」（『論集きんせい』第五号、一九八〇年）。曽根勇二「『豊臣体制』の解体をめぐって――片桐且元を中心に」（『地方史研究』第一八一号、一九八三年）。著者は、全国的な国制という意味を、日本六十余国の一カ国ずつの国制の総和としての意味で理解している。関東入国以後の家康は、豊臣政権から関東に対する国制上の進止権の委任を受けていた。しかし、この進止権は、関ケ原の合戦の戦勝以前においては豊臣政権を支える有力大名としての取次的な役割と理解される。

(16) 大名配置の詳細に関しては藤野保『新訂・幕藩体制史の研究』(吉川弘文館、一九七五年) がある。

(17) 村上直「関東総奉行について」(高柳光寿博士頌寿記念論文集『戦乱と人物』吉川弘文館、一九七三年) 四一六頁。

(18) 中村孝也『徳川家康文書の研究』下巻之一 (日本学術振興会、新訂初版、一九八〇年) 三一一―三一二頁。なお、この内容についての本格的な考察には、朝尾直弘「畿内における幕藩制支配」(同『近世封建社会の基礎構造』御茶の水書房、一九六七年、三一九頁) がある。

(19) 深谷克己「慶長八年諸国郷村掟について」(同『百姓一揆の歴史的構造』校倉書房、一九七九年) 一八五―一九五頁。

(20) 水本邦彦「村社会と幕藩体制」(『歴史学研究』別冊特集、一九八三年)。関東の場合、分村運動によって成立した村は、寛文・延宝・元禄の検地によって最終的に村として公認され、元禄郷帳に登録された村と理解される。天正・文禄・慶長の検地によって境界が画定した村は、元禄郷帳に登録された村をいくつか含む郷村であったと理解される。

(21) 朝尾直弘『近世封建社会の基礎構造』(御茶の水書房、一九六七年) 三一九―三二二頁。なお、ここで前述した小領主と「領」の関連について述べておきたい。峰岸純夫は「戦国時代の『領』と領国――上野国新田領と後北条氏」(慶應義塾志木高等学校『研究紀要』第一輯、一九六九年) において、「領」に編成される在地の百姓衆を含むと考えられる在地の有力な人物を、土豪と位置づけ、その後、これを「中世社会の階級構成――とくに『下人』を中心に」(『歴史学研究』第三一二号、一九六六年)、「室町・戦国期の階級構成――とくに『地主』を中心に」(『歴史学研究』第三一五号、一九六六年)、「国人領主と土豪」の分担執筆部分「Ⅱ　村落と土豪」(『封建社会の展開』講座日本史3、東京大学出版会、一九七〇年) によって地主の概念を使用して説明した。

これに対して村田修三は、「戦国時代の小領主――近江国甲賀郡山中氏について」(『日本史研究』第一三四号、一九七三年) において土豪の地主としての側面は、高利貸・被官主としての側面と併存するのだとした。そして、このような社会関係を持つ存在を小領主と規定した。これらの議論で注目すべき点は、小領主をめぐる社会関係を、在地の百姓と小領主との関係のみならず、それらよりも上級の在地領主と小領主の被官関係の関係も考慮に入れて論じている点にある。例えば、高木昭作は、朝尾直弘の小領主の概念規定を批判し、小領主を「領主への過渡にあたる」「家父長的奴隷主としての『領主』から、はっきりと区別された存在と規定すべきである」としている。これなどは村田修三「甲賀郡山中氏と『郡中惣』

――小領主の性格規定のために」（『歴史学研究』第三二五号、一九六七年）の指摘と共通している。ただし、高木昭作は、小領主が郷村に対して持つ散り懸り的な請作関係・被官関係という朝尾直弘の理解を、どのように評価して位置づけるのかという点については論じていない。

著者は、小領主の在地に対する散り懸かり的土地所有を含む被官関係と下代・郷代官ならびに後述する柑子蔵奉行などのように、領主に一定の給分をもって組織される小領主の側面とを統一的に理解し、これを小領主制として理解すべきであると提起したい。なぜならば、このような二つの社会関係を持った小領主は、近世の初期から前期に、単に個別的・散在的に存在していたという問題に止まらず、制度的にも社会的にも広汎に存在していたからである。この具体的な事例については、本章第二節で取り扱っている。

なお、久留島浩は、「最近の近世村落史研究から何を学ぶか」（『歴史科学と教育』第二号、一九八三年）で、著者の昨年の報告に対して「ここでは、『領』『郷』という地域的まとまりに注目して、中世から近世にかけての郷村支配を一貫して把えようとしている。しかも、その際、朝尾氏の「小領主」論を積極的に関東へ適用しようとしている。畿内で設定された朝尾氏の『小領主』論をそのまま関東へ適用しようとするところに無理があるし、また論理展開も十分ではないが、こうした『小領主』的存在や領、郷という地域的まとまりを関連させて把えようとした研究として評価しておきたい」と述べている。

小領主に関する著者の見解は前述した通りであるが、朝尾直弘は、小領主の問題を畿内でのみ特別に論じようとしたわけではないと考えられる。これは本文で引用した慶長八年三月の定書についての指摘の部分でも明らかである。したがって、これが畿内の問題としてのみ論じられるのは、氏の論文の趣旨でなかったのではないかと考えられる。だが、小領主の問題が研究者の間で一般的に位置づけられてこなかったという久留島浩の指摘は重要である。この一つの要因は、小領主の問題を畿内の問題に限定し、しかも経営論的視角の延長線上からのみ理解しようとしてきた傾向と関連しているのではないだろうか。著者は、このような限定された視角からのみ小領主論を理解するのは、その本来の持つ意味からも妥当ではないと考える。小領主の持つ二つの社会関係を、その高利貸的性格をも含めて統一的に理解し、小領主制として捉えていくことが、この問題を普遍的なものとして位置づけるのに重要だと考える。

(22) 朝尾直弘『近世封建社会の基礎構造』（御茶の水書房、一九六七年）三三一頁。

(23) 朝尾直弘『近世封建社会の基礎構造』（御茶の水書房、一九六七年）三三一頁。

(24) 朝尾直弘『近世封建社会の基礎構造』(御茶の水書房、一九六七年)三三一頁。
(25) 鹿島神宮所蔵二八五号文書(『茨城県史料』中世編1)二一四頁。
(26) 鹿島神宮所蔵一七二号文書(『茨城県史料』中世編1)一八四頁。
(27) 和泉清司「近世初期徳川領国体制の形成過程」(『茨城県史研究』第五〇号、一九八二年)。『茨城県史料』(中世編1・2)所収文書参照。
(28) 星谷文書「慶長一四年九月付朝比奈泰勝宛伊奈忠次書状」(和泉清司編『伊奈忠次文書集成』文献出版、一九八一年)二九一頁。
(29) 「水府地理温故録」(『茨城県史料』近世地誌編)五二頁。
(30) これに類似する事例としては、甲斐における大久保長安と武田蔵前衆との関係を、村上直「近世初期、甲州系代官の系譜について——武田蔵前衆を中心に」(豊田武博士古稀記念『日本近世の政治と社会』吉川弘文館、一九八〇年)が紹介している。なお、氏の論考は慶長七年二月、甲斐国の総検地に際して大久保長安の率いる四奉行が、慶長八年三月二七日の定の原型となる定書を公布したと述べている。徳川家康が、新たに獲得した支配国に対して総検地を実施し、この定書に見られる政策を実施した点を指摘した注目すべき論考である。
(31) 所理喜夫「町奉行——正徳以前を中心にして」(西山松之助編『江戸町人の研究』第四巻、吉川弘文館、一九七五年)。
(32) 和泉清司「近世初期徳川領国体制の形成過程」(『茨城県史研究』第五〇号、一九八二年)。
(33) 「日本六十余州国割之帳写」秋田藩採集文書(東京大学史料編纂所)。
(34) 中山信名編修・栗田寛補『新編常陸国誌』(宮崎報恩会、一九六九年)二八頁。
(35) 中山信名編修・栗田寛補『新編常陸国誌』(宮崎報恩会、一九六九年)二八頁。
(36) 堀江俊次・川名登「下総における近世初期徳川検地について」(『社会経済史学』第二八巻第三号、一九六二年)。
(37) 山田哲好「常陸国における太閤検地の施行過程」(『立正史学』第四三号、一九七八年)、同「常陸国における太閤検地の実態」(国立史料館『史料館研究紀要』第一〇号、一九七八年)。
(38) 関東の場合、天正・文禄の検地での村切政策が、どの程度実施されていたのか、あるいは実施されなかったのか。実行されたとすれば、どのように実施されたのか。この点については慶長検地にともなう村切との関連で今後、詳しい検討を必要とする。

(39) 中山信名編修・栗田寛補『新編常陸国誌』(宮崎報恩会、一九六九年) 二八頁。
(40) 中山信名編修・栗田寛補『新編常陸国誌』(宮崎報恩会、一九六九年) 二八頁。
(41) 黒田日出男「現存慶長・正保・元禄国絵図の特徴について――江戸幕府国絵図・郷帳管見(二)」(『東京大学史料編纂所報』第一五号、一九八〇年)。
(42) 中丸和伯「後北条氏の発展と商業」(『歴史学研究』第二二九号、一九五九年)、同「後北条氏と虎印判状」(稲垣泰彦・永原慶二編『中世の社会と経済』東京大学出版会、一九六二年)。
(43) 峰岸純夫「戦国時代の『領』と領国――上野国新田領と後北条氏」(慶應義塾志木高等学校『研究紀要』第一輯、一九六九年)。
(44) 中丸和伯「後北条氏の発展と商業」(『歴史学研究』第二二九号、一九五九年)、同「後北条氏と虎印判状」(稲垣泰彦・永原慶二編『中世の社会と経済』一九六二年)。
(45) 「新編武蔵風土記　巻四十　荏原郡之二　六郷領」(『新編武蔵風土記稿』第二巻、雄山閣) 二三七頁。
(46) 「新編武蔵風土記　巻四十　荏原郡之二　六郷領」(『新編武蔵風土記稿』第二巻、雄山閣) 三〇二頁。
(47) 「新編武蔵風土記　巻四十　荏原郡之二　六郷領」(『新編武蔵風土記稿』第二巻、雄山閣) 二三七頁。
(48) 「新編武蔵風土記　巻四十　荏原郡之二　六郷領」(『新編武蔵風土記稿』第二巻、雄山閣) 二三七頁。
(49) 『譜牒余録』巻二一(内閣文庫影印叢刊・上) 三二八頁。市村高男「豊臣大名の歴史的位置――結城秀康を中心として」(『地方史研究』第一八一号、一九八三年)。
(50) 武州文書「結城秀康朱印状写」内閣文庫所蔵(『結城市史』第一巻　古代・中世　史料編) 三八五頁。
(51) 武州文書「結城秀康黒印状写」内閣文庫所蔵(『結城市史』第一巻　古代・中世　史料編) 三八五頁。
(52) 「続片聾記　九」(『続片聾記』下、福井県郷土叢書　第四集) 三一三頁。
(53) 「続片聾記　九」(『続片聾記』下、福井県郷土叢書　第四集) 三五二頁。この記述は「越藩諸士元祖由緒書」にあるが、参考までに、村廣の部分を掲げると次の通りである。

○多賀谷刑部村廣

本国・生国とも下総、姓平、初名権太夫、秀康御代結城より相勤、年号不レ知

先祖数代結城御譜代に而祖父多賀谷隠岐守為廣儀、結構小栗の城に居住仕候、其子多賀谷安芸守政廣儀も小栗の城

に居住仕候處、天正年中、秀吉公奥州征伐之還路、晴朝公御屋形へ御入之節、結城幕下之城主たるの故は朱印別而賜レ之、其子多賀谷刑部村廣儀、秀康公御代、関ケ原一乱之時軍功有レ之、常州出（土）浦要害之地たるの故、城代被二仰付一、忠昌公・昌勝公御幼少之時分、御守役被二仰付一、十ケ年相勤候

(54) 山田哲好「常陸国における太閤検地の施行過程」(『立正史学』第四三号、一九七八年)、同「常陸国における太閤検地の実態」(国立史料館『史料館研究紀要』第一〇号、一九七八年)。

(55)「土浦故事記」(石塚英岳家文書)。

(56) 市村高男「東国における戦国期在地領主の結合形態――「洞」の検討を通して」(『歴史学研究』第四九九号、一九八一年)。

(57)『寛政重修諸家譜』巻第三百九十一(新訂・第七)一頁。『寛政重修諸家譜』巻第九百三十六(新訂・増補 第十五)六七頁。なお、関東入国前後の小泉次太夫については、楠善雄「森田通定『治水用弁』追捕・改定(続)――小泉次太夫の出身地について」(『府中市立郷土館紀要』第九号、一九八三年)が詳しい。

(58)『譜牒余録』後編巻二五(内閣文庫影印叢刊・下)六一二頁。

(59)『譜牒余録』後編巻二五(内閣文庫影印叢刊・下)六一三頁。天和四年(一六八四)二月、小泉次太夫吉綱は、幕府に小泉家の由緒・事績を「覚」として書き上げて提出した。代官小泉次太夫家は、「領」を単位とする代官所の統治を検討する際の典型的な事例といえる。参考までに以下「覚」の全文を紹介すると次の通りである。

覚

一 権現様御黒印一通、但武州六郷并稲毛用水御普請之節、近所私領方江人歩可致配当之旨、右者曾祖父小泉次太夫、
天正十九辛卯年、関東御入国之刻、被 召出、 権現様江御奉公相勤申候、慶長六辛丑年、武州稲毛・河崎御代
官被 仰付候、然處新田開発之儀言上、依之新規之用水御普請之儀蒙 仰、慶長十乙巳年、右私領方江人歩配当之
御黒印、従 権現様頂戴、爾後御普請成就之上、新田開発之為御褒美、領地之外、御代官所之本田・新田十
分之一被下置之并実盛之御刀頂戴之由申伝、至爾今所持仕候、爾後 台徳院様御代、元和五己未年迄十九
年、御代官相勤申候、 台徳院様御黒印一通、但武蔵国神奈川・稲毛・河崎領、同国六郷・子安、同国小机領
并所々上給、従慶長十年至元和八年御代官所御所務皆済之旨、右者祖父小泉勘九郎後名改次太夫慶長十七壬子年、
台徳院様江被 召出、御花畑御番被 仰付勤仕、大坂両御陣供奉仕、元和五己未年迄八ケ年相勤、元和六
庚申年、武州六郷・稲毛・川崎・神奈川・小机領御代官被 仰付名改次太夫、 大猷院様御代、寛永六己巳年迄十

ケ年相勤申候、依然寛永元甲子年曾祖父以来、御代官所御所務皆済之御黒印、従　台徳院様頂戴仕候
一大猷院様御黒印一通、但領地四百四拾壱石八斗余被下置之旨　右者祖父小泉次太夫初名勘九郎、寛永(四)丁卯年領地被下之、御黒印、従　大猷院様頂戴、爾後次太夫寛永六己巳年於御代官所病死仕、甥平三郎為聟遺跡、累年手前ニ養置申候処、次太夫存生之内不申立、死後奉願候ニ付而跡式不被　仰付、御代官所、同十分一并領地被　召上、平三郎茂午(寛永七年)之年より牢人仕罷有候処、翌未(寛永八年)春、親次太夫跡御勘定無滞仕上ケ申候、爾後同秋羽生領御検地之刻、平三郎儀大河内金兵衛ニ付罷越、相勤申候、依之　大猷院様御代、寛永九壬申年より(十五)戊寅年迄七ケ年大河内金兵衛ニ付罷有、金兵衛右由緒申立候付、羽生領之内御代官被　仰付、(寛永十六)己卯年より御切米弐百俵拝領之名改次太夫、慶安三庚寅年迄十九年御代官相勤申候、同年病死仕、嫡子平三郎、同四(慶安)辛卯年、親跡羽生領之内御代官相勤申候、承応元壬辰年病死仕候、其儀慶安三庚寅冬、甲府殿へ御奉公被仰付候処、兄平三郎相果申付而自甲府殿御假被下候承応元壬辰年より兄之跡御代官被　仰付相勤申候、依之右之三通　御黒印并刀所持仕候

天和四甲子年

二月　小泉次太夫　印

大岡備前守殿
彦坂伯耆守殿
中山隠岐守殿
佐野六右衛門殿
国領半兵衛殿

(60)「新用水堀定之事」(『太田区史』資料編・地誌類抄録)二七四―二九二頁。
(61)『譜牒余録』後編巻二五(内閣文庫影印叢刊・下)六一二―六一三頁。
(62)『譜牒余録』後編巻二五(内閣文庫影印叢刊・下)六一三―六一五頁。
(63)『町田市史史料集』第五集(近世庶民史料編Ⅱ)一四四―一四八頁。
(64)『町田市史』(上巻)八八七―八八九頁。
(65)谷本家所蔵四〇七号文書(『千葉県史料』中世編　諸家文書)三六〇―三七八頁。
(66)谷本家所蔵四〇八号文書(『千葉県史料』中世編　諸家文書)三六〇―三七八頁。

(67) 本光寺文書(和泉清司編『江戸幕府代官頭文書集成』文献出版、二五二号文書)一九七頁。
(68) 小物成は国役の代役としても徴収された。したがって小物成の徴収権は地代の源泉となる領主的土地所有とは次元を異にする国家的な公権による自然の領有という問題と深く関わっていた。この点については、藪田貫「『摂河支配国』論――日本近世における地域と構成」(脇田修編著『近世大坂地域の史的分析』御茶の水書房、一九八〇年)、同「近世畿内所領構成の特質――『畿内非領国』論の意義と課題にふれて」(『ヒストリア』第七三号、一九七六年)に若干の指摘がある。
(69) 谷本家所蔵四一〇号文書(『千葉県史料』中世編 諸家文書)三六〇―三七八頁。なお、元禄期の谷本家は、岡飯田村の名主となっている。
(70) 横田冬彦は、「幕藩制前期における職人編成と身分」(『日本史研究』第二三五号、一九八二年)において、大工頭中井大和守正清の編成した職人衆の百姓身分から職人身分への身分的分化を、役の負担をめぐる慶長九年(一六〇四)八月の庄屋と職人との出入から説明した。この際の「右折紙にて中上候覚之事」とする文書には「万庄屋私成事を申、大工衆いため申事ハ、具ニ大工衆書付に御座候、よく可被仰付候事」と出入の内容が述べられており、役の負担をめぐって職人と庄屋の激しい争いがあった点が示されている。これは畿内の事例であるが、ここに示すのは関東の事例である。近世初期の関東では、役は、畿内のように国役ではなく、「御用」という形式によって賦課された。この点で畿内と関東では異なる職人編成があったとみられるが、その違いについては今後の課題といわねばならない。
(71) 谷本家所蔵四一二号文書(『千葉県史料』中世編 諸家文書)三六〇―三七八頁。
(72) 谷本家所蔵四一二号文書(『千葉県史料』中世編 諸家文書)三六〇―三七八頁。
(73) 「おたまき」(『筑波町史』史料篇 第三集)五四頁。
(74) 『断家譜』巻廿四(第三)三一頁。
(75) 「おたまき」(『筑波町史』史料篇 第三集)五二頁。
(76) 『断家譜』巻廿四(第三)三〇―三一頁。
(77) 「おたまき」(『筑波町史』史料篇 第三集)五一―五二頁。
(78) 『寛政重修諸家譜』巻第五九四(新訂・増補 第十)九九―一〇四頁。
(79) 「おたまき」(『筑波町史』史料篇 第三集)五四―五五頁。
(80) 小泉新家所蔵文書。

(81)「おたまき」(『筑波町史』史料篇　第三集)五四―五五頁。
(82)「おたまき」(『筑波町史』史料篇　第三集)一三二頁。
(83)『大日本史料』(第十二編之五)三二一頁。
(84)「おたまき」(『筑波町史』史料篇　第三集)五一頁。
(85)『大日本史料』(第十二編之二)八〇七―八〇八頁。
(86)「おたまき」(『筑波町史』史料篇　第三集)五一頁。こうした戦国時代からの在地法秩序に基づく鑓・鉄砲を使用した山林原野入会権に関する出入は、前述の慶長七年六月二二日、本多正信・大久保忠隣によって発給された定書にもみられるように、徳川政権も、これを厳しく禁止した。このような政策は、当時の人々の出入を、鑓・鉄砲による衝突から棒・鎌を使用した衝突へと次第に変化させる。しかし、このような自力救済の秩序は、必ずしも消滅するわけではない。それは、江戸時代の中後期から幕末における打ち毀しにも見られるように、地域社会の中に、江戸時代を通じて厳然として保持されていたと考える。
(87)「おたまき」(『筑波町史』史料篇　第三集)五一頁。
(88)「おたまき」(『筑波町史』史料篇　第三集)五二頁。
(89)「おたまき」(『筑波町史』史料篇　第三集)五一頁。
(90)「おたまき」(『筑波町史』史料篇　第三集)五二頁。

第二章　三田領の成立と地域秩序

——奥多摩地域における戦国時代から近世初期の支配をめぐって

はじめに

「領」をめぐる地域史の研究は、関東における近世史研究の中で最も重要な課題の一つとなっている。(1) 国郡制において地域の呼称は国・郡・村という順序で表わされる。「領」は国郡制でいうと郡と村との中間に位置する。「領」と村との中間には郷も存在した。この郷を組み合わせた地域の単位が「領」であった。「領」も郷も国郡制的な地域の呼称としては存在しなかったが、地域の人々にとってはきわめて重要な社会的結合の枠組みであった。

国郡制の基礎的な地域編成の単位であった村は、「領」を構成し、郷村や郷村の連合体、組合村や組合村の連合体といった形式をとりながらも、基本的には、「領」を枠組みとする地域的な政治秩序を保持していた。このように、当時の人々が村を基盤としながらも、村のみならず、村を越えた形でさまざまな次元の地域的・社会的な結合関係を形成させていた。「領」をめぐる地域史についての検討とは、このような集団的な社会的・政治的な秩序の形成が、戦国時代から織豊政権を経て江戸時代に至る国家支配といかなる関連を持っていたのかを解明しようとする研究といってもよい。

ところで、「領」という地域の枠組みは、戦国大名の本城・支城制の編成と深く関連していた。本城・支城制は、城や館を中心とした軍役衆および軍役衆の政治的・経済的な基盤としての城領から成り立っていたが、豊臣大名であった徳川家康は、天正一八年（一五九〇）八月の国替以後、この方式に基づく支配を継承・再編・拡大しながら関東を支配していった。この意味で近世初期における「領」は、国侍（在地領主）や地侍（小領主）による戦国時代の領主制の一つの到達点であり、この実態の検討は、近世社会に固有な社会と国家の質を理解するための不可欠の課題といってよい。

本章では、以上のような課題に接近する一つの階梯として、奥多摩地域の三田領を事例に、近世初期における「領」を単位とする在地の地域秩序を、戦国時代からの連続性と非連続性に注目しながら考察してみたい。

三田領は戦国時代、杣保の内の三田谷と称される歴史的な地域的枠組みを前史に持っていた。しかし、徳川家康の関東国替以後、表1のように、杣保と称された地域は、三田谷を前史に持つ三田領、高麗領・加治領・毛呂領という四つの地域支配の単位として再編された。

表1　三田谷の再編と領の成立（延宝8年5月）

領名	郡名	支配高
三田領	多摩郡	9,858.331石
加治領	高麗郡　秩父郡	4,285.587
高麗領	高麗郡　入間郡	9,143.891
毛呂領	入間郡	1,962.641
計		25,250.450

出典：『定本市史青梅』（1966年11月）230頁.

以下、第一節では、三田領の前史としての三田谷の戦国時代における地域秩序の在り方を提示する。第二節では、三田領の成立が、豊臣大名としての徳川家の関東支配のいかなる地域編成の中で成立したのか、また、その後に成立した江戸幕府によっていかなる政治編成を受けていったのかを検討する。

一　三田谷の地域秩序——戦国時代を中心に

本節では、三田領の成立を考えるうえで重要な意味を持つ杣保のうち戦国時代までの三田谷の地域的な秩序の在り方について提示しておきたい。

まず、戦国時代に三田谷と称された地域は、いかなる地域的な範囲だったのであろうか。永禄二年（一五五九）二月、小田原城主の北条氏康は、旗本・侍衆に対する軍役・諸役賦課の基準を設けるために『小田原衆所領役帳』を作成させた。この中で三田谷は、小田原衆筆頭の松田左馬助が、計五〇〇貫文の知行役を負担する地域として記載されている。[2] 松田左馬助の三田谷での知行地は、日懸谷・横手・羯鼓船・大屋沢・芦苅庭の五カ所である。加藤哲の作成した地図によれば、日懸谷は、入間川北岸の日影郷と推定している。[3] また、大屋沢・芦苅庭もともに日影郷よりもやや下流の入間川沿岸に位置した。一方、羯鼓船（平戸）・横手は、高麗川沿岸に位置していた。

永禄四年閏三月、越後の長尾景虎（上杉謙信）は、北条氏康によって追放された前関東管領山内上杉憲政を推戴して小田原城を攻め、鎌倉鶴ケ岡八幡宮において憲政から上杉の名跡を譲られたが、この合戦に際して、景虎に味方する関東の地侍衆を書き上げた「関東幕注文」によれば、[4] 勝沼衆には、三田弾正・毛呂・岡部・平山・師岡・賀沼修理亮といった人物がいた。勝沼衆とは、勝沼城を本貫とする三田弾正綱秀を推戴した地侍衆であった。地侍衆の中で三田・師岡の両氏は、関東山地の渓谷を流れる多摩川沿岸の地域を本貫地とした国侍といってよい。また、毛呂とは、羯鼓船・横手のやや北側に位置する毛呂郷を本貫とした地侍衆を示している。

これらの地域は杣保の内にあったが、戦国時代には、いずれも三田谷と称した地域であった。しかし、この中の日影郷・大屋沢・芦苅庭は、天和三年（一六八三）霜月の「加治領田畑惣帳」によれば加治領として再編成されている。[5] また、羯鼓船（平戸）・横手は、宝暦四年（一七五四）三月の「加治領・高麗領邑高之写」によれば高麗領に再編されている。[6] 毛呂郷は、前掲表1の延宝八年（一六八〇）五月の段階では、毛呂領とも称され、宝暦四年三月の時点では、加治領に再編されている。[7] すなわち、戦国時代の三田谷とは、三田家を推戴して連合する地侍衆の本貫地を総称したものといえるが、ここでは三田谷が、徳川家康の国替以後、三田領・高麗領・加治領・毛呂領（郷）といった「領」に再編されていったことだけを確認しておくことにする。

次に、戦国時代の社会において以上のような地域的な範囲をもって称された三田谷とは、いかなる地域秩序を有していたのか、という点について検討してみたい。

永禄四年（一五六一）二月、小田原城の支城の滝山城主となった北条氏照は、永禄六年三月、勝沼城・辛垣城を拠点に三田谷を支配した三田弾正少弼綱秀を追放し、これと前後して三田谷の地侍衆を、みずからの支城支配体制の中に組み込んでいった(8)。

そして、永禄七年五月には、清戸番所の警固番役を催促する印判状を、三田治部少輔・師岡采女佑に出している(9)。この印判状の書立には、次のように「清戸三番衆」として三田治部少輔以下、馬上五騎の師岡采女佑から加治弥六郎まで総勢四〇名の軍役衆の人々が載せられている。

清戸三番衆	同　隼　人	同　新右衛門	神田左京亮
三田治部少輔	同　惣五郎	原嶋孫二郎	福岡藤三郎
五騎　師岡采女佑	同　半十郎	同　善六郎代	木崎又兵衛
三騎　藤橋小三郎	同　惣二郎	馬　場　惣　助	和田左京亮
二騎　久下兵庫助	弐騎　宮寺四郎左衛門	黒澤孫二郎	小佐久
竹内藤十郎	同　与七郎	新　かけゆ	瀧上助九郎
神田与兵衛	同　掃部助	宮倉源二郎	並木
同　半三郎	師岡傳左衛門	野口刑部丞	二宮
塚田大炊助	同　兵部丞	大野孫六郎	加持弥六郎
豊泉十兵衛	同　兵庫助	井　上　半　助	
同　か　け　ゆ	同　九郎五郎	久下小三郎	

以上

右清戸二番衆、當月（五月）十九日ニ在所を立、先番ニ替候、然間従廿日、六月四日迄、中十五日ニ候間、五日之早天ニ

三田谷各在々所々を打立、五以前箱根賀崎にて相集、此御書立ニ引合、一騎茂無不足、又無遅参様、引そろへ召列、可罷立、於清戸布施相談、番所可請取、境目大切之番所候間一剋・片時茂遅参之者有之付而者番所可明候、其儀入御耳付而者速ニ可被為腹候、此旨堅申触、一度ニ引揃可罷立、若又触口不相届儀、後日ニ御糺明之時、就申上者則可被遂御成敗者也、仍如件

（永禄七年）
甲子　五月廿三日（如意成就）

三田治部少輔殿

師岡采女佑殿

ここには、三田綱秀追放後の氏照と三田谷の地侍衆との関係が次のように示されている。氏照は、永禄七年（一五六四）五月までには、交通上の要衝である清戸に軍事拠点としての番所を設け、すくなくとも、一番から三番までの境目警固の軍役衆を組織していった。

従来、勝沼衆として結集していた三田谷の地侍衆は、三田綱秀の追放を契機に氏照の支配に組み込まれていったが、この結果、これらの地侍衆の内の四〇人は、三田治部少輔を推戴する清戸三番衆として三田谷の在々所々から各々が出立して箱根ケ崎に集まり、一回に一五日間、清戸番所で馬上五騎から一騎までの軍役奉公を義務づけられることになった。

だが一方、滝山城主北条氏照は、三田谷の地侍衆を、従来の地域的な連合関係を継承したままでしか、軍役衆として編成しえなかった。というのは、三田治部少輔・師岡采女佑は、氏照から「境目大切之番所候間、一剋・片時茂遅参之者有之付而者番所可明候、其儀入御耳付而者速ニ可被為腹候」と指示されていた。つまり、侍に遅参のあった場合には「番所可明候」と述べられているように、警固すべき番所が空になってしまう事態となる。したがって、それ

が露顕した場合には、両人から遅参した侍に自害・切腹を申し付けよというのである。

だが、ここで注意しなければならないのは、遅参した地侍に、直接に切腹を命じるのが氏照ではなく、三田治部少輔だったという点である。この点にも明らかなように、氏照は、これら両人を通じてしか、三田谷の地侍衆に対して直接的な軍事指揮権を行使することはできなかった。

氏照は、地侍衆の従来からの地域的な連合の上に推戴され、また、軍役衆の番頭でもある国侍の三田治部少輔・師岡釆女佑といった国侍的な在地領主を通じてしか、みずからの主従制的支配権を行使しえなかった点を見て取ることができるのである。この意味で、氏照の三田谷地侍衆に対する主従制的関係は、直接的なものではなく、三田治部少輔・師岡釆女佑を通じた間接的な支配権にとどまっていたといわねばならない。

しかし、豊臣政権の成立、および、藤木久志によって提示された秀吉による関東惣無事令に基づく領土分割戦争の停止は、以上のような三田谷の地侍衆を中心とする地域秩序の在り方にも大きな影響を与えていく。

すなわち、天正一四年（一五八六）冬における家康の上洛・出仕の結果、秀吉は、関東の惣無事を家康に委任するが、これに対して氏政は、同年一一月、豊臣方の攻撃を必至と判断して支城鉢形城主の氏邦に朱印状を与え、「万一西表有相違之筋目、出馬候共」として抗戦の手順を指示している(10)。こうした中で、年代は不詳であるが、この時期のものとみられる次の知行書出は、清戸三番衆に組織されていた三田谷地侍衆の実態を示す文書として興味深い(11)。

書出

一　五拾五貫文　高麗郡内 平澤之郷

一　拾壱貫文　（駒久野 丹三郎 横　吹）

一　弐貫文　（下村屋敷　二又尾）

一　小曾木郷御代官所　如前々

右此度、師岡尓今同時御嶽山籠城、抽而依走廻、本領被下置候、弥々可令忠信者也、仍如件

十二月廿八日　氏照（花押）

野口刑部丞殿

小曾木郷の代官職にあった野口刑部丞は、永禄七年（一五六四）五月の段階では、馬上二騎の軍役負担を義務づけられていた。この時点で、第四条目にもあるように、刑部丞は、北条氏照の代官であるとともに、軍役衆にも組織された在地の小規模な領主としての地侍であった。しかし、ここでは、師岡釆女佑とともに八王子城の砦として位置づけられた御嶽山に籠城して卓越した軍忠を立て、このほかに恩賞として計六八貫文の本領を安堵された点が示されている。この本領の中には、刑部丞が従来から所持し、新たに打ち出されたと想定される屋敷地や駒久野・丹三郎・横吹の地もある。しかし、高麗郡平澤郷の地は刑部丞の本貫地からは近くない距離であり、新恩として加増されたものといえる。

このように豊臣方との軍事的緊張が高まるとともに野口刑部丞は、従来にも増して知行地が明確にされ、これに対応する軍役衆としての役割が強化された。また、それのみならず、新たな知行地の加恩によって師岡釆女佑とともに、三田谷の地侍衆を統率するという役割も期待されていったことがうかがえる。

また、天正一五年（一五八七）正月、氏照が、武州と甲州との国境にあたる小河内郷の地侍杉田清兵衛に出した次の印判状も、以上のような、北条家と統一政権との軍事的緊張関係の中で理解すべきものといえる[12]。

大途御弓矢立ニ候間、小河内衆之證人、此度被召上候、然者十二ニ成子所持申候由、被聞召届候、彼子を惣置（並）ニ御扶持可被下間、速ニ證人被進上、心易谷中之走廻可致之、此度抽而走廻ニ付而ハ、随望知行可被下旨、被仰出

者也、仍如件

（天正十五年）
丁亥
正月五日

奉
大石四郎右衛門尉
横地与三郎
狩野刑部太輔

杉田清兵衛殿

ここでは、滝山城から八王子城へと移転した氏照が、秀吉の進攻を予測した「大途御弓矢立」すなわち小田原本城主の抗戦準備令を受け、甲州に対する境目警固のために重要な位置にある小河内郷の地侍である杉田清兵衛の子供を証人として召喚していたことがわかる。このようにして小河内郷の地侍衆は、小河内衆として氏照から直接に軍役編成される段階へと到達していった。

小河内衆とは、小河内郷を地域的な結合の基本単位とする地侍の集団であった。この段階で小河内衆は、北条氏照から衆として小河内郷を中心とする本領を安堵され、一方で、みずからも村落社会の中で主従制的な被官関係を通じて形成した家来による小規模な暴力装置を持ち、これらによって百姓に対する林野・水利の用益の支配権を持った小領主であったといえる。

三田谷の地侍衆は、勝沼城を本貫とする三田綱秀が、勝沼城・辛垣城を追放される以前は、三田家を推戴する勝沼衆としてさまざまなレベルでの地域的な結合・連合関係を結び、また、それ以後も、三田治部少輔・師岡采女佑を推戴して氏照と主従関係を結んでいたが、一方では、前述のように、郷や谷を地域的結合の単位に、三田谷の地域秩序を形成する独自の集団として、地域的な公権力体制を保持していたといわねばならない。

戦国時代までの三田谷の地域的な秩序は、以上のような国侍（在地領主）を推戴した地侍（小領主）の地域的な連合によって成立していたといいえる。

二　三田領の成立と地域秩序――江戸幕府成立の前後を中心に

本節では、天正一八年（一五九〇）八月以後、三田領の地域秩序を、第一節で提示したような戦国時代社会との連続性に注目しながら考察する。すなわち、三田領の成立は、後述するように、豊臣政権による北条家の討滅と徳川家康の関東への国替を契機とする国侍や地侍衆、なかんずく、国侍である在地領主の三田谷からの分離・払拭という過程を前提とした。ここでは、まず、三田領が、豊臣大名としての家康のいかなる地域編成の中で成立したのか、次に、三田領は、江戸幕府によっていかなる政治的な編成を受けたのかという点を考察してみたい。

まず、三田領の成立に関して、天正一九年一一月、家康が、御嶽権現に与えた社領寄進状によれば、三田谷の地域的枠組みは、次のように継承されている(13)。

寄進　　御嶽権現

武蔵国多摩郡三田之内参拾石之事

右、如先規、令寄附訖、弥守此旨、抽武運長久之懇祈、殊可専祭祀之状、如件

天正十九年辛卯十一月日　大納言源朝臣（徳川家康）（花押）

右の文言に見られる「三田之内」が、三田谷のことをさすのか、あるいは、三田領のことをさすのか、必ずしも明確ではない。しかし、少なくとも三田谷という地域的な枠組みの継承が意識されている点は確認できる。

ところで、家康は、関東国替と共に、八王子に代官屋敷を設け、これを奉行衆大久保長安に管轄させたが、村上直・大舘右喜の研究によれば、大久保長安は、八王子に役屋敷を持つ代官衆を統率するとともに、青梅に森下陣屋・高麗本郷に栗坪陣屋を設置して代官の下代を置き、代官―手代・下代―割元名主―名主といったシステムを通じて地域支配をおこない(14)、戦国時代に三田谷と称されていた地域を中心に慶長検地を実施している。

図１　三田領を構成する村と地域

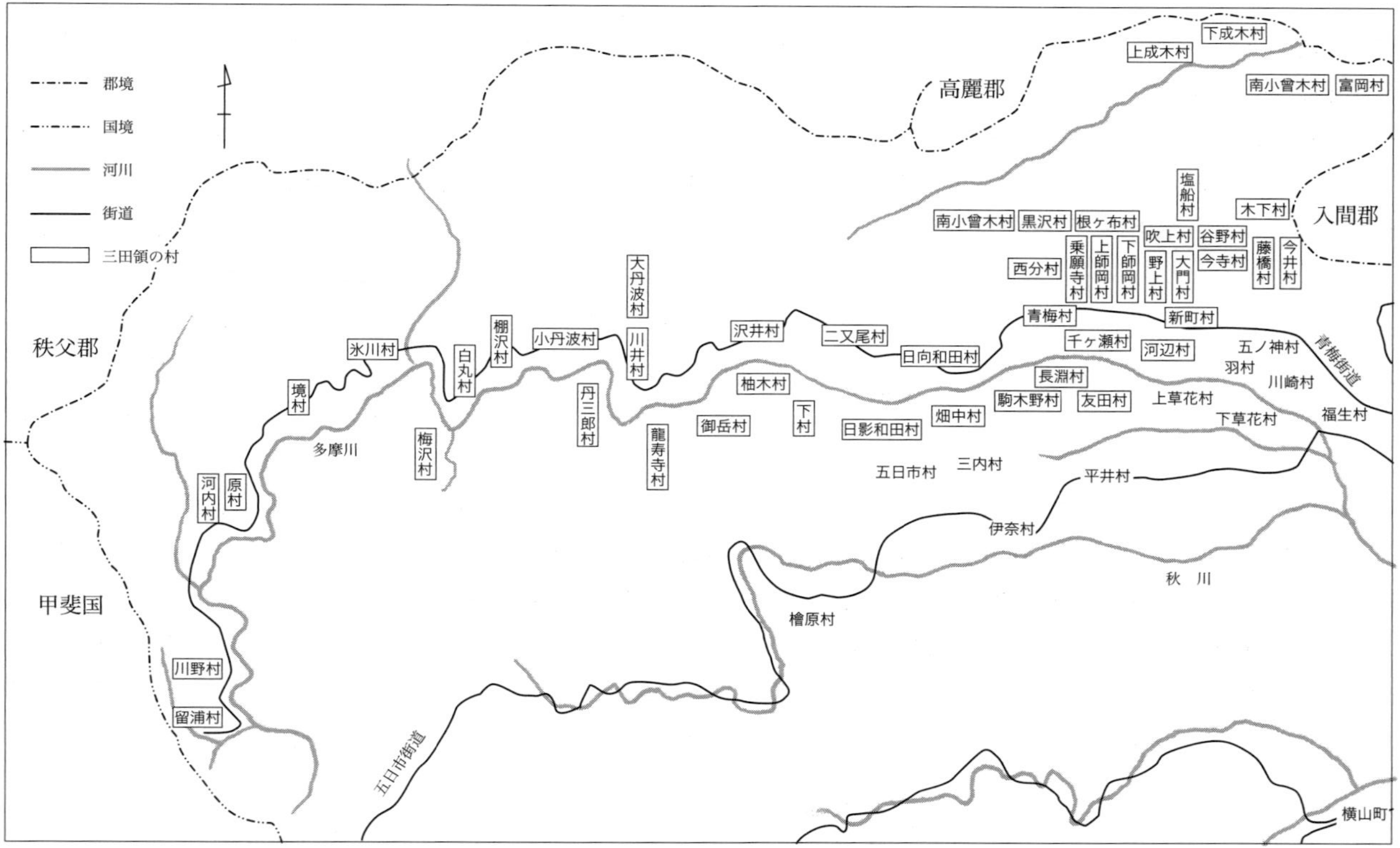

出典：「元禄年中改定図」（『新編武蔵風土記稿』第４巻）290-291 頁.

三田領の文言が記載される文書の初見は、奥多摩地域に残存する文書のうち、この大久保長安の家来田辺十郎左衛門・高野弥五右衛門の検地に際して作成された慶長三年（一五九八）九月二八日付の「武州三田領丹三郎村地詰帳」である(15)。これと同時期の慶長三年五月二六日、戦国時代には三田谷と称されていた入間川南岸の小岩井村でも「武州高麗郡鍜（加）冶領小岩井村々地詰帳」が作成されている(16)。

このように、三田谷が、一方で三田領、他方で加治領と分割されている事実は、慶長検地が、戦国時代の社会までの国侍や地侍衆の地域的な連合の枠組みを継承しながらも、同時に、これを、三田領・高麗領・加治領・毛呂領という新たな地域支配秩序に分割・再編する役割を持っていたことを示している。

また、三田領の成立は、在地領主を媒介として形成されていた従来の三田谷地侍衆の地域的な結合・連合関係を、在地領主の地域からの分離・払拭を契機に分割し、小河内衆や野口刑部丞のような、郷を基盤とする地侍としての小領主の地域結合を、新たに「領」を通じて再編・統合する意義を持っていた。

次に、三田領は、幕府によっていかなる政治的な編成を受けたのかについて考察する。慶長一一年三月、幕府は、諸大名に命じて江戸城の修築を開始するが、同年一一月、三田領の村々に次のような公儀役の負担を命じている(17)。

今度、江戸御城御作事御用白土、武州上成木村・北小曾木村山根ゟ取寄、御急之事ニ候間、其方御代官所三田領・加治領、御料・私領道中筋ゟ助馬出之、無滞石灰附送り候様ニ可申付候、駄賃口附服忌有之者者堅出シ不申候様、急度可申付候、以上

（慶長十一年）
午十一月　大（大久保忠隣）相模守様　御印
本（本多正信）佐渡守様　御印
大久保石見（長安）殿

如斯御用白土被　仰付候間、大切ニ致吟味、道中継馬無滞様ニ附送り可申候、尤服忌有之者者堅出不申候様ニ可申付候、以上

午十一月　大　石見（大久保長安）印

高麗郡上成木村
　白土焼
多摩郡北小曾木村
　白土焼

書付の部分では、老職大久保忠隣・本多正信が大久保長安に対して上成木村・北小曾木村で採取・製造された石灰を江戸に輸送するため、幕領・私領の区別なく三田領・加治領の村々から助馬（伝馬・人足役）の徴発を命じている。また、添書の部分では、大久保長安が、上成木村・北小曾木村の窯元に対し、石灰の質や輸送の際の荷造りを吟味した後、三田領の百姓に引き渡すようにと命じている。

両村の窯元は、戦国時代には、三田谷の地侍衆であったが、北条家滅亡後、牢人として石灰の製造を開始し、江戸城修築を契機に幕府から石灰上納の「公儀御用」を命じられ、同時に、石灰の独占的な販売権を免許されていた(18)。幕府の三田領に対する政治的な編成とは、石灰の製造（公儀御用）や輸送（公儀伝馬役・人足役）にみられるような公儀役の賦課を通じ、三田領を、幕府の分業編成の中に組み込むことであった。

おわりに

本章では、江戸幕府の成立前後における三田領の地域秩序を、戦国時代までの三田谷の地域秩序との連続性に注目しながら考察した。

戦国時代の三田谷の社会では、地侍は、衆として独自の地域的な結合関係に基づく秩序を形成させていた。地侍は、みずからの屋敷地や本領を村落社会の中に構える在地領主・小領主であった。また、戦国領主でもある八王子城主の北条氏照の代官として村落社会に対する所務を執り行い、軍役衆としての義務を負う存在でもあった。

しかし、八王子城の落城と徳川家による支配の開始は、まず、三田谷の在地領主を推戴した地侍の結合関係を解体させた。これによって三田谷は、三田領・高麗領・加治領・毛呂領へと分割されていった。徳川家康の代官頭であった大久保長安は、八王子代官屋敷を中心として青梅に森下陣屋、高麗本郷に栗坪陣屋を配置し、戦国時代までの在地領主に代わって代官・旗本を配置し、また、地侍衆であった小領主の軍役衆としての側面を否定しながらも、年貢徴収や役の徴発を支える職務として肝煎制・割元名主制を導入していった。これらによって近世初期社会には、代官―手代・下代―肝煎・割元名主―庄屋・名主といった支配のシステムが形成され、こうしたシステムを通じて郷村社会の分業編成が実現されていった。

以上によって三田谷における戦国時代から近世初期に至る社会の連続性と非連続性を、若干ではあるが、提示しえたのではないかと考える。「領」は、幕府の小物成徴収権を実現する地域的な単位であるとともに、鷹場・伝馬・普請の人足役を徴発・徴収する支配の地域的な単位であった[19]。幕府の小物成徴収権や鷹場・伝馬・普請の人足役徴収権は、大名・旗本・寺社の個別的な領有権を超えた公権と位置づけることができる。すなわち、「領」は、当時の人々の林野・水利の共同利用を通じて形成された郷や郷連合、組合村や組合村連合および村連合としての地域秩序を、統一政権が、大名・旗本・寺社の個別的な領有権を超え、国郡制的な支配秩序に統合し、公儀役の賦課を通じた地域社会の分業編成を実現するための中間的な地域的支配の単位であったと位置づけられる。

今後は、在地領主制を払拭させつつも戦国時代までの地域秩序の再編によって成立した「領」の秩序が、地侍の在り方も含め、名主や百姓によって形成される地域の自律的な社会秩序・政治秩序といかなる関連にあり、また、それが、大名・旗本・寺社の領有権や幕府の「領」を単位とする政治的編成といかなる関連を持っていたのかという点を詳細に検討していく必要があろう。

(1)「領」についての研究は、最近の関東近世史研究会の大会で集中的に取り上げられた。これ以後、現在までに発表された

論文は次の通りである。澤登寛聡「近世初期の国制と『領』域支配――『徳川政雄』関八州支配の成立過程を中心に」（『関東近世史研究』第一五号、一九八三年〈本書第一編第一章所収〉）。岩田浩太郎「関東郡代と『領』――江戸周辺の地域編成の特質」（『関東近世史研究』第一六号、一九八四年）。大石学「近世江戸周辺農村の機能と性格――武州野方領を中心に」（徳川林政史研究所『研究紀要』昭和五八年度、一九八四年）。佐藤孝之「近世前期の広域村落支配と『領』」（『国史学』第一二二号、一九八四年）。澤登寛聡「近世前期における三田『領』の町・村構成と領主支配」（東京都教育委員会編『多摩郡新町村名主吉野家文書』3、東京都古文書集、一九八五年）。熊沢徹「江戸下肥値下げ運動と領々惣代」（『史学雑誌』第九編第四号、一九八五年）。小松修「割元役と組合村制の成立――上州山中領の場合」（『関東近世史研究』第一八号、一九八五年）。大友一雄「日光社参と国役――享保十三年社参を中心に」（『関東近世史研究』第一八号、一九八五年）。

（2）杉山博校訂『小田原衆所領役帳』（近藤出版社、一九六九年）二頁。

（3）加藤哲「北条氏照による八王子領支配の確立」（『国学院大学大学院紀要』一九七七年）。佐脇栄智編『後北条氏の研究』（戦国大名論集8、一九八三年、所収）。

（4）上杉家文書（『新潟県史』史料編3、中世、文書編Ⅰ）九〇頁。

（5）飯能市立図書館所蔵文書（『飯能市史』資料編Ⅷ、近世文書）四五頁。

（6）石森家文書（『飯能市史』資料編Ⅷ、近世文書）四六頁。

（7）石森家文書（『飯能市史』資料編Ⅷ、近世文書）四六頁。

（8）三田綱秀の没落の時期は、加藤哲氏が「辛垣城合戦と三田氏の没落」（『多摩のあゆみ』第一七号、一九七九年）で追究され、従来の説と異なる見解を出されているが、いまだ、その時期は確定されていない。したがって、ここでは、従来の通説的な見解に従っておく。

（9）和田一男家文書（『新編武州古文書』上）三九九―四〇〇頁。

（10）藤木久志「関東奥両国惣無事令の成立」（同『豊臣平和令と戦国社会』東京大学出版会、一九八五年）。『神奈川県史』（史料編・中世二）九二一号文書。

（11）三田仲太郎家文書（『新編武州古文書』上）四〇九頁。

（12）杉田郡平家文書（『新編武州古文書』上）四〇二―四〇三頁。

（13）片柳三郎家文書（西海賢二編『武州御岳山史料と民俗』泰州学舎、一九七九年）二二三頁。

(14) 村上直「関東幕領における八王子代官」(森安彦・大舘右喜編『幕藩体制Ⅰ』論集日本歴史7、有精堂出版、一九七三年)。大舘右喜「地方支配と陣屋役」(『地方史研究』第三四号、一九五八年)。

(15) 原嶋実家文書(『奥多摩町史資料集八 古文書目録』)。

(16) 石森家文書(『飯能市史』資料編Ⅷ、近世文書)四六頁。

(17) 木崎茂三郎家文書(『定本市史青梅』)四〇一―四四三頁。

(18) 木崎茂三郎家文書(『定本市史青梅』)四〇一―四四三頁。

(19) 澤登寛聡「近世初期の国制と『領』域支配――『徳川政雄』関八州支配の成立過程を中心に」(『関東近世史研究』第一五号、一九八三年〔本書第一編第一章所収〕)。

第三章　割本制と郷村の自治秩序
――寛文・元禄期における武蔵国多摩郡三田領吉野家の管轄地域を素材として

はじめに――大庄屋・割元・惣代停止令と本稿の視点

江戸時代前期の幕領における町や村の政治社会を考える場合、割元（割本）・大庄屋・惣代制に関する研究は不可欠の課題といわねばならない。郡代・代官と村役人との中間にあって政治的な職務を遂行する地位にあった割元は、地域によって大庄屋とも惣代とも称され、本稿が扱う地域では「割本」と称された。ところが、幕領での割元制は、新井白石が側用人間部詮房のもとで幕政に参与し、これによって公布された正徳三年（一七一三）四月二三日付の条々書第一一条で、次のように原則として制度的な停止をみることになった[1]。

一　国々より大庄屋・割元・惣代なとゝ名付候て、一領・一郡の事を承候輩を定置、其外又、村限りの名主・庄屋等も在之、すへて此輩の給米等過分ニ掛り候て、村方費も多く、又、此輩の中、御代官之手代・役人等と申合、末々の百姓、難儀に及はせ候事とも多く在之由相聞候、自今以後ハ、大庄屋・割元・惣代之類、一切に停止之、村限り之名主・庄屋、五人組を以、其村之事を申付らるへし、若此類之輩なくしては難叶所も在之におゐてハ、其子細を以て、御勘定所江達し、差図に任せらるへき事

幕領では、従来から「一領」・「一郡」の事務を取り扱う人物が定め置かれ、大庄屋・割元・惣代と称されてきた。

しかし、このほかにも村限りの名主・庄屋を設置していたとある。ここでは、村限りの庄屋に大庄屋を、村限りの名主に割元・惣代を対置し、これらの庄屋や名主が一定の地域の中に重複して存在するため、給米などが過分に必要となり、村方の出費も多分となってきたと指摘している。次に、これら大庄屋・割元・惣代の中には代官の手代・役人と申し合わせ、百姓に難儀をおよぼす人物も少なくないと聞くとある。これら二点が停止令公布の理由となっている。そして、最後に、今後は、大庄屋・割元・惣代の類は一切、これを制度的に停止せよ。村の事務は、村限りの名主・庄屋と五人組をもって運営せよと停止の旨を述べている。また、大庄屋・割元・惣代の制度的停止が不可能な地域については、詳細に理由を進達し、勘定所からの指示を受けよと特例的な存続についての取り扱い方法を指示している。このように幕府は、「一領」・「一郡」などといった一定の地域で、割元・惣代・大庄屋と村の名主・庄屋とが重複して存在するという事情が、村に過分の出費を強制し、また、百姓の難儀を増大させているとの認識を持っていた。そして、この問題を解決するために大庄屋・割元・惣代の制度的停止を命じたのであった。

ところで、割元（割本）・惣代・大庄屋制に関する研究は少なくない[2]。しかし、従来の研究の多くは郡代・代官の地方統治と関わる視点からのみの検討がほとんどであったといわざるをえない。だが、大庄屋・割元・惣代が、郡代・代官と村役人との中間にあって政治的な職務を遂行する地位にあった点に注目するならば、統治する側からの検討ばかりでなく、当時の人々が町や村をどのように自治的に運営したのかという立場からも検討しなければならない[3]。

本稿では、この時期を前後して消滅していった割元制が、江戸時代前期における町や村をとりまく政治社会の中でいかなる役割と機能を持っていたのかについて検討する。これを割元制下の村の自治とはいかなる実態であったのか、また、割元制消滅後の村の自治とは、割元制が存在した時期の自治と比較してどのような実態の変動があったのかという視点からみていきたい。対象とするのは、武蔵国多摩郡三田領下師岡村の割本吉野太郎右衛門家――以下、吉野家をさす場合は史料に従って「割本」とする――の管轄地域である。これによって寛文・延宝期から元禄期を中心とする時期における幕領統治と村や町の自治秩序との関連を実態的に探っていきたい。

一　割本の系譜と管轄地域

浪人身分から割本への就任

割本であった下師岡村の太郎右衛門は、表1に示したように、織部之助正清を祖とする。織部之助の父親の対馬守正方は、忍城主（武蔵国）成田下総守氏長の家臣であったと伝えられる。戦国時代の忍城は、小田原城を本城とする支城の一つに数えられていた。氏長は、忍城を中心として侍や地侍をみずからの主従関係のもとに衆として編成していった。滝沢博によれば[4]、対馬守正方も、また、氏長のもとに衆として編成された侍・地侍衆であった可能性が高い。しかし、忍城が豊臣秀吉の惣無事令に基づく小田原城攻撃にともなって落城した結果、正方の子の織部之助は、浪人となって忍城の領域とはまったく生活文化圏の異なる師岡村に居住せざるをえなくなったと考えられる。

浪人の身となってから約二一年後の慶長一六年（一六一一）二月、織部之助は、野上村（郷）の地先に、江戸時代初期の新田開発として研究史のうえで広く知られる新町村の開発に着手している[5]。これから約五年後の元和二年（一六一六）二月、織部之助は、開発途上の新町村に住居を新築して新町村の吉野家を起立する。九月二七日には、村の名称を新町村とした。この時にはすでに下師岡村の名主に就任していたものとみられる。翌年の元和三年三月には、河辺村の村方騒動にともなって代官高室金兵衛から河辺村の名主役に任命された。織部之助は、この段階で少なくとも二カ村の名主を兼務するとともに、新町村の村政を運営する立場にあった。しかし、織部之助の隠居と寛永一六年（一六三九）一〇月五日の死去によって下師岡村の吉野家は庄右衛門が相続した。正保三年（一六四六）一一月五日、二代目の庄右衛門が死去すると本稿で対象とする太郎右衛門が、吉野家の当主として活動を開始する。太郎右衛門が割本として活動したのは元禄元年（一六八八）一一月までの期間であった。太郎右衛門の家督は庄右衛門（彦右衛門）へと継承されたが、以下で論述の対象とするのも、太郎右衛門と庄右衛門が当主であった時期が中心となる。

表1　吉野太郎右衛門家の当主の変遷

	名前	没年
初代	織部之助正清	寛永16年（1639）10月5日
2代	庄右衛門	正保3年（1646）11月5日
3代	太郎右衛門	元禄6年（1693）6月29日
4代	彦右衛門	延享4年（1747）10月29日
5代	市右衛門	宝暦11年（1761）8月8日
6代	又右衛門	天明元年（1781）10月12日
7代	幸右衛門	寛政13年（1801）1月17日
8代	千右衛門	文久2年（1862）9月10日
9代	喜三治	明治40年（1907）6月17日
10代	武平	昭和4年（1929）3月13日
11代	千右衛門	昭和28年（1953）3月26日

出典：「吉野家宗家累代之墓」（昭和16年3月13日建立）妙光院所在．滝沢博「帰農した地侍たち――吉野氏と師岡氏」（『多摩のあゆみ』第46号，1987年）．

割本の管轄地域の概要

割本である太郎右衛門の居住した下師岡村を含む野上郷は関東山地の山之根筋の一部に位置している。太郎右衛門の管轄したのは六カ村と一カ町――寛文検地からは新町が公法上の村となるので七カ村――であったが(6)、本稿が対象とする時期、これらはすべて幕領であった。これらの地域のうち最も江戸に近い位置にあった新町村が江戸から約一一里、幕府八王子代官所の出張陣屋のあった青梅町からは、最も近い下師岡村が一五町余の距離にあった。

山之根筋の語義は、中野光浩の紹介する多摩郡小宮領平村（山之根平村）を地誌調査したときの控書によれば、「山の根平村といふハ、此地の唱へにて、南に平山村・平村といふあれば、此村をバ、山の根の平と別にせん為に方言せられし也、公へ山の根と認る事なし」とある(7)。多摩郡内には二つの平村があった。一つは郡の南方にある平村（南平）である。このため北平の平村と南平の平村とを区別するため、北平の平村を山之根の平村（北平）と言った。山之根とは、関東山地の山麓に位置した山之根平村（北平）が、南の武蔵野台地の平坦部に位置した平山村・平村（南平）とみずからを区別するために使った方言であり、公的な名称ではないともある。しかし、山之根筋の地域とは、天正一八年（一五九〇）七月、大久保長安によって設置された江戸幕府八王子代官所の管轄地域のうち関東山地の山麓地域にかけての村々から構成されており、地域社会の中では広く使われた名称であった(8)。

この山之根地域のうち図1に示したように、奥多摩から南下する多摩川流域に沿って武蔵野台地の扇頂部までの地

図1　吉野太郎右衛門の管轄した野上郷を中心とする地域（陸地測量部　五万分の一地形図　大正5年10月発行）.

表2　割本吉野太郎右衛門の管轄地域

年代 / 村名	正保元年12月（1644）	元禄9年11月（1696）	天保5年12月（1834）	明治元年7月～11月（1868）
下師岡村	279.815石	332.962石	499.936石*2	399.77309石*3
野上村	209.680	276.545	276.675	274.675*4
大門村	197.775	312.184	312.184	312.184
今寺村	170.015*1	331.063	331.063	321.063*5
藤橋村	337.451	372.31464	362.31699	349.81804*6
河辺村	296.065	543.570	549.054	546.054*7
新町村		417.766	449.368	446.368*8

出典：正保元年12月：北島正元校訂『武蔵田園簿』（近藤出版社）．元禄9年11月・天保5年12月：『武蔵国郷帳』上・下（内閣文庫史籍叢刊55・56）．明治元年7月～11月：木村礎校訂『旧高旧領取調帳』関東編（近藤出版社）．

注：①今寺村には上記に加えて「外」として報恩寺領10石の記載がある．②下師岡村の499.936石は399.936石が正しい．明治元年7月～11月の村高には，このほかに③妙光院領0.685石，④春日神社領1.055石，⑤報恩寺領10.000石，⑥杣保神社領10.000石，⑦阿弥陀堂領3.000石，⑧御嶽社領3.000石がある．なお，正保元年12月の藤橋村については2人の幕領代官と7人の旗本による相給支配となっており，このうち，幕領については設楽権兵衛23.175石・高室喜三郎78.059石となっている．また，藤橋村の野銭永159文が設楽権兵衛，河辺村の山銭永195文が高室喜三郎の徴収となっている．

域を三田領と呼んだ(9)。

本稿で対象とする割本の吉野太郎右衛門の管轄する村と町は、三田領の中でも最も南側に位置する野上郷の地域を中心としていた。野上郷は、野上村の春日明神を鎮守とし、太郎右衛門が名主役であった下師岡村・野上村・大門村、および、幕領ではあったが太郎右衛門が名主役となっていない吹上村によって構成されていた。

太郎右衛門が管轄したのは、表2に示したように、野上郷の三カ村と新町の一カ町ならびに河辺村と今寺村・藤橋村すなわち六カ村と一カ町――寛文検地からは七カ村――であった。

ただし、正保三年（一六四六）一二月から開始された国絵図・郷帳の調査結果によれば、藤橋村は、二名の幕領代官と七人の旗本による相給支配となっている。このうち、幕領分については、設楽権兵衛が二三石一斗七升五合分と野銭永一五九文分を担当し、高室喜三郎が七八石五升九合分を統治していた。また、藤橋村の高室喜三郎代官所の統治分は太郎右衛門の管轄地域となっていたが、この統治分の年貢（本途物成）・小物成・役の賦課・徴収の事務については今寺村と一緒に処理された。今寺村は元来、藤橋村の内であったと伝えられる。こういった事情も手伝って藤橋村の高室喜三郎代官所分は、村高全体が太郎右衛門の管轄地だった今寺村と一緒に事務処理されたものと考えられる。このようにして太郎右衛門は公的には六カ村分の管轄地の村の事務を実質的には、五カ村として処理していった。

なお、新町村は、正保郷帳の調製段階で村高が登録されていない。後述するように新町村は、寛文八年（一六六八）四月の寛文検地をもって初めて公法上の村として法人格が公認された。そして、新町村に居住する村限りの名主が誕生するのは、元禄元年（一六八八）一一月を待たねばならなかった。新町村の本村は下師岡村であり、下師岡村の住民は、太郎右衛門を中心に野上郷を構成していた。したがって、この時期まで新町村の百姓は、野上郷としての共同体的結合関係に強く結びつけられていた。

また、前述したように、これらの村々で検地がおこなわれたのは、寛文八年四月前後であったが、これ以前の年貢や税の徴収の基準となる村高は、実際には永高制であり、表2の村高は、この永高を一貫について五石替の換算基準で算出した石高であった。元禄九年一一月の国絵図・郷帳調製令で公認された村高は、この地域では寛文検地によって打ち出された高である。

この時期の村の面積や住民の人口を全村にわたって知ることは困難である。下師岡村と野上村については元禄二年五月の差出帳が残っている。

下師岡村は田・畑・屋敷地の合計が四二町七反九畝一七歩、家数四五軒、人数二〇〇人と記され、このうち男が子供と召仕《(召使)》を合計して九五人、女が娘と下女を合わせて一〇五人である。[10]

野上村については面積五〇町九反三畝一五歩、家数二〇軒、人数七〇人、このうち三六人が子供と召仕《(召使)》を合わせた男、三四人が娘と下女を含めた女の人数だった。[11]

新町村には享保五年（一七二〇）八月の明細帳が残っている。それによれば、村の面積は一五九町七畝一一歩の広さである。家数は六八軒、人数は三二四人で、このうち男が一六一人、女が一六三人と報告している。[12]

河辺村に残るのは文政四年（一八二一）五月の明細帳であるが、面積が八一町七反八畝一七歩で、このほかに七町六反二畝七歩の反高場があった[13]。家数・人数はつまびらかでない。

なお、この地域では、幕府が「新編武蔵風土記」編纂のため、文化一二年（一八一五）三月、地誌調査を実施した[14]。このときの村の家数は、河辺村七六軒[15]、下師岡村四五軒[16]、野上村一九軒[17]、大門村三〇軒[18]、今寺村三二軒[19]、藤橋村六〇軒[20]、新町村六一軒[21]と報告されている。

割本の職務の沿革

太郎右衛門を割本であったと最初に指摘したのは大舘右喜である[22]。氏は「関東幕領における近世初期の地方支配は、一般的に陣屋と割元名主によっておこなわれていた」として高麗郡高麗領高麗本郷の堀口家の事例を指摘し、これに続けて「多摩郡三田領の吉野織部助・吉野太郎右衛門、山口領の小峯善右衛門なども同様である」と述べた。

ところで、吉野太郎右衛門に限っていえば、本人の肩書に「割元名主」とある文書は一点も見られず、何も肩書されてないか、管轄地域の村の「名主」とあるのがすべてである。このように文字通り太郎右衛門を「割元名主」として表示した文書は現在のところ見出しがたい。

しかし、太郎右衛門は、寛文一二年（一六七二）正月から始まる「萬御役銭等出銭・人馬控帳」を遺している[23]。これが、太郎右衛門を割本であったと証明する記録となっている。この記録には、まず下師岡村・野上村・大門村、藤橋村分の高を含む今寺村、河辺村の村高が永高で記載されている。次に、これら永高で表示された村高が「五ケ村割本」と称されて役などを賦課する基準となっている。「割本」は幕府法令にいう「割元」をさすと理解できる。役などの内容には、爪木・石灰を江戸城に輸送するための伝馬・歩行人足役、青梅街道の普請（道作）役、八王子代官所青梅陣屋の陣屋役、幕領の村に賦課される高懸三役の一つの六尺給米などである。割本とは、このように役などを一定の地域に割付・賦課・徴発・徴収するための勘定の元締という意味も持っていたのだろうと考えられる。ともあれ、右の記録は、太郎右衛門が、みずからの管轄地域の村に対する役などの割付・賦課と徴発・徴収の事務にあたったという事実を示している。

太郎右衛門が割本を務めたのは、前述したように、正保三年（一六四六）一一月、二代目の庄右衛門が死去する前後から元禄元年（一六八八）一一月までの時期であった。織部之助が河辺村の肝煎を命じられて名主に就任したのは、元和三年（一六一七）三月であった(24)。下師岡村への関与は、慶長一六年（一六一一）二月の新町村の開発の願書提出の段階まで遡る可能性があるとしても、これら以外の村への関与が、いつの段階からどんな出来事を契機として開始されたのか、現在の段階ではつまびらかでない。

次の文書は、後述するように、野上村を秣場入会地の野元とする大門村・下師岡村・今寺村の四カ村が、元禄五年五月、新たに野組を結成して野上村秣場入会地を囲い込んだ箱根ケ崎村を中心とする一二カ村を相手取って起こした訴訟書の第三条目である(25)。

一　同領(三田領)新町村之義、武蔵野江入相申候新田村、入相馬草刈候義、七拾七年以前辰年(元和二年九月)、右四ケ村御本畑之砌、武蔵野芝原之内新田ニ取立、四ケ村より出相(出合)立申候新田村ニ御座候、野銭之義ハ、新田村ニ御座候間、本村之野銭ヲ以馬草者苅来り申シ、其上弐拾五年以前(寛文八年四月)以前(マヽ)申年迄ハ、新町村之儀、四ケ村御高之内ニて年貢四ケ村(本村)より取立、御上納申上候、然処弐拾五年以前(寛文八年四月)、此形御高わかり申候、新田之村新町ヲハ武蔵野へ入、本村四ケ村を者入申間敷と申掠ニ付、四ケ村百姓馬草ニ困窮可仕と迷惑ニ奉存候、御慈悲ニ先規之通、入相馬草取様ニ被為　仰付被下候、以上

四カ村の出訴の趣旨は次の通りである。一二カ村が囲い込んだ秣場入会地の野銭は、これまで四カ村が上納してきた。一二カ村が新たに結成した野組は四カ村の入会権への参加を拒否したが、野銭を上納してきた四カ村を、一二カ村が結成した野組から除外するのは不当な取り扱いである。新たに結成した野組への四カ村の参加が幕府の裁許によって可能となり、この結果として秣場への入会権を公認してもらいたい。このような主張を補足した部分が右の文書

であるが、割元の成立との関連で注目されるのは次の主張点である。①一二カ村の側に立っている新町村は、本来、四カ村の本高に組み込まれていた芝原の地を、元和二年（一六一六）九月、新田として取り立てた村である。「仁君開村記」によれば、この地は野上村の地先であった。②野銭も、本村である四カ村の名義で上納し、これをもって新町村の秣場での入会権も担保されてきた。③年貢も寛文八年（一六六八）四月の検地までは、四カ村の高の内から上納してきた。④だが、この検地によって「此形御高わかり申候」となった。すなわち、新町村の村高は、本村の四カ村から分離された。新町村は、四カ村の内としてではなく、公法上の法人格を持つ村として独自に年貢・小物成を上納するための土地制度上の基礎が作られた。新町村にとっての寛文検地は、このような意味において村切検地と呼べる性格を持っていた。

太郎右衛門が割本となったのは、初期から下師岡村・河辺村の名主として年貢や小物成の村請による上納義務の履行を基礎とし、これに管轄地であった村に対する役の割付・賦課・徴収・徴発という職務が加えられた点に求めることができる。また、これらの点にさらに近隣の村からの多くの入作を前提とした新町の立村という契機が加わった点があげられよう。これによって四カ村が新町の運営や入会地の共同利用を契機に相互に密接な関係を形成しなければならなかったからである。太郎右衛門は、村と代官所手代との中間にあって村請として義務化された年貢・小物成・役の割付・賦課・徴発・徴収の事務をおこなうという中間的な役割・機能を職務とした。このような中間的な事務機能を職務とする割本制には、割本が、村の名主と割本とを兼職する場合、および、割本と村の名主が別に設定された場合との二つの類型がありうる。太郎右衛門の管轄地域にあっては、太郎右衛門が、村の名主と割本を兼職していた。六カ村でみられる文書には、名主として太郎右衛門が表示されていても、割本として表示されたことは現段階までの調査では確認できない。次節以下で検討する太郎右衛門の職務も、割本としての職務を背景としながらもあくまで新町村・大門村・河辺村という独立の村の名主としての職務の執行を前提としているのである。

二　割本制と郷村の自治秩序

(1)　六斎市の運営権と自治秩序

市場役と六斎市の開催権

新町村の集落は、立村の段階から南北に走る青梅街道を中心として両側町として計画的に造成された。この両側町の集落が新町と称された場所である。元和二年（一六一六）一一月、織部之助は、この両側町に市を開設した。市は当初、七日と二七日に織部之助の「庭」で開かれた。織部之助は当初、この市を六斎市へと発展させようと構想していた。市は、太郎右衛門が当主となってからも引き続いて開催された。新町の市は一カ月に二回の市であったが、これは一カ月のうち四日を青梅町、二日を新町が市を開き、両町が一組となった六斎市を開催するという取り決めに基づいていた。市の開催にあたっては、次のような役を負担する必要があった(26)。

一　三田領之儀ハ、青梅と新町ニ而先規ゟ市ハ、六祭（六斎）ニ定り申事紛無御坐候、三田領御年貢・漆・荏納め（ママ）達候御蔵之御番、市場役と被　仰付、青梅ニ而廿日、新町ニ而十日つゝ、于今至而勤申候事

六斎市の開催日数の割合によって八王子代官所青梅陣屋の蔵番の負担があった。この蔵番は、市場役と称されていたとある。青梅町と新町の人々は、市場役を負担することによって市の開催権を獲得したのであった。

ところで、この時期、三田領の地域では、青梅縞と呼ばれる織物生産が次第に活発となっていた。木綿織物生産の展開は、商品流通の結節点としての市の役割を増大させていく。

この結果、青梅町は、従来の四斎の市に加えて新たに八日・二八日に市日を定めて六斎市を開始した。これに対して新町は、代官高室四郎兵衛に青梅で新たに開催する市の中止を訴え出た。新たな市日の設定は、延宝元年（一六七

三）一一月一九日、高室四郎兵衛によって中止する旨の決定がなされた。しかし、青梅町は、市の開催日を八日・二八日から五日・二五日へと変更して六斎市の開催を試みた。次の文書は、新町の惣百姓が、青梅町の五日と二五日の市の開催中止を求めて代官高室四郎兵衛に差し出した口上書である。[27]

乍恐口上書を以御訴訟申上候

一　青梅・新町市出入之御訴訟、度々御穿鑿被遊、青梅古市四市之外、新市無用之由被為仰付、難有奉存候処、青梅之ものわかまゝに去廿五日ニ新市たて申ニ付而、青梅江以使を断仕候ヘハ殿様（高室四郎兵衛）御意ニ五日・廿五日ニ新市たて申様ニと被為　仰付候と返事仕、弥谷（三田谷）中村々御領・私領江ハ　殿様御意ニ而新市たて申と申触候ニ付、方々ゟ商売人罷出、古市ゟ大分ニ見世ヲはり、商売仕付、新町市つふれに罷成迷惑仕、御訴訟申上候、前々之ことく新市立不申様ニ被為　仰付可被下候御事

延宝元年

十一月廿七日

新町
惣百姓

御代官様

青梅町の新たな市日は最初は八日と二八日になった。しかし、この試みが潰れると青梅町は再度、五日・二五日を市日として六斎市をおこなおうとしたのである。新たな市日の設定は、代官高室四郎兵衛の政策であるという触が三田領の村々に流された。しかし、青梅町が新たに市を立てるのであれば、新町が七日と二七日に開催している一カ月に二回（二斎）の市は潰れとなってしまう。青梅町の新市を許可しないでもらいたいとある。次の文書は、この訴訟の結果を示したものである。[28]

乍恐書付を以御訴訟申上候

一　青梅ニ八日・廿八日、新市たて申候付而御訴訟申上候得者、度々御穿鑿之上、去年（延宝元年）霜月十九日ニ被為仰付候

者、青梅新市之義無用仕、先々之通、青梅・新町ニ而壱ケ月ニ六市ニ御定、双方江被為　仰付、難有奉存候所ニ、青梅衆わかまゝに五日・廿五日ニ新市立申付而、新町七日・廿七日、一切市立不申、つふれニ罷成、迷惑仕候、先従（高室四郎兵衛）正伯様御代々被為　仰付候通、青梅四市・新町二市之外、新市たて不申候様ニ被為　仰付、難有奉存候

延宝弐年

寅九月十八日　新町　太郎右衛門　印

十郎右衛門　印

太郎兵衛　印

惣百姓　印

御代官様

右に見られるように、延宝二年（一六七四）九月、青梅町の新たな市日の設定は代官によって中止が命じられた。一方、新町の内部では、一カ月に二回の市を、六斎市にしようとする惣百姓の試みが続けられていた。この結果、新町の市は、縞木綿・紬縞の織物売買を軸とする六斎市へと発展していく。

六斎市の運営と寄合の秩序

だが、六斎市は、織部之助がかつて構想したような市の支配、すなわち、市の場の太郎右衛門による支配という運営の在り方とは著しく異なる現実となっていた。新町の人々は、この六斎市をめぐって延宝三年正月一九日、次のような定を取り決めた。[29]

武州三田領之内新町市定覚

市日定之覚

一　四　日　七　日　拾四日
一　拾九日　廿四日　廿七日
　　町之もの大小寄合相談極覚
　　　そうよう之次第
一　たかみせ衆そうよう　三拾弐文
一　いもうし衆そうよう　同　断
一　太物衆そうよう　四拾八文
一　かぞ売衆そうよう　六拾四文
一　石売衆そうよう　三拾弐文
一　塩売衆そうよう　同　断
一　酒売衆そうよう　四拾八文
一　あい物衆そうよう　三拾弐文
一　其外何ニ而もミせ売衆はあいたいニて　同　断
一　かぞ売衆ハ思召寄ニ　はたこ
一　まき売衆思召寄ニ　はたこ
一　すミ売衆思召寄ニ　同　断
一　はたこ直段食一はい　拾弐文つゝ
一　荷物、何ニ而も預り物之分、少も紛失仕間敷候、若何ニ而も、うせ申候ハヽ、其品々急度調、相渡可申事
一　ばくち・諸勝負一切不仕候事
右之趣、何れ茂不残出合相定、書付之通、相背申間敷候、弥はくちの宿仕もの御座候ハヽ、何茂御相談ニ而如何

様之御法度にも可被仰付候、少も御恨存間敷候、為後日之連判、仍如件

延宝三年乙卯正月十九日　（五二名連印略）

太郎右衛門殿

この覚は、新町の市についての定の覚書である。すなわち、定は「市日定之覚」と「そうよう之次第」についての「町之もの大小寄合相談極覚」との二件として記録されている。

新町では六斎市が開催されていたが、「市日定之覚」では、これら定期市の市日を四日・一四日・二四日・七日・一九日・二七日と変則的に取り決めている。一九日は本来、一七日であるべきはずであったが、一七日が青梅町の市日と重なるために開催日をずらすと定めているのである。

「そうよう之次第」にある雑用とは費用、これが転じて六斎市を訪れた商人・職人たちが露店を開く場所（丁場）代の名目になったのだと考えられる。「たかみせ《高見世》衆」・「いもうし《鋳物師》衆」は三二文、麻や木綿を扱う「太物衆」が四八文、「かぞ《楮》売衆」が六四文、「石売衆」と「塩売衆」が三二文、「酒売衆」が四八文、塩魚を扱う「あい物《相物・四十物》衆」や「其外何ニ而もミせ売衆」が三二文、「かぞ売衆」・「まき《薪・真木》売衆」と「すミ《炭》売衆」は旅籠の屋敷地を使って商売をおこない、場所代は「思召」（気持）だけ徴収するともある。特に太物衆の存在は木綿縞との関連で注目できる。ともあれ、この文書は実に多様な商人衆・職人衆が新町の市を訪れて露店を連ねていた点を示しており、六斎市の賑わいが伝わってくる。これら場所代の徴収主体は両側町に「庭」を持つ大小の百姓であり、この文書は、このことを「寄合」による「相談」で決めた定であった。

ここで注目されるのは、次の二点である。まず第一に、新町の市は当初、市の場が織部之助の「庭」でのみ開催されていた。太郎右衛門は、当主となってからも、これを受け継いでいた。当初、定期市の年末の市（歳市）は塩野仁左衛門（吹上村）・織部之助（下師岡村）・嶋田勘解由左衛門（下師岡村）、これに藤橋村から新町に市の開催権を持参した福岡長右衛門（藤橋村年寄）の屋敷地で四年に一度宛の交代でおこなうと決められていた。六斎市へと発展した際

には、これらの人々によって市の場を支配・運営しようとしたのであった。これらの人々は新町の開発に深く関わった浪人や地侍的な百姓身分の人々だった。しかし、次に、この定書が作成された延宝三年（一六七五）正月の段階になると、場所代について「町之もの大小寄合相談極覚」とあるように、町の大百姓・小百姓が寄り合いを開き、審議事項を相談して決定する、換言すれば、大小の百姓衆の「寄合」・「相談」の場が市の運営権についての審議・執行機関へと変化してきた点が示されている。伊藤好一は、これを「土豪的百姓に帰属する市から脱皮して、村の市、総百姓の市に性格を変えていった」と指摘した。また、近年では、在方市の庭（売場）に対する商人の土地所有の在り方から市場社会での商品流通の性格を探ろうとする杉森玲子の研究がある。(30) これらを踏まえて自治という観点から新町の市をみれば、この定には、市の開設場所や開催・運営を四人の有力な人物がヘゲモニー（主導権）を握っていた時期が終焉を迎え、これに代わって新町の大小の百姓身分の人々が、寛文検地によって公認された屋敷地の「庭」を市の売場とし、これによって市に対する運営の主導権を集団的・共同的な意志として掌握していった点が示されている。このように市をめぐる新町村名主太郎右衛門と大小百姓衆との権限関係は、この延宝三年正月の段階では、必ずしも無条件に名主が優位であるとは限らなかったのである。

注目できる第二は、市の場での荷物や預物が盗難に遭う事態を事前に予防するという取り決めがなされていることである。不幸にも盗難が発生した場合には、盗品を、運営主体たる大小の百姓衆が探し出して被害者に返却するという点、ならびに、市の場で博打や勝負事が一切おこなわれないように対処することが決議・誓約されている点である。市の秩序を従来の草分的な大百姓（老百姓・乙名百姓）のみによって実現しようというのではなく、小百姓の積極的な参加によって実現しようとしているのである。ここからは地域共同体における自力救済権の担い手の変化を読み取ることができよう。

定書は、これらの決定を、名主である太郎右衛門に差し出す請書の形式がとられている。太郎右衛門は割本であったが、同時に新町村の名主でもあった。ここで太郎右衛門は新町村の名主として大小の百姓から市の業務遂行の誓約を受け、市の代表としての立場を委任された(31)。太郎右衛門は、対外的にも新町村にあっても、六斎市の運営に最終的な責任を負わねばならなかった。だが、治安秩序の維持を含む六斎市の実際の運営は、新町村の大百姓と小百姓という二つの身分からなる人々の合意によってはじめて実現しえた。この点は、青梅町の新市の中止を求める訴訟でも同様だったといってよい。大小の百姓が、みずからの「庭」を市の場とし、「寄合」によって「相談」した結果として「そうようの次第」に見られる場所代を決定した点を踏まえるならば、これらの場の運営は大百姓・小百姓の合意に基づく自治的な業務遂行によって運営されていたといわねばならない。

(2) 刑事告発権と自治秩序

風除並木の保全義務と告発権

新町村は、青梅街道の青梅宿と箱根ケ崎宿の中継点として江戸城の作事のための石灰（白土）や薪炭材の爪木などの継送の役割・機能を義務づけられていた(32)。石灰は江戸城の壁材のために近隣の上成木村・北小曾木村で焼かれ、幕府に上納された。爪木は、江戸城の搗屋方の竈や炉で火を燃やすのに使う薪炭材で、山之根筋の地域から大量に伐採されて江戸城へ運ばれた。青梅街道から江戸へ向かう次の継立地の箱根ケ崎村までは一里の道程である。新町村は、これら江戸城の徴収物資を箱根ケ崎村まで輸送する公用荷物の継立村であった。このため村内には街道に沿って横一〇間・距離一町半の風除のための杉並木が植えられていた。杉並木は、幕府の公有とされていた(33)。次の手形は、この公有林の並木が荒らされて盗難に遭った際の決着を示す請書である(34)。

手形之事

一　御並木、去々年(延宝六年)迄者町ニて番之ものを仕立、大切ニ仕候所ニ去年(延宝七年)、右之番之もの相煩罷在候ニゟ跡々、苗木なと御座候を何もの候哉、纔所々かりこぎ取申ニ付、名主其段被承、きひしき穿鑿御座候得共、少之儀ニ御座候得者、先其通ニ被成置候、此上町中ニて一日一夜替ニ番仕、相番之もの等出合、並木之様子見分仕、請取渡シ致、慥ニ相守、少も油断仕間敷候、若番之内、並木ニて枝成共切口御座候ハヽ、其日ノ番ノもの、如何様之御支（仕）置ニ被仰付候共、少も恨致ましく候、為後日手形、依如件

延宝八年

申ノ二月八日

新町村
組頭　次右衛門（印）
助右衛門（印）
里右衛門（印）
八郎左衛門（印）
八郎右衛門（印）
市右衛門（印）
源左衛門（印）
又左衛門（印）
八兵衛（印）
七郎左衛門（印）
惣百姓（印）

名主
太郎右衛門殿

並木には、警備のための当番が指定されていたが、番人が病気になって警備がなされなくなった。この間に、並木の苗木が何者かによって荒らされて盗難にあった。新町村の名主である太郎右衛門は、厳しく穿鑿をおこなったが、結局、被害が少しだったので、今回は事件として取り上げないことになった。しかし、今後は、町中で昼夜の当番体制を整えて警備を厳重におこなう。苗木ばかりでなく、並木に少しでも被害があったら当番を担当した人物は仕置の対象にするとある。

この事件と同様の事件は、少なからず起こったようで、七年後の貞享四年（一六八七）二月にも、次のような手形が残されている。[35]

手形之事

一　当春御並木ニ而杉木枯枝を荒申ニ付、御代官様へ御披露可有候由ニ付而、町内大小之百姓致相談、吟味仕候、自今以後者拾人之組頭勤番仕、一切、盗取不申様ニ可致候、若伐盗申者見出候ハヽ、早速可申候間、御代官様へ被仰上、御下知可申請候、又ハ、伐口御座候ハヽ、早々町中屋穿可仕候、盗取申者不申及、其組組頭・組中迄、如何様之逢御法度申候共、一言之御恨ニ存間敷候、為後日、連判如件

貞享四年
卯ノ二月日

組頭
七郎右衛門（印）
又左衛門（印）
八兵衛（印）
源左衛門（印）
八郎右衛門（印）
市右衛門（印）
八郎左衛門（印）
里左衛門（印）
久左衛門（印）
次右衛門（印）

年寄衆

新町村の杉並木の枯枝が盗難に遭った。そこで犯人を穿鑿して代官へ告発しなければならないので、大小の百姓が寄合を開いて相談した。結果として今回は、これ以上の穿鑿をせず、以後は、一〇人の組頭が交代で勤番して並木の

盗難がないように警備をする。今後、盗難があった場合は町中の家を穿鑿する。町の中から犯人が見つかった場合には代官に告発して処罰を受ける覚悟だと表明されている。この「手形之事」は、今回の事件については刑事告発を村内で回避しようとするための請書とみることができるが、これもまた、大小百姓衆による自力救済秩序の形成のための本源的な力を基盤としていたといえる。

百姓衆の合意形成と名主の告発義務

このような被害が発生した場合、名主や五人組はいかなる対応の第一三条をしなければならなかったのか。若干、時期が下るが、享保五年（一七二〇）八月、幕府代官から示された条目の覚書によれば次のようにある。(36)

一　御林有之村々ハ、昼夜心ヲ付、枝葉・下草成共、一切苅取間敷候、風折・根返リ・倒木有之節者早々、木品・間数書付可差出事

公有林に対する幕府の管理は厳重であり、名主には、公有林の異常を幕府に告知する義務が負わされていた。今回の事件は、公有林の単なる破損ではなく、盗難の可能性が高かった。次の文書は、太郎右衛門の管轄地域と同じ高室四郎兵衛代官所が管轄した「武州高麗領高麗本郷巳春宗旨人別・五人組改帳」前書にある延宝五年（一六七七）二月の法令を抜粋したものである。(37)

一　在々所々盗人有之時者鳴を立、出合、からめとり指上ケ可申候、左様之時、出合不申候もの候ハヽ、御法度ニ可被仰候事

一　盗人を聞出申上候者、其もの又者類人あたをなし可申哉と致遠慮、中上候事相止申間敷候、右之旨こわく存候者、隠密ニて書付仕、御下代へ可申上候事

最初の第一〇条によれば、盗難があった場合、百姓は、五人組を単位として互いに鳴物を打ち鳴らして集合し、盗人を捕縛しなければならなかった。また、捕縛した盗人は「指上ケ可申候」とあり、これを次の第一一条によってみ

ると盗人は代官所の下代を通じて代官へ差し出さねばならなかった。名主が、盗人の捕縛や告発についての権限を幕府から委任され、また、「在々所々」の人々は、盗人の捕縛に象徴されるような自力救済的な社会権力としての実力を保持していた点を確認しえよう。

新町村にあっても、前掲の文書によれば、名主には、並木の厳重な管理が義務として委任されていた。住民の過失で異変があった場合には厳しく穿鑿するとともに、これを代官所に告発する義務が負わされていた。しかし、このような義務があるにもかかわらず、前述の請書には、今回の事件に関して名主が告発を見送る。この代わりに延宝八年(一六八〇)二月八日以後の警備体制を厳重にするという趣旨が書かれており、前述の五人組帳前書の条目を無視する内容となっている。しかも、請書には、組頭次右衛門以下、新町村の一〇名の中心的な百姓と惣百姓が誓約している。名主としての太郎右衛門は、幕府から公有林の管理を委任されていた。しかし、一方で、この管理は、村の百姓衆の日常的な警備への参加や盗人を捕縛するための合意を得てはじめて可能であった。新町村の名主としての太郎右衛門は、このような村の百姓の総意に基づく代表としての立場から幕府法令に対応しなければならなかった。太郎右衛門は新町村の中で、こうした百姓衆の合意をくつがえすだけの社会的・権力的基盤は持ち合わせていなかった。手形は、このような背景の結果として作成されたものだといえるのである。

(3) 村の治安と自治秩序

徒者宿の取り締まりと六左衛門の入寺

治安維持をめぐる名主の右のような立場は、幕府の輸送品の盗難事件だけではなかった。延宝七年一〇月、大門村の六左衛門という人物が、幕府の法度に背いて徒者の宿をするという事件が起こった。この徒者の宿というのがどんな実態をさすのかは今後の検討をまたねばならないが、この時期の「徒者」と「宿」に関する法令を、前述の高室四郎兵衛代官所が管轄する高麗本郷の延宝五年（一六七七）二月「武州高麗領本郷巳春宗旨人別・五人組改帳」の第二・八・二一条によってみると次の通りである。[38]

一　当村に盗人・同盗人之宿仕もの無御座候、若他所より盗人かましき者参候者押へ置可申上候、如何様之礼物を以頼申候共、危（怪）敷もの郷中に隠置申間敷候事

一　耕作をも不仕、徒を工、所之さハりに罷成もの候者、名主之子に候共、依怙ひいきなく可申上候事

一　はくち・ほうひき、其外諸勝負仕候もの候ハヽ、無隠可申上候、若我儘仕、御法度を用不申、其上左様之時宿を仕もの候ハヽ、当人は不及申、其五人組迄、如何之曲事ニも可被仰付候事

徒者については、第八条で、耕作をせずに村の人々の生活に障害となる人物とされている。しかし、法度となっている宿については盗人の宿や博打・宝引・「其外諸勝負」の宿が例示されている。これらが幕府代官所や村・町にとって徒者の行動と認識されていたと考えられる。これらについては名主・百姓による捕縛や代官所への告発が義務づけられていた。捕縛は、名主・百姓を中心に実施され、告発は名主の職務として義務づけられていた。このような規定は、寛永一四年（一六三七）一〇月二六日付の「関東中悪党御制禁」についての法令公布を契機として次第に広く認識されるようになっていったと考えてよい。[39]こうした中で事件は起こったのであるが、次の文書は、この決着を示した詫手形である。[40]

一　某共組之内六左衛門、今度御法度之徒者宿仕、下師岡ゟ改御座候ニ付而、名主太郎右衛門、仙右衛門、六左衛門搦捕、五人組ハ不及申、村中之者ニ御預ケ、御手代様迄被仰上候処ニ報恩寺・塩船寺・宗泉寺・明光院（妙光院）御立合、双方へ御異見被仰、今度之儀ハ、右之通、村ニ指置申候様ニ頻ニ御意ニ御座候ニ依り、大門惣百姓・我々共迄伺御意ニ、右組申候通、五人組之内ニ指置申候、以来者主人御座候者、其外如何様成者ニも一時之宿為致申間敷候、若人宿仕候はゝ、当人ハ不及申ニ、組頭・五人組迄、何様ニ御仕置ニ被仰付候共、少も申分仕間敷候、為其、組加判致シ、名主殿・惣百姓衆へ手形仕置候、依如件

延宝七年

未ノ十月五日

大門村

六左衛門（印）

組頭　四郎左衛門（印）

五人組　惣右衛門（印）

同　市兵衛（印）

同　次兵衛（印）

名主　太郎右衛門殿

惣百姓衆

大門村でも新町村と同じように、正徳の条々書に示された村限りの名主は存在しなかった。存在したのは下師岡村の名主であるが、割本として大門村の名主を兼帯した太郎右衛門であった。大門村で村内に居住する村限りの名主が誕生するのは、元禄元年（一六八八）一一月、太郎右衛門が大門村の名主を辞任するのを待たねばならなかった。したがって、この文書の宛所は、大門村に居住していない名主の太郎右衛門と大門村の「惣百姓衆」ということになる。

さて、右の詫手形によれば、大門村の五人組惣右衛門の組合に属した六左衛門は、幕府の法度に背いて徒者の宿をした。ところが、太郎右衛門が下師岡村の仙右衛門以下の百姓を率いて穿鑿――この穿鑿を割本としての立場で実施したのか、大門村の名主としての立場で実施したのか、判然としないが――に乗り出し、六左衛門を捕縛してしまった。このようななかでとりあえず六左衛門は、五人組を越えて「村中之者ニ御預ケ」の身の上となり、次に、代官所の手代へ告発されるという段階になった。しかし、ここで報恩寺・塩船寺・宗泉寺・明光院の四カ寺が、五人組と村中の惣百姓との間に立合人として仲裁役に入った。

報恩寺（宝龍山）は今寺村にある天台宗寺院で多摩郡府中領深大寺の末寺、塩船寺（西光山）は塩船村にある新義真言宗寺院で京都醍醐報恩院の末寺、宗泉寺（藤橋山）は吹上村にある曹洞宗寺院で多摩郡三田領根ケ布村天寧寺の末寺、明光院は下師岡村にある曹洞宗寺院で多摩郡三田領根ケ布村天寧寺の末寺である。宗泉寺と明光院は曹洞宗で共に天寧寺の末寺であるが、報恩寺は天台宗、塩船寺は新義真言宗の寺院である。宗派的には三つの異なった宗門の寺院が共同して仲裁役となっており、四カ寺の仲裁や後述する入寺の慣行が宗門的な教義に根拠をおくとは考え難い。それならば、なぜ、四カ寺が仲裁役となったのか、その理由は何かという疑問が残る。ここでは大門村の村内に寺院がなかった点をあげておきたい。また、大門村の東側が、報恩寺のある今寺村、西が野上村と宗泉寺のある吹上村、北が塩船寺のある塩船村に接していた。明光院（妙光院）のある下師岡村も、西が野上村、南が吹上村に接しており、大門村にとっては隣村である野上村・吹上村の隣に位置する。大門村の人々は、みずからの村に檀那寺が存在しなかったので、これら近隣の村に檀那寺を求めなければならなかった。このような事情から六左衛門も、これら四カ寺のうちの一カ寺の檀那であった可能性が高い。塩船寺（塩船村）と宗泉寺（吹上村）は野上郷でもあり、また、塩船村は元来は大門村と一村で、塩船村を構成した小集落としての小名が自立して村になったと調べられている(41)。したがって、四カ寺が仲裁役となりえたのは、どの寺院も大門村の近隣にあるという地縁関係と深く関連があったからだといえる。

四カ寺の解決案は、今回に限って六左衛門を告発せず、村に差し置くべきだという内容であった。四カ寺は、このような趣旨に沿って五人組と村中の百姓を説得したとある。この結果、五人組は、四カ寺の見解を尊重し、詫手形という形式をとって名主と惣百姓衆が代官所へ六左衛門を告発する処置を回避するように求めた。六左衛門と五人組の要望は名主と大門村の百姓中によって諒解・合意され、この結果、右の詫手形が差し出されたのであった。

このように大門村名主の立場としての太郎右衛門による六左衛門の代官への告発の回避には、四カ寺の仲裁と見解および村内での内済が重要な契機となった。しかし、六左衛門の救済は、四カ寺の口頭での説得、および、これに基づく村の百姓衆による漠然とした総意のみによって実現されたのではなかった。次の文書は、四カ寺から名主太郎右衛門と大門村の百姓中に出された手形であるが、この中に六左衛門の処遇を約した内容が明示されている(42)。

手形之事

一　今度、大門村之内、市嶋之六左衛門と申者、背御法度迄、徒者之宿仕候ニ付而、預御穿鑿ニ、及難儀候故、拙僧共立相、同所之名主殿・傍輩衆へ詫言申入候由ニて、皆々相談之上、御免被成、拙僧共ニ六左衛門御預

り置被成候、自今以後、於此先ニ如何様之悪事出来仕候共、少も何れもへハ難題ニ掛不申、拙僧共埒明ケ、
其方へハ為構申間敷候、為後日、連判手形、依如件

延宝七年
未ノ十月五日

吹上村 宗泉村（印）
師岡村 明光院（妙光院）（印）
今寺村 報恩寺（印）
塩船村 塩船寺（印）

名主 太郎右衛門殿
大門村 御百姓中
参

六左衛門が法度に背いて徒者の宿をしたが、太郎右衛門から穿鑿を受けて難儀している。そこで四カ寺が名主の太郎右衛門と大門村の百姓衆に詫言を申し入れた。そして、「皆々相談之上、御免被成、拙僧共ニ六左衛門御預り置被成候」とある。ここでの「御免被成」というのは代官への告発を許すという意味である。四カ寺は六左衛門を寺院で預かるという方法によって救済したのであった。このような寺預けは、村の人々の立場からは入寺と称され、江戸時代の社会に広く存在していたことが報告されている。

慣習法としての入寺

江戸時代の入寺という慣習法の世界を精力的に析出・検討している佐藤孝之によれば、寺院の持つアジールとしての実態は戦国時代をもって終焉すると評価され、それは満徳寺（上州新田郡徳川郷）や東慶寺（鎌倉松葉ケ谷）といった駆込寺・縁切寺にのみ継承されたと観念しがちであったが、武蔵・上野・駿河・遠江・伊豆の入寺の慣行をみると寺院のアジールとしての性格は江戸時代にも脈々として引き継がれていたという[43]。こうした事例を基礎として氏は、江

戸時代の人々の入寺を、(a)火災の火元となった人々の入寺、(b)火災の火元以外の理由による入寺とに分け、(b)を、①謝罪・謹慎の意思表示としての入寺、②村の制裁としての入寺、③救済手段としての入寺の三種類に分類された。①と②は、類焼火災の火元以外の犯罪を犯した人々を対象とした入寺、③は、社会の中でさまざまな制約や抑圧に苦しむ人々の緊急避難としての入寺といってもよい。人々はさまざまな社会的な制約・困難から一時的に寺院や神社に避難し、安全で平和な生活の回復・復活をめざしたのである。そして、火元の人々の入寺については、領主の制定法として取り込まれていくが、(b)の①から③についての入寺は、程度の差こそあれ、町や村の制定法としての村法・村掟、あるいは、また、慣習法が江戸時代を通じて存在したという。アジール（Asyl）は、世俗世界から遮断された不可侵の聖なる場所としての平和領域をいう。空間的には山林や寺院や自治都市がアジールとなる場所である[44]。すなわち、江戸時代まで脈々として存在した入寺という慣習法は、女性の避難所としての性格を別とすれば、このように分類されるさまざまな犯罪を犯した人々が、みずからの所属する共同体に対して謹慎・謝罪し、共同体もまた、これらの人々に寺院という避難所での謹慎をもって制裁とした。当時の人々は、このことによって領主法への告発から救済された。寺院や神社という聖域は、このための避難所として数多く存在したのである。

入寺と名主・五人組

入寺をめぐる慣習法は、大門村ばかりでなく、野上郷の村々でも広く存在していたといえる。比較的時期の近い例としては下師岡村での事件がある[45]。元禄三年（一六九〇）一一月、下師岡村の安兵衛という人物が「手あやまち」によって家を焼失させるという事件が起こった。村による代官への告発を恐れた安兵衛は、菩提寺の明光院《(妙光院)》に「欠入」って入寺した。佐藤孝之の分類によれば火元入寺といえる。この後、村中の「長百姓」としての年寄と組頭が立ち会って相談した。この結果「手あやまち」なので、本来ならば代官へ「披露」すべきであるが、類焼もなかったので「御代官様迄御訴之義御免被成」と代官への告発の回避が決定され、安兵衛を救済している。

大門村六左衛門の徒者の宿をめぐる入寺も、六左衛門の側から見れば、僧侶に預けられるという入寺の形式をとって謹慎し、村中の百姓に謝罪をするという内容を持っていた。また、村の人々の側からすれば、入寺を強制して謹慎させるという制裁の意義を持ったものといえる。また、謝罪・謹慎・制裁を、村が百姓全体の意志として実施し、これによって名主太郎右衛門が六左衛門を代官所に告発することを事前に回避・救済させるという意味を持っていたのである。

名主・五人組制度は、幕府法上で徒者や徒者の宿をした人物の穿鑿・捕縛と告発とを義務づけられていた。しかし、入寺による慣習法の存在は六左衛門を告発するか、入寺させて回避するか、という選択権[46]を、この五人組制度の規定にもかかわらず、大門村の人々に保持させていたといえる。それは、また、大門村の人々が、こうした問題にどのように対処するのかという運用についての自主決定権を持っていたといってもよい。この意味で幕府の統治の原理が五人組などのような末端の地域共同体を徹底して緊縛したという理解[47]は形式主義的であって妥当とはいえない。また、名主としての委任を受けた太郎右衛門も、このような慣習法に基づく大門村の人々の自主決定権・自主選択権を前提として職務を遂行しなければならない社会的立場にあったのである。

(4) 春日明神と郷村の宗教儀礼

入寺の慣習は、当時の人々と寺院との習俗的・習律的な救済への観念に支えられた社会秩序を構成していたが、人々の救済への観念と寺院とを媒介するのが神社であった。春日明神は、野上郷の四カ村の総鎮守であった。春日明神の別当寺は野上村の神照寺であった。野上郷の人々は誕生から死に至る数々の通過儀礼を、野上郷四カ村の神社や寺院でおこなったが、これら人々の意識を総括するのが野上郷の総鎮守としての春日明神と別当神照寺であったといえる。

春日明神は、江戸幕府の作製した地誌である『新編武蔵風土記稿』の野上村春日明神社の項の割注によれば、社殿は「一間四方餘の小社なり」となっており、下師岡村との境界にあるが、「野上・吹上・師岡・大門、四村の鎮守なり」と記されている。また、寛永一五年(一六三八)五月の棟札があって二石の社領が朱印地として附せられている。社前には鳥居が設けられ、例祭は毎年九月一九日であった。[48] このように四カ村は、野上村の春日明神を総鎮守として祭祀儀礼を執行しており、このための慣習的宗教共同体を構成していたが、この宗教儀礼を執行するための場・空間として鳥居や社殿という宗教施設を維持していた。次の史料は、慶安元年(一六四八)一一月三日の墨書を持つ春日明神の棟札である。[49]

〈表面〉

　　　　別当神照寺　本願吉野太郎右衛門殿　同塩野喜右衛門殿　願主

(梵字)　奉建立野上春日大明神御社殿成就満足攸

　　　　慶安元戊子天霜月三日　　大工吉沢藤兵衛　　敬白

〈裏面〉

(梵字)

(梵字)　　願以此功徳　普及於一切　我等与衆生　皆来成仏道　而已

棟札は、建築儀礼としての棟上式の際に棟木に打ち付けられる木札であるが、ここでは、下師岡村太郎右衛門と吹上村塩野喜右衛門が本願主となって「野上春日大明神」の社殿を造営したことが示されている。慶安元年一一月は、庄右衛門が没して二年目で三回忌にあたり、この本願主であるという理由を差し引いても、このように銘記されるためには社殿造営に多大の経済的な貢献がなければならない。この段階では、吉野家の家督を継承した太郎右衛門が、村内ばかりでなく、野上村・大門村の割本として、また、野上郷中の名主の中で政治的・経済的・社会的に隔絶した地位にあった点が示されている。

これ以後、本稿が主として対象とした時期には春日明神の作事・造営に関する史料はみられないが、しかし、享保一四年（一七二九）一〇月には春日明神前身鳥居の造営がなされた。次の棟札は、この造営事情の一端を示す。(50)

〈表面〉

享保十四己酉龍

下師岡村氏子中

（梵字）　聖主天中天　迦稜頻伽聲　武州多摩郡野上村　別当　神照寺

令法久住利益人天

大門村　氏子中

（梵字）　奉造立春日大明神華表為

助成之檀越　自他平等現当安楽他　供養導師塩船法印慈海

（梵字）　天下泰平国土安全

野上村　氏子中

哀愍衆生者　我等今敬礼

同国同郡大柳村　大工　張海次郎兵衛

吹上村　氏子中

宮川善兵衛

次木長右衛門

谷野村　惣左衛門

五郎兵衛

上黒澤村　木挽　柳下仁左衛門

十月廿三日

〈裏面〉

東方阿掲多電王　西方主多電王

若末法世人　長誦此真言

（梵　字）華表供養
刀兵不能害　水火不焚漂
南方設羝嚕電王　北方蘇多未尼電王

春日明神の別当寺は、野上村にある新義真言宗の神照寺（塩船村塩船寺末寺）で本尊に十一面観音を安置していたが、春日明神には、寛永の段階で釈迦如来が祀られていた。享保の前身鳥居の造営は、寛永一五年（一六三八）五月朔日に次ぐ造営であった。寛永の造営では、野上郷四カ村の一八名の「一結之檀那衆」の筆頭の大施主として吉野織部之助の名前が見える。織部之助を中心とする野上郷の人々は、「一結之檀那衆」と墨書されるような地域的・宗教的な結合による共同体によって春日明神に安置された釈迦如来の前身鳥居を造立した。そして、五月朔日、日待を設定して鳥居の開眼供養をおこなった。導師は神照寺の僧侶である智賢法印であった。

享保の造営は、このような寛永造営の伝統を継受したものといってよい。しかし、そればかりでなく、この中で注目されるのは、造立の主体が、寛永・慶安の段階のように、吉野家の当主である彦右衛門（庄右衛門）が中心でなく、下師岡村・大門村・野上村の「氏子中」となっている点である。導師は神照寺の本寺である塩船寺の僧侶慈海であった。郷の総鎮守であった春日明神の祭儀をめぐる慣習的宗教共同体も、また、割本制の消滅と村に居住する村限り名主・村役人の選出による村政運営に対応して吉野家を中心とした運営から村の氏子中を主体・単位とした合議体による運営へと変化していった。だが、春日明神をめぐる宗教儀礼は別当寺の神照寺ならびに本寺の塩船寺によって受け継がれていった。野上郷の産土神・総鎮守としての春日明神は、野上郷四カ村の人々の誕生から死に至る数々の通過儀礼を意識のうえでも総括する神社といえたが、このような宗教儀礼は神照寺を中心とする寺院の僧侶を導師としてなされていたからである。

人々は、産土神をまつる神社と仏教寺院との習合——従来の研究では神社か寺院のどちらか一方を取り上げるにすぎなかった。しかし、本稿は、神社を軸とした両者の習合という点に従来の見解との違いを見出している——によって自律的・慣習的な宗教儀礼秩序を形成させるとともに、これを基礎とした慣習的な社会秩序を生み出していた。そして、このような社会秩序は、享保段階の棟札や毎年九月、獅子舞の奉納によって執行されたと伝えられる例祭の継続という事実からみれば、春日明神の宗教儀礼の主体が村の「氏子中」となっても維持されていったとみられる。(51)

三　村の自治と割本制の消滅

(1) 名主役の交代と村の文書管理——割本の消滅

村限りの名主と文書管理

元禄元年（一六八八）一一月、太郎右衛門は、河辺村・野上村・大門村・今寺村・下師岡・新町村の名主を辞任する。同時に村々では新しい名主が選出された。この名主の交代劇に際しては、村の土地所有と年貢・租税管理に関する文書類の引き継ぎがおこなわれた。(52)

請取手形之事

一　武州三田領之内、新町村御水帳、寛文八年之御縄御帳六冊内壱冊ハ同領新田分、名寄帳四冊、是ハ天和三年亥之年認有来り候通、御割付拾二本、是ハ辰之年《（延宝四年）》より卯之年《（貞享四年）》迄之分

右之通、不残請取申所、紛無御座候、為其名主・組頭致加判、請取申候、仍如件

元禄元年　　　　　　　　新町村

辰十一月十一日　　　　名主　十郎右衛門（印）

　　　　　　　　　　　組頭　市右衛門（印）

　　　　　　　　　　　組頭　次右衛門（印）

源左衛門（印）
久左衛門（印）
又左衛門（印）
里左衛門（印）
七郎左衛門（印）
八郎左衛門（印）
七郎右衛門（印）
八郎右衛門（印）

太郎右衛門殿

これによれば、新町村の名主十郎右衛門と組頭一〇名が連署して下師岡村の太郎右衛門に村の管理に関する文書を受け取った旨の請取手形を差し出している。また、前掲した延宝八年（一六八〇）二月の「手形之事」にもみられるように、このときの新町村の名主は下師岡村の太郎右衛門が兼務しており、新町村には、村内に居住する村限りの名主が存在しなかった。新町村への幕府代官からの年貢割付状の宛所は太郎右衛門だったのであり、ここで初めて組頭に代わって正徳の条々書に見える「村限り之名主」が文書の中に現われてくる。名主の十郎右衛門は新町村で太郎右衛門以外に初めて名主の肩書を得た人物だった。新町村での村限りの名主の誕生ともいってよい。受け取った文書は水帳・名寄帳・年貢割付状の三種類であった。新町村にとって太郎右衛門の名主役辞任は、村内から選出された村限りの名主による初めての村政運営の開始を意味していたのである。

また、次の請取手形は、新町村と同じ時期、太郎右衛門が河辺村の名主役を辞任した際に、河辺村の新たな村役人から受け取った文書である(53)。

請取手形之事

一　御水帳　　三冊

一　名寄帳　　三冊
　是ハ卯之年（延宝三年）ゟ卯之年（貞享四年）迄ニ御座候
一　御割付　　拾三本
右之御帳、不残請取申所、慥ニ実正也、為後日之、仍如件
　元禄元年
　　　辰十一月十一日　　川辺村
　　　　　　　　　　名主　利右衛門（印）
　　　　　　　　　　同断　七郎右衛門（印）
　　　　　　　　　　組頭　十右衛門（印）
　　　　　　　　　　同　次郎左衛門（印）
　　　　　　　　　　同　惣右衛門（印）
　　　　　　　　　　同断　与惣右衛門（印）
　下師岡村
　　吉野太郎右衛門殿

ここでも河辺村の名主利右衛門・七郎右衛門と四名の組頭が連署し、下師岡村の太郎右衛門に村の管理に関する文書を受け取った旨の手形を差し出している。引継文書は、新町村と同じく水帳・名寄帳・年貢割付状の三種類である。河辺村は元和二年（一六一六）三月、村方騒動によって従来の名主が罷免され、織部之助が高室金兵衛昌重から名主役に任命された。以来、庄右衛門・太郎右衛門と七一年の間、下師岡村の吉野家が名主役を兼帯し、村内から村限りの名主が選出されて村政運営にあたることはなかった。しかし、ここでも新町村と同様、元禄元年（一六八八）一一月をもって村内から選出された名主が太郎右衛門から村方管理の基本台帳である水帳と名寄帳、ならびに年貢割付状を受け取り、新たなる村政運営を開始したことが示されている。

ところで、このとき、太郎右衛門が引き渡した水帳には印判が押されていなかった。河辺村では、この後の享保一七年（一七三二）三月、代官荻原源八郎乗秀によって地改めが実施されたが、この時、この点をめぐって水帳の真偽を

めぐる村方出入が起こっている。このとき、吉野彦右衛門が乗秀の手附・手代高林忠蔵・長谷川茂吉に差し出した書付は、寛文八年（一六六八）四月の検地から太郎右衛門が名主役を辞任した時点までの事情が示されていて興味深い(54)。

乍恐以書付申上候

一　此度河辺村地所御改ニ付、我等方ニ古水帳所持仕候由、各様、右御帳面差上ケ申様、御書付被下置候、右帳面之儀、先年私親太郎右衛門河辺村名主仕候節、六拾五年以前寛文八申年御検地御水帳、我等方所持仕候所ニ、右太郎右衛門河辺村名主役差上候ニ付、四拾五年以前辰年《（元禄元年十一月）》、跡名主里《（利）》右衛門・七郎兵衛《（右衛門）》、両人江古水帳并名寄帳相渡候間、右渡候外、私方ニ水帳無御座候

一　右之通相渡、河辺村御座候古水帳ヲ以御検地之砌、新ニ名寄仕立、御年貢御上納仕来り申候、然処ニ河辺村十兵衛兼而申候ハ、御水帳ニ御判無御座候由申候、右相渡候古水帳ニ御判無御座候儀ハ、河辺村ニ不限、新町村・根ケ布村・上師岡村・下師岡村・野上村・大門村・今寺村・吹上村・塩船村・谷野村・木野下村・黒澤村・南小曾木村・留《（富）》岡村・河部《（辺）》村、右拾五ケ村御水帳ニ御判無御座候、依之、河辺村御水帳ニも御判無御座候得共、正実之御水帳ニ紛無御座候、右申上候通、古水帳・名寄帳相渡候ニ付、外私方ニ御水帳無御座候、依之、御水帳所持不仕訳、右之通書付差上ケ申候、以上

多麻《（ママ）》郡
享保十七年子三月　　下師岡村
名主　彦右衛門

高林忠蔵殿
長谷川茂吉殿

《（貼紙）》「御水帳ニ御判無之段、川辺村出入之節、御吟味ニ付、彦右衛門差上候書付之控、此書付不可捨」

第二条目によれば、地改めに際して河辺村の十兵衛という人物が、河辺村の古水帳には印判が押されていない。河辺村の古水帳は写本であり、これとは別に印判の押された正本の台帳があるはずだと主張していることがわかる。十

兵衛の主張の背景はつまびらかでないが、河辺村から水帳は太郎右衛門の子である彦右衛門が所持しているはずであると乗秀に伝えられた。乗秀は、手附・手代の高林忠蔵・長谷川茂吉を派遣するので、両人へ古水帳の正本を差し出せと彦右衛門に命じた。これに応えて彦右衛門から両人に差し出された文書がこの書付である。

彦右衛門の主張は次の通りである。①寛文八年（一六六八）四月前後に実施された検地の一五カ村の古水帳は、河辺村に限らず、すべて印判は押されていない。しかし、これをもって名寄帳を作成し、年貢を上納してきたわけで、印判は押されていないが「正実之御水帳ニ紛無御座候」と河辺村の管理する古水帳が紛れもなく正本である。②父親の太郎右衛門は、寛文八年四月の検地以後も河辺村の名主であったので古水帳を所持・管理していた。しかし、元禄元年（一六八八）一一月、名主役を辞任し、これと交代して利右衛門・七郎右衛門が名主役になった。このとき「右両人江古水帳并名寄帳相渡候間、右渡候外、私方ニ水帳無御座候」という事情を上申している。

文書管理権の転換

ところで、近年、史料管理学を視点として江戸時代の中・後期から幕末期の村の文書管理史に関する研究が、従来の村政史研究に新たな知見を加えつつある。だが、大庄屋・割元（割本）・惣代制と関わって記録・文書の作成・授受・管理を論じた研究は皆無に等しかった。佐藤孝之は、遠江北部の阿多古領・犬居領・三倉領の幕領地域を事例に次のように論じる。(55)

北遠の幕領地域では寛文・延宝の総検地を画期として代官の統治が手代・下代と呼ばれた在地手代制から大庄屋制へと変化する。正徳三年（一七一三）四月の幕令によって大庄屋制がなくなった。在地手代制の時期の文書授受は領を単位として代官と在地手代とでなされた。在地手代は争論の調停や領を単位とした年貢の徴収・上納を請け負っていた。年貢の割付を例にとると在地手代制の時期、領に編成された村への年貢割付状の発給はおこなわれず、在地手代が作成した郷帳によって年貢の徴収と上納がなされた。大庄屋制の時期になると代官によって年貢の割付状でなく、割付帳が作成されて大庄屋に渡された。大庄屋は、これを元帳として割付状を作成し、代官か大庄屋の署名を入れて割付状を村に交付した。代官から村への割付状が交付されたのは大庄屋制がなくなってからである。村が文書の作成・授受・管理の主体となるのは大庄屋制がなくなって以後であった。

太郎右衛門の管轄地域の村では、氏の析出された事例とは異なり、割付状は代官から村の名主・組頭（年寄）・惣百姓に発給されている。が、少なくとも水帳・名寄帳・年貢割付状のような村の基本文書が、割本の消滅以前には割本の手の中で管理されており、双方に若干の職務内容の違いがあるにせよ、村に居住するとともに、村の百姓によって選ばれた名主や村役人によって管理されたのではなかったという点で、氏の提示された事例と共通点がある。

太郎右衛門は、この元禄元年（一六八八）一一月を境に野上村・大門村・今寺村・下師岡・新町村の名主を辞任した。このとき、従来から名主として所持・管理していた村の土地台帳である水帳、年貢・租税納入の基礎台帳としての名寄帳・年貢割付状を、交代した村々の名主・村役人に引き渡した。この名主は、村内から選出された村限りの名主であった。村内から選出された村限りの名主を中心とする村役人が村政運営にあたるという事情は、下師岡村の名主が兼帯の名主となった野上村を除けば、河辺村・新町村・大門村・今寺村でも同様であった。[56]

野上郷を中心とする割本太郎右衛門の管轄地域の村では、太郎右衛門の辞任による割本役の消滅とともに、村内から選出された村限りの名主が誕生した。同時に、検地帳・名寄帳・年貢割付状という村請制にとって最も重要な基本台帳が村の名主に移管・管理されることになった。居村から選出された村限りの名主による文書管理権が確立した。これをもって名主と村役人による村の自治的運営が初期から前期を通じて続いてきた段階から新たな段階に入ったといえよう。

(2) 秣場入会権と村・百姓の共益・私益

南小曾木村秣場入会地の開発と私益

寛文八年（一六六八）四月の寛文検地と元禄元年（一六八八）一一月の太郎右衛門の割本役辞任は、これらの村の自治秩序に大きな変動をもたらした。この事件は、村政の運営のみならず、野上村・下師岡村・大門村・今寺村の秣場の利用をめぐる入会権の秩序にも影響を与えたのである。

秣場は、牛馬の飼料や田・畑の肥料を得るための採草地（草刈場）である。秣は糞尿と並ぶ作物の自給肥料源としても農業生産に不可欠の資源であった。秣場には、村落共同体の所有地と幕府や藩の所有地とがあったが、幕府の秣場を利用するには多くの場合、野手米・野手永を秣場のある地元の村が徴収して、公儀としての幕府に納めねばならなかった。公儀秣場は、このような税の上納によって入会権が保証され、許可された村以外の新規参入は禁止された。また、秣場のない村は、秣場のある村へ草札銭を納めて草を刈ったが、これも新規の参入は困難を極めた[57]。

野上郷四カ村のうち野上村・大門村・今寺村の三カ村は、南小曾木村・藤橋村・谷野村・木下村・塩船村・吹上村とともに南小曾木村入会山での入会権を共有していた。南小曾木村の入会山の利用権をめぐっては初期から近隣の村と村との論所が絶えなかった。元禄三年七月、幕府は、評定所に訴訟が提訴されたことを契機に、近隣村の従来からの山論を決着させようと検使を派遣して現地検分を実施した。次の文書は、この検分の結果、調製された江戸幕府評定所裁許絵図の裏書である[58]。

武州多摩郡南小曾木村与同郡今寺村・木下村・谷野村・大門村・野上村・塩船村諍論裁許之條々

一　南小曾木村百姓申候者六ケ村之者入会之由申掠、年貢地ニ有之樹木、大分伐採之旨訴之、六ケ村百姓答候ハ、於入会場林并新発致之ニ付、伐荒之由申之、右論所為検使守屋助次郎手代山口太郎右衛門・太田弥太夫手代籾山儀右衛門差遣、令吟味処、南小曾木村百姓所指之入会山野山境、西者厚澤之流、東者峯通入会境之由雖申之、證拠無之、六ケ村百姓申所不残入会候證拠不相見候、乍然伐採候場ニ畑弐拾六ケ所有之由、六ケ村百姓雖申之、南小曾木村百姓申通り弐百参ケ所有之、検地帳引合、令点検処、右之場ニ塩船村・黒澤村・富岡村出作之畑四拾九ケ所有之、年貢南小曾木村江出之上者為年貢地事分明ニ候、剰弐尺三寸廻之樹木ニ而非近年之新林候、然則理不尽ニ立木伐取ニ付、為科怠、六ケ村庄屋令牢舎畢、墨筋之南者六ケ村入会秣可刈取之、今度検分之上、畑数之多少、林之新古相違有之付、先年之絵図取上之、新ニ引墨筋、畑之廻り不残致掘上、畑境可相立旨申付候、但吹上村之儀可入会旨、先裁許雖載之、検地僉議之上、終ニ不入会旨申之付、吹上村者除之候、勿論有来外、南小曾木村百姓新田・新林一切不可致之事

一 同郡藤橋村・今寺村・木下村・谷野村与南小曾木村野山論之事、従藤橋村申趣、南小曾木村之野山、百姓居林之外者藤橋村・塩船村・吹上村・野上村・大門村・今寺村・木下村・谷野村、以上八ケ郷手寄次第入会、秣取来候、然処ニ南小曾木村之内、小布市村百姓新林立候ニ付、御代官江申出、及訴論候得共、入会之村々、秣者無違儀刈来処、小布市村之者、鎌を取、一切不入之旨訴之、小布市村百姓答候者秩父海道より西ハ、塩船・野上・大門・谷野・木下・今寺、右六ケ村之者入会、藤橋・吹上弐ケ村者終ニ入候儀無之、従秩父海道之東、中山道之間者為南小曾木村内野之由申之、双方令糾明処、従秩父海道入候通者雖為南小曾木村作場道、従中山道入候分者皆入会道ニ無紛相見候、其上内野之證拠一円無之條、自今以後、秩父海道之東西ニ不限之、藤橋・今寺・谷野・木下四ケ村可為入会、且又、新林之儀拾八・九年(寛文十二・延宝元年)以前、愛宕宮致勧請、其宮地ニかそ(楮)う(植)へ林連々植出、剰今度新林、郷窪之荒畑と證拠ニ為可申立入、野澤之畑新ニ荒置之、水帳之面ニ引合偽之段、依令露顕、先年裁許之時分、南小曾木村太郎右衛門・小布市村組頭及籠舎、其上、右之論地公儀林ニ相定上者弥可為其通事

一 南小曾木村与黒澤村郷境論之事、是又検使検分之上、元和年中従黒澤村遺候證文、南小曾木村百姓差出之候、證文之面、論所三分二者南小曾木村、三分一者黒澤村江可附之由有之、今度黒澤村組頭拾人、口上之趣、右之證文之通ニ而年数為同前上ハ、證文之通、互ニ可進退之、為證拠絵図之面、所々引墨筋、各加印判、六ケ村中江壱枚、南小曾木村江壱枚、黒澤村江壱枚、藤橋村江壱枚下置之條、不可再犯者也

元禄三年庚午七月廿五日

稲　伊賀（稲生伊賀守正照・勘定奉行）
松　美濃（松平美濃守重良・勘定奉行）
北　安房（北條安房守氏平・江戸町奉行）
甲斐飛驒（甲斐庄飛驒守政親・江戸町奉行）
本　紀伊（本多紀伊守正永・寺社奉行）
戸　能登（戸田能登守忠真・寺社奉行）
加　佐渡（加藤佐渡守昭英・寺社奉行）

南小曾木村入会地では、第三条目にあるように、元和期、黒澤村と南小曾木村との双方で入会山の境界をめぐる論所が起こった(59)。この結果、幕府の裁許によって論所の対象となった入会山のうち三分の二を南小曾木村、三分の一を黒澤村の領域にするとして境界が画定された。三分の二の南小曾木村入会山は、南小曾木村と今寺村以下、木下村・谷野村・大門村・野上村・塩船村・吹上村・藤橋村の八カ村、南小曾木村を含めると九カ村の入会地であった。これらの入会地は主として秣場として利用されていた。しかし、入会地の中には西の「厚澤之流」から東の「峯通」までの土地が含まれていた。この土地には、秣場であるとともに、南小曾木村が年貢を上納しなければならない検地帳に登録された畑地も含まれていた。

第一条目によれば、南小曾木村は、藤橋村と吹上村を除く六カ村が、これらの検地帳に登録されている土地の樹木を伐採したのは不当であるとして幕府評定所に提訴した。これに対して六カ村は、入会地には畑地が二六カ所ある。これらの樹木を伐採したのは入会地に新林を立てるとともに、新たに畑地を開発しようとしたからであると主張した。南小曾木村は、「厚澤之流」から東の「峯通」までの土地は南小曾木村の入会地だというが、その根拠はないと主張した。これに対して南小曾木村は、六カ村の畑地は二六カ所ではなく二〇三カ所もある、これらは南小曾木村から年貢を上納しなければならない入会地なので、六カ村の畑地開発は、入会権を楯とした違法な開発であると主張した。

幕府の検使が現地調査した結果、畑地は、南小曾木村の百姓が主張した通り二〇三カ所もあった。また、この入会地には塩船村・黒澤村・富岡村の出作の畑が四九カ所あるが、これらの土地の年貢は南小曾木村の村請によって上納されている。くわえて、六カ村が新林として植林したと主張している樹木は幹廻りが二尺三寸もあり、とても六カ村が近年に植林した樹木とはいえないと調査結果を評定所へ復命した。

この結果、今寺村以下、木下村・谷野村・大門村・野上村・塩船村六カ村がいう畑地の数や新林の植林のための入会地の樹木伐採という主張は偽証であると裁定され、六カ村の「庄屋」は「牢舎」の処罰とされた。また、畑地のまわりの土地に、新たに土手と溝を造成するよう命じられ、六カ村の百姓による秣場入会地の畑地化への制限と秣場の維持がはかられた。

南小曾木村入会地には秩父海道を軸とする東西の入会場所があったが、第二条目は、この入会地をめぐる論所の裁定を示す。これによれば、この入会地は、南小曾木村・藤橋村・塩船村・吹上村・野上村・大門村・今寺村・木下村・谷野村の入会地として百姓たちが秣を刈り取ってきた。しかし、南小曾木村入会地に、南小曾木村の集落の一つであった小布市村の百姓が新林を立てた。新林には、紙の原料となる楮の木が植えられていた。これより以前から幕府は、次のような法令を五人組帳前書に入れ、この遵守を命じている。[60]

一[19] 山林みだりに切申間敷候、苗木をも仕立、少之明間にも植置可申候

これは、前述した延宝五年(一六七七)二月の五人組帳前書であるが、小布市村の人々は、このような幕府の苗木植樹奨励策にしたがって楮の木を植えたのであった。また、小布市村の百姓は、藤橋村と吹上村の百姓たちが秣を苅るために入会地を訪れると二カ村の百姓の「鎌を取」り、入会地から排除するという行動に出た。鎌や山刀などが入会権の内容を象徴しており、[61] 鎌を取るという行為が相手に対して入会権の否定を表明するという慣習であった点はよく知られている。小布市村の主張は、秩父海道より西の山は、塩船村・野上村・大門村・谷野村・木下村・今寺村の

入会地である。「秩父海道之東、中山道之間者為南小曾木村内野」である。藤橋村と吹上村は、これまで「南小曾木村内野」の入会山に「終ニ入候儀無之」かった。南小曾木村の村内である小布市村には、この内野に新林を立てる権利がある。したがって、藤橋村と吹上村の入山を排除したのだと主張した。藤橋村・吹上村の百姓は、小布市村の百姓が両村に対して入会権を拒否したのは不当であると幕府に提訴した。

幕府の検使は、この土地は確かに「従秩父海道入候通者雖為南小曾木村作場道」であるが、「従中山道入候分者皆入会道ニ無紛相見候」と判断するとともに、この入会地が南小曾木村の内野である証拠はない。したがって、入会地は、秩父海道の東西にかかわらず、藤橋村・今寺村・谷野村・木下村の四カ村入会地だと判断して評定所に復命し、これによって評定所の裁許がなされた。

裁定によれば、小布市村は、寛文一二年（一六七二）から延宝元年（一六七三）――貞享三年（一六八六）八月の目安裏書によれば寛文検地のあった寛文八年から寛文九年とされている(62)――にかけて入会地に愛宕宮を勧請した。宮地には、楮の木を植えて新林とした。しかし、検使が訪れると新林を郷境の荒畑であると偽証するために、検地帳に登録された「野澤之畑」までもが荒地であると偽証した。このため南小曾木村の太郎右衛門と小布市村組頭が「牢舎」として処罰されたとある。

これら二つの事件で注目されるのは、次の二点である。第一は、この時期の人々の旺盛な開発意欲である。それは、入会地を切り開いて畑地として開墾し、また、小布市村の例でもわかるように、楮の植樹・植林をおこなっている様子にみることができる。楮は新町の六斎市に商人衆が訪れているように、この地域でも紙の原料として活発な取引がなされていた。近隣の市で商品化の可能な作物や樹木を栽培し、これを売って百姓としての経営の自立に役立てようとする人々の活気に満ちた営みが伝わってくる。

また、第二に、下師岡村を除く野上村・大門村・吹上村の野上郷の村、ならびに、今寺村は、南小曾木村入会地をめぐって相互に密接な経済的・社会的・政治的な結合関係を持っていた点である。六カ村の百姓は、開発された畑地が二六カ所であると主張した。しかし、幕府の検使の調査では畑地は二〇三カ所にもおよんでいた。入会地を囲い込んで少しでも課税の対象にならない畑作地を生み出していく。これらは幕府からみれば隠田であった。が、当時、人々は、このようにして入会地の開発に意欲的に取り組んでいた。小百姓の経営的な自立をめざす不断の営みの結果であったといってよい。村役人の処分は、偽証のみならず、このような隠田への処罰という意味を持っていたと考えられるが、同時に、この時期の村は、単独ではなく、同じ山野に入会権を持つ複数の村が、共同して右のような開発を繰り返していった点を見て取ることができる。

村の共益や百姓の私益という後述する観点からみれば、このような村の動きは、小布市村の愛宕宮の勧請や宮地と称した入会地への楮の植樹にもみられるように、郷や村の共益を、小百姓の経営の自立にとって不可欠な私益へと転化していこうとする動きといえる。

私益の獲得は、小布市村にせよ、六カ村による新畑開発の試みにせよ、村を単位におこなわれていた。私益の獲得が、共益の主体としての村の保護によってなされた点、ここに、この時期の特徴が見出される。そして、これらは、寛文検地を画期として顕著となったのであった。

野上村秣場入会権の変動と共益

野上村・大門村・下師岡村・今寺村の四カ村も、野上村を野元とする野上村入会地の組合を結成して秣を刈り取っていた。しかし元禄五年（一六九二）五月、箱根ケ崎村が触本となって新町村・羽村・高根村・駒方村・冨士山村・二本木村・今井村・峯村・木蓮寺村・寺竹村・三ツ木村の一二カ村が新たに野組を結成し、野上村秣場四カ村入会地を囲い込むという事件が起こった。この背景には初期以来の相次ぐ新田開発が、この地域においても採草地を次第に欠乏させていた点、あるいは、入会地での新畑開発や新林の造成への期待といった点をあげることができる。次の文書は四カ村がみずからの入会権が侵犯されたと主張して幕府奉行所へ訴え出た際の訴訟書の一条目と二条目である。(63)

一　武蔵野馬草場入相之儀、野上村野本ニ而下師岡村・大門村・今寺村四ケ村ニ而永弐百文野銭御代官様より御年貢御割付之表ニ立米被為　仰付、先規より毎年、御上納仕、武蔵野江入相、秣苅来申候事

一　今度、箱根ケ崎村名主市良右衛門触本致シ、右拾壱ケ村立合、相談仕、此方四ケ村除ケ置、武蔵野惣廻り畑境ニ境塚相立置、新規に野組連判取引可仕と相極申由承候ニ付、右市良右衛門方江以使申候ハ、四ケ村之義、先規より入相村之内ニ候ニ境塚者除ケ置申義、如何様之子細ニ而除申候、四ケ村之義、入相村ニ候間、連判之仁江入申へきと申断候得ハ、市良右衛門返答申候ハ、先規より入相之村ニ候ハヽ、入相可申候、連判之内入申義不罷成候と公事仕、返答仕候事

第一条によれば従来、四カ村は、野手永にあたる野銭の永二〇〇文を上納し、入会地から秣を刈り取ってきたとある。野上村の秣場では税としての野銭の幕府への上納が義務づけられるようになっていた。野銭高は、元禄二年（一六八九）五月、野上村の差出帳によれば、野上村永四〇文・大門村永五〇文・下師岡村永五〇文・今寺村永六〇文の合計で永二〇〇文とある。[64]これらの野銭は、正保郷帳には載せられていない。だが、前述したように、元和二年（一六一六）九月の新町の立村以前の段階から上納を義務づけられていたものとみられる。

第二条によれば、箱根ケ崎村以下一二カ村は、四カ村が利用してきた入会地に境塚を立て、新規に入会権確保のための野組を結成した。四カ村は、野組から排除されて入会地で草を刈り取ることが不可能になってしまった。このままでは四カ村の秣場の利用は難しい。四カ村の野組への参加を裁許・公認してほしい。というのは、対象となる秣場の野銭は、従来から四カ村が上納してきたからである。これが、四カ村が訴訟によって幕府に入会地の利用の裁許を求めた正当性の根拠である。

これらに続いて前掲の「割本の職務と沿革」の項で示した史料にもあるように、四カ村は、みずからが野組への参加権を持つ理由の一つとして箱根ケ崎村を触本とする野組に、新町村が入っているからだと主張している。すなわち、本来、新町村は、四カ村の本高に組み込まれていた芝原の地を、元和二年九月、新田として取り立てた

村である。野銭も、本村である四カ村の名義で上納し、寛文検地までは、四カ村の高の内で年貢を上納してきた。しかし、この検地によって「此形御高わかり申候」と村切検地が実施された。新規に野組が結成されはしたが、入会権を本来的に保持しているのは、新町村の分も含めて野銭を上納し続けてきた四カ村の側にある。したがって、四カ村は新規に結成された野組へも当然、参加の権利を持っている。この権利を無視して一二カ村のみで野組を結成するのは不当であり、四カ村の参加も認められるよう裁許・公認してもらいたい。これらが、四カ村が主張する訴訟の趣旨であった。

この訴訟の結果、野銭は従来通り、野上村・大門村・下師岡村・今寺村の四カ村が永合計二〇〇文を幕府に上納し、入会地の利用は、これら四カ村と新規の野組一二カ村を合わせた一六カ村で野組を結成しておこなうことになった(65)。しかし、この結果は、四カ村の立場からみれば、野銭の上納は従来通りとなっているにもかかわらず、入会権は四カ村から一六カ村へと拡散されたといってよい。従来、四カ村のみで保持してきた入会地の中に新たに一二カ村の入会権が加わったからである。野銭は、山林・原野・河海に賦課される小物成の一つであり、律令でいう調に該当する税といえる。このような野銭を含む小物成について高木昭作は、豊臣政権の惣無事令を背景とした太閤検地の実施は、公方＝公儀による小物成の徴収という形式をとって石高に結ばれた土地のみならず、高外地までもが公儀の領有となることを全国的な規模で決定づけたと論じた(66)。

一方、これに先立って深谷克己は、田・畑・屋敷地といった高に結ばれた土地を百姓にとっての公法的所持の土地と位置づけるならば、小物成の対象となった高外地としての山林・原野・河海は、百姓が共同的に所持する共同用益地、すなわち、共同的所持の土地である。このような共同的所持は、公法的所持や私的所持とも異なって百姓の共同的な社会的結合関係を深部において形成させる役割を果たしていたと論じている(67)。

共同用益地によって得られる収益を共益とすれば、私的な土地から得られる収益を私益、公法的な土地によって得られる収益を公益ということができる。この意味で四カ村の秣場から得られる共益は、単純化していえば、四分の一から一六分の一へと減少したといってもよい。また、秣場の利用に関する審議権や執行権によって担保された共益も、最大で四分の一から一六分の一へと後退したといえる。これらによって四カ村の入会権は、著しく縮小・制約を余儀なくされた。これに応じて共同体の質も、共益の中から私益が分化し、かつ、共益が公益に組み替えられながらも、三者が併存しつつ、次第に公益・私益が共益を包摂するという歩みを開始し、共同的な社会的結合を形成させる契機が公や私の中に組み込まれていく。入会権についても、村と村との新たなる自治秩序が模索される段階となっていくのである。

おわりに

割元（割本）制・惣代制・大庄屋制は、正徳の江戸幕府条々書によって停止された。しかし、太郎右衛門の管轄地域において割本制は、これよりも約二四年半以前の元禄元年（一六八八）一一月の段階で消滅していた。

これ以前、割本は管轄地域の村の名主を兼ねていた。しかし、村の名主としての割本は村に住んで村の百姓から選出された名主ではなかった。水帳・名寄帳・年貢割付状は割本であるとともに、村の名主である太郎右衛門が管理していた。太郎右衛門による村の事務の掌握にもかかわらず、新町村の百姓と名主太郎右衛門との市の代表としての立場をめぐる委任関係は、市の場を大小の百姓が提供した段階で成立したといわざるをえない。これを契機として大小百姓の「寄合」と「相談」が、市の運営の議事審議・執行機関へと変化しつつあった点にみられるように、村の自治は大小の百姓の集団的意志による主導権《ヘゲモニー》の獲得過程として展開した。

また、太郎右衛門が割本として村の名主を兼職していた段階で、村の治安秩序、特に盗人や徒者の告発は、百姓を組織した五人組の義務とされ、名主は、村としての最終的な責任をとる主体であった。しかし、実際には、寺院をアジールとする入寺の慣習法秩序によって犯人や被疑者の処遇は、百姓身分の人々を中心とする集団的な諒解と合意の意思表示を不可欠の前提としていた。この意味で、村の人々は、五人組制度による相互監視と刑事事件の被疑者の穿鑿・告発の法による強制にもかかわらず、徒者の宿をした人物を代官に告発するか、回避して救済するか、という刑事事件の被疑者の取り扱いに対する自主決定権・選択権を持っていたのである。割本という背景を持つとともに、村の名主でもあった太郎右衛門をもってしても、こうした社会秩序を否定することは不可能であった。

太郎右衛門の辞任による割本制の消滅は、村に住み、村の百姓によって選出された名主を誕生させた。元禄元年（一六八八）一一月、幕府代官西山正春は、本牧領（武蔵国久良岐郡）で村高に応じた名主給の准拠基準を定めているが(68)、このような規則の制定は、正徳の条々書公布に先立って多くの村で割本や名主をめぐる制度がさまざまな意味で新たな段階へと入っていったことが背景にあったからだと考えられる。太郎右衛門の管轄地域であった村も、名主を中心とする村役人は、これ以後、みずからの手で、土地台帳としての水帳、年貢の上納や納税のための台帳としての名寄帳、村への賦課文書としての年貢割付状を管理し、村の自治の一部としての村請による年貢・小物成・役の負担を開始した。しかし、寺院をアジールとする慣習法的な社会秩序は、こういった自治の中でも維持されていくことになった。

このような村役人制度の転換をもたらした出発点は、寛文八年（一六六八）四月を前後して実施された寛文検地であった。寛文検地は、小百姓の新畑・新林の開発・造成による経営の自立への胎動の契機となった。また、同時に、従来の秣場入会地の秩序に変動をもたらした。入会地への入山権を、従来の秣を刈る場所から新畑・新林の開発の権利へと変えていったからである。それは和紙の原料となる商品の楮の木を和紙市場向けの商品として植樹・育成して経営の自立に役立てようとする人々の営みであった。六斎市の場の提供と管理を通じて商品流通へ直接的に参加し、このための流通秩序を自治的に管理しようとした新町村の百姓の行動と共通する動きであった。しかし、こうした行動が入会地を持つ複数の村で同時に起こったために、人々の右のような行動を背景とする入会権の論所が各所で頻発した。この入会権をめぐる論所は、村の共益によって保護された百姓の私益、すなわち、百姓身分の人々の自立的な経営の存続への願望と意欲を背景としていたのである。このような意味で、寛文検地以後、元禄から正徳期の社会は、村にとって新たなる自治を模索しなければならない段階でもあった。太郎右衛門の管轄地域の人々にとって正徳三年（一七一三）四月に二五年半も遡る元禄元年（一六八八）一一月の割本制の消滅は、この中でも最も大きな契機だったといえるのである。

江戸時代の村が、村請事務や自治的な固有事務の行政執行のみならず、村法・村掟を作り、同時に過料・科料・村八分・追放刑などの共同体制裁を自主的に決定する主体であった点については、これまでにも多くの指摘がなされてきた。村法・村掟の制定は、村が自治立法権の主体であったことを示し、共同体制裁の存在は、村が自治司法権を保有していたことを明示するものである。このような点を踏まえると江戸時代の村を単なる「行政」として捉えるのは適当ではない。なぜなら本稿で論述してきたように、村は、当時の人々にとって最も基礎的な自治体すなわち地域的な政治共同体であったといえるからである。割本制下の六カ村でも、村は以上の役割・機能を背景として、村の大小の百姓による「寄合」と「相談」に基づいて政策運営を主体的に進めていく体制ができあがっていた。この意味で、この時期、寛文検地を契機に成長していた大小の百姓を主体とし、この人々の合議制に基づく集会によって主導・運営されることになっていった村は、当時の人々にとって最も基礎的な自治体として位置づけられるが、このような中で郡代・代官と村役人との中間において政治的職務を遂行する地位にあった割本（割元）も、また、消滅するか、中間的自治の担い手としての性格を大きく変容せざるをえない事態に立ち至っていたのである。

（1）　石井良助・高柳真三編『御触書寛保集成』一三一四号。なお、この正徳の条々書と田中休愚『民間省要』の賓政構想との関連を指摘した研究に斉藤司「田中休愚著『民間省要における正徳三年令批判』」（『立正史学』第八七号、二〇〇〇年）がある。

（2）　①大舘右喜『幕藩制社会形成過程の研究』（校倉書房、一九八七年）。②佐藤孝之『近世前期の幕領支配と村落』（巌南堂

書店、一九九三年)。このほか多数あるが、本稿に直接関わる論稿として③馬場憲一「近世前期世襲代官の支配とその終焉――江戸幕府高室代官の事例を中心に」(『法政史学』第四〇号、一九八八年)、また、関東の初期から前期の割元(割本)を対象とした論稿に、④小松修「割元役と組合村制の成立――上州山中領の場合」(『関東近世史研究』第一八号、一九八五年)、⑤大石学「武蔵国多東郡中野郷と小代官堀江家」および、⑥同「近世的支配体制の成立と堀江家」(同『享保改革の地域政策』吉川弘文館、一九九六年)所収がある。

(3) 初期から前期の村落史研究にあっては、庄屋・名主・年寄などの村役人と百姓・小百姓などとの村政をめぐる村方騒動を分析し、これら村方騒動の主体の変化の中に織豊政権から江戸時代の初期・前期の村の自治の在り方を探ろうとした①水本邦彦『近世の村社会と国家』(東京大学出版会、一九八七年)、②同『近世の郷村自治と行政』(東京大学出版会、一九九三年)がある。

(4) ①滝沢博「新町村開拓に関する二、三の覚書」(多摩郷土研究の会編『多摩郷土研究』第五一号、一九七七年)、②「帰農した地侍たち――吉野氏と師岡氏」(『多摩のあゆみ』第四六号、一九八七年)。

(5) ①「仁君開村記・杣保志」(『青梅市史史料集』第四七号)一三頁。なお、「仁君開村記」は吉野徳太郎家文書(青梅市新町)、「杣保志」は平隆家文書である。新町村の開発を主として扱った研究には、②杉本敏夫「新田開発」(木村礎編『新田村落』文雅堂銀行研究社、一九六〇年)、③木村礎『近世の新田村』(吉川弘文館、一九六四年)、④並木裕美「近世村落の成立と共同体規制について――武州多摩郡新町村の場合」(『史艸』第一九号、一九七八年)、⑤武田庸二郎「近世初期武州多摩郡新町村の開発について」(『旧多摩郡新町村名主吉野家文書(2)』解説、東京都古文書集 第二巻、一九八四年)などがある。

(6) この地域の寛文検地を扱った代表的な論文としては加藤衛拡「武州山之根筋における寛文検地の基礎的研究」(『学習院大学史料館紀要』第七号、一九九三年)がある。

(7) 中野光浩「八王子千人同心による武蔵国多摩郡の地誌編纂について」(『青梅市史史料集』第四七号)二五五頁。

(8) 神立孝一「『山之根九万石村高改帳』の基礎的研究」(『関東近世史研究』第二五号、一九八九年)。

(9) ①澤登寛聡「三田領の成立と地域秩序――奥多摩地域における戦国期から近世初期の支配をめぐって」(『歴史手帖』第一三巻第一二号、一九八五年〔本書第一編第二章所収〕)。②同「近世前期における三田『領』の町・村構成と領主支配」(『旧多摩郡新町村名主吉野家文書(3)』解説、東京都古文書集 第三巻、一九八五年)。

（10）この史料には表題（外題・内題）がない。しかし、この史料と同時に作成されたと見られる元禄二年五月の野上村の差出帳には「武蔵国多麻《ママ》郡三田領野上村小物成等差出帳」とあるので、ここでは下師岡村差出帳としておく。吉野禎次家文書（『村明細帳（一）』青梅市史史料集、第二六号）一六七頁。

（11）元禄二年五月「武蔵国多麻《ママ》郡三田領野上村小物成等差出シ帳」吉野禎次家文書（『村明細帳（一）　青梅市史史料集』第二六号）一六七頁。

（12）享保五年八月「武州多麻《ママ》郡新町村差出シ明細帳」吉野徳太郎家文書（『村明細帳（二）　青梅市史史料集』第二七号）二一頁。

（13）文政四年五月「武州多摩郡河辺村差出明細書上帳」吉野禎次家文書（『村明細帳（一）　青梅市史史料集』第二六号）五八頁。

（14）土井義夫「八王子千人同心の地誌探索」（『青梅市史史料集』第四七号）二八二頁。

（15）「杣保志」（『青梅市史史料集』第四七号）五五頁。

（16）「杣保志」（『青梅市史史料集』第四七号）一六九頁。

（17）「杣保志」（『青梅市史史料集』第四七号）一七三頁。

（18）「杣保志」（『青梅市史史料集』第四七号）一八二頁。

（19）「杣保志」（『青梅市史史料集』第四七号）一八三頁。

（20）「杣保志」（『青梅市史史料集』第四七号）一八九頁。

（21）「杣保志」（『青梅市史史料集』第四七号）五三頁。

（22）大舘右喜「近世初期市場と地方支配」（『国史学』第七一号、一九五九年）、「地方支配と陣屋役——武州高麗、毛呂、三田領における一例」（『地方史研究』第一三四号、一九五八年）、これを補訂した『幕藩制社会形成過程の研究』（校倉書房、一九八七年、二九七頁）で指摘している。

（23）吉野禎次家文書。

（24）大舘右喜『幕藩制社会形成過程の研究』（校倉書房、一九八七年）。馬場憲一「近世前期世襲代官の支配とその終焉——江戸幕府高室代官の事例を中心に」（『法政史学』第四〇号、一九八八年）。

（25）吉野禎次家文書。

(26) 文政一三年一一月「新町村明細帳・証拠類写」吉野徳太郎家文書(『東京都古文書集――旧多摩郡新町村名主吉野家文書(10)』第一〇巻)一〇八頁。
(27) 吉野徳太郎家文書(『東京都古文書集――旧多摩郡新町村名主吉野家文書(9)』第九巻)一〇七頁。
(28) 吉野徳太郎家文書(『東京都古文書集――旧多摩郡新町村名主吉野家文書(9)』第九巻)一〇七頁。
(29) この文書は、吉野徳太郎家・吉野禎次家調査の過程では見られなかった。現在では、写真や筆写した文書もないので、ここではやむをえず伊藤好一『近世在方市の構造』(隣人社、一九六七年、四七頁)から転載した。
(30) 杉森玲子「近世前期における市町の構造」(『史学雑誌』第一〇五編第一二号、一九六九年)、同「近世前期における在方市と商人」(『年報都市史研究――市と場』4、山川出版社、一九九六年)。
(31) 水本邦彦「近世初期の村政と自治」(『日本史研究』第二四四号、一九八二年)。水本邦彦『近世の村社会と国家』(東京大学出版会、一九八七年)一〇九頁所収。
(32) ①君塚仁彦「幕府御用炭役の展開と村落――武州秩父郡大野村・白石村の事例を中心に」(『史海』第三三号、一九八六年)。
②同「武州における江戸城御用薪請負制の成立と展開」(『埼玉地方史』第一九号、一九八六年)。
(33) 吉野徳太郎家文書(『村明細帳(二)青梅市史史料集』第二七号)二三頁。
(34) 吉野禎次家文書(『東京都古文書集――旧多摩郡下師岡村名主吉野家文書(5)』第一八巻)一一四頁。
(35) 吉野徳太郎家文書(『東京都古文書集――旧多摩郡新町村名主吉野家文書(12)』第一二巻)八九頁。
(36) 吉野徳太郎家文書(『村明細帳(二)青梅市史史料集』第二七号)二九頁。
(37) 堀口洋一郎家文書(埼玉県立文書館)。
(38) 堀口洋一郎家文書(埼玉県立文書館)。
(39) 「御當家令条」巻二十三(『近世法制史料叢書』2)二七七号。「古今制度集」(『徳川禁令考』前集 第五)二七八〇号。
(40) 吉野禎次家文書。
(41) 「杣保志」(『青梅市史史料集』第四七号)一八二頁。
(42) 吉野禎次家文書(『東京都古文書集――旧多摩郡下師岡村名主吉野家文書(5)』第一八巻)二四頁。
(43) 佐藤孝之「近世の村と『入寺』慣行――武州の事例を中心に」(『郷土志木』第二三号、一九九四年)、同「近世の『入寺』『欠入』――駿遠伊の事例から」(『地方史静岡』第二三号、一九九五年)、同『「入寺」慣行と村の寺院』(『大間々町誌』別

巻六　特論編、二〇〇〇年）。井上攻「村社会の諸事件と規範――下総国相馬郡豊田村の名主日記の分析から」（『竜ヶ崎市史近世調査報告書　Ⅱ』、一九九六年）。斉藤悦正「近世村社会の『公』と寺院――下総国の事例から」（『歴史評論』第五八七号、一九九九年）、同「近世新田村における村落寺院――武蔵国小川村の場合」（『史観』第一四一冊、一九九九年）。

（44）平泉澄『中世に於ける社寺と社会との関係』（至文堂、一九二六年）。伊東多三郎「近世に於ける政治権力と宗教的権威」（『近世史の研究』第一巻、吉川弘文館、一九八一年）。阿部善雄『駈入り農民史』（至文堂、一九六五年）。網野善彦『無縁・公界・楽』（増補版、平凡社、一九八七年）。

（45）吉野禎次家文書（『東京都古文書集――旧多摩郡下師岡村名主吉野家文書（5）』第一八巻）六頁。

（46）水本邦彦「近世土免制とその構造」（『愛媛大学法文学部論集（文学科編）』第一一号、一九七八年）を「近世土免制の研究」として『近世の村社会と国家』（東京大学出版会、一九八七年、二七五頁）に所収してある。

（47）代表的な見解として西村精一『五人組制度新論』（岩波書店、一九三八年）、野村兼太郎『五人組帳の研究』（有斐閣、一九四三年）がある。

（48）「新編武蔵風土記」巻之百十八　多摩郡之三十（『新編武蔵風土記稿』第六巻、雄山閣）二一六頁。

（49）春日神社所蔵（東京都教育委員会編『東京都青梅市春日神社本殿調査報告書』一九九一年）三七－四四頁。

（50）春日神社所蔵（東京都教育委員会編『東京都青梅市春日神社本殿調査報告書』一九九一年）三七－四四頁。

（51）『青梅市史』上巻（増補・改定、一九九五年）一〇二三頁。

（52）吉野禎次家文書（『東京都古文書集――旧多摩郡下師岡村名主吉野家文書（5）』第一八巻）一一五頁。

（53）吉野禎次家文書（『東京都古文書集――旧多摩郡下師岡村名主吉野家文書（5）』第一八巻）一一五頁。

（54）吉野徳太郎家所蔵文書（『東京都古文書集――旧多摩郡新町村名主吉野家文書（9）』第九巻）一二六頁。

（55）佐藤孝之「近世前期の広域村落支配と史料の作成・授受・管理――北遠幕領を事例として」（高木俊輔・渡辺浩一編『日本近世史料学研究』北海道大学図書刊行会、二〇〇〇年）三七一頁。村方文書は、伝来から見ると家を単位とする場合がほとんどである。しかし、太郎右衛門が割本名主であった時期の村宛の支配文書は、割本名主の辞任と共に管轄地域の村に引き渡され、太郎右衛門の手元からは分散してしまって吉野家には伝来していない。

（56）吉野禎次家文書（『東京都古文書集――旧多摩郡下師岡村名主吉野家文書（5）』第一八巻）一一五頁。

（57）大石久敬・大石慎三郎校訂『地方凡例録』上巻（近藤出版社、一九六九年）一三五頁。

（58）宿屋家文書（『新町——御嶽神社三七〇年記念誌』一九九二年）。『青梅市史』上巻（増補・改定、一九九五年）五二三頁。
（59）秣場騒動については、この地域の近隣である山口領を扱った研究として大友一雄「享保期武蔵野開発と秣場騒動」（『所沢市史研究』第四号、一九八〇年）がある。これによって、この時期、この地域で秣場騒動が頻発した点がうかがえる。
（60）堀口洋一郎家文書（埼玉県立文書館）。
（61）古島敏雄『日本農業史』（岩波書店、一九五六年）二八二頁。
（62）吉野禎次家文書（『東京都古文書集——旧多摩郡下師岡村名主吉野家文書（2）』第一五巻）六〇頁。
（63）吉野禎次家文書。
（64）吉野禎次家文書（『村明細帳（一）青梅市史史料集』第二六号）一七四頁。
（65）吉野禎次家文書（『村明細帳（一）青梅市史史料集』第二六号）一七四頁。
（66）高木昭作「惣無事について」（『歴史学研究』別冊大会報告特集、一九八五年）。『惣無事』令と国土の領有」と改めて、同『日本近世国家史の研究』（岩波書店、一九九〇年）に所収されている。
（67）深谷克己「百姓」（『歴史学研究』別冊大会報告特集、一九八〇年）。これを「近世百姓の位置」と改めて同『百姓成立』（塙書房、一九九三年）に所収している。氏は、ここで共同的所持という語句の意味を「共同用益地もまた、石高制が幕藩体制の原理的な力として貫徹していることを前提にすると、真の『共同体所有』として現れることを阻まれる。そのため『共同的所持』と私は呼ぶのであるが、しかしそれは、公法的所持（＝公儀所有）に対してだけでなく私的所持へも対抗性をはらむものであった」（八八頁）と説明し、これを、共同体所持とはしない。
（68）『横浜市史』第一巻。『神奈川県史』資料編　近世（3）一七六頁。『武蔵国豊島郡角筈村名主渡辺家文書』第一巻（新宿区立新宿歴史博物館編）七七頁。

第四章　家綱政権の織物統制と木綿改判制度の成立

――関東および関東近国の商品流通と幕藩関係

はじめに

江戸時代の国家は、幕藩制と称される政治制度をとっていた。幕藩制とは、国制と領主制の編成原理が、将軍の支配装置としての幕府と大名の支配装置である藩の中で互いに共存し、しかも、幕府と藩とが対抗を繰り返しながら存続していたという国家の構造的特質を巧みに表現した概念といえる。

家綱政権後半期から綱吉政権期における幕藩制の政治制度は、藤井譲治の検討によれば「属人的関係を軸とした封建的主従制のあり方」が制度的な危機におちいっていた[1]。これによって主従制の原理は人的な結合関係に基づく方式から家を軸とした方式へと変更された。また、このことにともなって幕藩統治機構も「人的関係を軸とした権力構造から機構中心の権力構造へと改変」された。氏は、幕藩制の制度的・構造的な危機が、これらの組織原理の変更によって緩和されたと位置づけている。このような氏の理解は、幕藩関係を観点とする江戸時代の国家史研究にきわめて多くの示唆を提示したと評価できる。

さて、氏は、この時期の権力構造の分析を幕府支配機構の確立という視点から明らかにしている。この中で酒造統制[2]や枡[3]・秤[4]などの量制統一を通じた幕権強化問題の検討は人的関係から機構中心の権力構造へと幕府支配機構が変化した点を論証する重要な要素をなしている。だが、枡・秤の統制が、どのような点で、当時の社会における流通構造や生産構造と関連していたのかについては十分に検討されていない。

しかしながら氏は、この時期の幕府巡見使の調査項目の中には買い置きや占め売りの調査、米穀・金銀銭相場の調査が入っていたとし、これと同時に幕府が江戸惣町を中心とした日常必需物資の流れに強い関心を示したとしている。そして、幕府が江戸での調査物資の申告洩れ商品に対して差し押さえを含む強力な統制を実施し、「江戸における流通組織に徐々に目」を向け始めていた点についても指摘している。[5] ここでは、この時期において「物価騰貴を中心とした問題は、江戸の町のみを対象とした政策ではもはや解決しえない段階に達していた」とし、そこに幕府が全国を対象として流通・経済政策を実施していった必然的意義を見出している。

しかし、この論説においても、幕府の政策基調の分析から割り出した流通構造・経済構造への認識と地域的流通経済の実態認識とが十分に区別されていない憾みがある。このため幕府の法による全国的な流通支配が、実際の地域的商品流通の実態とどのように関わり、それが商品流通をめぐる藩の法秩序として、どのように成立していったのかという点の解明は、[6] 今後の重要な課題となっている。[7] この点を明らかにするためには、町や村を単位として生産・生活を担い、法秩序形成の主体となっていた当時の人々が、幕府の法に対してどのような諒解と忌避の行動をとったのか、それは当時の人々のどのような主体的契機を前提としていたのか、また、それは、経済構造や社会構造のいかなる変動と関連していたのかについて理解することが必要とされる。このような視点を前提としたうえで、商品流通の法的統制をめぐる幕府と藩との併存・対抗関係を視野に入れて論じることが、全国的な流通秩序に対する幕府の法的統制を理解するためにも不可欠の課題だといえる。

本稿では、従来ほとんど位置づけられてこなかった家綱政権後半期の江戸幕府織物統制令について、以上のような視点から検討していきたい。これによって関東および関東近国の流通・経済構造を幕藩関係史を視野に含めて考察していこうとするのが本稿の課題である。[8]

以下、まず第一節では、家綱政権後半期の織物統制令の基本的性格について検討する。そして、この法令に対する関東および関東近国の藩の対応を検討する。第二節では、幕府の織物統制令を法源として関東のいくつかの藩で成立した城下町木綿改判制度について検討していきたい。検討の対象とするのは、土浦藩城下町の場合である(9)。第三節では、土浦藩城下町における木綿改判制度成立の背景を木綿織物の地域的流通構造や政治構造との関連から考察していきたい。

一　家綱政権の織物統制令と幕藩流通・経済支配

本節での課題は、織物統制令の基本的性格について検討し、この法令に対する関東および関東近国の藩の対応の仕方について見ていくことである。

さて、衣類が身分制社会の可視標識として機能していた点を考えれば、衣類の素材である織物の統制政策は、江戸幕府にとってきわめて重要な課題であったといってよい。この織物統制に関する江戸時代の初期から前期の幕府法令は『徳川禁令考』に最も網羅的に示されている。これによれば江戸幕府の織物統制令は「公儀御法度」を引用書とする寛永三年（一六二六）一二月七日の「定」を初出とする(10)。

定

一　絹紬之事、壱端ニ付、長大工かねにて三丈弐尺、幅壱尺四寸

一　布・木綿之事、壱端ニ付、長大工かねにて三丈四尺、幅壱尺三寸

右織物之寸尺、如此御定之上ハ、長・幅不足絹・布売候におゐては、来年（寛永四年）四月朔日より見合候もの可取之者也

寛永三年寅十二月七日

これ以後『徳川禁令考』には、右のような織物統制令が寛永一三年一二月七日(11)、寛文四年（一六六四）七月一三日(12)

の二度にわたって掲載している。前者は「古今制度集」、後者は「御当家令条」から引用している。

ここでは、まず、この初出の法令の性格について検討し、次に、これを基本として以後の法令にいかなる変化があったのかについて明らかにしていきたい。

まず、右の法令の基本的性格について確定する作業から始めたい。指摘できる点の第一は、この法令の本文は二つの箇条からなっており、一カ条目が絹織物の寸法、二カ条目が、布と木綿織物の寸法を規定した法令だという点である。布とは栲《たえ》・麻・紵《ちょ》・葛・芭蕉などの皮や茎を裂き、その繊維で織り出した織物の総称である。この法令は織物の寸法の統制令であり、絹織物は大工曲尺を基準として長さ三丈二尺・幅一尺四寸、布と木綿織物の寸法は大工曲尺を基準として長さ三丈四尺・幅一尺三寸と規定している点をまずもって確認しておかねばならない。

第二に指摘できる点は、書留部分に寛永四年（一六二七）四月以後、織物統制令の寸法より短い規格で売買された織物を「見合候もの」は「可取之者也」と規定している点である。売買の対象となった織物は幕府織物統制令によって一反当たりの長さと幅の規格が決められた。これに不足する規格で売買された織物は発見次第、没収の対象となったのである。これに関連して「大猷院殿御実紀」巻八の寛永三年一二月七日の条には次のようにある。[13]

此日、令せらるゝは、絹紬一反、工尺にて長三丈二尺、幅一尺四寸、布木綿一反、長三丈四尺、幅一尺三寸たるべし、かく定められしうへ、丈幅不足なるを、うりひさぐものあらば、（寛永四年）来年四月朔日よりめしとらるべしとなり

ここでは、幕府の定めた長さや幅より短い織物を売買した場合、その売主を逮捕すべきことが規定されている。これを幕府の織物取引に対する逮捕権と規定しておきたい。幕府は、売買の対象となる織物の長さと幅について寸法を定め、この規格に不足する織物について売った人々を不作為犯も含めて逮捕することとしたのである。

第三に、この「定」は、伝達の対象を幕府の奉行・代官ならびに領主（大名・旗本）とし、一般の人々を直接の対象とした法令でなかったという点を指摘できる。すなわち、この法令は、後述する寛文の織物統制令と異なって書留部分が触の形式をとっていない。また、右の「大猷院殿御実紀」の記事にも、「丈幅不足なるを、うりひさぐものあ

らば、来年（寛永四年）四月朔日よりめしとらるべし」とあるように、どちらかといえば、幕府の奉行・代官や大名・旗本に伝達された法令としてのニュアンスを持っている。一般の人々を直接的な対象とした法令ではなかったものと考えられる。したがって、この段階の幕府法令に対応する藩の法令公布形式は、幕藩関係からみると主従制的側面が前面に出ていた。この法令が公布されてから五年後の寛永八年（一六三一）、水戸藩では陣屋町太田の市で寸法不足の木綿が取引されているのを法令に違反するという理由で取り調べたという事件が起こっている[14]。しかし、ここでは幕府の法令を、藩が、高札とか触とかで公示したという形跡はみられない。藩（大名）は、この段階では幕府（将軍）に対する人的誠実義務に基づき、藩領域経済の独自な事情に沿って幕府織物統制令を施行したのであった。

その後、寛永一三年一二月の「覚」では、絹織物の長さが寛永八年に三丈四尺と改められた点を記載している。だが、この法令からは、次に述べるように、幕府の法令公布形式の変更を示唆するような内容を読み取ることはできない。しかし、寛文四年（一六六四）七月一三日の「定」では、江戸幕府の織物統制令は、次のように変化していた[15]。

定

一　絹紬之儀、壱端付、大工かねにて長三丈四尺、幅壱尺四寸たるへき事

一　布・もめん之儀、壱端付、大工かねにて長三丈四尺、幅壱尺三寸たるへき事

右之通、従此以前被相定之処、近年猥に在之間、向後書面之寸尺より不足に織出す輩あらハ、曲事たるへし、来巳年（寛永五年）秋中より改之、不足之分、見出し次第可取之間、於諸国在々所々、可存其趣者也

寛文四年七月十三日

右の法令は、絹織物・布（麻）・木綿織物の寸法の規定ならびに寸法不足の織物を取引した人々に対する逮捕権と織物の没収権について規定している。そして、この限りでは寛永三年一二月および寛永一三年一二月の「定」と変化する点はない。

しかし、この段階の最も重要な特徴点ともいえる書留部分には「於諸国在々所々、可存其趣者也」と示されている。

そして、ここに寛永三年（一六二六）一二月の「定」とのあいだに決定的な差異を見出すことができる。「於諸国在々所々」とは、江戸幕府の奉行・代官の支配地域と私領地域のすべての国・郡・町・村をふくむ地域という意味である。したがって、この法令は、奉行・代官や私領主のみならず、このような地域において一般の町人・百姓をふくむすべての人々を対象に「可存其趣者也」と幕府織物統制令の施行を触れていると理解できる。

右の点の例証として江戸の町触を収めた『正宝事録』には、寛文四年（一六六四）七月一二日の条にほぼ同文の法令が掲載されている。

ここには「右之趣、被仰出候間、町中家持ハ不及申、借家・店かり・旅人・汁付等迄申渡、御定之寸尺ゟ外、相背商売致間敷、急度申聞、此旨相守可申候、若相背候ハ、如何様之曲事ニも可被仰付候、為後日、町中連判手形指上申候、依如件」とあって町中の連判が記録されている[16]。

織物統制令について町人身分や家持の人々のみならず、店借・旅人・汁付などまでが請書の提出義務を負わされている。したがって、郷村地域においても、この法令は町触で対象となった人々と同様の身分的位置にある人々を対象として公布されたと考えられる。

次に、藩の支配領域に対する法令の公布形式、ならびに、この法令に基づく流通政策の決定過程の在り方について検討していきたい。

第一に、藩の支配領域に対する法令の公布形式についてみておきたい。関東の近国に位置する会津藩の記録『会津藩家世実紀』には、寛文四年七月一三日の条に「絹紬・布・木綿、長・幅之制、従公儀被仰出」として織物統制令の本文が掲載され、それに続いて「従公儀被仰渡ニ付、御領内一統、御定之通相守候様、急度被相触」とする記事が見出される[17]。

ここで法令公布の在り方について、藩の立場に立てば、会津藩は、幕府から法令公布の委任を受けていたと理解できる。一方、幕府の立場に立てば、幕府はみずからの法令公布を会津藩に委任したのであった。だが、幕府は会津藩領域に対して、当然ではあるが、委任という方法以上の強力な法令伝達方式を持ちえず、この意味で幕府の政策を会津藩領域にダイレクトに実施させるための十分な手段を持っていたとはいえなかった。幕府は、藤井譲治も指摘するように、みずからの法令を会津藩の中に浸透させるために、独自の法令公布方法を創出することはできず、あくまでも、幕府―藩のルートを通じて伝達するしかなかったといえる(18)。

他方、会津藩も幕府から委任された織物統制令を領国の中で実施していくためには地域における織物の生産・流通構造を前提とするしかなかった。この意味で、この問題に関する『会津藩家世実紀』の前掲に続く記事は興味深い(19)。

この時期、会津藩が預り地として支配する南山蔵入領伊南・伊北地域では「農隙ニ布を織、産業ニいたし候」とあって麻織物生産が活発に展開していた。この織物は「上方筋・関東辺所々之商人入込、買取、高官之上下之肩衣ニ用、其外婦人之帷子ニ仕立候由ニ候処、此布元来尺不足ニ而、勿論、常之白布ゟハ幅も詰り候、是ハ往古ゟ久年如此成来候由」とあるように、上方筋・関東筋の商人の活発な買い付け活動の対象となっていたが、幕府の織物統制令の規格に不足していた。しかし、従来は用が足りていたのであった。そこで会津藩内では、伊南・伊北の蔵入領で、幕府の織物統制令を公布するか否かに関して審議することになった。

『会津藩家世実紀』には、この経過が示されている。それによれば幕府の織物統制令についての取り扱いは、赤羽市右衛門によって「就而ハ、此度之御触、伊南・伊北之者とも、必定可致迷惑候間」「御触之趣、伊南・伊北へ申渡候儀、先可致無用候、御老中様へ御相談可被成旨」と述べられている。このたびの触に麻織物生産に携わる人々は難儀するだろう。したがって、触の申し渡しはしない。老中とは、このように相談する。これが市右衛門の判断であった。

これに対して蔵入領の郡奉行である関藤右衛門は市右衛門と異なる見解を持っていた。藤右衛門は、老中へは「其次第不申上」と織物統制令の触を流さねばならないことをとりあえず上申しない。まず、老中に上申する以前に勤番詰合田中三郎兵衛・井深茂右衛門を伊南古町郷頭役の外記のところに派遣する。そして、幕府織物統制令の趣旨を伝え、郷頭役の判断を得て結論すべきであるとした。

その後、関藤右衛門・蔵入代官安田源兵衛の二人が郷頭の外記に織物統制令を触れるか否かの是非を諮った。これに対して外記は「布之長サ被仰出候通ニ而も致迷惑候儀無之、幅広いたし候義ハ難義之由、百姓共申候へ共、天下一同之御制禁ニ候得ハ、是以御佗可申覚悟ニ無之候、三・四年も御法度之通、幅を延、仕馴候ハヽ、其後ハ連々鍛練可仕候間、兎も角も御仕置次第可仕」と回答した。麻の長さについては統制令の規格通りに織らせるのは困難ではない。だが、百姓は幅を広く織るのは難しいと主張するであろう。しかし「天下一同之御制禁」の法令なのであれば、これを撤回せよと要求するまでの覚悟はないに違いない。三～四年も織物統制令の寸法で織り出すように仕向ければ技能的にも次第に習熟するであろう。したがって、とにかく織物統制令の通りに触を流したらいかがであろうか。このような郷頭役外記の回答を得て藩内では次のような審議をおこなっている[20]。

強而迷惑ニ存候様子ニ無之、尤伊南・伊北ニ限り、御赦免有之候ハヽ、脇々ニ為似物有之、障義も可有之旨、三人同意申出候ニ付、最初推量之趣申上候処、存之外百姓迷惑ニ不存様子ニ承届候間、其通被成置可然旨、申上之

外記からの回答によれば、幕府織物統制令を触として流しても強いて難儀する様子ではない。また、伊南・伊北地域の織物だけを統制令の規格からはずせば、幕府の規格で織り出さない伊南・伊北以外の織物が、伊南・伊北で織られた織物だと称されて偽物となって氾濫するおそれがある。また、当初に心配したほど百姓の難儀はなさそうな様子である。郷頭も触を流すのに同意してきたので、審議した内容を伝えて触を流すことに決定したとある。

このように会津藩では、地域の事情に詳しい郷頭の回答を得てようやく幕府織物統制令を触として流すかどうかの決定をしている。そして「天下一同之御制禁」と認識される織物統制令は蔵入領に公布されたのであった。

第二に、幕府の織物統制令は、藩の流通・経済政策といかなる関連を持っていたのかについてみておきたい。万治元（一六五八）年、水戸藩では、寛永三年（一六二六）一二月の織物統制令に基づく寸法統制があったにもかかわらず、それが容易に遵守されなかった。藩では、この事態に対処するために、再度「市町」で取引する木綿の寸法を規定通りに遵守するようにとの法令を出した。また、規格を満たさない木綿織物は没収することにした[21]。この結果、没収さ

れた木綿は、八年間に八九反を数えたとされている。

また、これに続いてきわめて重要な事実は、天和三年（一六八三）、水戸藩は市を含む木綿織物の取引に対して口銭徴収制度を導入し、太物の専売権を持つ城下七軒町に口銭徴収権を付与した点である。ここで留意すべきは、水戸藩が、幕府織物統制令の没収権ならびに売主に対する逮捕権を法源として口銭徴収制度の導入を実施したことである。水戸藩水戸藩ではさらに以上の経過を踏まえて貞享四年（一六八七）一〇月、城下町水戸の市で木綿織物の寸法を検査し、規格に見合った木綿織物に判を押して公認の取引である点を証明し、口銭を徴収する木綿改判制度を成立させた。

このような木綿改判制度は、その後、笠間藩城下町および笠間藩陣屋町の真壁、土浦藩城下町、下館藩城下町でも成立していった。

この中でたとえば下館藩城下町の木綿改判制度は、時期が水戸藩・笠間藩・土浦藩より若干下って享保九年（一七二四）一一月から実施された(22)。下館では、毎月二・五・七・一〇の日に市が開催されており、この市では木綿織物が活発に売買されていた。しかしながら「当地物産木綿ノ俵（儀）、只今迄無尺ニテ売買仕申候処」と取引している木綿織物には一反当たりの規格の定めがなかった。そこで「此度、下町年寄・上町年寄並ニ谷田貝ト申合セ、丈尺改メ二丈六尺二寸ニ仕、買人方ヨリ壱反ニ付壱文宛申候テ、御公儀様江差上可申候、売人方ヨリ改メテ判銭、壱反ニ付壱文宛申候様」とあるように、城下町の町役人の申請によって売主と買主から運上金・口銭を徴収する木綿改判制度が成立したのであった。ここに幕府の織物統制を法源とする木綿改判制度の成立を見て取ることができよう。

以上、本節では、江戸幕府の織物統制令の基本的性格について検討し、この法令に対する関東および関東近国の藩の対応の仕方についてみてきた。

まず、寛永三年（一六二六）一二月七日の「定」について検討したが、ここでは、寸法の不足する絹・布・木綿織物を売った人々に対する逮捕権、ならびに、売買の対象となった織物に対する没収権を規定している点について指摘した。これを江戸幕府織物統制令と称するとしたが、この法令は、また、幕府の奉行・代官および藩に出された法令であり、必ずしも一般の人々を直接に対象としたものではなかったものと考えた。

次に、前条の法令を基本として、家綱政権後半期に発布された寛文四年（一六六四）七月一三日の「定」の性格について検討した。ここでは、この法令が、全国・全階層の人々を直接の公布対象として触れ知らせた法令であり、前述の織物統制令と同様、規格不足の織物を取引した人々を逮捕できる逮捕権とともに、これによって売買された織物を没収できる没収権が規定されていた点を示した。

しかし、この全国・全階層の人々を直接の公布対象とする幕府織物統制令は、藩の法令公布の段階では、『会津藩家世実紀』の記事に見られたように、藩の支配領域の固有の経済構造や郷頭制という政治構造に深く規定されざるをえない点に特徴があった。

また、幕府織物統制令の逮捕権・没収権に関する規定は、藩の流通政策・経済政策において口銭徴収を含む木綿改判制度を、水戸藩城下町、笠間藩城下町および笠間藩陣屋町の真壁、土浦藩城下町、下館藩城下町で成立させていった。すなわち、幕府の商品流通の秩序をめぐる法的統制は、藩の支配領域での固有な社会・経済構造を前提としてはじめて実現可能であった。そして、それは関東においては水戸・笠間・土浦・下館藩城下町の木綿改判制度として成立したのである。

二　土浦藩城下町の六斎市と木綿改判制度の成立

本節では、第一節で述べた木綿改判制度が、城下町の人々の当時における流通・経済事情へのいかなる志向と結びついて成立したのかという点について検討したい。対象とするのは土浦藩城下町の六斎市の場合である。

はじめに、この時期の土浦藩の支配領域と城下町土浦をめぐる流通・経済の前史について若干の説明をしておきたい。土浦藩の支配領域は、筑波山麓を南西に流れる桜（筑波）川流域にあった。城下町土浦は、この桜川が霞が浦に

表1　市の開設日と場所（ただし，城下町土浦）

	東崎町	中城町
年市	大市　横町 10月21日～25日	駒市　天満宮 3月11日～15日
斎市	三斎市 5日・15日・25日	三斎市 10日・20日・晦日

出典：「おだまき」（『筑波町史』史料集）123-124頁．「定法并御内証共」（『土浦市史編集資料』第14篇）67頁．「土浦名所往来」（『亀城会会報』第16号，1938年）．

注ぐ河口にあって水戸街道の中間に位置していた。藩主の土屋政直は、貞享四年（一六八七）一〇月に駿府城より再入部し、元禄一二年（一六九九）四月の段階で三カ国九郡に七万五〇〇〇石を領知した。(23) このうち土浦城の城付領地域は約四万二〇〇〇石であった。

この時期の土浦藩城下町をめぐる流通・経済の前史を簡単にみておこう。まず、城下町土浦では、元和三年（一六一七）年七月から寛永七年（一六三〇）までの間に、城下東崎町の年寄七人に城米の廻槽が命ぜられ、これに基づいて高瀬船一六艘を所持する船積仲間が結成された。(24) 承応元年（一六五二）から三年までのいつの段階かはつまびらかでないが、この時期には表1に示したように東崎町に大市が開設された。しかし、天和二年（一六八二）には「御城下ハ皆、農人と駅馬の伝馬人足つとめの者のミニて商人少し」と記録され、(25) 貞享元年に「京より初て帯売り来ると也」と述べられるように、(26) 土浦の城下町市場としての地位は地域的商品流通の核としての位置に限定されていた。

しかし、元禄二年に至って「上州桐生・武州八王子・甲州郡内のきぬうり土浦へ来初たる」とようやく関東および関東近国の流通・経済の展開に対応する城下町市場として領外の商人からも注目されるようになった。(27) また、表1に示した六斎市の成立年代も定かではないが、その役割は店舗商業と有機的に結合して城下町商業の発展を積極的に補完する機能を持つものだったといえる。(28)

こうした中で元禄一〇年六月、土浦藩は、次のような触を出している。(29) 旅商いをして歩く上方旅商人が、領内村々の百姓に「衣類・諸道具」を「致持参」して「売懸之」けで商売をしている。この掛け売りは、上方旅商人の宿主や宿泊先の村の名主が請け合うという方法をとっている。しかし、藩は「不叶入用之物ハ、現金ニて可調之事」とあるように、どうしても必要な商品は現金で調達すべきである。そして、「売懸いたさせ候義かたく仕間敷候」と触れて掛け売りによる取引を禁止していた。その理由は、「高直之無弁、買調、至暮ニ及難義ニ」ぶからであり、それは結局「御年貢御収納之妨ニ茂罷成候」という事態が予想されるからであった。

このように土浦藩の城付領地域では、上方旅商人の商業活動が契機となって掛け売りという新たなる貨幣流通が村落社会へと浸透し、これに刺激された商品流通が地域の経済社会の質を次第に変えていったのであった(30)。

土浦藩城下町の六斎市と木綿織物取引との関連については、元禄一七年（一七〇四）三月、城下両町の町年寄六人が町奉行日原小兵衛を通じて木綿改判制度の実施を願い出た次の口上書によって明らかとなる(31)。

口上書を以奉願候御事

一　御当地六才之市日ニ而売買仕候木綿、尺幅不同ニ御座候故、着類等ニ茂成兼申候ニ付、他所ゟ買商人共不参候而、漸近在之商人計り売買仕候間、其内尺長キ木綿持参仕候者茂安直段ニ応シ払申候而勝手ニ不罷成候、依之奉願候ハ、当地売買之木綿、尺幅御定被為遊、判附之儀、私共六人之者共ニ被　仰付被下候様ニ奉願候、蒙御免候ハヽ、毎月六才之市ニ私共御定之通丈尺相改、判可仕候、丈尺相極り申候而茂引織仕候者之障り少茂無御座、纔々尺長仕候得ハ、各別直段能代替申候而勝手ニ罷成申候、尤両町百姓・商人共へ茂子細承候処ニ、何之町中、障りニも不罷成、連々諸国之商人共参、買申候ハヽ、木綿之直段茂能売申候へ而、別而町中賑ニ茂可罷成奉存候、御当地ニ不限、水戸・笠間・真壁、右三ケ所ハ、前々ゟ判附ニ被仰付、只今至迄、右之通ニ而売買仕候、何とそ以御了簡を、奉願候通、私共永々渡世多足ニ茂罷成儀ニ御座候間、被聞召上、被為仰付被下候ハヽ、御厚恩と難有可奉存候、以上

元禄十七年申三月

土浦両町
次兵衛
太兵衛
平次郎
清兵衛
久左衛門
長左衛門

甚五兵衛
善兵衛

右町年寄共、奉願候通、被　仰付被下候ハヽ、私共迄難有可奉存候、以上

日原小兵衛様

この願書の差出人のうち次兵衛・太兵衛・平次郎の三人は中城町の町年寄、清兵衛・久左衛門・長左衛門の三人は東崎町の町年寄である。また、奥書しているのは、中城・東崎両町の町名主である。ここでは元禄一七年（一七〇四）三月の段階における六斎市での木綿取引の実態的問題点と改革案が、城下町の町役人の立場から明快に示され、興味深い内容となっている。

まず、元禄一七年三月までにおける土浦藩城下町の六斎市での木綿織物取引の問題点は、木綿の寸法が幕府織物統制令の規格より短い点にあった。このことは、木綿織物が地域を越えてより広い市場で流通するには適当でないという認識を城下町の人々の中に生み出していた。寸法が短かった結果、城下町土浦に木綿織物を買う領外の商人が集まらず、また集まったとしても、規格に見合わない織物と同様の価格で買い取らざるをえないという実態があった。これでは領外で通用する織物を六斎市に持ち込む人々にとってメリットがない。すなわち、この時点で、城下町土浦の

町役人は、幕府の規格に見合う寸法の木綿織物を六斎市の公的な取引として保証することが、城下町の木綿仲買市場としての発展にとって不可欠の課題であると認識していた。城下町の人々は、木綿を売りに出す人々が城下町土浦の六斎市に集まり、また、領外の商人が、六斎市を通じて集荷された木綿を買い取るために土浦に集まることを促す最低の条件として木綿改判制度の設置を必要としていたのであった。

そこで両町の町年寄六人は、右の条件を満たすため、六斎市で取引する木綿の寸法を改める制度の導入を願い出たのであった。重複を厭わず、その部分を取り出せば、町年寄六人は「依之奉願候ハヽ、当地売買之木綿、尺幅御定被為遊、判附之儀、私共六人之者共ニ被　仰付被下候様ニ奉願候、蒙御免候ハヽ、毎月六才之市ニ私共御定之通、丈尺相改、判可仕候」と述べている。町役人の改革案は、①藩が城下町土浦の六斎市で取引する木綿の寸法の規格を領外でも通用する基準に従って制定すべきこと、②この規格に基づき六斎市で取引する織物の寸法を町年寄が「改」めて「判附」をすることの二点にあった。すなわち、土浦藩城下町の六斎市における藩公認の取引商品として町役人が木綿織物を検査・改判すること、これが、前節で指摘した木綿改判制度の実施に関する願い出の内容であった。

ところで、右の改革案を願い出るのに先立って町年寄六人は、町の人々との間で、次のような二点の事項を共通認識として持っていた。

その共通認識とは、まず「丈尺相極り申候而茂引織仕候者之障り少茂無御座、纔々尺長仕候得ハ、各別直段能代替申候而勝手ニ罷成申候」とあるように、織物の長ささえわずかに長くすれば値段もよく売ることができるという点であった。また「連々諸国之商人共参、買申候ハヽ、木綿之直段茂能売申候へ而、別而町中賑ニ茂可罷成奉存候」とあるように、そうすれば諸国の商人も多く集まり、織物の値段も高く売れるようになって町の中も賑わうようになるという期待であった。

ここには城下町の人々が、幕府の織物統制令を六斎市の木綿取引に積極的に導入し、城下町商業を単に地域的流通・経済の核としてだけではなく、関東および関東近国における流通・経済の商品供給市場に育成しようとしていた志向を見て取ることができる。

次に、土浦藩城下町の人々と町役人は、このような木綿改判制度がすでに水戸藩城下・笠間藩城下、および、その陣屋町真壁といった木綿の仲買市場でも実施されているという点を共通認識として持っていた。中城・東崎の両町はいうまでもなく、町人・百姓を正規の共同体構成員とする自治の運営機関であった。また、町政の運営のために設定された名主・年寄は、町の構成員が運営する自治を代表するとともに、一方では、藩により町の統治を委任された職務でもあったが、前述したように、木綿改判制度の実施の背景には、幕府の織物統制令を土浦藩城下町の六斎市に積極的に導入していこうとする両町の人々の自治的合意があったということができる。そして、幕府の織物統制令に基づく土浦藩城下町の木綿改判制度は、このような城下町の人々の自治と町政運営の結果として具体化された制度であった。

さて、以上のような土浦藩城下町の六斎市における木綿改判制度は、願書が受理された後、早急に藩の統治機関で審議されたようで、その直後にとりあえず次のようにして実施された(32)。

一　木綿判立之儀、内田久左衛門ニ為御救と被　仰付候、御奉行様御意ニ而、御家老様方ゟ久左衛門身躰不罷成、役義之願も去年未ノ暮ゟ被　仰付候(元禄十六年)

右の記事によれば、六斎市における木綿改判の判元は、町年寄六人が願い出たにもかかわらず、内田久左衛門のみに命じられている。内田久左衛門は、元禄一六年（一七〇三）の暮、筑波山神社の修復にともなう資材の廻漕を藩から命じられた船積問屋であった。久左衛門に「判立」の扱いを命じたのは奉行の意志であった。それは家老から久左衛門の「身躰不罷成」る事態に立ち至っていると告げられたからであろうか。しかし、久左衛門は土浦藩からみれば藩の廻船業務に携わる重要な船積問屋商人であったが、城下両町にとっては、町共同体の自治を代表する六人の町年寄の一人にすぎなかった。こうした中で、宝永三年（一七〇六）九月には、町年寄六人から町奉行に宛てた次のような請書が提出されている(33)。

差上ケ申一札之事

一　今度、市木綿丈尺改之判元、私共江被　仰付、難有奉存候御事

一　木綿長サくしらさしニ而弐丈七尺、幅壱尺、御定通相改、判形可仕候御事

一　判代之儀、壱端ニ付三文宛、木綿主ゟ取可申候事

右改被　仰付候上ハ、親子・兄弟・知音之好身御座候共、少も依怙贔屓、手代等迄非分之儀不仕候様ニ急度相守可申候、若非分之儀仕候由不申上候者御座候ハヽ、御穿儀之上何様之曲事ニも可被　仰付候、為其一札、如斯御座候、以上

宝永三年戌

九月五日

東崎町

年寄　中嶋清兵衛

中嶋長左衛門

内田久左衛門

中城町

年寄　中村次兵衛

栗山太兵衛

山口平次郎

日原小兵衛様

この請書の段階では、判元に両町年寄六人が命ぜられており、元禄一七年（一七〇四）三月の段階での藩の政策との間に若干の変化が認められる。すなわち、前の段階では、判元が町年寄の一人である内田久左衛門のみに委任されていた。これに対し、この段階の判元は、六人の両町年寄に委任されている。両者の間には、約二年半の時間的開きがみられる。この期間を通じて六斎市の運営は、藩と結びついた一部の特権的な商人から一般の人々を代表する町役人の手に移った。この時点をもって六斎市に対する町役人の自治的な主導権と共同運営体制がほぼ確立したといえよ

う。この段階をもって土浦藩城下町の六斎市における木綿改判制度が確立したのであった。

また、ここで最も重要な点は、六斎市で取引された木綿の寸法が、藩によって幕府の公認した寸法に準拠して定められたことである。すなわち、ここで制定されている鯨尺は、別に鯨差・呉服尺とも称され、布類を計るのに使用する物差であったことは周知の通りである。その一尺は、幕府の規定する「大工かね」すなわち曲尺の一尺二寸五分に該当した。この基準で換算すると六斎市で取引する木綿の寸法は、幕府の公認した寸法に準拠していることがわかる。これは、藩が寸法不足で取引される木綿への没収権と売主に対する逮捕権とをみずから発動すると表明したことを意味している。そして、それは幕府が織物統制令の中で設けた逮捕権・没収権の規定を法源とするものであったといえる。

ところで、判元に就任した六人の年寄には手代が付けられていた。そして、判元は木綿織物の寸法を検査して改判する権限を持っていた。寸法不足で取引される木綿織物について藩より没収権を委任されていたといってもよい。判元は、この没収権に基づいて「判代」として「壱端ニ付三文宛」を徴収することになっていた。判代は判元が木綿の売主に対して賦課することが藩から認められた口銭であり、このうちから藩に上納する冥加金の資金を得るためのものだったと考えられる。

以上、本節では、元禄一七年（一七〇三）三月に開始された土浦藩城下町の木綿改判制度についてみてきた。ここでは、まず、藩が、幕府の織物統制、なかんずく、その寸法規格に準拠した木綿織物寸法の制定を通じて、六斎市の木綿改判制度を実施したことを示した。それは、幕府の織物統制令の規格に不足した木綿織物に対する没収権と売主に対する逮捕権の規定を法源としながらも、これを藩として発動することを表明したことを意味していた。

次に、このような木綿改判制度の実施は、城下町の町役人が百姓・町人の共同体的な自治的合意に基づいて願い出た点が契機となっていた。そこでは、城下の町役人が、幕府織物統制の全国令を法源として実施されていた水戸藩・笠間藩の木綿改判制度を、土浦藩城下町の六斎市での木綿売買に積極的に導入しようとした点を示した。土浦藩城下町の人々は、城下町商業の発展を単なる地域的商品流通の核としてだけではなく、関東および関東近国における流通・経済の商品供給市場に育成しようとする志向を持っていたのであった。また、幕府の流通・経済政策は、以上のような城下町の人々の諒解と合意に基づく木綿織物の規格検査の実施の出願を通じ、木綿改判制度という藩の流通・経済政策となっていった点を確認できた。

三　城下町木綿改判制度と木綿の地域的流通構造

ところで、前節では、城下町土浦の町役人が城下町商業の発展を、単に領域的商品流通の核としてだけではなく、城下町六斎市での木綿改判制度の実施を通じ、関東および関東近国における流通・経済の商品供給市場に育成しようとする志向を持っていたと指摘した。本節では、これと関連して、それでは、このような町役人の城下町商業の発展に対する志向は、木綿の地域的流通構造といかなる関連を持っていたのだろうかという点について検討する。

次の史料は、木綿改判制度が本格的に展開された約一年三カ月後の宝永四年（一七〇七）一二月に起きた木綿織物売掛金出入に関する訴訟書である。ここには土浦藩城下町の六斎市と藩領地域における木綿織物流通の実態が示されていて興味深い(34)。

乍恐口上書以御訴訟申上候御事

一　当亥（宝永四年）ノ七月中、藤沢本町茂右衛門と申者ニ中村伝右衛門、木綿八拾壱反、両ニ九反七歩（ママ）かへニ而代金八両壱分ト四百七拾八文、私口合ニ罷立、九月晦日ニ半金、十月晦日ニ半金、両度ニ相済シ申筈ニ判形仕、差置申所ニ日ばん之節、彼是と申、一円埒明不申候ニ付、度々催促仕候得者、当月五日ニ茂右衛門子共又兵衛と申者出合、今月相済シ申様ニと申候得ハ、来ル十日ニ半金相済、残り金ハ十五日ニ相済可申候間、其段伝右衛門方へ申分ケくれ候様ニと様々申ニ付、申延差置申候而、十日ニ茂右衛門所へ参、約束之通り金子受取可申と申候得ハ、今月又兵衛を土浦へ遣シ申候間、又兵衛手ゟ受取申様ニと被申候間、土浦ニ而又兵衛ニ合申候而催促仕候得者、金子一円持参不仕候と申、埒明不申候、然共毎度伝右衛門方へ申延候義相違ニ罷成、何共迷惑ニ存候故、私金子弐両取替相渡シ申候、又兵衛方ゟハ十三日ニ受取申筈ニ約束仕候得共、十三日、此弐両之内、金子受取申候而、残り壱両ハ尓今埒明不申候、伝右衛門方ゟハ私方へ度々催促ニ預り、迷惑仕候御事

右之通り、少も相違無御座候、本金八両壱分四百七拾八文之内、金壱両受取申候、残金七両壱分ト四百七拾八文埒明不申候、乍恐茂右衛門方へ被　仰付被下候ハヾ、難有奉存候、以上

大島村
訴訟人
助兵衛（印）

宝永四亥年十二月廿二日

栗山太郎右衛門様

大須加善右衛門様

訴訟書によれば、筑波郡大島村の助兵衛が新治郡藤沢村本町の茂右衛門という人物を奉行所に訴えている。訴訟の趣旨は木綿織物売掛代金の支払いについてである。宝永四年（一七〇七）七月、大島村の助兵衛は、水戸街道の宿場である信太郡中村の伝右衛門が、藤沢村本町の茂右衛門に木綿八一反を代金八両一分と銭四七八文で売却した時の口入人となった。このときの代金決済方法は、買主の茂右衛門が、口入人の助兵衛を通じ、売主の伝右衛門に九月晦日に半金、一〇月晦日に半金ずつ支払うという契約であった。しかし、右の契約は茂右衛門が支払いを滞らせて容易に履行されなかった。この結果、茂右衛門は年末の一二月二二日段階で金七両一分と銭四七八文の未決済を発生させてしまった。そのうえ売主の伝右衛門に支払った金一両も茂右衛門ではなく口入人の助兵衛が立て替えたと述べられている。この結果、助兵衛は茂右衛門に代金の支払いを命じるように奉行所へ訴え出たのである。

ここでは、次の二点が注目される。まず、第一点目であるが、中村の売主伝右衛門、大島村の口入人助兵衛、藤沢

村本町の買主茂右衛門は共に土浦城下東崎町・中城町の市に頻繁に出向き、木綿の取引を積極的に展開していた点である。訴訟書の中でたとえば「九月晦日ニ半金、十月晦日ニ半金、両度ニ相済シ申筈ニ判形仕、差置申所ニ、日ばん之節、彼是と申、一円埒明不申候ニ付、度々催促仕候得者、当月五日ニ茂右衛門子共又兵衛と申者出合、今月相済シ申候ニと申候得ハ、来ル十日ニ半金相済、残り金ハ十五日ニ相済可申候間」とある。五日と一五日は東崎町の市日であり、一〇日と晦日は中城町の市日である。代金の決済日も、この市の開催日を目途に契約されている。この三人は土浦藩城下町の六斎市を、木綿織物の取引のために出会って商品を授受し、代金を決済する場として頻繁に活用していたのであった。

次に、第二点目であるが、この城下町土浦の六斎市における木綿の取引者は以下、三つの型に分けることができる。第一に大島村助兵衛である。助兵衛は、この木綿織物取引に売主と買主とを結んで「口合」わせする役割を持った人物として立ち現われている。すなわち、助兵衛は口入人として藤沢村本町茂右衛門と中村の伝右衛門とを接触させ、商品の授受・代金の決済といった木綿織物の売買の全過程に関与していることがわかる。このように口入人とは、城下町の六斎市を媒介とする木綿織物取引で一定度に専門的な要素をも持つ仲買商人であった。第二に、売主の中村の伝右衛門は、一度に八一反、金八両一分・銭四七八文という比較的多量かつ高額な木綿織物の取引をおこなっている。これは、伝右衛門が中村の村役人であった点とも関連があったといえる。伝右衛門は村役人としての信用を上手に活用して近隣の村落を含む地域社会の中で、織布生産者が織り出した木綿を一反ずつ買い集め、これらを城下町の六斎市へ持ち込む商人であった。このようなタイプの商人に関連する次のような文書がある。(35)

買上け申手形之事

一　壱分　　　　　　小麦弐斗五升之代

一　壱分三百拾弐文　小豆四斗五升之代

一　弐分弐朱匁　　　木綿之代

一　百七拾五匁　　右切ちん
一　廿八匁　　太糸立壱枚之代
右金子慥ニ請取、御買物差上申候、為後日、如件
正徳三歳巳六月日
大曾根村
名主
次右衛門（印）
組頭
仁右衛門（印）
中根惣兵衛様

この史料は、正徳三年（一七一三）六月、土浦藩領筑波郡大形村の名主中根惣兵衛が、藩領外の同郡大曾根村で買物をした時の手形である。大曾根村は、城下町土浦と城下町下妻・結城・笠間藩陣屋町真壁および土浦藩陣屋町北条・小田を結ぶ脇道大曾根街道の起点に位置する村である。また、村内は、八つの町と一つの坪という基礎的な居住地域より構成される町場的村落であり、(36)二・三・八の日に斎市が開催されていた。

木戸田四郎によれば、大形村の中根惣兵衛は名主という職務上の信用を通じて日常の必需品を買い入れ、これを住民に売却する商売をおこなっていた。したがって、これは百姓の「非自立的な商品経済との接触がまだ強く残っていたと考えねばならない」取引形態だとされた。

ここでは確かに氏のごとく理解できないわけではないが、しかし、前述したような地域社会への商品・貨幣経済の浸透を考慮に入れるならば、中根惣兵衛が、村役人としての地位と信用を活用しながら村と市とを結ぶ商人としての商業取引を活発に展開させていた点を重視しなければならない。ここには旅商人の掛け売りをただ単に保証するという消極的な村役人としての姿ではなく、村役人としての地位と信用を活用しながら商品経済の展開を切り開いていこ

うとする在郷商人としての積極的な姿、また、このような惣兵衛の商品に強い関心を示す近隣住民たちの姿が浮かんでくる。

手形に示された取引の商品の種類をみても、この地域は水田と畑作が共に盛んな地域であった点から考えて小麦・小豆代が惣兵衛の自家消費分であるとは考え難い。したがって、これらは惣兵衛の穀物商人としての側面を示している。「木綿之代」とは木綿の買入代金である。これは綿作・糸取・織布の木綿織物をおこなう近隣村落の住民に太糸立とともに売却するか、あるいは、自分自身の木綿織物生産に使用するか、また、生産したり、買い集めたりした木綿織物を遠隔地から来訪する旅商人に売却するために買い入れた点を示している。この場合、「遠隔地商人」とは上方や江戸の旅商人をも含む商人と考えておきたい。このように、この取引には中根惣兵衛の村役人としての位置よりも、それを利用しながら商業取引を通じて活動する商人としての姿をみることができる。この意味で惣兵衛は、村と六斎市を結ぶ文字通りの在郷商人といってもよく、それは土浦藩城下町の六斎市で木綿取引をおこなった中村の伝右衛門と同様の型の商人だといってもよい。

第三に、伝右衛門が六斎市へ持ち込んだ木綿を、そのまま買い取っている藤沢村本町の買主茂右衛門には、城下町の六斎市を媒介として木綿織物を買い入れて染色などの加工を施し、領内・領外の旅商人に売却する商人、すなわち木綿を遠隔地商人へと仲買をするとともに小規模な家内工業を営む商人としての姿を想定することができる。もちろん、茂右衛門には、前述した中根惣兵衛が木綿織物を大曽根村の斎市から買い入れている点と共通する部分もみられないわけではない。その意味で、この時期、第一と第二の型の商人は、その機能が必ずしも双方に分離しえていたとはいえない。しかし、そうであったとしても、土浦藩城下町の六斎市を媒介として売買された木綿織物を、遠隔地へと売り捌く商人の型は想定されうるのではないかと考える。また、このような商人の生成は、第二節で指摘したような、この時期の貨幣・流通経済の村落への特徴的な浸透に裏づけられていたものと考えるべきである。[37]

以上、本節では、城下町商業の発展に対する町役人の志向と木綿の地域的流通との構造的関連を、宝永四年（一七〇七）一二月の木綿織物売掛金滞出入に関する訴状を中心として考察してきた。

そこでは、まず、城下町土浦の六斎市に対する取引者三人の関わり方からみて、この六斎市が地域的商品流通の中で中心的な役割を果たしていたことを確認した。また、この三人の木綿取引に対する関わり方を通じて、城下町土浦の六斎市を媒介として村と「遠隔地商人」とを結ぶ商人の三つの理念型が析出できた。すなわち、この時期の商人には、①村と斎市とを結ぶ商人、②市を媒介として一定度に専門的要素で取引の斡旋をする商人、③「遠隔地商人」と斎市とを結ぶ商人という三つの型があったといえる。また、したがって、第二節との関連でいえば、このような木綿織物をめぐる地域的商品流通を、城下町の人々および町役人は、六斎市を通じて城下町商業に結びつけ、城下町商業を江戸や関東および関東近国における流通・経済の商品供給市場に育成しようとしたと考えることができよう。

おわりに

本稿では、江戸幕府の全国的法支配が、藩の法秩序として実際に形成・成立するには、そこに当時の人々のいかなる諒解と忌避の主体的契機が前提とされていたのか、また、それは、社会・経済構造のいかなる変動と結びついていたのか、という点を課題として、従来、このような視点からほとんど位置づけられてこなかった家綱政権後半期の織物統制令を例にとって検討してみた。

第一節では、家綱政権後半期の幕府織物統制令が、まず、寸法の不足する絹・布・木綿の取引に対して逮捕権・没収権を規定した法令であり、それが、全国・全階層の人々を直接の公布対象とする法令であった点について示した。次いで、この織物統制令の逮捕・没収権を法源として水戸藩・笠間藩・土浦藩・下館藩で口銭の徴収をともなう木綿改判制度が成立したことを指摘した。

第二節では、木綿改判制度の成立に関して、土浦藩城下町の六斎市の場合を例として示し、木綿改判制度が、城下町の町人の要求に基づいて成立したことを述べた。すなわち、幕府の織物統制令は、実際の法的強制装置を持つ藩の法秩序による支配として実現されるが、しかし、また、藩の法秩序の成立も、城下町の人々の木綿改判制度と織物統制令に対する主体的諒解を前提としていた。この意味で、土浦藩城下両町の町役人（町政組織）と町の正規の構成員であった人々の自治的合意に基づく木綿改判制度の施行の要求は、幕府の織物統制を、藩の法秩序として実体的に成立せしめる重要な必要条件であったといえる。

第三節では、土浦藩城下町の人々に木綿改判制度を必要とさせた地域的流通・経済構造について考察した。木綿改判制度の成立は、村落への旅商人の浸透に裏付けられた商品・貨幣需要の高まりと木綿商人の活動にみられる商品流通の展開を背景に持っていた。城下町の人々は、関東および関東近国の流通・経済の展開に対応して、この地域的商品流通の展開を、六斎市の木綿改判制度を通じて城下町商業の発展に結びつけ、また、城下町商業を関東および関東近国の商品供給市場に育成させようとする主体的契機を持っていたのであった。

以上のように、この時期の幕府の全国に対する法支配は、幕藩関係史を視点とする場合、実際の法的強制装置を持つ藩の法支配秩序の成立を俟って実現できたが、この藩の法支配秩序の成立は、城下町の人々の江戸・関東および関東近国の地域的流通・経済に対応した積極的な市場社会への志向の主体的契機の形成を条件とせざるをえなかったといえる。

また、そのことは、土浦藩城下中城・東崎の人々と両町の町役人との間に、木綿改判制度を実施する自治的・組織的合意を見て取ることができた点に示されていた。

こうした法と経済とをめぐる政治的関係は、城下町や村で生産と生活を担う地域の人々にも身分制の新たなる構造に基づく社会集団を生成・展開させる契機となっていく。したがって、このような法と経済をめぐる社会集団の生成と展開に関する考察は、幕府による衣類統制を含む身分制支配の改編とも対応し、江戸時代の国家支配のもとで当時の人々が取り結ぶ社会的結合様式の変化を探る重要な検討課題になっていくのである。

（1）藤井讓治「家綱政権論」（松本四郎・山田忠雄編『元禄・享保期の政治と社会』講座日本近世史4、有斐閣、一九八〇年）。
（2）藤井讓治「幕藩制前期の幕令――酒造制限令を素材に」（『日本史研究』第一七〇号、一九七六年）。
（3）藤井讓治「江戸幕府寛文期の枡統制」（『日本史研究』第二〇四号、一九七九年）。同「寛文以前の江戸枡について」（『神戸大学三十周年記念論文集』一九七九年）。
（4）藤井讓治「家綱政権論」（松本四郎・山田忠雄編『元禄・享保期の政治と社会』講座日本近世史4、有斐閣、一九八〇年）。
（5）藤井讓治「秤座・枡座における東西分掌体制の成立」（『日本歴史』第三七六号、一九七九年）。本文で論じるような観点は、同「幕藩制領主論」（『日本史研究』第一九七四年）、同「『幕藩制国家論』の再検討――近世史研究の課題」（『日本史研究』一五五号、一九七五年）でも見ることはできない。藤井論文とは逆の観点によって、この時期前後の幕政と社会を探ろうとする研究に塚本学「幕藩関係からみた生類憐み政策」（徳川林政史研究所『研究紀要』昭和五十四年度、一九八〇年）、同「綱吉政権の歴史的位置をめぐって」（『日本史研究』第二三六号、一九八二年）がある。
（6）法秩序は、法学的意味で理解される場合および社会経済学との関連で理解される場合がある。本稿では、後者の意味での理解を前提としている。後者の意味での法秩序とは、それが、経済秩序と緊密な関係に立つ場合をいう。また、経済秩序とは、「財貨と経済的役務とに対する事実上の処分力の――利害調整の仕方いかんに応じて、そのときどきに諒解にもとづいて成立しているところの――配分の仕方と、財貨と経済的役務とが、諒解にもとづくこの事実上の処分力によって、思念された意味にしたがって事実上利用される仕方」をさす。この場合の法秩序に関する史的考察の方法とは、「論理によって『正しい』と論証できるような法規範から成る世界を意味する」法学的意味での法秩序を考察するのではなく、「現実の人間行為を事実上規定しているもろもろの規定根拠の複合体を意味する」＝「人間の事実上の行為のうちで『経済的事態』への志向が必然的であり、この必然性によって制約されているような行為」「をとり上げて、これをその事実的関連において考察する」（M・ウェーバー著／世良晃志郎訳『法社会学』〔『経済と社会』第七章〕四―五頁）という観点を基礎とすべきであると考える。著者の右の理解は、M・ウェーバー「経済と社会集団」（尾高邦雄編『ウェーバー』世界の名著50、中央公論社、一九七五年）、O・ブルンナー『ヨーロッパ――その歴史と精神』（岩波書店、一九七四年）、成瀬治・吉岡昭彦編『近代国家形成の諸問題』（木鐸社、一九七九年）、湯浅赳男『官僚制の史的分析』（御茶の水書房、一九七一年）、増田四郎『社会史への道』（日本エディタースクール出版部、一九八一年）より多くの示唆を得た。
（7）近年、この点に関して藤井讓治は「階級関係・生産関係を欠落させせない権力分析の方法」（「幕藩権力分析についての覚書」（『新しい歴史学のために』第一八六号、一九八二年）を念頭として、幕藩権力の機構・組織・制度・装置の形成と再生産の政治過程に関する分析視角と方法を、老中制と参勤交代制を通じた「大名」軍事力の編成の問題として提示した。しかし、「上部構造の持つ相対的独自性が」、「社会経済的土台」「に与える反作用の実体」については、今後の課題とされている。本稿は、このような点を、流通・経済の問題を通じて考察する一つの試みである。ただし、上部構造の相対的独自性が、経済・社会との関連によって初めて成り立ちうるのであり、この意味で、すなわち、上部構造の独自性はあくまでも絶対的ではなく、相対的である点を特に念頭においている。

（8）織物統制令は、衣類の統制を通じた身分制支配と密接な関連を持っている。が、この衣類の統制問題については別の機会に検討したい。

（9）ここでいう関東近国とは一応、陸奥・信濃・甲斐・伊豆・駿河をさす。ただし、この言葉のさす範囲はたとえば政策的にも経済的実態においても対象となる時期と問題によって多分に流動的で一律に論じることはできない。

（10）『徳川禁令考』（前集第六）三七六一号。

（11）『徳川禁令考』（前集第六）三七六二号。

（12）『徳川禁令考』（前集第六）三七六四号。ただし、この法令は「柳営日次記」において七月一三日でなく、八月三日の条に収録され、発令年月日も「寛文四年八月三日」となっている。「厳有院殿御実紀」においても「柳営日次記」と同日の条に掲載されており、この説明の部分だけを取り出すと「この日、令せらるゝは、絹・紬一端、匠尺にて長さ三丈四尺、幅一尺四寸、布・木綿は三丈四尺、はゞ一尺三寸たるべき旨、是よりさき定められしかど、近年みだりになりしをもて、このゝち定制の寸尺より不足のもの、おり出さば曲事たるべし、明年（寛文五年）の秋より、これ査検し、不足のもの見出すまゝに収公あるべきにより、各国村里に至るまで、この旨、遵守すべしとなり」（『徳川実紀』第四篇、五〇九頁）とある。

（13）『徳川実紀』第二篇（新訂・増補国史大系）四〇〇頁。

（14）『水戸市史』中巻（一）四七六―四八〇頁。

（15）『徳川禁令考』（前集第六）三七六四号。

（16）『正宝事録』（第一巻）一一八―一一九頁。

（17）『会津藩家世実紀』第二巻（吉川弘文館）一七九頁。

（18）藤井譲治「幕藩制前期の幕令――酒造制限令を素材に」（『日本史研究』第一七〇号、一九七六年）。

(19)『会津藩家世実紀』第二巻（吉川弘文館）一七九頁。
(20)『会津藩家世実紀』第二巻（吉川弘文館）一七九頁。
(21)『水戸市史』中巻（一）四七六―四八〇頁。
(22)『下館市史』（上巻）七〇一―七一七頁。
(23)『寛政重修諸家譜』巻第八十八（新訂・第二）一八九―一九一頁。
(24)内田甲子男家文書（土浦市立図書館所蔵）。
(25)「おだまき」（『筑波町史』史料集、第三篇）一二三―一二四頁。
(26)「おだまき」（『筑波町史』史料集、第三篇）一二四頁。
(27)「おだまき」（『筑波町史』史料集、第三篇）一二四頁。
(28)木戸田四郎「共同体崩壊要因としての商品流通――特に近世六斎市の推移を中心として」（中村吉治教授還暦記念論集『共同体の史的考察』日本評論社、一九六五年）。土浦藩城下町の木綿取引でも城下町商業の衰退に対処して文政八年一一月「綿之類ハ隔日」に「場所ヲ定、市相始候ニ付、在々与茂右会所江売物差出様ニ申通」と城下町の町役人の肝煎で日切市が開始されている。詳細は、澤登寛聡「常陸国土浦藩の市場統制と流通構造――文政八年一一月城下町会所趣法とその反対闘争の背景について」（『法政史論』第九号、一九八二年）で述べてある。
(29)本橋こと家文書（茨城県新治郡桜村中根）。
(30)この時期の上方旅商人と江戸問屋商人との関係は、林玲子『江戸問屋仲間の研究』（御茶の水書房、一九六七年、八四頁）によれば、例えば江戸問屋商人は「諸国旅人より送り荷物并手前より金子遣置、仕入荷物引請申候」とあるような関係で「問屋及び問屋並の商売体も複雑であって、町奉行の述べているように、（江戸問屋商人は）諸国荷主に、問屋だけに荷附することを強要することができるほど」商業組織の整備がされていなかったと指摘する。ここでは旅商人のみならず後述するような地域的流通・経済を担う三つの型の商人および城下町商人の展開する姿がうかがえる。なお、ここで使用する商人とは「家職」観――『かせぎ』の正当化と『分際』による自己規制」――を、主体的な自己認識（社会的価値意識）として持つ町人身分の在り方に照応するものを考えている（宮沢誠一「元禄文化の精神構造――京・大坂を中心として」〈松本四郎・山田忠雄編『元禄・享保期の政治と社会』講座日本近世史4、一九八〇年〉）。したがって、こうした商人の商業に対する関わり方も右の意識に対応したものだと考える。

(31) 石塚英岳家所蔵文書(土浦市中城町)。
(32) 石塚英岳家所蔵文書(土浦市中城町)。
(33) 石塚英岳家所蔵文書(土浦市中城町)。
(34) 飯竹一夫家文書(筑波郡筑波町下大島)。
(35) 中根家文書(筑波郡筑波町大形)。木戸田四郎『維新黎明期の豪農層』(塙書房、一九七〇年)九九頁。
(36) 『茨城県の地名』(『日本歴史地名大系』8、平凡社)五七一頁。
(37) 木綿取引をめぐる地域的流通構造に関して水戸藩領内では次の例を指摘できる。まず、城下七軒町の太物市に集まる商人には、青染された木綿織物を市で売る商人、城下町に宿泊せずに取引する商人、城下町に常宿して大口取引をする商人があったとされている。前者の二つの商人の型は、城下町水戸近在の商人と指摘されている。これに「見せ無之邑に者、小僧言之商人、一村五三人宛罷在、所々増売仕候」といわれる型の商人を併せて考えると(木戸田四郎『維新黎明期の豪農層』(塙書房、一九七〇年))、これらの商人は、本論で指摘する、三つの型の商人に類別しうる可能性を持っている。また、城下町に常宿して大口取引する商人とは、前者の商人と取引する上方旅商人を含む関東および関東近国の「遠隔地商人」と理解することができる。

第二編　一揆の正当性観念と役による秩序

第一章　都市日光の神役と町役人制度

——稲荷町の町政運営の変動を中心として

はじめに

近年の都市史研究は、都市の人々の身分決定権、換言すれば、町人という身分は、どのようにして決定されたのか、——国家の役賦課による上からの編成によってなのか、それとも、人々の自律的な共同体秩序の中で決定されるのか——という吉田伸之と朝尾直弘との議論を通じて、都市の自治や自律的な秩序の在り方を、あらためて検討する段階にあるといえよう。(1)

本稿の課題は、右の問題関心に基づき、江戸時代後期における宗教都市（門前町）日光の町政運営の中心をなす町役人制度を、町の経済構造、具体的には、町人の神役——ここでいう神役とは、東照宮を中心とした日光山内の寺社が、神事・仏事・祭礼といった宗教儀礼の執行にあたって神領の町や村の人々から徴発・徴収する役をいう——の負担と家業の発展との矛盾・対抗関係を通じて考察することにある。(2)

ところで、右の議論でも明らかなように、たしかに、最近における都市史研究は、戦国時代までの都市における自治とは異なる江戸時代の都市の自治や自律的な秩序を、国家支配との絶え間ない対抗関係の中で改めて評価しなおそうとする視点を提示している。

この点で、戦国時代までの都市の自治が、統一政権の成立の中で否定され、町役人を中心とする江戸時代の都市の自治機関・自治組織は、支配の下請機関・組織として再編されたとする従来の通説的見解の再検討を余儀なくさせたという意味で高く評価しえよう(3)。

しかし、これらの成果をめぐる議論は、現在の段階では、江戸・京都・大坂といった大都市の研究でしか問題とされておらず、それ以外の地方・地域の都市史――門前町・城下町・陣屋町・宿場町・在郷町等々――の研究では、十分な成果が得られていないのが実情である。

また、戦前・戦後を通じた宗教都市（門前町）の研究では、社会経済史や歴史地理学の分野からの多くの蓄積を得てきている(4)。しかし、現在までの段階で、これら宗教都市の研究に、幕府や権門寺社領主が宗教的儀礼を目的として統治下の人々に対し、どのような祭儀役を賦役として賦課し、その支配編成と人々の家業の発展との矛盾・対立がどのような実態であったのかといった視点を導入した研究は管見の限りで見ることができない。

宗教都市（門前町）が、神事・仏事・祭礼といった祭儀役の執行のために幕府から社寺へ安堵した所領の中核をなす以上、このような視点は今後における寺社領の都市史・村落史研究にとって不可欠の課題といわねばならない(5)。

以下、本稿では、右の二つの点を、都市日光の研究を通じて検討するという課題意識に立っている。第一節では、都市日光の地域構成と町役人制度について概観する。第二節では、このうちの一つである稲荷町の神役の負担と町人の家業の発展との矛盾・対立といった経済構造を論じる。そして、第三節では、これらの経済構造を前提とした町方騒動が、稲荷町の町政運営システムの変動といかなる関連を持っていたのかという点を論じる。

これらを通じて江戸時代の後期における日光で、町人身分の人々を中心にどんな都市の自治がなされたのか、その具体的な在り方を考察していきたい。

一　都市日光の地域構成と町役人制度

江戸時代の中期から後期における都市日光は、幕府日光奉行と日光山を主管する輪王寺宮門跡の目代職（代官）とによって複合的に支配されていた(6)。本節では、まず、日光の地域構成の概観を説明し、次に、この都市日光の地域構成が、町役人制度といかなる関連を持っていたのかを提示する。そして、これらを通じて江戸時代中期から後期における日光の町役人制度の特徴を指摘しておきたい。

まず、日光の都市は、表1に示したように、東町と西町の二つの惣町によって構成されていた。二つの惣町は、図1に示したように大谷川を隔て、地理的にも、領主支配や町人の政治・経済・文化にわたる社会的結合という点からも各々が独立した地域的枠組みを持っていた。

東町は、下町とも出町とも称され、松原町・石屋町・御幸町・稲荷町・鉢石町（上・中・下）の合計五カ町から構成されていた。町内には、星宮ならびに虚空蔵と称される惣町の惣鎮守が祀られていた(7)。東町五カ町のうち松原町には木戸門が設置されており、日光街道から町域へと通じる出入口としての機能を持っていた。また、鉢石町三カ町には、伝馬会所・問屋・本陣が設置されており、町の両側には、参詣人を対象に、指物・塗物・曲物・膳椀・食籠、そのほかの商品を販売する店が続いていた。

西町は、蓮華石町・四軒町・原町・袋町・本町（上・中・下）・大工町（上・中・下）・板挽町の合計七カ町から構成されていた。西町は、入町とも称され、山内の西方に位置する。西町七カ町の町人には板挽町・大工町という町の名称にもあるように寺社の建築に関わるさまざまな職人あるいは日光で日常的に使われた什器・什物を製作する職人などがいた。殊に曲物職人は製作した木工製品を東町の店で販売するとともに、仲買商人を通じて江戸へ出荷する木工製品を作った。

表1　都市日光惣町の町と年寄（文化13年4月以後）

東町		西町	
松原町	年寄　嘉市	蓮華石町	年寄　月行事
石屋町	年寄　久兵衛	四軒町	年寄　月行事
御幸町	年寄　猪左衛門	原町	年寄　利左衛門
稲荷町	年寄　勝蔵	袋町	年寄　清右衛門
鉢石町	年寄　治左衛門	本町	年寄　粂左衛門
	年寄　七兵衛		年寄　八左衛門
	年寄　良平	大工町	年寄　源八
	年寄　勘右衛門		年寄　勝蔵
	年寄　清兵衛	板挽町	年寄　藤右衛門

出典：『社家御番所日記』（第21巻）660頁.
注：①向川原町は，たとえば「板挽町ニ籠候ニ付，家数・人別ヲ除ク」とあり，目代役所の支配上では，板挽町の中に組み込まれていた.
②鉢石町・本町・大工町は，支配上では各々1町と把握されているが，実際には，それぞれ上・中・下の3町から構成されている.

右のような東町・西町という惣町の社会・経済的な構造の相違は、図2に示したように、双方の都市プランの違いにも現われていた。西町は、街路が個別の町を縦横に碁盤の目のように区分・編成する機能を果たしていた。これとは対照的に東町の道は、日光街道から続く往還道が、短冊型の町並を編成していた。東町は、後述する稲荷町を例外とすれば、両側町を基本とする交通・運輸、および、これらにともなう商業を家業とする商人の町であった。これに対して西町は、碁盤目状に編成された職人を中心とした町であった。

江戸時代の初期から前期までの日光の二つの惣町は、日光山が宗教儀礼を執行するための課役を負担する固有の分業編成を受けていた。このような本来的な分業編成は、中期から後期における町人身分の人々の家業にも強い影響を与えた。この役による分業編成は、惣町の支配や町人の政治・経済・文化にわたる地域的・社会的な結合関係に、固有の性格を付与していったのである。

次に、このような都市の地域的な枠組みとの関連で、江戸時代後期における日光の町役人制度についてみておきたい。まず、惣町である東町五カ町と西町七カ町を統合した町役人制度、次に惣町の町役人制度、そして、最後に個別の町の町役人制度について概観すると次の通りである。

まず、都市日光は、前述したように、西町と東町とが統合された町域から構成された。このような地域的な政治編成は、鉢石町の町名主杉江太左衛門に総括された。鉢石町には神領会所が設置されていたが、太左衛門は鉢石町の町人身分である一方、今市に設置された幕府の蔵から扶持米二〇俵の支給を受ける身分でもあった。このような太左衛

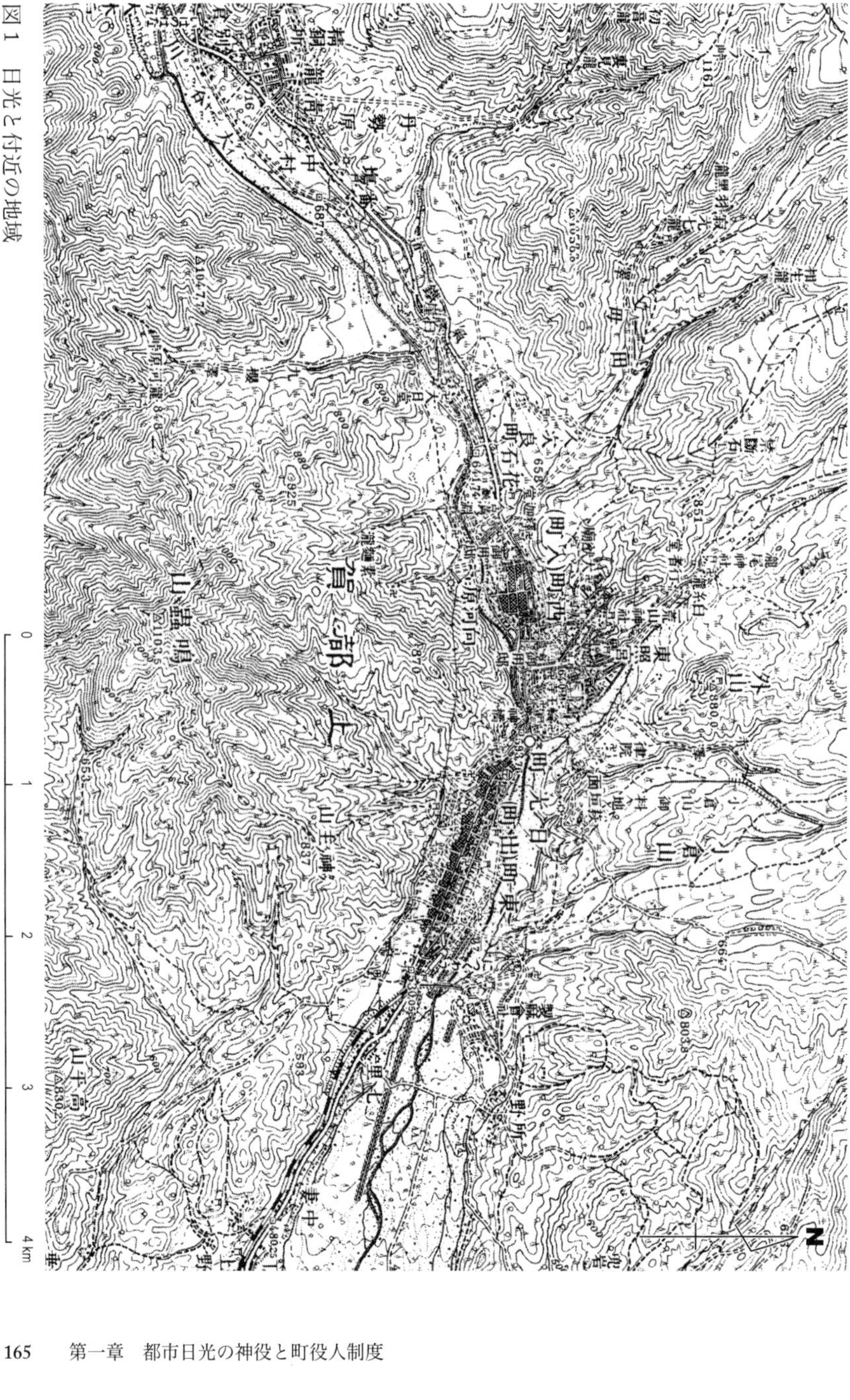

図1 日光と付近の地域
(陸地測量部 五万分の一地形図 大正4年7月発行).

図 2 「日光山志」（天保 4 年 10 月）に描かれた東町（上）と西町（下）.

（『日本名所図会』2 関東の巻，角川書店）.

門の身分と役職については天明八年（一七八八）五月、幕府が遠国奉行を通じて実施した「遠国奉行支配町人」に関する調査、および、六月、日光目代の山口新左衛門が、日光奉行井戸美濃守広佐に差し出した次の二点の書付に示されている。(8)

遠国奉行支配町人共之内、御扶持被下候もの養子願差出候節者各方御承知之上、御申渡有之候哉、且右町人共之内　常憲院様御代より末御代ニ御扶持被下候身分之もの、養子願差出候節者取扱方差別有之候哉致承知度候、以上

五月廿六日　　神保喜内

遠国奉行中

右書付五月廿八日、井戸美濃守殿ゟ直請ニ受取候事、右ニ付、杉江太左衛門召呼、諸事相糺候事

これによれば幕府は「遠国奉行支配町人」の内で扶持の給付を受けている者の養子願いについて調査しており、日光奉行井戸美濃守広佐から連絡を受けた目代山口新左衛門が杉江太左衛門を呼び出して遠国奉行の支配する町人となった経過の報告書類を作成したことが記されている。日光神領のみならず、町人身分の人々の中に幕府遠国奉行が支配する町人が存在し、この町人に対して幕府は扶持を給付していた点が示されていて興味深い。また、次の書付は、目代が日光奉行の質問に応じて太左衛門を呼び出し、「諸事相糺」した結果を上申したものである。(9)

遠国町人共、御扶持方被下候（もの・脱）養子願差出候節取計方之儀、且、右町人共之内　常憲院様御代より末御代、御扶持被下候身分之もの、養子願取扱方差別有之候哉、相糺可申上旨被仰聞、承知仕候、日光鉢石町名主杉江太左衛門儀、正徳五未年、宿次御用、其外四月折（ママ）相勤候ニ付、壱ケ年米弐拾俵被下置候、右養子願之儀、私方ニて申渡シ来り候、右之外、於日光御扶持被下候町人無御座候、依之申上候、以上

申六月　　山口新左衛門

右書付六月七日、井戸美濃守殿江出ス、使武井甚右衛門、取次松井清兵衛

これによれば、太左衛門は、正徳五年（一七一五）四月、家康一〇〇回忌の法会で「宿次御用、其外四月折《（ママ）》」を勤めた。これを契機に以後、日光で幕府から扶持を支給される唯一の幕府遠国奉行の支配する町人となっていた。また、この段階での日光の町役人は、町名主の太左衛門を除けば、すべて町年寄や町代でしかなかった。日光鉢石町名主としての太左衛門は、惣町・組合町・町や身分的・職分的な同職組織・集団のレベルでの政治的な紛争の際にも、仲裁・調停役としてきわめて重要な位置を占めていた。すなわち、町名主杉江太左衛門は、都市を構成する東西の惣町・組合町・町からも、また、目代役所からも共に一二カ町を事実上、総括する地位にある人物と位置づけられていた。

次に東・西の二つの惣町の町役人制度について説明しておきたい。惣町の町役人には、年行司役が設置されていた。この年行司は個別の町の町年寄の中から選出されていた。たとえば、享保八年（一七二三）七月、目代役所は、公儀役・神役を負担する町人の家数改めを実施した。この家数改めは、西町の場合、年行司の役職にあった袋町・板挽町の二名の町年寄によって取り纏められた(10)。つまり、調査は、東町・西町という惣町を単位に、年行司によって総括されていたのである。このように年行司は、個別の町を代表する町年寄の中から選出され、町人の公儀役や神役の負担の総括、あるいは、領主が許容する限りでの町人の要求を取り纏める役割を持っていた。

しかし一方、東町・西町には、右のような既成の町役人と異なる町人の代表、すなわち、第二章でも指摘するように、町人惣代制の成立がみられる(11)。町人惣代は、目代役所や日光奉行所に対する町人の要求を積極的に実現する立場にあり、町年寄の町政における職務と対立するばかりでなく、次第に、町年寄を凌駕する政治的発言力を持っていく。そして、従来の年行司制を通じた町人の地域的結合関係を変革していく指導的役割を担っていった。

また、この町人惣代制を支える町人の地域的結合には組合町の存在という前提があった。組合町は都市を構成する個別の町と惣町との中間に位置する中間的自治体で、個別の町を惣町的結合へと導く媒介項としての役割を果たした。すなわち、都市日光は、個別の町、個別の町の連合である中間的自治体としての組合町、組合町の連合である惣町、そして、この二つの惣町の統合の結果として成立していたのであった。

第三に、個々の町の町役人制度であるが、個別の町には、表1にも見られるように、最低でも一人の町年寄と複数の町代・組代といった町役人が設定されていた。この町代・組代に代表される町人の組織は一方において町年寄制を支える基盤であったが、他方では、町人惣代制や後述の都市日光の町人の自治権を支える基盤であった。

このように、都市日光における町役人制度は、町人の個別の町を基礎とする地域的・社会的結合を公的に代表した。町人は、町・組合町・惣町・惣町の連合である都市といった地域的な枠組み、すなわち、都市の地域構成を軸として町役人制度を巡ってさまざまなレベルでの地域的・政治的結合関係を成立させていた。しかし、それは後述するように個別の町における町年寄の世襲的な支配権が、町人の集会による直接的な立法権や司法権・監査権の発動によって行政執行権に限定され、また、このことを契機に、惣町における世襲的な町年寄による年行司制の町政運営を、町人による惣代制が打ち破っていくといった町政運営の構造的変動を基本的趨勢としていた。

二　稲荷町の神役の負担と町人の家業

ここでは、前述の町役人制度にみられる町人の自治の基本的趨勢を、都市日光の経済構造との関連で考察する。さて、ここでいう経済構造とは、町人身分に賦課された神役（夫役）と家業との矛盾・対立関係をさしている。以下、まず、日光の人口（人別）構造を提示し、次に、江戸時代中期から後期における人口構造の基本的趨勢を、稲荷町を事例として人口変動と家業との関連から説明する。そして、この人口変動が、町人の神役の負担と家業の発展の矛盾・対立関係の結果を示すものであることを論述してみたい。

日光の人口は、表2に示した通りである。現在までの段階で、町人身分以上の人口という限界を持つが、それが全体として判明するのは、柴田豊久によって提示された元治元年（一八六四）二月の数値のみである。[12]これによれば、日光の人口は、合計五二四六人であった。このうち約三七・四％の人々は、身分的には町人身分ではなく、幕府・門跡の家来の身分である。これらの内訳は山方・奉行方・火之番方・六職人棟梁方といった侍・給人、および、その家内の人々である。

山方とは、仏事・神事・祭礼などの宗教儀礼の最高執行主体としての門跡の家来である。その実態は僧侶・神官である。奉行方とは、日光奉行所の役人をさす。日光奉行所は主として東照宮・二荒山神社・輪王寺を中心とする日光山内の儀礼執行を担保する役割のみしか持っておらず、実質的な神領統治は輪王寺宮門跡の家来である山口家の目代役所が担当していたが、寛政三年（一七九一）正月、目代役所の機能を吸収して幕府による実質的な神領統治の機関となった。火之番方とは、幕府槍奉行の管轄下にあり、半年交代で勤役する幕府八王子千人同心をさす。六職人棟梁方とは、大工職・檜物職・飾師・塗師・箔師・菓子方・鍛冶方の棟梁職、および、これに率いられた職人達である。

これらの人々は、侍以上の身分に属するが、その奉公人や家族を含めて町人とともに二つの惣町の内に混住していた。そして、この点が、政治都市（城下町）と異なる宗教都市（門前町）日光の特徴といえる。

次に、日光の約六二・六％を占める町人身分の人口構造の基本的趨勢を、江戸時代中期から後期における稲荷町の人口変動を例として考察しておこう。ここでは、第一に、稲荷町の町人の家業構成を提示し、第二に、これとの関連を通じて、人口変動の特徴を指摘しておきたい。

第一に、表3-1は、安政五年（一八五八）四月における稲荷町の町人の家業別家数（戸数）を示したものである。町年寄から日光奉行支配組頭同心神山忠三郎・大槻熊次郎に提出された「人別取調書上覚」によって作成した右の表によれば、この段階で稲荷町には、合計四八軒の家数しか存在していなかった。このうち二軒の地守は、町人身分に義務づけられた神役の直接的な徴発対象とされていなかったようである。すなわち、稲荷町の正規の構成員として役を負担する町人身分の人々は、合計四六軒にすぎなかったのである。

地守を除く町人の家業構成では、全体の七三・九％を職人が占めており、その内訳は表3-2の通りである。ここでは、稲荷町が、東照宮を中心とする山内の作事によって家業を営む職人を、その主たる構成員とする町であったことについて指摘できる。

第二に、このような家業構成を前提として、江戸時代中期から後期における稲荷町の家数と人口変動の特徴を提示しておきたい。次の記録は、文政六年（一八二三）八月「外山村字稲荷町明細書上帳」から稲荷町の家数の変動に関する記述を抜粋したものである(13)。

一 外山村之儀 御神忌 御社参之節者大助人馬役相勤来罷在候、 往古、稲荷川村ニ寛文元年迄住居仕候、
尤家数三百六拾軒余ニ御座候処、同(寛文)二年六月十三日、出水ニ而住居難相成、当時之町ニ引移、稲荷町と唱ひ、

表 2　門前町日光惣町の人別（元治元年 2 月）

所属	人別	百分比
山　　方	1,200 人	22.9%
奉　行　方	575	11.0
火　之　番　方	55	1.0
六職人棟梁方	133	2.5
東西市中町人	3,283	62.6
計	5,246	100

出典：『柴田豊久著作集』81 頁.

表 3-1　稲荷町町人の家業別家数（安政 5 年 4 月）

家業	家数	百分比	人別
商　　人	6 軒	13.0 %	人
職　　人	34	73.9	
車　　屋	1	2.2	
後　　家	5	10.9	
計	46	100.0	197
外　地守店	2		

出典：鈴木長雄家所蔵文書.

表 3-2　稲荷町町人の 家業別家数（安政 5 年 4 月）

家業	人別
大工職人	9 人
飾 職 人	1
鍛冶職人	2
屋根職人	3
石屋職人	2
塗師職人	1
桶屋職人	1
車　　屋	1
人　　足	7
指物職人	8
商　　人	6
後　　家	5
計	46

出典：鈴木長雄家所蔵文書.

甚困窮之町ニ御座候而、追々潰ニ相成、当時五拾九軒ニ相成、九拾六軒分之御役相勤申候、尤右之内萩垣面ニ三軒御座候

稲荷町は、寛文二年（一六六二）六月の大谷川洪水の前には、稲荷川村と称され、三六〇軒余の家数であった。しかし、洪水の翌年、現在の場所に移転したとある。この時の家数は一五〇軒であったと記した文書もある。[14] したがって、寛文三年から表4に示した元禄一〇年（一六九七）までの約三四年間に一六軒の家数が減少したことになる。また、稲荷町の家数は、その後も減少しており、それは人口の減少とも対応関係にあったと推定される。

稲荷町の位置は、導者・参詣人の往来する往還の表通りではなく、むしろ、奥まった地点にある。この点で、山内の作事（造営・修覆）にともなって家業を営む稲荷町は、導者・参詣人を対象として旅籠や前述の商業を営む表通りの松原町・石屋町・御幸町・鉢石町とは商品流通との関わり方に基本的な違いがあった。前述の家業構成を考慮すれば、稲荷町はむしろ西町七カ町と似た条件を持っていた。

しかし、いずれにせよ、家数や人口の減少の結果、町人が神役の負担を次第に増大させられ、家業の発展を著しく妨げられていた点で、経済構造は稲荷町以外の東町四カ町や西町七カ町と同じだったといわねばならない。

最後に、稲荷町の人口変動が、町人の神役の負担と家業の発展との矛盾・対立関係の表現でもあったことを提示しておきたい。文政一二年（一八二九）一一月、稲荷町の町人は、神役の賦課人数が町人の負担の限界を超えるという理由で、稲荷町へ賦課する神役を削減してもらいたいという願いを奉行所へ訴えている。表5-1〜5は、このとき稲荷町が差し出した「稲荷町年中御役勤方帳」から作成したものである。この帳簿は、町年寄が、稲荷町の神役の削減要求の根拠を示す目的で作成し、奉行所に提出した文書であり、そこには、従来から賦課されている神役の種類と賦課方法・人足数、および、文政一二年一一月の段階で町人が負担可能であった人足数および不足分の人足数が記載されている。

これに基づいて作成した表5-1によって説明すれば、第一に、稲荷町に賦課される神役の種類と内容は、①三月

の弥生祭で編成される祭礼の行列供奉人足役、②四月・九月の東照宮例祭で編成される百物揃千人武者行列の供奉人足役、③御宮（東照宮）・御霊屋（家光の霊廟）・輪王寺に対する定期的な掃除人足役、④御門主（輪王寺宮門跡）の祭礼にともなう定期的な登山の際の発駕人足役という四種類に分類できる。このうち②の人足役は、表5－2〜3に、また、④の輪王寺宮門跡の登山による定期的な祭儀の執行にともなって賦課・徴発される人足役は、表5－4に具体的に提示しておく。

①は、日光の人々の産土神である二荒山神社の祭礼すなわち弥生祭の執行に幕府が関わるための役である。これに対して②と③は東照宮を中心とする祭儀を執り行なうための役であり、④は、これを宮門跡が担保するための役である。②・③・④に関わる儀礼は天皇家、徳川家を中心とする武家、仏教勢力を総括する門跡の総力を結集して執行され、これらを執行するために賦課されたのが②・③・④の役であったが、幕府の弥生祭に対する人足役の徴収は、②・③・④の役と弥生祭に関する役とが同じように重要な意義を持つものであるという点を日光の人々に暗示し、このことで東照宮を中心とする儀礼を日光神領の人々に負担させる幕府の正当性の根拠としたと考えられる。

このように、ここでは都市日光が、東照宮を中心とする山内の宗教儀礼を執行するために再編・設置された都市であった点を指摘できるとともに、このための公役としての神役が東・西の惣町－町といった町政システムを通じて賦課・徴発されていた点を指摘しておきたい。

第二に、稲荷町に賦課された神役の規定人足数を、表5

表4　稲荷町の家数と人口

年代	家数	人別
元禄10年（1697）	134軒	人
享保12年（1727）	120	
元文 2年（1737）	124	
明和 6年（1769）	80	
安永 5年（1776）	78	
寛政10年（1798）	57	237
文化11年（1814）	57	228
文政 2年（1819）	60	334
天保 2年（1831）	55	212
天保10年（1839）	43	171
天保14年（1843）	43	174
弘化 4年（1847）	43	181
嘉永 4年（1851）	44	213
嘉永 7年（1854）	45	204
安政 2年（1855）	45	202

出典：「乍恐書付以奉申上候（稲荷町家数人別御取調ニ付）」鈴木長雄家所蔵文書.

表 5-1　稲荷町の役（文政 12 年 11 月）

役の名称	規定の人数
四月御祭礼御供奉御役	109 人，但シ 15 歳より 60 歳迄（表 5-2 参照）
九月御祭礼御供奉御役	78 人，但シ 15 歳より 60 歳迄（表 5-3 参照）
三月御祭礼	16 人
御宮御霊屋大掃除	東・西町三ツ壱割ニ相勤申候
御宮奥院大掃除	東・西町三ツ壱割ニ相勤申候
御宮栗石返シ大掃除	東・西町三ツ壱割ニ相勤申候
御宮並掃除（1・8・15・17・28）	一度ニ 8 人宛差出之，尤風烈之節は別段人足差出之
御霊屋野火除かり人足	古来之通り差出申候
御宮日勤御掃除割合人足	2 人
御宮御風干人足	古来之通り相勤申候　但シ他町より一倍ニ差出し申候
御宮御割合人足	古来之通り相勤申候　但シ他町より一倍ニ差出し申候
御宮御松杭納・伯耆納人足	古来之通り格番ニ人足差出し申候
御宮御そり併松杭人足	古来之通り（4 人）差出し申候
御殿地石垣上草かり	古来之通り相勤
御霊屋新道御掃除	古来之通り　但シ 1 ヶ年 4 度
御霊屋新道柴垣結	古来之通り　但シ御損シ之節別段
長坂御掃除	古来之通り
御門主様三度御登山之節御発駕役	其外御役之儀は被仰付次第相勤申候（表 5-4 参照）

出典：文政 12 年 11 月「稲荷町年中御役勤方帳」鈴木長雄家所蔵文書（『栃木県史』史料編　近世 6）116-118 頁.

表 5-3　九月御祭礼御供奉御役

役の名称	規定の人数
御鑓持	25 人
兵士	30
猿面	5
仮児	1
鷹匠	3
枕木持	4
太鼓持	2
町役人	2
月行事	3
御本坊様白張	3
都合	78

表 5-2　四月御祭礼御供奉御役

役の名称	規定の人数
兵士	80 人
猿面	10
仮児	4
鷹匠	3
町役人	2
月行事	3
御本坊様白張	7
都合	109

表 5-4　御門主様三度御登山之節御発駕役

役の名称	規定の人数
長持	5 棹，但シ 1 棹ニ付人足 8 人宛
御手道具人足	西町と格番ニ相勤　但シ 1 棹ニ付人足 8 人宛
御薪木人足	56 軒分相勤
中禅寺御荷揚	56 軒分相勤
中禅寺道掃除	古来之場所相勤
御仮殿御湯立人足	5 人宛差出シ申候
毎年 7 月 12 日垢棚そり人足	1 人
毎年 9 月百合納	但シ，他町より一倍ニ相納申候
御門主様御成役	幾度ニ不限，他町より一倍ニ相納申候
御門主様御登山中大雪之節	人足他町より一倍ニ相納申候
御門主様律院御成之節御掃除人足	稲荷河原より律院坂下迄町内ニ而相勤申候
御門主様きりふり御成之節	古来之場所相勤申候

表 5-5　稲荷町の神役の不足人数

役の名称	規定人数	全有高	不足人数
四月御祭礼御供奉御役	109人	45人	50人
九月御祭礼御供奉御役	72人	45人	27人
御宮御風干人足	古来之通り相勤申候　但シ他町より一倍ニ差出し申候		
御宮御割合人足	古来之通り相勤申候　但シ他町より一倍ニ差出し申候		
御宮御松杭納・伯耆納人足	古来之通り格番ニ人足差出し申候		
御宮御そり併松杭人足	4人	古来之通，差出申候	
御門主様三度御登山之節御発駕役			
長持 5 棹，但シ 1 棹ニ付人足 8 人宛	40人	25軒	15人
御手道具人足	40人	25軒	15人
		但し，西町と格番ニ相勤	
御本坊様			
御薪木人足	56軒	25軒	31軒
中禅寺御荷揚	56軒	25軒	31軒

注：①四月御祭礼御供奉御役 109 人のうち，14 人分は猿児として子供が勤める．
②九月御祭礼御供奉御役は表 5-1 では 78 人であるが，ここでは 72 人となっている．史料のままとしておいた．
③不足分は，四月と九月の御祭礼御供奉御役を七里村・野口村・和泉村に，御門主様三度御登山之節御発駕役を鉢石町に，御本坊様御薪木人足・中禅寺御荷揚人足を他町に命じるよう願い出ている．

-5によってみれば、計算可能な人数だけをとってみても、合計一六九人の不足が確認できる。これらの神役の負担人足数の不足は、前述した文政六年（一八二三）八月の「外山村字稲荷町明細書上帳」によれば、「甚困窮之町ニ御座候て、追々潰ニ相成、当時五拾九軒ニ相成、九拾六軒分之御役相勤申候」と町人一軒で一・六軒余の役を負担しなければならないという事態にまで立ち至っている。

安永七年（一七七八）五月の一揆と打ち毀しでは、幕府の作事政策が、町人の家業の発展を妨げ、町人を都市日光から離散させ、神役の負担を不可能とさせると訴えている。(15) 稲荷町では、幕府の作事政策の転換を契機として多くの町人が潰れとなって町から離散した。この結果、離散した町人が従来から賦課されていた神役は、町に残った町人が負担した。そして、この神役の負担の増大が、幕府作事政策の転換と相俟って、町人の家業の発展をさらに著しく妨げる要因となっていたのである。(16)

三　稲荷町の町方騒動と町役人制度

ここでは、神役と家業との関連からみた稲荷町の経済構造が、町役人制度を軸とする町政運営にいかなる変動を与えていったのかについて論じてみたい。

前掲の文政六年八月「外山村字稲荷町明細書上帳」によれば、稲荷町は、外山村内の字の一つとして位置づけられている。(17) 外山村は、萩垣面と呼ばれる屋敷三軒分と畑作地の合計高三四石八斗七升二合の年貢・諸役の賦課対象地ならびに惣町の一つとして九六軒分の役屋敷が地子免許の対象となっている稲荷町とによって構成されていた。村役人には、名主役が設定されておらず、字萩垣面の年貢・諸役を徴収するために年貢元という役職が設置されているのみである。(18)

そして、これ以外の役職はすべて稲荷町の町役人と位置づけられている。町年寄には、柴田勝蔵という人物が任じられていたが、その任命の事情は「勝蔵儀、古来ゟ年寄役相勤来申候、尤給分・給料等、町方ゟ一切無御座候」と述べられている。これによれば、柴田家は、従来から稲荷町の町年寄を世襲的に勤めてきたことがわかる。したがって、町年寄を世襲的に勤める柴田家は、町政運営に強力な支配権を発揮できる立場にあったものと考えられる。

ところが、宝暦五年（一七五五）七月には、このような勝蔵の立場を揺るがす事件が起こった。稲荷町の町人たちが、町方入用金の使途をめぐって勝蔵に不信を表明したのである。結局、この出入は目代役所が仲裁に入って内済をみたのであるが、この内済の結果を示したのが、次の宝暦六年六月「町内諸勘定之次第相定連判帳」である(19)。

一　宝暦五亥年七月中ゟ町内出入有之、翌子年（宝暦六年）六月七日相済、其節　御役所ゟ被　仰付候者町代壱人宛廻り役ニ致、諸勘定立合候様ニ被　仰付候、依之町内寄合之上申渡候者、以来町代方ニ而諸差出銭等取立、請払勿論、年中御用筆・墨・紙・らうそく等之儀茂世話致、入用之度々、此方請取可申段申渡候、又候町内寄合之節、入用茂掛り候儀ニ候得者、寄合も此方ニ致、右入用掛り、度々高下之沙汰ニ而も有之候而者不宜候間、寄合会所外ニ相立候様ニ申渡候、依之町中相談之上、又候申来候者諸勘定請払之儀、町代方ニ而引請候而ハ難相勤候間、各様ニ而御世話被成、町代立合候様ニ被成可被下候、尤紙・筆・墨・らうそく之儀も、前々之通、紙屋ゟ御取被成、払高勘定之節、町代立合候様ニ被成被下候、寄合之儀も、外ニ会所相立候而者、迷惑御座候間、前々之通、各様江寄合申度由達而申出候ニ付、左候ハヽ、寄合之節、入用一向何程与相定置候様ニ申渡候ニ付、又々町中相談之上、壱度五拾文ツヽニ相定申候

一　町内明屋敷年貢之儀者　御本坊様御年礼・其外、御別所方御年礼入用之分者　御役所江諸勘定書付差上候得共　御役所并手代衆・家中衆御礼之分者書出シ不申候間、其分勘定之節者、差出候様ニ申渡候、尚又極月至り、勘定之節者、委細書面ニ可相知段申渡候処、是又、町中承知致候

右之通、町内相談之上、相定候処、相違無御座候、仍而如件

宝暦六子年六月十二日

組代 善四郎（印）
同断 弥治兵衛（印）
同断 平八（印）
同断 権八（印）
同断 長助（印）
組代 金左衛門（印）
同断 八郎兵衛（印）
同断 伊右衛門（印）
同断 傳左衛門（印）
同断 長治郎（印）
町代 儀右衛門（印）
同断 久左衛門（印）
同断 善八（印）

同断 藤七（印）
同断 惣吉（印）
同断 平左衛門（印）
同断 市右衛門（印）
同断 権蔵（印）
同断 権八（印）
同断 喜三郎（印）
同断 九兵衛（印）
同断 平右衛門（印）

柴田所左衛門殿
小山清右衛門殿

この連判帳は町方財政についての町法といってよいが、まず、この連判帳の作成主体が組代・町代・町年寄であった点を確認しておきたい。組代は、町人が集合的・公的な意志を表明する際の最も基本的な単位としての組合の代表という役割を担ったと考えられる。

目代役所からの内済が命じられると町人たちは「寄合」と表現される集会を開き、これ以後「諸差出銭」などを取り立てるとともに請け払いはいうまでもなく、「年中御用筆・墨・紙・らうそく」などまで町代が引き請けて「世話」し、年寄が必要だと請求した段階で、そのつど必要な物品を渡すべきだという結論に達した。

これに対して年寄は、ならば年寄宅で催す寄合も入用が懸かり、しかも開催のたびに出費が嵩むので、寄合のための会所も年寄宅でなく別に設けてもらいたいと応じた。

こうした年寄の主張に対して結局、町人たちは別に会所を設けることができず、町方入用の支払高を勘定するときに町代が立ち会い、また、年寄宅で開催する寄合＝集会の入用金は一回に五〇文とするという取り決めをおこなった。また、町年寄は、本坊の年礼や別所方の年礼に関する空屋敷分の経費負担を、従来「諸勘定」の書付を作成して町人たちにも求めてきたが、それ以外の「御役所并手代衆・家中衆御礼之分」はあえて負担を求めてこなかった。しかし、今後は負担を求めるようにしたいと申し入れ、町人達は、この負担を受け入れた。

今回の出入は、最終的に町年寄が町方入用を取り扱うことで決着し、町人達に町方入用の従来にも増した負担を強いることになったが、しかし、町方入用を年寄が伝統的・一方的な運用をするのではなく、町人達の定期的な監査の中で執行せざるをえないシステムとして成立させる契機となった。

このようにここでは、第一に、稲荷町の町役人制度が、年寄役・町代・組代といったシステムから成っていたことを確認することができる。しかし、第二に、江戸時代後期における稲荷町では、従来、町財政を中心とする町政運営に強力な支配権を持っていた年寄役の権限が、町人の「寄合」による「町中相談」（合議制）による町政運営へと転換しつつあったことを指摘できる。

また、それればかりではなく、ここでは、身分制的な制約を前提とはするが、町人の直接集会・評議による町法あるいは町財政の運営規則の決定という立法権、町代の監察下での町年寄の行財政執行権、そして、町代の立法・行政に対する司法権・監察権の萌芽的な形成を見て取ることができよう。

こうした町政運営システムの変動・転換は、神役の負担と家業との関連からみた稲荷町の経済規模の収縮・縮小化を基本的な要因としていた。

最後に、以上の点を踏まえて、稲荷町を含む日光町方の町政運営の在り方についての基本的趨勢を指摘しておくことにしたい。

都市日光の文政一三年（一八三〇）四月以後における町役人制度を示した表1によれば、町年寄に特定の人物の名前があげられている場合、ならびに、それとは異なり、月行司がこれを勤める場合のあることが提示されている。前者は、稲荷町の柴田勝蔵のような世襲的な年寄役が町政運営の代表となっている場合である。また、後者は、世襲的な年寄制に代わって一般の町人が毎月、一定の原則に従って町政運営の担当者を取り決め、これによって年寄役をつとめた点が示されている。

ここには、日光町方の町政が、世襲年寄制から町代・組代を中心とする「町中相談」（合議制）による運営へと変動し、最後に、年寄役を町中の合議による行司制をもって選出するシステム――立法権、司法権・監察権による行財政執行権のコントロール――へと次第に姿態転換していく姿を見て取ることができるのである。

おわりに

以上、本稿では、江戸時代中期から後期における都市日光の町政運営の中心をなす町役人制度を、町人の神役の負担と家業の発展との矛盾・対立関係といった経済構造との関連を通じて考察してきた。以下、これらを総括すると次の通りである。

第一に、江戸時代後期における日光の町政は、町・組合町・惣町・惣町の連合といったシステムによって運営されていた。そこでの町役人制度は、世襲的な町年寄による支配がなされていた。惣町においても世襲的な町年寄の年行司制（輪番制）による運営が基調となっていた。

第二に、しかし、こうした町役人制度は次第に変動を余儀なくされていく。それは幕府作事政策の転換が、町人の家業の発展を妨げ、都市日光から離散する多くの町人を生み出したからである。そして、離散した町人が従来、負担していた神役は、町に残った町人が負担しなければならなかった。こうした構造は、役を通じた国家的な分業編成が市場社会での自由競争を中心とした社会的な分業関係の中で次第に桎梏となっていく姿を如実に示す事態だといってよかった。

このような中で第三に、世襲的な町年寄を中心とした町政運営は、いま述べたような経済構造に制約されて町人の直接的な集会と評議による立法権や司法権・監察権の発動によって行財政上の執行権に限定されていく。惣町での世襲年寄制を基礎としたシステムも、また、町人による惣代制が、これを打ち破っていくことを基本的趨勢としていた。[19]

これらの点を踏まえ、今後も、都市日光の町政運営の在り方を、具体的な事例の蓄積によってさらに深く検討していく必要があることを指摘しておきたい。このような研究の前進には、一揆・祭礼や講といった町人の集団的な社会的結合による地域的・職業的な共同体秩序の自律的な構造との関連を考察していくことが不可欠の課題であると考えられる。そして、こうした研究の進展こそが、都市日光の研究のみならず、江戸時代の都市社会と国家の特質を解明する重要な鍵となると考えられる。

（1）吉田伸之「公儀と町人身分」（『歴史学研究』別冊特集、一九八〇年）と朝尾直弘の「人民は国家と法によって規定され、総括されるだけであろうか」といった「身分および身分制をとらえる視角」に対する批判（「深谷・吉田報告批判」『歴史学研究』第四八八号、一九八一年）は、その後、朝尾直弘の町や村での人々の身分決定の自律性を重視する見解（「近世の身分制と賤民」『部落問題研究』第六八号、一九八一年）や身分決定の機能を持つ町――この場合の町とは、国家によって公認される行政団体としての町のみを示すのではなく、人々の集団的な生活共同体としての町をも視野に入れている――の自治の在り方を改めて重視すべきであるとの見解（「太閤検地と幕藩体制」『日本経済史を学ぶ』下、有斐閣、一九八二年）を導いた。一方、吉田伸之は、朝尾直弘の重視する町の身分決定の在り方を「社会レベルで多様に生み出される諸身分」として捉え、この「社会レベルで多様に生み出される諸身分を、全国的に、公的に編成する媒介項としての役の体系」を通じて「横断的・普遍的な身分」の形成される国家の段階を重視する見解を導き出した（「日本近世の交通支配と町人身分」『中世史講座』三、学生社、一九八二年）。また、横田冬彦の「幕藩制前期における職人編成と町人身分」（『日本史研究』第二三五号、一九八二年）は、職人の職分的・身分的な集団としての在り方を、当該期の社会秩序と国家支配との両側面からの関連史として論じており、右の議論を都市史研究に照らして総括するうえで、重要な方法上の意義を持っているといえる。

（2）江戸時代の社会と国家支配にとって日光の持った意義については、澤登寛聡「日光目代覚書」（『法政史論』第一二号、一九八五年）の解説の中で、従来の見解を若干、紹介しておいたが、その本格的な検討については、今後の課題とする。また、都市日光について論じたものには、長倉肇『東照宮神領の研究』（神道神学研究会、一九七四年）、『日光市史』（中巻、一九七九年）、高木昭作「最近の近世身分制論について」（『歴史評論』第四〇四号、一九八三年）、秋本典夫『近世日光山史の研究』（名著出版、一九八二年）、原田伴彦「近世門前町研究序説」（『都市形態史研究』原田伴彦論集　第二巻所収、思文閣出版、一九八五年）がある。これらは、都市日光の特徴について重要な指摘をおこなってはいる。だが、右の指摘は、いずれも指摘の域を出ることはなく、それ自体の本格的な研究とはなっていない。なお、高木昭作は、民衆の集団としての自力救済能力や習俗的なエネルギーを秘めた社会秩序が、町や村のライトゥルギー的な性格とどのように関連していたのか、という問題関心に基づき、安永七年五月における都市日光の打ち毀しをともなう一揆の論理を指摘する。その際、右の一揆の論理を、町人の自検断の行使の問題とし、都市日光のように支配権力によって創出された町であったとしても、その集団の持つ自律的な秩序はまったく剝奪されてしまったのではなく、むしろ、支配権力はそうした集団の習俗的な社会秩序を背景とする自律的な秩序を外側から規制することによってのみ、みずからの支配を成立・維持させることができたと指摘した。しかし、この指摘には、都市日光の社会構造――特に役についての検討――に関する本格的な検討が十分ではないという点で、今後、解決されなければならない多くの課題を残している。

（3）通説的な見解の代表的なものとして、ここでは、原田伴彦「封建都市の自治組織」（『都市問題』第四八巻八号、一九五七年）、同『増補　日本封建制下の都市と社会』（三一書房、一九八一年）所収をあげておきたい。

（4）戦前・戦後における歴史学・歴史地理学からの宗教都市（門前町）の研究史に関しては、さしあたり、藤本利治『門前町』（古今書院、一九七〇年）、澤登寛聡「『一揆』集団の秩序と民衆的正当性観念――安永七年五月、都市日光の惣町『一揆』を中心として」（『歴史学研究』第五四七号、一九八五年〔本書第二編第三章所収〕）を参照していただきたい。

（5）澤登寛聡「『一揆』集団の秩序と民衆的正当性観念――安永七年五月、都市日光の惣町『一揆』を中心として」（『歴史学研究』第五四七号、一九八五年〔本書第二編第三章所収〕）は、本文および注で整理した研究史のうえでの論点と問題点を都市日光の社会構造の本格的研究を通じて克服することをめざす第一歩と位置づけておきたい。

（6）『日光市史』（中巻）二九一頁。

（7）植田孟縉「日光山志」（『日本名所図会』2関東の巻、角川書店）によっている。

（8）「日光目代覚書」（栃木県立博物館寄託柴田豊久氏蒐集文書、以下、柴田豊久氏蒐集文書とのみ記す）。

（9）「日光目代覚書」（柴田豊久氏蒐集文書）。

（10）鉢石町観音寺所蔵文書。

（11）柴田豊久氏蒐集文書。

（12）柴田豊久「日光の門前町」（『柴田豊久著作集――近世日光・下野刀剣考』柴田豊久著作刊行会、一九八三年）八一頁。

（13）鈴木長雄家所蔵文書。

（14）柴田豊久氏蒐集文書。

（15）澤登寛聡「『一揆』集団の秩序と民衆的正当性観念――安永七年五月、都市日光の惣町『一揆』を中心として」（『歴史学研究』第五四七号、一九八五年〔本書第二編第三章所収〕）。

（16）澤登寛聡「『一揆』集団の秩序と民衆的正当性観念――安永七年五月、都市日光の惣町『一揆』を中心として」（『歴史学研究』第五四七号、一九八五年〔本書第二編第三章所収〕）。

(17) 鈴木長雄家所蔵文書。

(18) 鈴木長雄家所蔵文書。

(19) 鈴木長雄家所蔵文書。

第二章　都市日光の曲物職仲間と地域秩序

——江戸時代後期における門前町の林業・手工業と地域経済について

はじめに

本稿の課題は、宗教都市——門前町——日光の江戸時代後期、特に寛延元年（一七四八）一〇月から宝暦九年（一七五九）正月前後における経済社会の秩序を、林業なかんずく木材の採取業と採取された木材を加工する曲物職仲間の基本的性格の解明を通じて考察することにある(1)。

曲物は通常、杉や檜を薄くした後、円形に曲げて輪を作り、これに底を取り付けた容器をいうが、町には、寛延元年一〇月の段階で、史料から判明するだけでも九四人の曲物職人が居住していた。豊かな森林資源に恵まれた日光の門主立林や村持の林で伐採された材木は、町に輸送されて木製の細工物に仕上げられた。曲物業は、東照宮を中心とした二社一寺への参詣人を対象とする店舗商業とともに重要な産業であり、門前町日光の地域経済の基本的性格を特質づけていたのである。

ところで、林野を対象とした従来の研究は、主に林業史の研究と村や部落の入会権の問題を対象とした法制史の研究に主眼がおかれてきた(2)。特に、林業史の研究は、幕府・領主の立山・立林の設定や材木商人の商業活動を対象に、土地所有論を基礎とする財政史・流通史・経営史の研究に重点がおかれてきたといえる(3)。これらの研究が取り扱った木材の用途は、寺社・城郭・家屋の建築資材あるいは領主や一般の人々が都市生活で燃料として消費する薪炭材についての研究が主流を占めていた。

しかし、林野から伐取された木材は、これらばかりでなく、桶類・曲物類や指物類あるいは椀類や盆類のような、人々の日常的な生活用具にも欠くことのできない原材料として利用された。

本稿は、このような木材の利用方法に着目し、林業なかんずく木材の採取業と曲物業との関連を具体的に位置づけるとともに、このような都市手工業が、門前町という都市の社会的・経済的な地域秩序とどのような関連にあったのかについて解明しようとするものである。

まず、第一節では、門前町日光の人々が、領主経済との関連で、政治的・経済的にいかなる条件の下にあったのかを提示する。いうまでもなく、日光は、東照宮を中心として国家的な祭儀(祭祀儀礼・宗教儀礼)を執行するために設定された都市である。(4) したがって、門前町の人々は、門主を中心とする祭儀執行のための神役を負担することが義務づけられていた。町人の家業の維持・発展は、このような義務を果たすことによって得ることのできる権利でもあった。したがって、こうした門前町日光の経済構造が、いかなる特質的な矛盾を持っていたのかを提示することが、第一節の課題となる。

第二節では、曲物の手工業生産を中心とする門前町日光の江戸時代後期の経済社会と林業なかんずく木材の採取業との関連について検討する。これによって、林業に従事する人々と手工業に従事する人々とが混在しあう中で形成された門前町日光の特徴も、また、提示できるものと考える。

第三節では、曲物を製作する職人衆の社会的結合関係の中で形成された曲物職仲間という同職組織が、みずからの職業的な利益をどのような方法で相互に保証しようとしたか、また、門前町の人々の町を単位とした地縁的な結合関係とどのような関連にあったのか、それはさらに門前町の地域経済といかなる関連にあったのか、という点を考察していきたい。

一　門前町の神役と西町の地域秩序

本節は、門前町日光の人々が、領主経済との関連で、政治的・経済的にいかなる条件下にあったのかを解明する。日光は、前述のように、東照宮を中心とする国家的な祭儀を執行するための都市である。町人には、祭儀執行のために多様な神役が賦課された。したがって、本節では、まず、第一に、第二・三節で考察の対象となる西町の人口と住民構成について概観し、ついで、第二に、町の人々の神役の負担がいかなる矛盾に当面していたのか、という点について検討する。また、第三に、この矛盾は町のいかなる経済・社会構造に規定されていたのか、という点について指摘していきたい。

門前町日光の元治元年（一八六四）二月における人口は、合計五二四六人であるが、このうち町方の人口は全体の約六二・六％にあたる三二八三人を占める。(5) 表1は、三三三七人と若干の人口増加がみられる慶応四年（一八六八）閏四月一七日から九月八日までの間における人口構成を示したものである。このうち四軒町には計八軒の住民が居住しているが、この人々については「四軒町借地之分」という記載が見られる。(6) 四軒町は元禄期前後までは楽人町と称され、本来、祭儀に奉仕する楽人の集住する町であったが、以後、借地・借家の人々も居住していく。したがって、四軒町の人口は、門前町の正規の町人身分だけでなく、右のような家守・地守や地借・店借・借家の人々を含む数値と理解される。

家数・人数について西町と東町とを比較すると西町は、家数で全体の約三八・四％、人数で三七・一％にすぎない。つまり、西町は町方の人口の約四割を占めるにすぎず、残りの六割の人々は東町に居住していた。東町のうち、稲荷町を除く、松原町・石屋町・御幸町、日光街道の終点として問屋場の設定されていた鉢石町は、街道を中心として両側町を形成し、参詣人を対象とする店舗商業が発達しており、これらの商業に関連して家業収入のチャンスにも恵ま

表1　町方の家数と人別（慶応4年閏4月～9月）

惣名	町名	家数	人数		
			計	男	女
東町	松原町	42軒	215人	106人	109人
	石屋町	48	252	128	124
	御幸町	44	248	131	117
	稲荷町	51	255	137	118
	鉢石町	243	1,129	599	530
小計	5カ町	428	2,099	1,101	998
西町	蓮華石町	24	116	69	47
	四軒町	8	36	18	18
	原町	25	126		
	袋町	34	169	81	88
	本町	81	333	227	206
	大工町	51	233	131	102
	板挽町	44	225	111	114
小計	7カ町	267	1,238		
計	12カ町	695	3,337		

出典：「慶応年間日光山森羅録」（柴田豊久氏蒐集文書）.

れていた。これに対して西町は、街道から行くには、大谷川を渡って輪王寺に奉仕する僧侶の宿坊の下および日光奉行所の下を通り抜けねばならない。すなわち、門前町の最も奥まった位置にあり、町割も、碁盤目状に計画されており、参詣人を対象とする商業の発展は望むべくもなかった。西町の人口が東町の約二分の一であるという理由は、右のような、地理的・社会的条件の違いが両者の産業構造に与えた結果ともいえる。

西町の住民構成を知るための纏まった史料は、現在の段階で得ることはできない。表2－1・2によれば、棟梁の下にあって仕事を請け負う大工職あるいは木挽職や畳職の職人が、特別に西町に集住しているといった状況はみられない。おそらく、文化一三年（一八一六）四月以後の段階において、役町として同職・同業の人々が集住する従来の町の形式はほとんど分解してしまったものと考えられる。しかし、西町は、板挽町・大工町といった町の名称にも示唆されるように本来が職人町であり[7]、塗師・鍛冶・大工・檜物師・飾師・菓子師の棟梁である六職人

表 2-1　職人の居住地と町（文化 13 年 4 月以後）

惣名	町名	木挽棟梁	畳方	大工棟梁	計
東町	松原町	0人	0人	0人	0人
	石屋町	1	0	0	1
	御幸町	1	2	0	3
	稲荷町	1	0	0	1
	鉢石町	1	1	4	6
小計	5 カ町	4	3	4	11
西町	蓮華石町	0	0	2	2
	四軒町	0	0	0	0
	原町	0	0	1	1
	袋町	0	0	0	0
	本町	0	1	3	4
	大工町	0	0	3	3
	板挽町	0	0	2	2
小計	7 カ町	0	1	11	12
計	12 カ町	4	4	15	23

出典：「日光山森羅録」（『社家御番所日記』第 21 巻）652 頁.

表 2-2　職人の居住地と町（文化 13 年 4 月以後）

東町			西町		
職種	町名	姓名	職種	町名	姓名
木挽棟梁	石屋町	遠藤平作	大工棟梁	蓮華石町	新井藤九郎⑥
木挽棟梁	御幸町	安野弥五左衛門	大工棟梁	蓮華石町	高村茂右衛門⑦
畳方	御幸町	神山儀右衛門①	大工棟梁	原町	丹治専蔵
畳方	御幸町	神山徳兵衛②	大工棟梁	本町	神山彦右衛門
木挽棟梁	稲荷町	柴田勝蔵	大工棟梁	本町	奥野周蔵⑧
大工棟梁	鉢石町	篠田兵左衛門	大工棟梁	本町	新井清兵衛
大工棟梁	鉢石町	小室七郎兵衛	畳方	本町	斉藤八左衛門
大工棟梁	鉢石町	横山三左衛門③	大工棟梁	大工町	梅原丈吉
大工棟梁	鉢石町	大門津三郎④	大工棟梁	大工町	荒川弁吉⑨
木挽棟梁	鉢石町	横山三左衛門⑤	大工棟梁	大工町	岡本庄九郎
畳方	鉢石町	坂本弥右衛門	大工棟梁	板挽町	平松六兵衛⑩
			大工棟梁	板挽町	鈴木兵七

出典：「日光山森羅録」（『社家御番所日記』第 21 巻）652 頁.
注 1：③〜⑤・⑦は，「当時，相勤不申」とある.
2：①・②の見習に神山友次郎がいるが，どちらの見習なのか詳らかでない.
3：⑥は見習伝左衛門，⑧は見習周吉，⑨は見習定吉，⑩は見習鉄五郎が共に記載されていることを示す.

のうち四人までもが西町に居住しており、(8) かつ、西町の前述したような地理的・社会的な条件が、後述するような西町における曲物業の展開を準備したものといえる。

第二に、右のような基本的性格を持つ西町の人々の神役の負担が、本稿で対象とする寛延元年（一七四八）一〇月から宝暦九年（一七五九）正月前後の段階で、いかなる矛盾に当面していたのかについて指摘しておきたい。次の文書は、寛延二年二月、西町六カ町の町人惣代と町年寄が、目代山口図書信充の役所へ提出した願書である。(9)

乍恐奉願上候

此度、西町町人共奉願上候者　両御宮御役　御本坊様御役相務申候ニ付、町人屋を御願被下置、諸御役相勤申上候、依之　御社参・御法会等之節ハ、町人不残銀子御拝領頂戴仕、或ハ、先年度々及困窮候節ハ御拝借被成下、又ハ、類焼之節ハ御米被下置、先祖ゟ今ニ至迄、御救被成下、重々難有御儀御役相続仕候得共、近年町人潤ニ相成候儀無御座候、東町与違ひ、西町ハ、常々共ニ何ニ而茂余計、潤無之、凶年・豊年共ニ及困窮、難儀仕候所、其上先祖御拝借金、度々取立茂有之、至極難儀仕候得共、漸御上納者仕候、又候、去ル戌年類焼仕、年々身上相衰、及渇命候者数多御座候而、諸御役難相勤、難儀仕候、其上町内之内、今日を送兼候ものへハ、助役相勤候得共、其儀供潰ニ罷成、御役難相勤ニ付、奉願候御事

一(1)両　御宮　御山　御奥院御掃除并御用水御掃除、常々不時御用共ニ年中大場所引受、相勤申上候所、別而大切之御役与申、服忌等ハ相改、清福はきもの等茂相改、相務申上候義奉存候得共、今日を送兼候町人之儀故、不及申難儀仕候御事

一(2)御本坊様御薪背負御扶持方、四十年程以前ハ、被下置候様ニ申伝奉承存候、如何之訳哉相止申候、此儀何卒先規之通、御扶持方被下置候様奉願上候

一(3)御同所御役御松枝・白膠木切捨、紫・蓬・菱苅、百合根掘、右之類、不時御用壱人ニ付、御扶持方白米弐合被下置、相勤申上候得共、山不案内ニ而難相勤、在方江賃銭を以相頼難儀仕候、何卒右ノ御役ハ御免被成下

度頼上候、又ハ、町人ニ而相勤候役ニ御引替被成候様ニ奉願上候

一④御同所御役中禅寺揚荷、只今迄、白米四斗入壱俵、壱人持之目方御座候、為御扶持方七拾文宛被下置候、此儀三斗俵之目方、諸荷物仕度奉願上候、左候得ハ、町人内ニ而相勤申候、右申上候通、四斗入之目方ニ而ハ、強勢者相撰、相頼申故、大分之賃銭相払、難儀仕候御事

一⑤御同所不時御用、度々被　仰付、相勤候節、御仲間役御草履取、御掃除或ハ御餅搗・こな引・御漬物被遊候節ハ大根洗、何之義ニ不依、被　仰付次第相勤申上候得共、右御役品々、町人相応之御役相勤候様ニ仕度奉願上候、是又、近年無之御役茂被　仰付候様ニ而難儀仕候

一⑥下河原脇道通、西谷・南谷坊中ゟ殊之外こみ捨置申候、右御役相勤候、度々重而ハ捨不申候様、制札茂御立被遊、猥ニこみ捨候儀御停止ニ御座候所、不相止捨置申候義町方難儀ニ罷成候、右御役之儀ハ、南谷・西谷場中江被為　仰付被下候ハヽ、こみ捨候儀相止可申与存候、又ハ、障ニ無之様ニ捨方茂可有之与奉存候ニ付、奉願上候御事

一⑦両　御宮為御用、町々ゟ箒柴相納候所、近年壱軒ニ付八本ツヽ相納申候、此義常々やく御年ニハ町方持参之節、貫相勤来申候、然ハ、御用立申儀稀成ニ御座候、万一不時為御用弐本宛相納候而茂事済可申様ニ奉存候、何卒町人御救之思召を以、壱軒ニ付弐本宛相納候様ニ奉願上候、若大分之御用御座候節ハ、何程茂差上可申候

一⑧両御宮　御本坊様御畳替之節、町方ゟ手伝人足大分命事候、尤御畳之仕立之儀ハ右場所ニ而請負人方ニ而仕立申候、御畳表或者職人道具持運者手伝付候役与奉存候、職人之中食、又ハ、御用立不申こみ無障場所江片付申等格別、こやし・こみ職人宿元迄、持運候儀御免被成下度奉願候

一⑨両御宮御道具・御門主人足相勤候節、御扶持方被下置候処、楽人御道具方ハ、御扶持方無御座候、右同様之御扶持方御用相勤候処、宿元迄罷帰支度仕候、右楽人衆之御道具、門主人足同様ニ御扶持方被下度奉願上候

一⑩原町・蓮華石町両町之儀ハ、中禅寺・足尾両海道続ニ御座候得ハ、清滝村江之宿継御状等ハ不及申、於中禅寺御普請等御座候節ハ釘鉄物、又は、夏之間御料理道具、其外品々包物等、昼夜不限相送申候、夜中之儀ハ、御状計ニ而茂人足弐人つゝ相懸、少町ニ而二日、夜両三度程つゝ相勤候儀度々御座候、原町之儀ハ、中禅寺御別所ゟ御台所迄之御状并御荷物等参候節ハ、蓮華石町ゟ受取、是又、不限昼夜御台所迄持参仕、相納申候、其外御用水懸、常々西町外役相勤難儀仕候、何卒、右之人足相減相勤候様奉願上候

一⑪白川原橋、長六・七間之橋三ケ所、西町中ニ而引請出来申候、近年右川新堀二ケ所ニ而物入多、毎年津水ニ而一度或ハ両度も作直候儀有之、西町人計りニ而出来難成、其上宛米、只今迄之所ハ、六供厳所杉貰候而、作来候得共、此已後ハ難被下由、左候へハ西町中力ニ而橋出来難成、難儀仕候御事

一⑫西町中町人弐百軒程ニ而駈番人足五拾人つゝ諸役除置、非常之節、御手支無御座候様仕候、其上、火消道具持候節ハ、町方ニ而仕立、弥難儀仕候、右諸道具之儀ハ、諸給人中ゟ入用被指出仕立等仕義奉願候、尤給人中出火御座候節茂御下知を請、無差別相働申候、何卒願之通、被　仰付候様奉願候

一⑬稲荷町潰屋敷、五十四軒之御役、此度鉢石町・御幸町・石屋町・松原町并西町中在家ニ而、右之潰地分之弁役相勤候様被　仰付、先達而御受印仕奉畏候、右五十四軒之高ニ而西町ニ而何軒之御割付ニ御座候哉、大割付之地所、西町中江御願被下度奉願上候、左候得ハ以時節、末々町人取立、御役相続之屋敷ニ仕度奉存候ニ付奉願上候

一⑭西町之内、給人中住宅之屋敷、町並ニ多御座候、何卒稲荷町潰地江片付、跡役屋敷ニ仕御役為相勤申度奉願上候

一⑮古拝借金、年々御取立御座候所、町人極困窮仕、漸上納致来申候、西町之儀ハ、去ル戌年類焼仕候ニ付、年々与困窮相増募而難儀仕候、何卒以　御慈悲、此度新御拝借金、西町中江金子千両御先例御拝借仕候様ニ為仰立被下置候様奉願上候、左候ハヽ、古拝借金上納残、不残返納可仕候、右新御拝借上納申候義ハ、廿ケ年賦

ニ上納可仕候、右金子之義、御願申候御証文金ニ奉願、則借付ニ仕、右利金を以上納、残金御役相勤候様ニ
奉願上候御事
右躰之通、以　御慈悲、御拝借金被成下候様奉願上候、前申上候御役之義、御吟味之上人足相減候様ニ奉願上候、
尤両　御宮者不及申上、其外前々御掃除等相勤申候得ハ、西町町人中、人高弐百軒程ニ而年中壱万六千人程相勤
申候、何卒御役之儀、身上相続仕候而、為冥加相勤申上度奉願上候、幾重ニ茂以　御慈悲、願之通被　仰付候様、
町人一同ニ奉願上候、以上

原町惣代
源左衛門
袋町惣代
伝　兵　衛
本町惣代
定右衛門
同
伊右衛門
大工町惣代
仁左衛門
同
貞右衛門
板挽町惣代
庄右衛門
蓮華石町惣代
平　　蔵
蓮華石町年寄
新井豊八

寛延二巳年二月

原町年寄
丹治五郎兵衛
袋町年寄
山木源右衛門
本町年寄
神　山　半　蔵
奥　野　惣　兵　衛
大工町年寄
岡　本　茂　八
手　塚　善　兵　衛
板引町年寄
山内喜右衛門

山口図書様
御役所

西町では、寛保二年（一七四二）二月、板挽町から出火した火災で、計二八八軒の町屋が焼失した。この願書は、類焼の直後に提出されたが、神役の免除と賦課基準の改正および新規拝借金一〇〇〇両の下付をめぐって一五カ条の内容を要求している。

神役の免除要求には、突発的に徴発される本坊の松枝の切捨役や白膠木の切捨役、紫・蓬・菱の刈取役、百合の根掘役（第三条）、また、西谷と南谷の塵芥捨役（第六条）や本坊畳替の時に職人の道具だけでなく、塵芥まで持ち運ぶ人足役（第八条）、橋普請役（第一一条）、火消道具の仕立役（第一二条）があげられている。

また、神役の賦課基準の改正要求には、本坊薪背負人足役の扶持の給付再開（第二条）、中禅寺揚荷人足役で背負う白米の荷物重量の軽減（第四条）、東照宮・大猷院で使う箒柴役の軽減（第七条）、楽人の道具持人足扶持の下付（第九条）、中禅寺・足尾街道における公用の宿継の書状、中禅寺の普請にともなう釘鉄物・料理道具・包物類の運送のための人足役の軽減（第一〇条）があげられている。

これら神役の免除あるいは賦課基準の改正要求の根拠には、①神役という名目で、第六・八条のように、無制限にさまざまな雑役（徭役）が労役義務として賦課されている点、②神役の負担にともなう反対給付として、第二・九条のように、扶持が下付されない点、また、③扶持が下付されたとしても、第三・四条のように、夫役の内容が町人には肉体的にも過重すぎるので、専門の人足を雇わねばならず、結果として扶持を上回る金銭的な負担を強いられる点、④夫役の負担にともなって、第一一・一二条のように、町人が、みずから負担しなければならない金銭が増大している点などが指摘できる。

ここで注目しておかねばならないのは、領主は、神役という名で制限なく夫役を賦課しようとするにもかかわらず、現実には、夫役にともなう反対給付としての扶持が下付できなくなってきているという事実であり、また、扶持の下付が可能であった場合でも、従来の扶持下付基準では、町人が、実際の人足を雇うことが金額的に不可能であるという事実である。

第三に、以上のような矛盾は、町のいかなる経済・社会構造に規定されていたのか、という点についてであるが、まず、前述したように、ここでは、従来、領主が、神役を通じて、祭儀執行のために、門前町を中心とする神領を分業編成してきた体系、すなわち、領主の役による分業編成の体系が、市場経済を志向する現実的な労働の価格の在り方に対応できなくなってきている事実について確認することができる。にもかかわらず、際限のない神役の負担を町人に強制することは、町人の著しい窮乏を生み出す。特に、西町は、前述したように、商業による一時的な収入を得るチャンスがほとんどないに等しく、また、後述するように、職人の曲物業を主とする手工業生産に依拠するしかない地域である。くわえて、門前町日光の食料としての米穀は、神領以外の地域からの供給に依拠せざるをえない。この時期前後から次第に顕著となってくる米価の高騰は、町人の窮乏に一層の拍車をかけ、前述したような町人の神役の負担についての矛盾をより深刻なものとしていく。この願書には町年寄とともに、各町の町人惣代が名を連ねているが、これは、こうした経済事情を背景として従来の町年寄－町代－組代－町人といったシステムでは町方社会の政治秩序が治まり切れなくなり、町人社会の中に、町人の利害を体現する新たな代表者が登場してきた事情を示すものといえよう。したがって、この時期の都市日光の政治構造を説明するには、こうした代表者が登場してくる日光の経済社会について知っておく必要がある。

二　町人・地借・店借と門主立林伐採事件

本節では、曲物の手工業生産を中心とする門前町日光西町の江戸時代後期の経済社会が、木材の採取業といかなる関連にあったのかについて考察する。いいかえれば、ここでの課題は、門前町日光の人々が、林業にいかなる職業的な関わり方——ここでいう職業とは、家の経済を支えるための小生産者の職業つまり家業をさす——を持っていたのか、また、それは、町の産業構造にいかなる特徴を与えたのかを提示することにある。そのため、ここでは、まず第一に、元禄二年（一六八九）四月ならびに元文四年（一七三九）七月の門主立林伐採事件を通じて、幕府・領主の林業政策と町人の林業への関わり方が、どのような実態にあったのか、また、それは、いかなる意味をもっていたのかについて検討しておきたい(10)。第二に、右の事件に関わった人々が町のいかなる人々であり、また、いかなる職業的な関わり方をしていたのか、という点について検討してみたい。そして、この点を通じて、林業が、門前町の産業構造に与えた規定性について考察することにしたい。

第一に、幕府・領主の林業政策および町人の林業への関係について検討する。日光神領における立山・立林は、延宝期に立林の盗伐事件が起きていると記録されているので(11)、この時期以前に設定されていたものと思われる。

享保二一年（一七三六）閏三月、幕府・門主（領主）は、神領の村々に立山・立林の絵図面を提出させたが、この絵図に「入口・山之口之境江印塚築立、棒杭左之通、御本坊御林地面之内ニ火不可放、小佐越村・柄倉村」と書いてあったという日光奉行所出役高橋矢右衛門・御小人手塚政右衛門の文政五年（一八二二）九月の追記が見られる(12)。この追記から判断すると、日光神領の立山・立林は、享保二一年（一七三六）閏三月の段階で本坊の支配主体である門主の領有に帰していたものと判断される。ところで、現在、右の絵図と同様の絵図は、合計一九葉が残されており、これらには合計二〇カ村・二七カ所の立山・立林が記載されている。ここには、前者とともに、村持の山や林も記載されており、幕府あるいは門主が、この時期以前に門主立山・門主立林と村持山・村持林という領有区分を設定し、前者を人々の林業生産の対象から除外し、東照宮を中心とする寺社の堂塔・社殿の建築にあてようとしていたことがわかる(13)。

そして、このような状況は、これ以前より確認でき、元禄二年（一六八九）四月にはすでに門主立林伐採事件も起こっている。次の文書は、この事件の顛末を示したものである(14)。

乍恐指上申手形之事

一　今度、御法度之御山江杣取を入、材木伐取候ニ付而、御公儀様ニ而、急度御仕置可被為　仰付処、御門主様御慈悲を被為　思召、被　仰下段、御門主様之御仕置被為　仰付候筈ニ御座候処ニ、今度　御宮御堂御普請、前々御儀故、逼塞御赦免難有奉存候、以来之御法度違背申上間敷候、若於違犯仕者、何分之曲事ニ茂可被仰付候、仍如件

元禄弐年
巳四月廿二日

四間町 甚左衛門（印）　大工町 八兵衛（印）　原町 次郎兵衛（印）　原町 太郎左衛門（印）
本町 吉左衛門（印）　小来川西之入 徳左衛門（印）　本町 左源次（印）　本町 長左衛門（印）
原町 善兵衛（印）　田母沢 五兵衛（印）　清瀧村 五郎助（印）　原町 庄　八（印）

竜光院様
大楽院様
植光院様

山口図書様

大工町 七左衛門（印）　原町 三右衛門（印）　本町 惣兵衛（印）　本町 惣左衛門（印）

原町 長三郎（印）　大工町 三左衛門（印）　大工町 庄右衛門（印）　四間町 市郎兵衛（印）　原町 権兵衛（印）　本町 与兵衛（印）

本町 半三郎（印）　本町 吉兵衛（印）　本町 善兵衛（印）　本町 勘右衛門（印）　原町 八右衛門（印）　本町 五郎右衛門（印）

原町 権右衛門（印）　本町 徳左衛門（印）　水沢 三郎右衛門（印）　本町 七郎兵衛（印）　本町 権左衛門（印）　本町 伊右衛門（印）

袋町 太左衛門（印）　大工町 左五右衛門（印）　原町 吉右衛門（印）　袋町 伝七郎（印）　袋町 庄左衛門（印）　大工町 市兵衛（印）

原町 茂兵衛（印）　原町 八兵衛（印）　原町 惣次郎（印）　原町 吉左衛門（印）　久次良村 八左衛門　病死

右の記述によれば、門前町の町人と村々の百姓との合計四五人は、従来から門主立林に設定されている山林に杣取を立ち入らせて材木を採取した。しかし、この事実が発覚して幕府の仕置を受けることになった。また、『日光市史』によれば[15]、この二カ月以前の元禄二年（一六八九）二月にも、中禅寺近辺の「公儀御法度」の山々から材木を伐り出し、商売をしたとして、合計二一人の日光の町の人々が、老中大久保加賀守忠朝の命令によって江戸に護送され、寺社奉行酒井河内守忠挙に引き渡されたとある。一方、門主は、神領の領主としての仕置権に基づいて被疑者の身柄引き渡しを幕府に要求した。この結果、門主立林の伐採に関与した人々は、門主に引き渡され、まず、門主から逼塞の判決を言い渡された。次いで、従来から社殿・堂塔の普請に貢献してきたとの理由で、右の罪科を恩赦されている。このように、この時期、門主立林盗伐事件が頻発し、これに日光の町人が深く関与していた。

以上の経過によって、ここでは、次の三点を確認することができる。①幕府・門主は、延宝期以前の段階から立山・立林と村持山・村持林という領有区分を設定した。立山・立林は、東照宮を中心とする寺社の堂塔・社殿の建築用資材として材木を採取するためのものであった。②立山・立林の領有には、幕府が強力な統治権をもって臨もうとしていた点が注目されるが、最終的には、門主の仕置権に委任された。門主の支配領域としての神領における統治権の行使は、最終的には右にみたような順序で維持されることになる。③右の事件に関わって請書に署名している人々の約九割は門前町に居住しており、しかも、この人々のすべてが西町に居住していた。④これらの人々は、門主立林に杣取を入れて木を伐らせたとあるように、必ずしも、みずからが杣取を家業としているのではなく、むしろ、この杣取職人を雇用していた事実が示唆される。

これ以後も門主立林では、元文二年（一七三七）一〇月から翌年七月頃までの間に、何度かの盗伐が繰り返されたとみられるが、七月には、これらが発覚する。その結果、目代役所は、門前町の住民を中心に厳重な取り調べを実施した。次の文書は、元文三年八月五日、門主公遵法親王の家来龍王院・円覚院より日光山門を代表する本坊留守居役安居院八世慧含に宛てた書状である。まず、これによって事件に対する門主の姿勢をみておきたい(16)。

先月廿九日之別紙、志津山御番所ゟ親成房罷帰候ニ付、御法度之御立山ニ而夥敷材木盗取、茶屋之道具損さし候由、委細書面料簡之趣等及言上候、言語ニ道断不届之儀ニ候、右ニ付、重而之掟ニ茂候得者、三十日程籠舎之上、追放茂可被　仰付儀ニ候得共、以御憐愍四人　御免、別而重科之三人は追払ニ茂可被　仰付哉之旨窺之通、三人ハ追払、四人ハ　御用赦ニ可被申渡候、籠舎之日数ハ七人共ニ三十日ニ而可然候

一　追払之者之諸式は、妻子ニ被下可然候
一　先年ハ、公儀及御沙汰候得共、此度ハ、御手前ニ而被　仰付候様ニ被致度旨故、右之通、被仰付候間、可被得其意候
一　山口甚十郎方ニ而吟味口書并絵図致返戻候
一　山口甚十郎忌明候由、追付出府有之候、□□存候、此段御申達可給候
右之外、廿七日之書面、先達而之返書、不能再答候、不宣

八月五日

龍王院
智詔（花押）

円覚院
証然（花押）

安居院

右の書状によれば、門主は前回の事件の時、仕置の内容について幕府からの沙汰（指図）を得たが、今回は、みずからの統治権をもって処理したいとの意志を述べたとある。このような理由からであろうか、裁許は、①目代役所の調査、②本坊留守居役から江戸門主家来への進達、③寛永寺本坊の門主の意思決定機関による裁許の決定、④裁許の本坊留守居役への下達、⑤目代役所の処分の執行、という門主側近による慎重な意思決定を経て実施された。

このように日光神領における門主立山・立林は、幕府の公権を背景としながらも、門主が、みずからの領主としての統治権的支配権の行使によって東照宮を中心とする堂塔・社殿の建築資材を確保する体制をとっていった。

第二に、門前町日光の人々の家業は、林業とどのように関係していたのか、また、それは、門前町の産業構造にいかなる特徴を与えたのかという点を検討していきたい。

まず、右の事件では、合計一六人の人々が取調対象となったが、これらの人々の供述調書とでもいうべき口書の検討を通じて、以下、門前町の人々と林業との関わりについて検討してみたい。表3は、取調対象となった人々および処分を受けた人々のうち現在、史料の残されている一〇件・一六人分を整理したものである。表に掲載した者のうち合計八人が門主からの処分を受けている。処分を受けた人々は、立林内で、木の盗伐、茶屋の道具の破損という二つの不法行為をおこなったとある。ここで注目できるのは、次の三点である。①は、取り調べの対象となった一〇件のうち五件までが、門前町に居住する人々であり、そのほかの人々もまた、多く門前町の近隣の村々に居住しているという点である。ここでは、まず、門前町しかも西町の住民を中心とした人々が、なんらかの形で林業と深く関わっていたことを指摘できる。②に、処分を受けた八人はいずれも杣取・切目板取・木挽といった林業の現場に従事する人々

表3　門主立林伐採事件の関係者（元文4年8月）

名前	居住地	身分	職業	荷背負	処分
三郎兵衛	四軒町	植木民部地借	切目板取	袋町長右衛門	追払
治兵衛	蓮華石町	植木民部地借	杣取		追払
宇兵衛	清滝村				追払
治右衛門	大工町	古橋織部店	板挽稼	大工町宇兵衛	山稼・杣取停止
平兵衛	久次良村	武藤大学門前	切目板取		山稼・杣取停止
理右衛門	久次良村	武藤大学門前	杣取		山稼・杣取停止
善右衛門	蓮華石町		板木取	市兵衛	山稼・杣取停止
七右衛門	田母沢村	手塚弥右衛門地借	木挽		山稼・杣取御免
浅右衛門	本町		板木渡世		
平助	松本村		笹板・柾木取	馬返村幸七	
四郎左衛門	細尾村		山稼		
吉右衛門	細尾村		山稼		
新之丞	細尾村		山稼		
甚左衛門	細尾村		山稼		
権右衛門	細尾村		山稼		
九左衛門	細尾村		山稼		
惣左衛門	細尾村		山稼		

出典：柴田豊久氏蒐集文書.

であり、この半数は門前町に居住しており、しかも善右衛門を除く三人までが地借・店借という立場にあったという点である。また、近隣の村々の人々も、清滝村の清兵衛を除けば、いずれも門主の家来である社人の門前に地借として居住していた。

次の文書は、享保一四年（一七二九）一〇月、蓮華石町の町人・地借人と清滝村百姓との間で、入会山の萱の利用権をめぐる出入の際、清滝村が述べた蓮華石町の実態を示す文書の一節である(17)。

蓮華石町地借、先年者、七・八軒御座候処、四拾ケ年已来、段々多罷成、当分弐拾七・八軒御座候、彼者儀、畑御年貢計ニ而、御役一切不相勤候得者、町人同前ニ薪・萱取候得者、清滝村難儀仕候間、町人者前々之通、其日帰ニ入相可為仕候、地借・店借は自今已後、伐置・萱置不仕、其日限りニ入相可申候

注目されるのは、地借人の増加を述べた部分についてである。清滝村によれば、蓮華石町では四〇年以来、徐々に地借人の人数が増加し、享保一四年一〇月の段階では、二七〜二八軒になっていたという。四〇年以前とは、元禄二年（一六八九）一〇月の段階をさす。つまり、

元禄二年（一六八九）一〇月以前に地借人は、わずか七〜八軒であったが、享保一四年（一七二九）一〇月の段階には、二七〜二八軒と約三倍に増加したというのである。

③右のような地借人の増加は、表3でみたような杣取・板目切取・木挽といった人々の蓮華石町への転入を要因とするものであった。これらの職人および町人と林業との関連については、目代役所が事件の取り調べを実施した際に作成した次の口上書にみることができる。(18)

武藤大学門前久次良村

理右衛門　申口

一　私儀、杣取ニ而御座候処、拾ケ年程以前、はる立与申処江小屋掛、山稼仕、其以後相止罷有候処、御普請之御沙汰茂御座候ニ付、当三月山札申受、御立山之内、古小屋ニ罷有、御立山隠シ伐荒候段奉誤候、無程清滝村宇兵衛与申合、浄土口江小屋掛ケ申候、市右衛門茶屋ニ罷有候儀不奉存候、尤私杣取ニ而荷背負無御座候

未七月

杣取は、杣山から樹木を伐り出したり、あるいは、伐った木を材木に加工したりする職人である。理右衛門は、普請用木材の伐り出しのときに山札を貸与され、これによって山稼ぎをおこなっていたが、同時に、立山での盗伐に手を染めて摘発されたことがわかる。

次の文書は、東照宮の社人古嶋織部の店借人である治右衛門の口書である。(19)

古嶋織部店

治右衛門　申口

一　私儀、板挽ニ而若狭と申山ニ小屋稼仕、其已後、御立山之内上根多与申処ニ古小屋所々御座候ニ付、去年十月大雪已後、彼地江忍入、小屋掛、御立山ニ而隠シ伐仕候、四軒町三郎兵衛茂参筈ニ申合候所、如何仕候哉、志津市右衛門茶屋ニ罷有相稼候由、無程私罷有候上根太小屋江参、稼仕候、久次良村平兵衛参筈ニ申合候処、

千手奥ニ而相稼、当六月廿五日、上根多小屋江罷越、七月十二日ニ下り申候、御立山伐荒候段奉誤候、且又私荷背負大工町宇兵衛与申者ニ而飯米持運計仕、自分ニ而板木稼候義曾而無御座候、若外ゟ此者稼候段申上候者御座候ハヽ、何分之曲事ニ茂可被　仰付候、少茂相違不申上候、此上幾度御尋被遊候而茂、申上儀無御座候

　　未七月

板挽職は材木を大鋸で挽き割って角材や板材に製材する職人である。にもかかわらず、前年の一〇月に雪が降ってから立山に入って小屋掛けし、杣木を盗伐して摘発された。盗伐は四軒町の三郎兵衛との共謀だったとある。治右衛門は西町の大工町宇兵衛と米や味噌を運ぶ契約を結んでいた。宇兵衛は荷背負役を負担する代わりに神領で家業を営む権利を持っていた。治右衛門は、この宇兵衛の名義を借りて板挽職人としての家業を営んでいた。そして、木材を大鋸で挽く仕事には木挽もあるが、次の口書は、この木挽職人の実態をよく示している(20)。

手塚弥右衛門地借り田母沢
七右衛門

一　私儀、親代ゟ山稼仕、御運上半季分御免被成下、山人相改申候処、私小屋者焼山之内、岩坪与申処ニ而、木挽渡世仕、去年秋・冬者、在方江参り渡世仕、当四月　御祭礼過、山江罷越、五月節句迄罷有、六月朔日ニ登り、十五日ニ下り、七月朔日登り、七日ニ下り申候、然処ニ御立山伐荒候ニ付、御見分被　仰付、私儀被召連、見届ケ驚入、伐荒候段、曾而不存、不念仕候

　　未七月

田母沢の木挽職人である七右衛門は地借・店借であるが、四月一七日の東照宮祭礼が過ぎると山入して小屋掛けし、七月の初旬まで木挽渡世に精を出す。これが終わる秋から冬にかけては在方に出向いて渡世を営んだとある。山稼ぎする人々を改める職務に従事する代わりに、半季分の運上を免除される立場にあった。このほかにも、切目板取・柾

木取、杉の屋根材である笹板取といった職人もみられるが、これらの職人は、みずからが、木材の仕入れや売却を家業とする板木渡世をおこなうのではなく、あくまでも、木材の原材料生産に従事する人々であった。

これに対して、門前町の町人は、右の職人を雇い入れ、この職人の山仕事によって木材を入手し、板木の販売や木製品の原材料としていた。次の文書は、右のような門前町の町人の林業に対する関わり方を示すものである。(21)

一　私儀、山人抱置、板木渡世仕、然処ニ、今度焼山筋御立山伐荒候ニ付、山稼一同之儀ニ御座候故、御尋被、仰付候、私抱之山人勘左衛門与申者、千手辺・湯泉岳ニ而相稼、焼山辺江曾而不罷越候、此上、勘左衛門義焼山辺ニ而相稼候段申上候者御座候、何分ニ茂可被　仰付候、少茂相違不申上候

未七月　　本町
浅右衛門

右の文書は、門前町の西町本町の浅右衛門の口書であるが、これによれば、浅右衛門は、山人すなわち前述のような職人を抱え置くことによって板木渡世をしていたことがわかる。たとえば、若干時期は下るが、大工町の家持太郎右衛門は曲物の材料として使う木材を山方から買い占めてしまった。このため、安政四年（一八五七）四月、原町・大工町・本町の曲物職人惣代は、山方と曲物職人との仲買の位置にあった太郎右衛門に謝罪を求めて事件の決着をはかっている。(22)このように、町人身分に属する人々は、みずからが山稼ぎに従事するというよりは、これに直接的に従事する職人を雇うか、あるいは職人と請負契約を結び、みずからは、板材の仲買を目的とする板木渡世や木材加工業である木工製品の製作および販売に関わっていた。

以上、ここでは、門前町日光での林業をめぐる町人と地借・店借人との関係を次のように整理しておきたい。第一に、少なくとも、ここで見られた門前町の町人は、杣取・木樵・木挽・板挽などを、みずからの家業の経営の中に抱え込み、板木の仕入・販売（仲買）を家業としていた。第二に、これに対して、地借・店借といった人々は、杣取・

木樵・木挽・板挽といった山稼の職人であった。第三に、これらの人々は、元禄二年（一六八九）一〇月から享保一四年（一七二九）一〇月までの約四〇年の間に、約三倍にも増加していた。こうした人々の増加は、いうまでもなく、曲物業を主とする門前町の産業に密接な関連があることを示しているが、次節では、江戸時代後期における門前町日光の産業の中できわめて重要な位置にあった曲物業の実態について検討していくことにする。

三　曲物職仲間と門前町の地域経済

都市日光の経済は、前節で論述したように、木工製品の加工業と密接不可分の関連を持っていた。本節では、この中でも、門前町の中心的な産業であった曲物業を例にとって地域経済について検討する。具体的には曲物職仲間という同職組織を通じてみずからの職業的利益を、どのような方法で相互に保証しようとしたのか、また、それは、曲物職人を含む門前町の人々の地縁的な結合関係といかなる関連にあったのか、という点を検討し、曲物職仲間が、地域経済といかなる関連にあったのかについて検討する。

まず、曲物職仲間が、みずからの職業的な利益を、相互に、どのような方法で保証したのかについて検討していきたい。

植田孟縉「日光山志」によれば上鉢石町の店々には、参詣者に販売するために、指物・塗物・曲物・膳・椀・食籠が、日光を代表する名産として並べられていたとある(23)。また、日光の諸所の名産の中には、木材の加工に関連して春慶塗・指物細工・曲物類・挽物・杓子・木鉢・曲桶といった細工物があげられている(24)。このような点からすれば、木具製品の生産と販売は、門前町の住民の生活を支える基幹的な産業であったといえる。

曲物は、前述したように、薄くした杉や檜を円形に曲げて輪を作り、これに底を取り付けた容器をいう。曲物を製作する門前町の職人は、「往古」から曲物職仲間という職人仲間を結成し、「掟」と称する職業上の取り決めを相互に結んでいた。また、仲間は、大輪仲間——詳しくは後述する——、原町・四軒町・袋町・大工町・板挽町・本町の曲物職仲間、および、連合体としての曲物職仲間（「惣仲間」）という組織構成をとっていた。曲物職仲間は、仲間の内部規約だけではなく、曲物の仲買をする商人や曲物に比較的類似する製品を作る職人との協定も結んでいた。次の文書は、寛延元年（一七四八）一〇月、曲物職仲間が、塗物問屋仲間に出した曲物の取引に関する証文である。(25)

取為替申証文之控

一　此度、相改御相談申合候者、塗物問屋御仲ケ間衆中・折鋪屋御仲ケ間衆中、我等共仲ケ間、此以後、万端何事も一同ニ可申合儀談仕候処実正ニ御座候、尤商人衆江塗物借出シ申候事茂有之候、万一不勘定之者御座候者々不限誰人、右三仲ケ間之内ゟ順次ヲ以、申出シ候者々不勘定之者江一切差引不仕候様ニ可致候、右相定申候儀談、相背申者御座候者々仲ケ間以吟味、商売相止可申候、為後日一礼、如件

寛延元年戊辰十月

大輪年番　菊屋与左衛門
原町同　今川屋藤兵衛
四間町同　瓶屋源五左衛門
袋町同　万年屋久右衛門
花子屋千右衛門
大工町同　布屋理右衛門
人嶋や八郎右衛門

問屋御仲ケ間衆中

伊勢屋善兵衛
板引屋同（ママ）虎屋平三郎
本町同大黒屋善八
小川屋重兵衛
住吉屋安左衛門

この段階で、門前町日光には、塗物問屋仲間・折鋪屋仲間・曲物職仲間という三つの仲間があったが、縁を四方に折り廻した角盆類の折敷や曲物職仲間の製作した曲物製品は、地売するか、あるいは、塗物問屋仲間の流通ルートを通じて江戸へ販売された。この証文は、折敷や曲物の製作・販売に関する事柄を、三者が定期的な合同会議を開催して決定するという協定を文書で取り交わしたものであるが、特に「商人衆江塗物借出シ申候事茂有之候、万一不勘定之者御座候者々不限誰人、右三仲ケ間之内ゟ順次ヲ以、申出シ候者々不勘定之者ゟ一切差引不仕候様ニ可致候」という部分が注目される。商人衆とは、東町にある鉢石町を中心とした日光街道筋の店で参詣者を対象に小売業を営む商人をさす。曲物職人は、こうした商人に対しては従来から曲物の掛売をおこなってきた。ここでは、こうした小売商人が、売掛代金を滞納した場合や値引きを要求した場合でも、塗物問屋・折敷屋・曲物職の三つが一体となって、代金の支払いを要求し、値引きには一切応じないことが取り決められている。これによって、製品の仲買過程における値崩れの防止を意図したものとみられる[26]。また、三つの団体の合同の定期会議に出席する曲物職仲間年番行事については、次のような取り決めが見られる。

一（追加1） 年番之儀者、店衆相除キ可申事
辰正月廿二日ゟ相改、当番相定申候、原町壱ケ年・四軒町壱年・袋町壱ケ年・本町二ケ年・大工町弐ケ年・

板引町壱ケ年相勤申筈ニ相極メ申候、為其仍而如件

右の史料は、曲物職仲間を代表して会議に参加する年番行事への就任資格の取り決めであるが、この資格は、店衆にはなく、役屋敷を所持する家持、すなわち町人としての身分をもつ者でなければならなかった。

曲物職仲間は、塗物問屋仲間と右のような協定を取り結ぶ一方、次のような構成員相互の定書を作成している。(27)

一(1)此度、衆談之上相改候者、売買ニ付、度々寄合相触候へ共、刻限間違、不揃いたし、依之、向後者年番ゟ触出シ候刻限無間違相揃可申候、若延引仕候者々、何分之不手法（ママ）ニも可被御申聞候

一(2)当所塗物問屋并折敷屋・曲物方衆談ヲ以、永々売買相続いたし候様ニ連判証文取替セ、於西町三仲ケ間一同ニ何事ニも中合候筈ニ相定申候事

一(3)此度、曲物職人高相改、此以後、同職出来候者々其町年番江申達、仲ケ間左（作）法ヲ以、相続可致事、若我儘成ル者有之候者々相談ヲ以、職分相構可申事

一(4)有増之儀者町々年番相談ヲ以、取扱可申候、余者、順紙ヲ以申聞、其旨、承知可致事

一(追加1)年番之儀者正月廿二日、相送可申候事、尤神酒料五銅宛持参可致事、年番寄合之儀者正・五・九月寄合、何事茂相談上、相定可申候

右の文書は、寛延元年（一七四八）一〇月、表4に示したように、曲物職仲間に加入している曲物職人九四人が作成した連判証文――仲間であることを証明する焼印の登録名簿・名前帳――の規約についての部分を抜粋したものである。また、西町五カ町の中で、これらの曲物職人の人数的な割合は、慶応四年（一八六八）閏四月から九月までの家数と比較すれば、表5の通りである。比較した史料に約一二〇年の時間的な差があり、確定的なことはいえないが、それでも、曲物職人の数は、各町ともに相当に高い比率を占めており、職人たちの発言内容は町政へも少なからぬ影響を与えたものと推察できる。曲物職仲間は、前述したように、「往古」から結成され、仲間の規定もあったが、寛保二年（一七四二）二月、板挽町から出火して西町中二八八軒を焼いた火災で焼失してしまったといわれる。右の規

表4　門前町日光の曲物職仲間

本町	菊屋*1	与左衛門	松長屋*2	伊右衛門	江市屋*2	清八	伊勢屋	長四郎
	坂口屋*1	孫右衛門	本田屋*1	半蔵	中屋*2	善右衛門	菊の屋*1	儀兵衛
	丸屋*1	理左衛門	吉野屋*1	矢平太	小沢屋*1	浅右衛門	萬屋*1	弥市
	山本屋	清吉	桜屋*1	善蔵	井桁屋*1	太左衛門	渡部屋	善助
	竹屋	徳兵衛	川内屋	清左衛門	桔梗屋	与治右衛門	山崎屋	半兵衛
	巴屋	彦右衛門	住吉屋	安左衛門	小河屋	重兵衛	藤屋	武平治
	井筒	傳六	□□屋	次郎兵衛	柏屋	平治右衛門	亀屋	治右衛門
	石野屋	武右衛門	油屋	源八	笠木屋	傳四郎	坂本屋	治左衛門
	大黒屋	善六	松野屋	庄左衛門	橘屋	安右衛門	山田屋	市右衛門
	源屋	庄兵衛	大谷屋	権平	花守屋	伊右衛門	坂本屋	仁右衛門
	吉松屋	吉兵衛	菊重屋	喜右衛門	内田屋	清左衛門	□□□*2	[　　]
大工町	花屋	治左衛門	一文字屋	政右衛門	大嶋屋	八郎右衛門	西村屋	定右衛門
	本市《ママ》右衛門	半兵衛	伊勢屋	善兵衛	桔梗屋	庄左衛門	巴屋	権平
	□屋	傳八	布屋	理右衛門	槌屋	治介	藤川屋	甚右衛門
	紺屋	幸介	星野屋	源蔵	三村屋*2	源右衛門	笹屋	□□衛門
	めうが屋	善左衛門	すわ屋	市左衛門	三升屋	傳左衛門	玉屋	仁兵衛
	高見屋	半蔵	傳馬屋	太郎兵衛	中村屋	平左衛門	升屋	茂右衛門
	菊水屋	忠右衛門	笹屋	源八	太田屋	五兵衛	梅本屋	源左衛門
		藤右衛門	伊豆屋	太郎右衛門	三川屋*2	甚八		
板挽町	福本屋	忠七	虎屋	平三郎	金子屋	理兵衛	坂木屋	庄兵衛
袋町	万年屋	久右衛門	亀屋	九兵衛	鶴屋	重兵衛	花子屋	三郎右衛門
	菊屋	友右衛門	菊屋	宇兵衛	すが屋	弥右衛門	藤屋	五左衛門
原町	尾本屋	清左衛門	今川屋	藤兵衛	三笠屋	又右衛門	藤木屋	藤七
	柏屋	嘉右衛門	小松屋	半兵衛	柾屋	惣左衛門	大坂屋*2	源左衛門
四軒町	瓶屋	源五左衛門	枩屋	義右衛門	若松屋	平右衛門	佐野屋	清右衛門
	玉屋	為右衛門	本巴屋	杢右衛門	松亀屋*2	傳兵衛	*2	庄兵衛

出典：寛延元年10月「曲物職掟蓮判」江田平一家文書（『日光市史』史料編　中巻）1212-1217頁.
注：＊1は大輪仲ヶ間であることを示す。＊2は寛延元年10月以後に加入したと推定される職人を示す.

表5　曲物職人の数と家数

町名	家数	人数	人数/家数
本町	81軒	44人	54.3%
大工町	51	31	60.8
板挽町	44	4	9.1
袋町	34	8	23.5
原町	25	8	32.0
四軒町	8	8	100.0
蓮華石町	24	0	0.0
計	267	103	38.6

出典：寛延元年10月「曲物職掟蓮判」江田平一家文書（『日光市史』史料編中巻）1212-1217頁.「日光山森羅録」（『社家御番所日記』第21巻）652頁.

約と名簿は、こうした経過の中で作成したものといわれるが、同時に、第二条に示されるように、曲物職仲間が、製品の製作・販売に関する協定を塗物問屋仲間との間で締結する過程の中で、仲間の結成と規約の作成・遵守による取引の自主的統制が必要となった結果、成立したものといえる。

規定は、①曲物の取引方針の会議についての取り決め（第一条）、②取引方針の組織的な実施手順についての取り決め（第四条）、③職人の仲間への加入についての取り決め（第三条）、④年番行事の引き継ぎや定期会議の開催についての取り決め（追加第一条）、⑤塗物問屋仲間・折敷屋仲間との協定の確認（第二条）、という五つの内容から構成されている。このうち①・②・⑤は、仲間が、曲物の取引方針について、時宜に応じて寄合を設けて会議をする。また、その際は、曲物職仲間と塗物問屋仲間・折敷屋仲間との協定を念頭において方針を決定するとしている。仲間が取引をするうえでの利益の相互保証を直接的な目的とした箇条である。③では、曲物を製作する者が、かならず職人仲間に加入しなければならないことを記す。仲間の規定に従わない場合は「職分」をスムーズに全うさせない、すなわち取引できないようにするともある。これは、新規に曲物を製作する職人を、仲間の組織に取り込むことによって、⑤利益の相互保証に参加させることを意図したものといえる。④は、このような取り決めを持つ仲間の運営のための取り決めである。年番行事制については職務が煩雑で年番行事の負担にならず、かつ、仲間の運営方針が特定の人物の恣意によって主導されることを防ぐ目的で制定されたものとみられる。また、この制度は、後述するように、仲間という職縁的な共同組織が、町という地縁的な共同体と対抗関係になった時でも、行事の負担が、比較的軽くなるよう配慮されているようにみられる。くわえて、曲物職人は仲間を結成する媒体として太子講を結成しており、定期会議についでは、除災を神仏に祈願するための忌月とされている正月・五月・九月に、神酒料を持参して講に参加するといった形式で開催された。このように、曲物職仲間は、曲物の製作という権利ならびに曲物の取引上の利益を相互保証する共同組織であり、職人（親方）は、右のような権利・利益に対する共同保証を受ける代わりに仲間の取り結ぶ規約・協定を遵守する義務を負った。

次に、このような職縁的結合によって成り立っている曲物職仲間が、門前町の人々の町を単位とした地縁的な結合といかなる関連にあったのかについて考察していきたい。以下の文書は、宝暦九年（一七五九）正月二三日から二四日にかけて職人仲間の弟子加入紛争を契機に持ち上がった本町の職人の曲物職仲間からの独立への動きを伝える。(28)

乍恐書付を以奉願上候控

一　曲物職人焼印相改候帳面、寛延元年辰年、職人衆談之（ヲ）以、類焼以前之通り、太子講仕候而、惣仲ケ間中沙法（作）相定申候、尤此已後、同職出来候共、其町年番江申達、正・五・九月廿二日、仲ケ間入致、其上我儘成義申候者在之候ハヽ、相談之上、職分相構申筈ニ定法帳面相極候而、宝暦八寅年五月迄無相違相守候、然ル所、下本町油や源八義ニ付、出入御座候ニ付、惣職人中浄光寺打寄、相談之上、仲ケ間入致候者ハ、金壱分つゝ差出候様ニ相定メ申候、其節本帳面江相印形仕候処、此度、下本町傳四郎弟子袋町弥三郎子共、曲物職人仲ケ間入、度々相頼申候ニ付、年行事中相談之上、定メ之通、金壱分差出し候様申候へハ、傳四郎申候ハ、私シ手初致候ハ延引御座候、年行事申候ハ、御尤ニ候へ共、乍大義定法通りニ可被差出候と申候へハ、傳四郎申候然らハ、三度ニ御取立被下候と申候、年行事申候ハ、左様ニ御座候者、弐朱文ハ当年、残り弐朱文ハ来年、辰年太子講江被差出様申候、傳四郎承知仕、何分共御世話頼入候、就夫、極メ之盃等も致候、尤弐朱文之請取書為致弟子同道仕可申候申合罷帰り候間、年行事中打寄、相待候へとも、其夜無沙法ニ御座候、右之内廿三日之夜、傳四郎参り申候ハ、此度頼入候仲ケ間入之義、弥三郎方ニ而大輪江も仲ケ間入為致候ニ付、得心不申候間、右御頼候御相談相止メ可被下候と申候、年番庄兵衛申候ハ、衆談之上、相定申候所、私壱人ニ而御挨拶申候ハ難成と申候、同廿四日ニ罷成り、大工町惣七同道ニ而傳四郎方へ参り候而、昨晩義御挨拶之通り相違無御座候哉と承候へハ、昨晩申候通り、弥相違無御座候与申候ニ付罷帰り申候、依之、年行事打寄相談之内、本町年行事四人市右衛門・重兵衛・半兵衛・又右衛門、右四人之者方へ本町ゟ厳敷使参り候間罷帰り候、依之、残り八人相控相待罷在候、然ル所、四人之者罷越、挨拶在之候ハ、本町曲物職人寄合、年寄衆方江相集メ候上、四人方へ申候ハ、此方職人帳面相定候間、各此方へ一同致候哉、又ハ、今迄在来り候仲ケ間江一同致候ハヽ、町内付合不致候様被申候ニ付、無拠、町内之印形仕候、依而ハ、本町年行事ハ、相除くれ候様申候、左候ハヽ、寛延年中ゟ相定り候仲ケ間規定、相抜シ候而ハ相立り不申候、此上職人義定相定候而も相抜シ申候者、売買等之障りニも罷成候間、職人共難渋仕、暮シ方も難成、万一、御役等をろか（ママ）にも罷成候へハ、至（極）様難義仕候、依而ハ、何卒、御慈悲を以、先々規定相守可申候様、被仰付被下置候様、四ケ町職人共一同、幾重ニ茂奉願上候、以上

宝暦九年

卯ノ正月廿六日

原町　藤右衛門

袋町　久右衛門

九兵衛

大工町　惣七

文右衛門

傳吉

板引町　庄兵衛

山口忠兵衛様

御役所

この願書によれば、曲物職仲間の原町・袋町・大工町・板挽町の年行事七人は、本町職人の新たな仲間の結成と惣仲間からの離脱に苦慮して目代役所へ仲裁裁定を願い出ている。この事件は、弟子加入をめぐる曲物職仲間と大輪仲間の対立から始まった。

袋町弥三郎の子供銀平は、曲物職人の下本町笠木屋傳四郎の弟子であった。このため、曲物職仲間の年行事は、銀平から加入金一分を徴収して仲間に加入することを求めた。この背景には、宝暦八年（一七五八）五月、仲間への弟子の加入について事件があり、仲間全体が集会して加入金について定めるという経緯があった。だが、銀平は、自分は、まだ、「手初」めなので、仲間への加入は延期してほしいとの意志を行事に伝える。これに対して行事は、銀平の希望は理に適っているが、弟子になれば仲間に加入しなければならないのが曲物職仲間の定法なので、銀平は、この定法に従ってもらわねばならないと伝える。結局、銀平は、親方笠木屋傳四郎の発案で、加入金一分を、二朱ずつに分割し、宝暦九年正月と翌年正月の二度に分けて納入することになった。しかし、その後、銀平の父親である袋町の弥三郎は、本町の大輪仲間に銀平を加入させるとの理由で、曲物職仲間への加入を拒絶する。

本町の職人仲間の曲物職仲間からの独立の動きは、右の銀平の曲物職仲間への加入をめぐる事件を契機に表面化する。銀平の父親が息子を大輪仲間へ加入させたいとの意志を表明した時点で、本町の曲物職人は独自の集会を開催し、曲物職仲間に本町から代表として選出され、善後策を検討する四人の行事を町年寄の自宅に集め「此方職人帳面相定候間、各此方へ一同致候哉、又ハ、今迄在来り候仲ケ間江一同致候ハヽ、町内付合不致候」という意志を伝える。すなわち、ここにおいて本町の職人は西町五カ町によって構成される曲物職仲間から脱退し、独自に仲間を結成すると宣言する。もし、四人の年行事が、従来の仲間を脱退して本町の職人が新たに結成する仲間に加入しないのであれば、町としても、今後、付き合いをしない、という職人の意見を取り入れた村八分ならぬ、町八分の意志が示されている。この結果、本町の年行事四人は、西町五カ町の年行事について辞任する旨の意志を、残る原町・袋町・大工町・板挽町行事七人に伝える。

こうした本町の曲物職人の動きがいかなる事情によるものか、今のところ明らかではない。しかし、この時点からわずか七年後の明和四年（一七六七）五月には、曲物の販売価格の不自然な下落に対処するため、曲物の仲買問屋を新たに結成しなければならないという事態も起こっている(29)。したがって、この時点から曲物価格の変動に対処するための動きが、仲間の五割余を占める本町の職人の中にあったともいえよう。

また、大輪仲間は、寛永一二年（一六三五）正月の東照宮造替以前は、現在の常行堂から滝尾道にあった曲物町に住んでいたが、本町に移って曲物業を営む町人身分に再編された(30)。大輪仲間は、表5に示したように、本町の曲物職人四一人の内、わずか四分の一の一〇人にすぎない。また、曲物職仲間にも加入していたが、一方では、山を守る神として杣人の深い信仰対象であった山の神を祀る神事を執行するため、山の神講を結んで、みずからの伝統的な地縁的・職縁的結合を持っており(31)、町を単位として選出される曲物職仲間の年行事の選出基準とは別に、寛延元年（一七四八）一〇月の塗物問屋宛の文書にも見られるように、みずからの仲間から代表の行事を、曲物職仲間に参加させる権利を持っていた。このように、大輪仲間は、右の願書のうえではかならずしも表面には現われてこないが、曲物職仲間あるいは町政に対して固有の発言権を持っていた。銀平の曲物職仲間と大輪仲間への加入という問題が、大輪仲間と前述の曲物の不自然な価格下落に対処する本町の職人の動きとを結合させ、本町の曲物職仲間からの脱退と新たな仲間結成の動きへと結びついていったものと考えられる。

表6　曲物職仲間の弟子加入者（宝暦8年5月～9年2月）

弟子	町	親方
花本屋与市	四軒町	尾本や清左衛門
梅本や惣七	板挽町	尾本や清左衛門
大沢屋文五郎	玉沢	今川や藤兵衛
谷右衛門	本町	小沢や儀右衛門
打出屋忠蔵	四軒町	玉屋為右衛門
大和屋甚六	本町	橘屋安右衛門
小倉屋太右衛門	原町	尾本屋清左衛門
金屋又右衛門	原町	玉屋道右衛門
かづさ屋銀平	袋町	笠木屋傳四郎

出典：寛延元年10月「曲物職掟蓮判」江田平一家文書（『日光市史』史料編　中巻）1212-1217頁.

結局、この事件は、目代役所の裁定を経ることによって曲物職仲間の主張が認められ、表6のように、二月一二日、銀平は、笠木屋傳四郎の弟子かづさ屋銀平として「定法通、金壱分、年行事立合ニ而指出シ申候」と曲物職仲間へ加入することを余儀なくされる。また、本町の職人が、新たに独立して結成しようとした曲物職仲間も成立せずに終わる。

以上の事件は、職縁的結合によって成り立っている曲物職仲間と町という地縁的結合関係にある社会との関係を、次のように提示するものといえる。①まず、本町は、町人の多くが曲物職人であり、また、町人は、家主としても、地借・店借の曲物職人と曲物業の発展について利害を共有する立場にある。この意味で、地借・店借を含む曲物職仲間の盛衰は、町人身分を主体とする町の中で、きわめて重要な意義を持っていた。しかし、一方で、町内には、従来からの伝統的な地縁的・職縁的な結合を持ち、町政にも固有の発言権を持つ大輪仲間という共同組織があった。このような大輪仲間を基軸とする町政の中で、曲物職仲間の年行事が、従来の仲間を脱退して本町の職人が新たに結成する仲間に参加しないのならば、町として交際を絶つという制裁勧告を突きつけられ、行事を辞任したように、曲物職仲間は、基本的には町という地縁的な結合を基礎として成立した職縁的共同組織であったといえる。②しかし、曲物職仲間は、目代役所という上級の統治機関に、みずからの主張を訴願することで、町という地縁共同体から相対的に独立した位置に立とうとした。③だが、曲物職仲間の職人が、門前町の町人身分の人々を中心として成立している限り、右に提示したような、地縁を媒介とする職縁関係を基礎とせざるをえない。ここに地借・店借を多く含む株仲間とは異なる同業・同職組織、すなわち、役屋敷を持つ家持町人主体の門前町日光の曲物職仲間の特徴をみることができる(32)。

おわりに

以上、近世後期の都市日光における経済社会の秩序を、人々が林業や曲物業にいかなる関わり方を持っていたのかという観点から考察してきた。都市日光は、恵まれた森林資源、特に木材の伐採および伐採後に材木に加工した材を使って曲物業を営み、これを商品として町人が家業を営むという産業構造を持っていた。

第一節では、門前町日光の人々が領主経済との関連で抱えねばならなかった当面する政治的・経済的な課題について論述し、第二節では、林業と都市手工業の有機的関連を理解するために、門前町の人々の林業との関わり方について考察した。また、第三節では、第一・二節を前提として西町五カ町の曲物職仲間が、政治的・経済的な地域社会の秩序といかなる関連にあったのかについて考察した。

この結果、門前町のうち西町五カ町は、曲物業を中心とする職人の集住する町であり、神役に加えてさまざまな役の負担が課せられ、一方では、これに対する反対給付としての扶持の下付が削減されるという事情にあった。また、たとえ扶持の給付がある場合でも、それは、たとえば、町人が、役を負担するための人足を雇った場合に、これに対応できる給付額ではなく、町人に家計支出の内から補填を強制するという段階にあった。これは、役の徴発・徴収に支えられた領主財政や分業編成が、市場経済の中で本格的に破綻していく具体的な姿だといえるが、一方で、右のような町人に対する役の負担強制は、米価の高騰も加わり、市場から少しでも多くの収入を獲得しようとする町人の志向を強く刺激していく。西町五カ町における曲物職人の同職仲間（組織）の結成や折敷屋仲間・塗物問屋仲間との取引上の協定は右の状況を裏づけるものである。しかし、以上のような性格の同職組織としての曲物職仲間は、構成員が役屋敷を持つ家持町人を主体としていたため、基本的には、町という地縁共同体に基礎をおくものであった。したがって、江戸時代後期における都市日光の経済は、この役の負担増大と町人の家業発展の相剋が最大の政治的・経済的問題として浮上していく。そして、米価の高騰や曲物の販路の変動も、このような町の秩序と深く関わっていたといえるのである。

（1）公法上の日光町は、明治七年（一八七四）六月、蓮華石村と鉢石宿との合併によって成立するが、本稿の対象とする門前町日光とは、右の蓮華石村に含まれる西町ならびにほとんどが、鉢石宿に含まれる東町とから構成されていた。西町は、蓮華石村——地子免除地以外の明治二年二月における村高は、二〇一・五八一二九石（木村礎校訂『旧高旧領取調帳』——の地子免除地であり、本町・大工町・板挽町・袋町・四軒町・原町・蓮華石町という七つの個別的な町の惣名でもある。

一方、東町のうち、稲荷町は外山村――地子免除地以外の村高は三四・八七二六四石（文政六年八月「外山村字稲荷町明細書上帳」鈴木長雄家所蔵文書）――の地子免除地であり、稲荷町以外の鉢石町・御幸町・石屋町・松原町・大横町・磐戸町の六カ町は、鉢石村――慶応四年閏四月〜九月における地子免除地以外の村高は一七六・七二八九六石（「慶応年間日光山森羅万象録」柴田豊久氏蒐集文書）――の地子免除地であった。明治二年二月、外山村と鉢石村は合併して鉢石宿となり、前述のように蓮華石村との合併によって日光町の成立に至る。門前町日光には、幕府日光奉行所や日光神領を統治する目代役所が設置され、神領の政治・経済・文化の中心をなしていた。

（2）　川島武宜「『ゲルマン的共同体』における『形式的平等性』の原理について――特にわが国の入会権との関連に焦点をおいて」（『川島武宜著作集』第八巻、慣習法上の権利2、岩波書店、一九八三年）三九頁。

（3）　所三男「林業」（児玉幸多編『産業史』Ⅱ、山川出版社、一九六四年）一九八頁。

（4）　①澤登寛聡「日光目代覚書」（『法政史論』第一二号、一九八五年）七三頁、②同「『一揆』集団の秩序と民衆的正当性観念――安永七年五月、都市日光の惣町『一揆』を中心として」（『歴史学研究』第五四七号、一九八五年〔本書第二編第三章所収〕）一〇六頁、③同「都市日光の神役と町役人制度――稲荷町の町政運営の変動を中心として」（村上直編『幕藩体制社会の展開と関東』吉川弘文館、一九八六年）四六一頁。

なお、日光林業については、①阿部昭「天保期の農村――商品生産と分業関係の特質」（青木美智男・山田忠雄編『天保期の政治と社会』講座日本近世史6、有斐閣、一九八一年）、②同「鬼怒川上流域における林業地帯の形成」（『栃木県史研究』二二、一九八一年）、③同「近世後期北関東における林業の発展――鬼怒川上流域の売木人を中心に」（北島正元編『近世の支配体制と社会構造』吉川弘文館、一九八三年）、④同「近世における鬼怒川上流域の筏流し」（徳川林政史研究所『研究紀要』昭和六〇年度、一九八六年）がある。これらの労作は、本稿を理解するうえでも貴重な参考論文といえる。

（5）　澤登寛聡「都市日光の神役と町役人制度――稲荷町の町政運営の変動を中心として」（村上直編『幕藩体制社会の展開と関東』吉川弘文館、一九八六年〔本書第二編第一章所収〕）四六一頁。

（6）　「慶応年間日光山森羅万象録」（柴田豊久氏蒐集文書）。なお、「日光山要覧」（『東照宮社家御番所日記』第二一巻付録）は、この文書を解読したと思われる史料とみられるが、省略されている部分もある。

（7）　菓子職入江家は、本陣を兼ねて御幸町に居住した。柴田豊久「日光の門前町」（『柴田豊久著作集――近世日光・下野刀剣考』柴田豊久著作刊行会、一九八三年）七二頁。

(8) 柴田豊久「日光の門前町」(『柴田豊久著作集——近世日光・下野刀剣考』柴田豊久著作刊行会、一九八三年)。
(9) 柴田豊久氏蒐集文書。
(10) 幕府は、日光の立山・立林について強力な管理・統制をおこなうが、この管理権は基本的には門主に帰属した。幕府と門主の統治権は、幕府による日光への財政支出が十分であるかぎり、基本的には対立するものではないが、一方では、門主の領主としての領有権も貫徹していることに注意する必要がある。
(11) 柴田豊久氏蒐集文書。
(12) 日光市史編纂室蒐集文書。
(13) 『日光市史』(通史編　中巻) 六三七頁。
(14) 柴田豊久氏蒐集文書。
(15) 『日光市史』(通史編　中巻) 六三七頁。
(16) 柴田豊久氏蒐集文書。
(17) 日光市史編纂室蒐集文書。
(18) 柴田豊久氏蒐集文書。
(19) 柴田豊久氏蒐集文書。
(20) 柴田豊久氏蒐集文書。
(21) 柴田豊久氏蒐集文書。
(22) 『日光市史』(史料編　中巻) 一二八九頁。
(23) 植田孟縉「日光山志」(『日本風俗名所図絵』2　関東の巻、角川書店) 一五頁。
(24) 『日光市史』(史料編　中巻) 一二八九頁。
(25) 江田家文書 (『日光市史』史料編　中巻) 一二一六頁。
(26) 江田家文書 (『日光市史』史料編　中巻) 一二一六頁。
(27) 江田家文書 (『日光市史』史料編　中巻) 一二一六頁。
(28) 江田家文書 (『日光市史』史料編　中巻) 一二一七頁。
(29) 江田家文書 (『日光市史』史料編　中巻) 一二一九頁。

(30) 柴田豊久「日光の門前町」(『柴田豊久著作集——近世日光・下野刀剣考』柴田豊久著作刊行会、一九八三年)。

(31) 『日光市史』(通史編　下巻)二六六頁。

(32) 今井修平「近世都市における株仲間と町共同体」(『歴史学研究』第五六〇号、一九八六年)によれば、家持人の利益を代表する町と借家人を主な構成員とする同職・同業仲間とは相互に対立する。借家人を主とする同職・同業仲間は、組―組合町―惣町という地縁関係の結合とは別系列で理解しなければならず「町を単位とする住民結合としては、現実にそこに住んでいる家持、家守、借家人をすべて含み込んだ形の生活共同体的な結合こそ注目すべきである」とする。

第三章　一揆の正当性観念と役による秩序

――安永七年五月における都市日光の惣町一揆を中心として

はじめに

江戸時代の一揆史に関する研究は主に経済史や階級闘争史の研究として進められてきた。しかし、近年の一揆史に関する研究では、これまでのような視点からの接近だけでは、当時の人々が取り結んだ社会的結合の意味を捉え切れないのではないかという考え方がみられる。

一揆を、これまでのような立場からだけみるのではなく、まず当時の人々の社会的な価値意識を復元的に再構成し、次に、これを総体的・全体史的視野に立って民俗学・社会学・人類学などの学際的研究の視点や成果も取り入れて理解する。そのうえで社会変革とは当時の人々にとって何であったのか、どのような意味を持ったのかという点を改めて検討しなおすべき段階にきているといってよい。

ところで、勝俣鎮夫は、一揆という集団が、当時の人々のどんな心性に基づく社会的結合様式であったのかという点を一揆のさまざまな作法から考察している[1]。これによって氏は「一味神水」という誓約の方法や「鐘を打ち鳴らす」といった集合の方法、また、異形への変身や変相といったシンボリックな身体技法が、人々の一揆という非日常的な秩序を持続するための集合心性に基づく行動だった点を明らかにしている。そして、一揆という日常性を超えた結合は、どのような社会的正義感情や正当性観念を根拠として生み出されたのかを、一揆を結んだ人々の意識的深層の中に探ろうとしたのであった。

このように氏の見解の特徴は一揆という集団の社会的結合様式への凝視にあった。氏の視点の中で殊に注目されるのは、一揆をまずもって「むすぶもの」として理解している点である。われわれは従来、一揆を蜂起・決起というように「おこすもの」として捉えてきた。しかし、氏は、江戸時代の一揆を何よりも「むすぶもの」であるという視点から検討すべきだと提示し、一揆史研究のパラダイムの転換をはかったのである。

ところで、一揆を、この社会的結合という視点から考える場合、不可欠の前提となるのは、役の観念の検討を通じ、当時の人々の社会的価値意識について論じた尾藤正英の見解である。(2) 氏によると役は、具体的な社会の場において「狭義には労働を提供する義務」をさし、「広い意味では、その労働の負担を中心として個人もしくは家が負う社会的な義務の全体を指すものとして用いられ」た言葉であった。役は当時の人々によって「社会のなかで個人が担当する役割」と「その役割にともなう責任とを、合わせた意味」として観念されていたのである。

したがって、江戸時代の社会では、天皇と将軍との二つの役の存在を頂点として「それぞれの身分の内部にも複雑な階層の区別があって、人々はそれぞれの職業や社会的地位に応じ、何らかの『役』もしくは『職分』を負い、それを忠実に果たしてゆくことが正しい生き方とされた」のであった。天皇・将軍を頂点として武家から士（侍）、卒（侍分）、百姓・町人・賤民身分に至るすべての人々は、社会的な職分や身分に応じて各々の役割を分担し、身分的な社会集団の中で、権利と義務との社会関係に従って生きる行動様式をなんらの疑問の余地のない事実として受け入れていたのであった。

このような社会的な役割に対する観念は、塚田孝が非人組織における勧進権と役との相互関連——権利と義務——を指摘したように、当時の人々のあらゆる現実的な生活過程——身分集団——の中で生み出されていた。(3)

この尾藤正英の述べる役についての見解を前提とする時、勝俣鎮夫の指摘する「むすぶもの」としての一揆は、江戸時代の人々のどんな正当性観念を根拠としていたと考えればよいのか、また、それは打ち毀しをともなう一揆の集合心性とどのように関連していたのか、そのことが一揆の集団としての秩序とどのように関連していたのか、本章の課題は、これらの点を、安永七年（一七七八）五月における都市日光の惣町一揆の中で検証していくことである。

一　正当性観念と惣町一揆の秩序

(1)　惣町一揆と地域秩序

本項では、まず安永七年五月における日光の惣町一揆について概観する。次に惣町一揆の基盤となった町方の政治社会について簡単に述べる。

安永七年五月、幕府は、日光東照宮（御宮）・大猷院（御霊屋）・本坊（輪王寺）などの修理のための作事を開始したが、日光町方の人々は、この作事方法の撤回を求めて一揆を結成した。この一揆の経過については、これまでも秋本典夫[4]や高木昭作[5]によって紹介されている。したがって、ここでは本稿の論点に関わる限りでの概要を説明しておきたい。『社家御番所日記』は東照宮へ勤番する社家によって書き継がれた日次記である。この安永七年五月一四日の条によると一揆が結成されてから騒動が終結するまでのおおよその経過は次の通りであった[6]。

一　去ル十日（安永七年五月）、御幸町又三郎ト申者頭取ニ而、日光惣町不残徒党七・八百人余之由願書五奉行へ持参、其上今度御作事受負（請）致候御幸町板戸屋権八ト申者家江押込、悉破壊狼藉、外ニ茂御作事棟梁石丸定六旅宿等茂差障、同人手先之者旅宿茂致狼藉騒動、当山未曾有之為躰也、又三郎ハ入牢、徒党之者、五人組ニ一人宛、惣丁（町）中ニ而手錠之由、早速諸方より江府へ注進有之由也、是ハ今度御修復御振合、先年ニ相違ニ付訴詔（訟）也

一揆は、御幸町の又三郎という人物が頭取となって日光惣町の人々が残らず「徒党」をして結成された。一揆の人

数は約七〇〇〜八〇〇人であった。一揆を結成した人々は、まず、日光を支配する五奉行に願書を差し出し、次に、作事を請け負った御幸町の板戸屋権八という人物の家を打ち毀した。また、一揆勢は、江戸から日光を訪れる予定となっていた作事棟梁の石丸定六と定六の肝煎たちが宿泊する予定の袋町の旅宿を打ち毀した。

一揆の頭取であった御幸町の又三郎は捕らえられて入牢となった。また、手鎖となった町人は惣町中から出た。その人数は「五人組ニ一人宛」の割合で合計一八人におよんだ。(7)

次に、一揆の基盤となった町方の政治社会について概観しておきたい。(8) 幕府にとって日光は、開祖の徳川家康を東照大権現としてまつる最も重要な聖地であった。日光には東照宮のほかにも二荒山神社に日光三所権現を祀っていたが、これらを管理したのが別当寺の輪王寺であった。輪王寺の貫首は輪王寺宮門跡であった。宮門跡は、東叡山寛永寺の貫首として上野の本坊に住み、また、比叡山延暦寺の貫首を兼ねた。日光・東叡・比叡の三山の貫首を兼務する地位にあった輪王寺宮門跡に代わって実際に日光山を支配したのが、五奉行と呼ばれる機関であった。

また、日光神領は、東照宮を中心とする日光山の宗教儀礼を執行するために設定された所領であった。このうち日光町方は、文字通り神領の中軸として寺社の普請・作事や宗教儀礼の執行を支えるための神役を提供する役町であった。

このような町方への支配については幕府によって設置された日光奉行と輪王寺宮門跡の家来であった目代による支配の二重構造をとっていた。日光奉行は、堂塔伽藍の修復、将軍の日光社参や大名による将軍の名代参詣、例幣使の社参などの宗教儀礼に関わる事務を管轄した。これに対して目代は、神領からの年貢・小物成の徴収・徴発や蔵米金の配分、町方・地方の統治を管轄した。

このように日光神領における都市と村落の支配は輪王寺宮門跡が目代を通じて執行したのであった。しかし、寛政三年（一七九一）正月、幕府の寛政改革によって目代職が日光奉行の組織の中に組み込まれ、神領の支配は、幕府日光奉行の支配に一元化されていった。(9)

都市日光は公的には合計一二町から構成されていた。これらは大谷川を挟んで、地域的にも町人の社会的結合からも東町と西町という独立した地域的枠組みを構成していた。東町は、松原町・石屋町・御幸町・稲荷町・鉢石町（上・中・下）の合計五町から構成されていた。東町は、これらの町の人々によって惣町と呼ばれていた。

西町は、蓮華石町・四軒町・原町・袋町・本町（上・中・下）・大工町（上・中・下）・板挽町——板挽町は内部に向河原町を含んでいた——の合計七町から構成されていた。[10]こちらの町も西町を惣町と称していた。このように東町と西町は惣町と位置づけられ、都市日光は、これら二つの惣町の統合された政治社会であった。この両町を統合した都市日光には神領会所が設置され、この神領会所を鉢石町の名主である杉江太左衛門が統括した。鉢石町の名主は、東・西の惣町を構成する町の住民を町年寄・町代・組代を通じて統率した。

一方、町と町との横断的・水平的な地域的な結合は、町政自治の機関である町年寄、町代を代表とする組合町、組合町連合としての惣町を通じて維持されていた。

また、これらと併存して町人惣代や若者仲間が存在した。町人惣代は町役人の組織とは異なる町人の自主的・自律的結合によって生み出された存在であり、若者仲間は、惣町や町の神社祭礼などのための家を単位とした地域的な祭祀組織（社会組織）であった。殊に若者仲間は、祭礼の執行を主導する主体として町組的な結合や組合町的な横断的・地域的な結合を強く持っていた。これらの組織は政治的な意味では公法上の資格をなんら持ち合わせていなかった。しかし、若者仲間の影響は、その社会的結合によって祭礼のみならず、政治的な場面へも強い影響を与えていったのである。

なお、日光町方の人別は、元治元年（一八六四）二月の段階で合計五二四六人を数えた。これらの人別は、山方・奉行方・火之番方・六職人棟梁方・東西市中町人の五つに分けられる。このうち町人身分の人別は、合計三二八三人で人口全体の約六割を占めていた。[11]そして、日光の町人は、これまで述べてきたように家と家との結合を基礎に、公法上の公認・非公認を問わず、多様なレベルでの自治的・自律的な秩序を形成し、これらによって町人身分としての生活秩序を成り立たせていたのである。

⑵　一揆の秩序と正当性観念

安永七年（一七七八）五月一〇日、日光の東町・西町の惣町人は、一揆を結んで目代役所に訴訟書を差し出した。本項の課題は、安永の作事方法の撤回を要求して目代役所に差し出した訴訟書を通じ、この作事を請け負った商人に対して打ち毀しをおこなった惣町人の正当性観念の根拠を探ることである。

訴訟書の趣旨は、幕府が実施しようとしている堂塔修復の方法を撤回し、作事の方法を従来の手法に戻してもらいたいという内容であった。安永の修復を幕府は、萩藩・岩国藩・広島藩の三藩に大名の手伝いとして命じた。しかし、この課役は、従来と異なって三藩に日光での無用の入用をかけさせないという名目での作事方法の実質的な変更をともなっていた。この手伝いの作事で幕府は従来のごとく、大名（藩）に家中（士・侍）から住民（町人・百姓）までを日光へ動員させるという方法をとらなかった。次の文書は、このような幕府の作事政策の撤回を要求した町人の訴訟書である。(12)

乍恐書付を以御訴奉申上候

一　日光之儀者、乍恐　　東照宮様御鎮座以来、万代不易之御神慮を以、山中与乍申、数千人之老若男女ニ至迄、無恙渡世仕罷在候義、誠ニ　　御神徳を以、御恵被成下置、難有仕合奉存候、併年来困窮仕、自然与家数茂減シ御役義相担候故、至而難義仕候ニ付、然ル所ニ此度御修復御手伝御普請ニ被　仰付、先例之通、日光　　御恵与挙而奉拝　　御神恩難有仕合奉存候処、存之外　　御鎮座以来、決而古例ニ無之御作事請負ニ相成候由ニ而、御定式御手先之者共少々登山仕、中々御救ニ相成不申候、尤先格御手伝之儀者諸向御立入町人共江被　仰付、諸請負之者共、大勢登山仕、町々場末迄も充満仕、諸向在・宿之者共、取賄候故、老若男女ニ至迄稼仕、漸取続仕罷在候処、此度之義者御作事方御取計を以、御手伝一向御差講無之、御三手様御人数茂減シ、勿論江戸表ゟ外、請負人一向登山不仕、一式御作事方ニ而御取計被成、殊ニ御居小屋等之義茂、御指止メニ相成、当年(安永七年)初而御居小屋場地面明地ニ相成、旁以、右躰ニ御座候而者、已来、日光町々之者共取続　　御神役相勤候義不相叶、無程離散仕義歴然与奉存候、乍恐日光山町々之義者二季御祭礼、其外　　御神役相勤、格別之御取計ニ被　仰付候場所ニ御座候故、畢竟、右躰ニ相成候義、自然勝手而已之私欲を以、多之難儀を茂不顧、剰　　御神威を奉削、御作事方江合躰仕候癖者、町内ニ茂有之候故与乍恐奉存候、縦何分之御咎メ奉蒙候共、年来奉蒙　　御神恩、今更　　東照宮様　御神威奉削、大勢之者共及渇命　御神役を相勤兼基、旁以要例出来仕候而者迚も日光町中破滅之砌ニ御座候上者、右之者共穿鑿仕、相糺申度、乍恐御訴奉申上候、以上

安永七戌年五月　　日光東西町 惣町人共

御役所様

この訴訟書にも示されているように、町人が一揆を結成した契機は、東照宮の鎮座以来、「古例」(従来)にはなかった幕府の作事請負方法を撤回させようとした点にあった。

従来の日光の作事は、幕府から課役を命じられた大名が、みずから日光に居小屋を設置し、作事役人足を家中から徴発して実施した。しかし、老中田沼意次のもとで実施した安永の作事は、この従来のような方法を採用しなかった。幕府は、課役を命じた萩・広島・岩国の三藩の大名から日光での「無益之入用」を懸けさせないという名目で作事入用金のみを徴収した。そして、実際の作事は、江戸商人に請け負わせたのであった(13)。萩藩も藩財政の窮迫を少しでも緩和させるため、これに積極的に応じ、「公儀御作事頼」みとして幕府へ一七万二〇〇〇両の作事入用金を支払って手伝いを済ませたのである。

だが、この結果として日光では、作事人足の居小屋への逗留が激減した。藩から派遣される人足が途絶えたからである。これによって従来から普請や作事の際、これに関わる人々が消費する物資の供給によって収入を得てきた日光の町人は、家業の取り続きが困難となってしまう。職人や商人を家業とする多くの町人は、この作事の江戸商人への請負政策によって従来の家業収入の途を閉ざされてしまうと考えた。一揆を結成した町人の主張は、このような「古例ニ無之」き幕府の作事請負方法の変更を撤回させようというのであった。

ところで、このような主張は、一揆を結成した町人のどのような社会的な正義観念・正当性観念に根拠づけられていたのであろうか。

右の訴訟書では次のように述べている。神役を負担する町人を破滅に導くことは、神として祀られた家康の「神威」を削るものである。もし、町人の家業を破滅に導くような幕府の作事政策が実施されたならば、町人は家業を営むことができず、日光の町方から離散せざるをえない。この結果として家康をまつる宗教儀礼のための神役の負担は不可能となる。

日光では毎年、四月と九月に東照宮の渡御祭が開催される(14)。町人の神役の負担は、この祭礼を支える重要な役割を担っていた。しかし、作事方法の転換によって大勢の町人が渇命して離散すれば、二季の祭礼役を中心とする神役は、負担が不可能となってしまう。このことは東照宮の神意を削り取ってしまう結果をもたらす。このように主張しているのである。

日光の町人たちは、神役を担う存在としての自分たちの固有の存在意義を強く主張している。これは、神役を負担することを町人身分の義務と考え、また、この役を負担するという義務が、町人身分としての家業が保証される権利の源泉であると考えていたからであった。日光の町人身分の人々は、神役という役を負担することを、みずからの社会的存在を証明する重要な根拠だとの観念を持っていたのである。

一揆を結んだ町人が、打ち毀しを正当であると主張した根拠は、作事請負人の商業行為が「勝手而已之私欲」であると考えた点にあった。町人たちの目には、作事請負人が、この私欲をもって「多之難儀を茂不顧」ずに強行しようとしていると映った。訴訟書によれば次のようにもある。

町人の家業を破壊に導く作事の請負は、神役を負担する多くの町人の難儀を顧みない取り計らいである。そのことは請負人にだけ都合のよい私欲に基づく営業行為から引き起こされたものである。

私欲に対する批判、言い換えれば、江戸商人の作事請負を不当だと批判する観念は、神役の負担が、みずからの社会的義務であり、同時に、この社会的義務が、家業の取り続きの社会的権利の源泉であると意識した日光町人の正当性観念と切っても切れない関係にあったのである。

ここには尾藤正英の説く役の社会的な義務と責任とを負い、これによって、この役割に応じた最低限の社会的権利が保証されるという社会構造に規定された町人たちの権利意識・政治意識が読み取れる(15)。

また、一揆を結んだ町人は次のようにも主張している。幕府の作事請負政策に同調して神役を負担する町人の家業を破綻させ、この結果として神に祀られた家康の神威を削ろうとする「勝手而已之私欲」の商人は、たとえ、どのような咎を受けても、自分たちで「穿鑿」を遂げて「相糺申度」い。「穿鑿」とは探し出して取り調べるという意味であり、一揆を結んだ町人身分の人々が、幕府や門跡(領主)に代わって事実上、検断権を執行するという意思表明を意味する。また、「相糺申度」いとは取り調べの後、その理非を明らかにするという意味で事実上の仕置(制裁)の執行を意味していた。

一揆勢は、訴訟書を目代役所に差し出した後、すぐに打ち毀しを開始している。この経過を考慮に入れるならば、「穿鑿」のうえで「相糺申度」いとの文言は、一揆を結成した町人身分の人々の事実上の制裁権の執行宣言だったとみてよいだろう。打ち毀しは、一揆に参加した人々が幕府や門跡(領主)の検断権・仕置権を代執行するという意味を持っていたのである。

このように日光町人による一揆の結成は、神役を負担する義務と家業を営む権利とが切っても切れない関係にあり、このような関係を社会的な正義・正当性と考える観念を基礎として生み出されていた。人々は、神役の負担と家業の存続という相互関係から慣習的な権利意識・政治意識を形成させてきた。この意識は、神役の負担をみずからの存在証明とする社会意識といってよい。そして、この社会意識は町人身分の生活秩序を破壊する作事請負人を取り調べ、その行為に対して仕置を実施するという制裁権執行の正当性の根拠を背後から支えていたのである。

(3) 一揆と制裁の秩序

本項では、一揆を結んだ人々の制裁権としての実力行使はどのような実態であったのか、また、それは町人身分の人々の集合心性とどのような関連を持っていたのかという点を考察していきたい。

ところで、一揆勢が打ち毀しを執行した五月一〇日は、幕府の作事方・勘定方の役人が日光を訪れた日でもあった。この書状によれば、打ち毀しは次のような実態であった(16)。

尚々、石丸定六義、被遣候ハヽ、先見合可被成候

以手紙致啓上候、弥無御障被成御勤、珍重ニ奉存候、然者一昨八日之夜、日光表神橋外木置場、大膳太夫飾所杭拾壱本、何者致候哉墨付候ニ付、白削認メ直候旨、大膳太夫家来、昨日相届申候

一今朝日光町在之者共凡五百人余、御留主居・両御別所・修学院・山口忠兵衛(日光目代)江届ケニ相廻り、石丸定六・肝煎勘五郎・治兵衛旅宿袋町亀屋九兵衛与申者之家居并家材(財)等打崩、其上御幸町板戸や権八家等も切倒、家財、其外夜具・衣類等迄取出、流レヘ打込申候由、右之趣意荒増風説承候所、此度之御手伝者先年通之御振合与違、稲荷町江居小屋も出来不致、毛利家ゟ相願、御金渡同前ニ相成、石丸定六・有馬屋傳七・板戸屋権八等申合、取拵一式請候様ニ仕、日光之者請負も不仕、一躰土地之潤ニ不罷成、甚難義ニ付、右之通一同申合候由之風説ニ御座候、定六并有馬屋傳七義、松原町ゟ内、日光表江御入不被下候ハヽ、引退キ可申旨、山口忠兵

衛へ願書指出候由、唯今本宮下馬所ニ集り候由御座候、右返答次第ニ而入町(西町)へ罷出、一文字や并有馬屋傳七
旅宿打崩可申由之風説ニ御座候、実意相分候ハヽ、尚追々可得御意候

一　右ニ付主膳正殿へ御役宅へ七十郎(小櫛)初、何茂罷越、今日大工肝煎旅宿打崩候ニ付、焚出差支之間、一坊之内旅
宿ニ被　仰付被下候様、其上江戸請負人之旅宿差支不申候様、山口忠兵衛被　仰渡被下候様、主膳正(殿・脱カ)江申上
候処、忠兵衛方へ利右衛門罷越、懸合候様被仰候間、左候而者忠兵衛相願申候筋ニも罷成候間、何卒被召寄
被下候様申上候処、忠兵衛へ被　仰遣、忠兵衛罷越候ニ付、委細之訳承度段申談候処、今朝町中之者訴状差
出候旨、別紙差出為見申候、扨々不届至極之文言、忠兵衛手後之様ニ奉存候間、壱人ニ而茂召捕、吟味仕候
様ニ与申談候、主膳正殿ゟも山城守殿へ右書訴状写遣可申旨被仰聞候間、定而山城守殿ゟ奉行衆江御達可有
之哉与奉存候、則別紙写遣申候、扨々御修復之御差支罷成、迷惑仕候事ニ御座候、一文字屋・板戸屋、右躰
ニ候間、明日ゟ小屋場、其外共差支申候旨申候得者、此方ニ而代り申付候様ニも可致旨、主膳正殿へ被仰聞
候得共、強訴仕候者へ申付候而ハ却而勢ひ付候様奉存候間、其元ニ而御勘弁被成置可被下候、尚又得与相糺
可申進候、差急早々、如此ニ御座候、已上

五月十一日　　遠山傳四郎
細井理右衛門
千種庄兵衛
長谷部藤蔵
加藤弥平治
小櫛七十郎

篠木六左衛門様
重本為右衛門様
大貫治右衛門様
川田安右衛門様

追啓、本文之趣共、奉行衆ゟ被仰上義ニも可有御座候ニ付、差急申遣候、尤山口忠兵衛方ニ而取鎮メ御用御差支

無之様ニ罷成候ハヽ、早束(速)申上候様可仕候、已上

書状の差出人は日光に登った幕府の作事・勘定方の役人である。宛所は江戸の役人である。この書状によれば、登晃した幕府の役人は次のような風説を聞いた。

五月八日の夜、萩藩材木置場にあった飾所に使う杭が何者かによって墨で塗り潰された。次いで五月一〇日の朝には、約五〇〇人の町人が、訴訟書を留守居役・両別当・修学院・目代の五奉行に差し出した。一揆を結んだ町人たちは、訴訟書を提出した後、亀屋九兵衛の住居を打ち毀した。九兵衛の家は作事を請け負った石丸定六・肝煎勘五郎・治兵衛の旅宿として予定された町屋であった。一揆勢は御幸町の板戸屋権八の家も打ち毀した。

六人の幕府役人は打ち毀しを実施した理由が以下のようであるとの風説を聞いた。今度の作事（安永の作事）は従来の作事方法と異なっている。毛利家からは幕府に手伝い金が支払われる。しかし、毛利家は金を支払うだけで作事に関与しない。作事は「石丸定六・有馬屋傳七・板戸屋権八等申合、取拵一式請候様ニ仕」っている。このため日光の人々はまったく潤いにならない。こんなことは、これまでまったくなかったことで、ますます町人の困窮がひどくなってしまう。これによって一同が申し合わせて一揆を結んだ。

日光目代の山口忠兵衛に差し出した願書によれば一揆勢は次のように主張した。石丸定六と有馬屋伝七を松原町より日光の町内に入れないのであれば退去する。しかし、もし、請負人の二人を入れるというのならば、旅宿である入町（西町）の一文字屋と有馬屋を打ち毀す。こうして一揆勢は、本宮下の馬場に集合し、目代の返事を待った。

松原町には、門前町の内と外とを仕切る木戸が設置されていた。この木戸から内側は、町人にとって家業を営む基盤であるとともに、町や惣町の神社を中心とした祭礼を催す地域であり、また、町という政治装置を通じて日常的な自治をおこなっている地域であった。

幕府の役人たちが登晃したのは、日光が、このような雰囲気に包まれているときであった。役人たちは大工や肝煎たちの旅宿が打ち毀されたと知るとまず、自分たちは山内の宿坊に泊まりたいとの意向を日光奉行の菅沼主膳正に伝

えた。また、江戸請負人の旅宿確保も要請している。宿舎は目代の山口忠兵衛によって確保された。この時、忠兵衛は、町方についての情報を登晃した小櫛七十郎を筆頭とする幕府の役人たちに伝えたが、役人たちは、これらを次のように受け止めていた。

町中の住民は今朝、目代に訴訟書を差し出した。目代は、この文書を見せてくれたが、内容は「不届至極」なものであった。目代は、一揆による訴訟と打ち毀しはすでに開始され、表沙汰となってしまったので、この件についての対処はもはや手遅れとなってしまった。少なくとも一人は捕らえて吟味せざるをえないといっている。

江戸から登晃した役人たちは、このような目代の柔軟な対応をみると自分たちの仕事が打ち毀しなどの実力行使によって確実に遅延するのではないかとの危惧の念を抱いた。そこで、打ち毀しの目標となっている従来の小屋場とは別に、新たな小屋場を設置したいとの趣旨を日光奉行に申し入れた。

しかし、日光奉行は、町人のほとんどすべてが強訴に参加している。したがって、幕府役人の申し入れを実施するとすれば、強訴した町人たちに小屋場の設置を申し付けざるをえない。そんなことをしたら一揆を結んで強訴した町人たちをかえって勢いづかせる結果となってしまう。したがって、小屋場の新たな設置は当面、見送るしかないと答えた。

書状の内容は以上の通りである。五月一〇日の打ち毀しは、二日前の五月八日の夜、萩藩材木置場にあった飾所に使う杭を墨で塗り潰すという事件が序奏をなしていた。作事に使う杭を墨で汚して作事の先行きに不吉な予感を感じさせ、仕事を担当する人々に、暗に打ち毀しをほのめかして請負の中止を求めている。

一揆勢は、江戸の作事請負人が泊まる予定となっていた旅宿に集合し、家と家財道具とを打ち毀した。また、日光町内の作事請負人に対しては、この人物の住居に集合し、家を切り倒して家財道具や夜具・衣類などを町通りの中央を流れる水路に投げ込んだ。一揆勢の打ち毀しの様子を『会津藩家世実紀』の五月一四日の条によってもう少し細かく見ると次の通りである(17)。

五月十四日　日光ニ而町中騒々敷儀有之由相聞、甲賀之者被差起（立）
今度日光山御普請有之、松平大膳太夫様御手伝之御用被為蒙仰候処、御定杭并御矢来へ障候者有之を以、日光山御代官へ御届之上、御仕置ニ相成候由、然処当十日之昼時、内・外町中十五歳已上六十以下之者とも不残股引・草鞋ニ而罷出、又々、御定杭・矢来打破候上、大膳太夫様御普請受負町人三人之者とも、居宅并諸道具・畳等迄打破り競立、十一日之夜中、又候受負人共居候二階江上り、夜具・衣類・諸道具引破り候由候処、十日之儀、南山五十里村名主方より御蔵入郡奉行方へ申越、訴出候を以、御場所柄之事故、様子為探、甲賀之者両人差起（立）、此旨江戸江も申上候処、此後江戸ゟ公儀役人十九人、五月廿三日出起（立）ニ而廿五日、日光登山有之、町人等拾壱人、頭丸籠ニ而江戸江召連候由ニ相聞候

一揆には内町（西町）と外町（東町）の一五歳から六〇歳までの町人が残らず参加した。人々は股引に草鞋を履いた揃いの出で立ちで打ち毀しに参加した。一揆勢は、まず一〇日に定杭と矢来を打ち破るとともに町内で請負人に協力した町人の居宅と仕事道具を破壊し、一一日には、作事請負人の泊まっている宿の二階にあった夜具・衣類・諸道具を引き破ったとある。

ところで、一揆に参加した人々の年齢は一五歳から六〇歳であったというが、この点は注目しておかねばならない。というのは、公儀役や神役の徴発基準も、同じ年齢であったからである。この意味で一揆は、公儀役や神役と同じように老人と子供と女性を除くすべての住民に参加を義務づけていた役に基づいて成り立っていたものとみてよい。また、前出の記録によれば「頭取之者一人入牢、其外町代拾八人手鎖申付候ニ付」とある。(18)頭取がどんな社会的・政治的な位置にある人物だったのかは残念ながらわからない。しかし、一揆の参加者には、このように町役人である町代が数多く含まれていた。惣町一揆への参加は、幕府の役や神役の負担、また、町役の負担と同様、町人身分の人々にとって当然、参加しなければならない役（義務）としての意味を持っていたといえよう。

一揆への参加が、町の住民としての役の負担義務と同様であったという点は、一揆に参加する際の統一的な身支度

にも象徴されている。すなわち、打ち毀しに参加した人々は、全員が股引に草鞋という揃いの身支度をして集結した。日光の町方ですべての人々が、このような姿で揃うのは、祭（産土神祭礼）の場面であり、その際に家躰（屋台）を引き廻すときであった。

したがって、ここでいう町の役とは、自治の単位としての町を、自主的・自律的に紀律づけている役であり、このような自律的な秩序の中から形成された役であったといってよい。このような秩序は町組や町、組合町や惣町の自主的・自律的な社会的結合を媒介する神事・祭礼や習俗的な年中行事という宗教儀礼の運営を通じて形成されたのであった。日光惣町の人々の打ち毀しは、習俗的・慣習宗教的な祭礼や年中行事のときにしかみられないような、町の人々の統一的にしてシンボリックな姿（身支度・出で立ち）に象徴される集合心性を背景として実行されたのであったが[19]、同時に、このような打ち毀しへの参加は、人々にとって町の共同体の構成員として果たさねばならない役としての意味を持っていた。

このようなすべての参加者が同じ姿で集合する祭礼や一揆などでの集合的・集団的な行動様式は、身分制社会における家格の上下や市場経済に規定された家業の盛衰といった社会的・経済的な格差を止揚し、心を一つにした社会的な結合によって人々が互いの平和と安全の保証を得ようとして形成されたのであった。

二　都市日光の役と祭礼の秩序

(1)　町人身分の役と正当性観念

都市日光における町人身分の役には公儀役・神役・町役の三つがあった[20]。これらの役は町人身分の人々の正当性観念とどのような関連を持っていたのか、ここでは、この点について検討する。

公儀役は、日光町方において次の三つであった。第一は将軍の社参に供奉する大名・旗本に「御宿」を提供する役であった。これは町屋敷として設定されている自分の住居を提供する寄宿役であり、この役の提供に対しては下賜金が交付された。

第二は中鉢石町の伝馬問屋が差配する二五人・二五疋の人足役・伝馬役であった。人足役・伝馬役の負担に対しては「惣町一統」として地子が免除されていた。これによって、朱印・証文・諸家通行の継ぎ送りや荷物の継ぎ立てが担保されたのである。

第三は町方の往還道に対する掃除人足役であった。この町を単位にした掃除人足役の負担に対しても「惣町一統」として地子が免除されていた。次の記録は、この掃除人足役の賦課について示している。(21)

一　此宿往還通掃除町場

但　宿内掃除之儀ハ、其所限之町場又者外村ゟ入会之町場茂有之、且、松原・石屋・御幸、右三町之儀ハ不残、其所限之町場ニ而他村ゟ入会無之、且、重き通行之節ハ日光奉行ゟ掃除之義相触来

掃除人足役は、基本的には町を単位として賦課された。町人は、これら三つの公儀役を負担する代わりに地子免除を受けた。地子免除は、経済的な意味だけでなく、町人の身分的な権利を担保し、これによって町人の家業を保証した。

しかし、中鉢石町の伝馬問屋は、この中の伝馬役・人足役に対する負担の代行機能を集中させていく。寛政七年（一七九五）七月、日光では、参詣人に対する旅籠の宿泊・案内権をめぐって紛争が起こったが、鉢石町は、伝馬・人足役への負担の代行機能を根拠として参詣人の宿泊・案内権を独占していった。(22)この意味で、伝馬役・人足役は、伝馬問屋や旅宿の特権的利益を確保する根拠となっても、町人全体の家業を担保する役にはなりえなかった。

神役は、毎年四月と九月に催される東照宮渡御祭を催すための賦役であった。神役は、東照宮の宗教儀礼に供奉する賦役という意味であり、この意味で幕府の公儀役と異なり、東照宮を軸とする日光山が年中行事（神事・仏事・祭事）

を執行するための賦役であった。

日光町方は文字通り東照宮の宗教儀礼を執行するために編成された都市であった(23)。この神役の実態を、文政一二年（一八二九）一一月の稲荷町でみれば、役の賦課基準は家数一一二軒・人別二六一人であった。これに対して実際に神役を負担できたのは第一章で示したように、家数五〇軒・人別一五四人にすぎなかった。この時期の稲荷町は、六二軒・一〇七人分の神役負担が不可能となっていたのである。こうした神役を負担する町人の減少は、家業の相続が不可能となった人々が日光から離散した結果であった。町人の家業は、寺社儀礼の執行にともなう堂塔伽藍の修復や法具や神仏への献上品などの調達に対応していた。しかし、これらは新たな需要を生み出す産業となりえなかった。そればかりか幕府財政の悪化は、日光山の宗教儀礼に対する幕府の財政的な投資を縮小させていた。

このような神役の負担の実態は弘化四年（一八四七）九月、稲荷町の四〇人の町人が奉行所へ差し出した請書によれば次の通りであった(24)。

四月・九月

御祭礼之節、供奉役之義、大切成御品御渡茂有之、銘々冥加ニ相叶、難有相勤可申義勿論ニ候処、近年猥りニ相成、召仕又者雇人等代ニ差出候もの多分有之哉ニ相聞、不埒之事ニ候間、銘々罷出相勤可申、若病気・差合等ニ而難罷出者者所役人共江相届、役人共ニ而事実相糺、町限名前書面ニ認、御祭礼前之日迄ニ可差出旨、当三月触置候通相心得、此度茂差出候様可致、右之趣、小前不洩様可申聞候、若相背おゐて者急度可申付もの也、

町人は、自分自身が賦役を勤めるのでなく、召使い（奉公人）や日雇人足を雇って神役を勤めているようであるが、これははなはだ不埒な行為である。自分自身で神役を勤めることのできない町人は町役人に申し出よ。町役人は祭礼の前日までに自分で神役に出られない町人の名前を書き上げて奉行所へ差し出せとある。

また、第二章でも示したように、西町六カ町の年寄八人・惣代八人は寛延二年（一七四九）二月、高金一〇〇〇両の貸付と神役の軽減を主張して差し出したが、この中の箇条によって日光山の財政的窮乏化の実態をみておきたい(25)。

神役には、本坊薪背負人足役という賦役があったが、この役に対して宝永六年（一七〇九）前後までは町人に扶持金が支払われていた。しかし、この願書によれば、これ以後は扶持金の支払いが停止されており、この扶持金の支払いを再開してもらいたいとしている。

また、中禅寺荷揚人足役は、門跡が中禅寺に登山して祭儀を執行するために徴発された役であるが、この役の一人の扶持方は従来、白米を四斗入の一俵が七〇文とされてきた。しかし、白米を三斗入で一俵とし、これを七〇文としてほしいと主張している。すなわち、一斗分に換算すれば一七・五文から二三・五文へと五文八分（約三三・一％）の扶持金の引き上げが要求されているのである。

江戸時代の後期、神役は、町人が自分自身で実労働するのでなく、家内の奉公人や日雇人足を雇って役夫を負担する方法がとられるようになっていた。そこで、この扶持金では、人足を雇う場合に赤字となってしまう。町人は、「大分之賃銭」を家業収入の中から支弁しなければならなかった。

このように神役の負担は、公儀役の負担のように直接、特定の町の特権的な利益を保証するという性格を持っていなかった。しかし本来、神役は、東・西の惣町の町人一統が、平等に負担すべき義務であった。だが、この時期の神役は、扶持金の減少や支払いの停止となって町人の家計を圧迫していった。このように神役は、東・西惣町の町人の家業存続を積極的に保証する権利ではなくなっていた。神役は逆に町人の家業存続の権利を脅かす存在にさえなっていたのである。このような中で神役の負担は、町人身分の人々が家業存続のための正当性を主張する公的な合意形成の原動力となっていく。

町役は、町会所役と町方の祭礼役から構成されていた。日光の町方では、目代役所から町方入用帳の作成を命じられていたが、町会所役は、この町方入用帳に載せられるべき町役をさした(26)。これらの町役には、諸々の差出銭、会所で年中に使う筆・墨・紙・蠟燭代、寄合の経費、町で代わりに負担する明屋敷の年貢代、日光山の五奉行などへの年礼、奉行所・奉行所手代・家中衆への礼などがあった。

町方の祭礼役とは、町方入用帳には載せられない町の年中行事に関わる役であった。惣町の年中行事は、正月一五日の道睦神（道祖神）祭礼、二月二八日から三月三日までの弥生祭、六月一五日の牛頭天王祭礼などが主要な行事であった。これに町の神社を単位とする神事・祭礼と天気祭・大杉祭などの臨時祭礼が加わる。これらの祭礼役は、町方入用帳には記載されなかった。この意味では目代や日光奉行が公認した町役ではなかった。したがって、祭礼役は、祭を開催するたびごとに氏子組織を単位として事実上の町役として徴収された。

町役としての祭礼役が会所役と決定的に異なるのは次の点である。会所役は、宿駅の伝馬・人足役などの公儀役や東照宮の宗教儀礼を執行するための神役の義務を果たすための町請制的な事務経費と町の自治を執行するための事務的な経費とがあった。これらは公儀役・神役を負担する義務と家業を営む権利との相互関係を財政的に担保するという意味を持っていた。

これに対して祭礼役は、町共同体や家・家族の安全と平和とを一義的に志向していた。町人は、これらを産土神としての町や東町・西町の惣鎮守である神々に祈願した。この意味で祭礼役は、町人の習俗的・慣習的にして自律的な生活秩序の中から必要に応じて形成された役であった。祭礼役の負担は、身分的・経済的な格差に関わりなく、人々が産土神の氏子である限りにおいて平等であった。また、産土神をまつる神社によって配付された護符は、産土神が人々に与える安全と平和の象徴であったが、この護符もまた、人々の身分的・経済的な格差に関わりなく平等に配布された。町人の正当性観念は、神役を負担する公的な立場からの合意形成を前提としていたが、この合意形成は、産土神の祭礼をめぐる町役の平等な負担や安全と平和の平等な享受を意識的基層としていた。

(2) 祭礼の秩序と若者仲間の役

町方の祭礼の中で最も中心行事であったのは日光弥生祭である。また、日光の町方社会の中には弥生祭のほかにもさまざまな年中行事があった。そして、この祭礼を最も主体的に担ったのは、町や東町・西町といった惣町の若者仲間であった。祭礼の主体であった若者仲間は、公法人としての町、この町の連合体である組合町や惣町とどのような関連にあったのか。本項では、この点を日光の小正月の火祭や三月の弥生祭といった祭礼からの視点によって考察し、祭礼の秩序と若者仲間との関連について検討する。

さて、東・西の惣町の神事・祭礼組織は大老・中老・若者といった年齢階梯制的・﨟次階梯制的な構造をとっていた。(27) 若者仲間への加入は道睦神（道祖神）祭の世話人を務めた実績によって許可された。また、この時期の日光の若者仲間には、脱退年齢についての規定がなかった。

日光の道睦神祭は、毎年正月一五日に催される惣町をあげての年中行事であった。この祭礼は、町の外の世界から町の内の世界へと侵入する疫病や悪霊などを、町の境界で祓うためと観念されるいくつかの習俗的・慣習的な信仰儀礼の複合によって構成されていた。塞の神信仰や鬼遣らいの行事、田や畑に害を与える鳥獣を追い払うための鳥追いの行事および小正月の火祭としての左義長の行事などが、これであった。

道睦神祭は、このような習俗的・慣習的な信仰がシンクレティックに結びついた追儺のための年中行事であった。祭の準備は、「子供中」（子供組）を主体として前年の八月から開始された。また、準備の開始から開催当日までには数度の町役銭が徴収される。

祭の開始までにはいくつかの慣習的な行事が繰り返されるが、この中心には縄切という習俗があった。縄切では子供中（仲間）が互いに別の町に建てられた道睦神を襲撃した。町を単位とする子供中は、竹の「道睦神の支柱や縄を切」ったり、「竹に傷をつける為に夜蔭に乗」じて別の「町に襲撃に出る。一方、これを防ぐ警備隊が各町の子供」たちの中にできる。そして「八月から翌年一月まで、子供は殆んど道睦神騒ぎで遊び暮す」のであった。

このような道睦神をめぐる子供中の年中行事は小正月の火祭の行事によって仕上げとなる。この行事を、大工町壱丁目の若者仲間の「日記」からみておきたい。天保五年（一八三四）正月一四日の条には、次のように記録されている。(28)

一　十四日、雪降、板挽町世渡平殿ニ参り申様は、今日、どんど焚之義、雪深山ニ而向山ニ而焚かたく候間、御役所様江御届ケ、大谷川手前ニ而どんど焚仕度候、此段、御相談ニ参上仕候、右ニ付、町代を以、板挽町両町ゟ御役所へ御届ケ申候所、御聞済有之、則、橋手前ニ而どんど焚積置申候、右火之番江御届ケ、番者向川原番ニ候、今夜、当番勘兵衛殿宅江御神酒頂きニ若者一統相寄申候

この記事によれば、この年の正月は山の雪が深くて毎年「どんど焚」を実施している場所では行事が催せなかった。そこで若者仲間は町代を通じて開催場所の変更を支配役所に願い出た。祭礼の開催場所を計画・変更・確保するのは若者仲間の役割であった。

「どんど焚」は左義長とも称される小正月の行事である。この火祭では、正月に飾った門松・注連飾・書初などを持ち寄って焼く。この火で焼いた餅を食べれば年中の病いを除くと期待された。この小正月の予祝儀礼としての火祭は広く全国的にも慣習的な行事となっており、この慣習は日光においても例外でなかった。

また、若者仲間は、祭儀の執行に先立って宗教儀礼の「当番」である勘兵衛の家に神酒を「頂きニ若者一統」が集合している。神酒を「頂き」に集合するとは、若者仲間が神酒を酌み交わすために集会するという行為をさすが、これによって神仏と当番の若者とが交歓して互いの仲間的結束・結合を確認しあうのであった。日光の若者仲間は、左義長という小正月に火を燃やす場所を手配し、祝儀としての町役徴収を仲間の義務として分担し、火祭という予祝の宗教儀礼の全過程を組織的に保証する役割を担っていたのである。

また、子供中の集団的・慣習的な実力行使は縄切のような遊びだけではなかった。鬼遣らいは、節分の行事であったが、日光の鬼遣らいの行事は、子供たちが鳥追いのための唄を高唱し、「注連を以て身を飾り木刀を差し」て「武者行列」をした。「前年中に出産」や「結婚のあった家」は、「行列が通る時に御祝儀と称して子供等に酒肴の馳走を」した。この行列には「年長の若者が参加して指導して」いた。また、行列を構成した子供たちは「御祝儀を行はない家には夜になって復讐的悪戯をする」のであった(29)。このように祭礼や年中行事は、その儀礼の過程の中に共同体的な

社会権力の秩序を保持していたのである。

ところで、弥生祭は、新宮（二荒山神社）を中心とする日光三所権現の神事にともなう祭礼であった。二荒山神社は日光の人々の総鎮守であり、例年二月二八日から三月三日まで開催された弥生祭は江戸時代を通じて毎年、繰り返された人々の最も重要な産土神祭礼であった。

これを『社家御番所日記』の享保一四年（一七二九）三月二日の条によって見ると「一　如例歳、日光　三社御祭礼、申刻　神輿　本宮江　渡御、社家中、衣冠御規式供奉等、如例年」とある。また、「一　町供奉狂言屋躰、拾町出、如毎度、仁王御門前ニ而御奉行・両別当衆等見物」と記録されている。(30)

三月二日、三所権現を載せた神輿が本宮に渡御したとある。また、毎年の通り、町方の狂言屋台が一〇町から曳き出された。仁王門の前では日光奉行や両別当衆などが見物したとある。日光山は奈良時代以来の山岳信仰に基づく修験道の聖地であり、男体権現（千手観音）を中心として女峰権現（阿弥陀如来）・太郎権現（馬頭観音）の三所権現が祀られた。また、これらは新宮・滝尾・本宮にも祀られて伝統的・宗教的な権威を保ってきた。弥生祭は、これらの二荒山神社の神事にともなう祭礼であった。また、町や東町・西町の惣町の神社にとっての弥生祭は、二荒山神社の神事に対応した産土神の宗教儀礼としての神事・祭礼であった。

弥生祭をめぐる町や東町・西町の動きは、下大工町の若者仲間の「日記」に活写されているが、この一端を、天保八年（一八三七）三月二日の条によって見ると次のようにある。(31)

御祭礼ニ付、東・西町ゟ万度計出し可申候旨被仰渡候由、年寄衆ゟ被申付候、万度警固者上大工町ゟ庄治郎様壱人参候、下大工町ゟ市左衛門殿・勘太郎殿・忠三郎殿、右四人出候、御祭礼首尾能相済、町内江引取候、警固ニ出候四人之者江若者中ゟ酒壱升遣し候、

弥生祭は通常、万度以外にも家鉢・手踊りなどが繰り出された。万度は万灯とも書く四角い箱型の灯籠である。人々は、この灯籠に紙を貼り付け、貼り付けた紙に「某社御祭礼」などと大きく書く。また、ここには、町の名や「氏子

中」・「子供中」などと祭の参加主体の名称を書いた。この年は、前年の天保飢饉の影響で、穀物や諸品が高値であった。このため日光奉行所では、町の年寄衆を通じて弥生祭の規模を縮小するように命じた。この結果、この年の弥生祭は万度を出すだけの祭となったのである。

　このような日光奉行所の取り締まりは、弥生祭をはじめとする日光町人の年中行事が、奉行所を中軸とする身分制的な支配秩序を大きく揺るがす可能性を持っているとの認識から実施されたのだといえる。町方での支配秩序の動揺は、町政における若者仲間の発言権の拡大と比例していた。文化八年（一八一一）二月の「弥生御祭礼家躰順取極送帳」によれば、中老とともに若者は、町人惣代として町毎の家躰（屋台）行列の順序を取り決める発言権を得ていた。(32)

　家躰行列の順序に関する取り決めは、家躰宮入の先陣争いを秩序づける重要事項であったが、この自律的な統制を逸脱すると「ゴタ」と称される町と町との集団的な喧嘩・口論に発展した。この騒動を若者仲間の「日記」によって見ると文政一一年（一八二八）三月二日の弥生祭では「東町大勢下場《下馬》江押出し候節、神橋前御番所ゟ取鎮メ方出役有之候処、右御出役江手むかひ候者、両三人有之候由ニ付、混雑ニ相成ル」という事態にまでなっている。(33)西町と東町という惣町と惣町との家躰の先陣争いは遂に神橋前番所の役人との騒動にまで発展した。この結果、松原町の「若イ者之内三人」が「御出役江手むかひ候者共」として「御吟味之上入牢」を命じられたのであった。(34)下馬は、一揆の際に町人たちが訴訟書を差し出し、目代の回答を待って打ち毀しをするために集合した場所でもあった。

　だが、このような町と町、村と村との実力行使による対立は、江戸時代の社会の中で特別な出来事だったわけではない。文政四年一〇月、日光奉行所が神領の町や村に公布した五人組帳前書の第六五条には次のようにある。(35)

一　在々ニ而婚礼・祝儀等之節、石打いたし、又者酒をねたり呑、其外狼籍成義有之由、被及御聞ニ不届候、右躰之儀、急度相慎可申候、若左様之儀有之ニおゐてハ、被遂御詮議、曲事ニ可被　仰付旨、奉畏候事

　これを弥生祭の騒動との関連で理解するとすれば、祭礼に際しての町と町や村と村との集団的な対立は、多くが石打などの実力行使をともなっていた。したがって、弥生祭の騒動は、これがいつでも奉行所の役人に対する集団的な

実力行使へと入れ替わりうる可能性を内包していたことを示している。[36]

また、日光奉行所は弘化二年（一八四五）二月、若者仲間のみならず、「町人之家内・子供ニ至迄」が華美な出で立ちで弥生祭に参加するという事態を重くみて、これを取り締まる請書を東町と西町の惣代に差し出させている。衣装などの風俗統制は、身分制の差別的な支配秩序を、視角的に象徴化させておくためにきわめて重要であった。しかし、このような統制は、町や惣町の神社祭礼を通じ、家や町という共同体の安全と平和を、産土神に平等な立場から祈願する日光の町人の集合心性と平等性という点において真っ向から対立する内容であった。

(3)　若者仲間と町人の秩序意識

若者仲間の主導する弥生祭の秩序は、奉行所の統制と真っ向から対立する内容を孕んでいた。本項では、このような祭礼の主体であった若者仲間の秩序意識が、一揆を結んだ町人の正当性観念といかなる関連にあったのかという点を検討する。また、弥生祭の際、町と町との家躰の先陣争いの末、奉行所の役人への「手向かひ」にまで昂揚した若者仲間をはじめとする町人たちの集合心性の基層について検討したい。

ところで、町役人と若者仲間との関係については、両者の対立する側面が強調される傾向にある。しかし、事実は、このような場合のみではない。次の記録は、下大工町の若者仲間の「日記」の文政元年（一八一八）六月二三日の条である。[37]

一　六月廿二日、年寄衆梅原勝蔵殿ゟ内々御咄御座候、其惣町年寄衆咄合申候処、せけん殊之外、六つケ敷候ニ付、大杉様大明神ヲ廻り候様致度旨御咄しニ付、四ケ町ニ而世話致、惣町江相談致、鉢石町宝蔵坊江参り、東町江借用致、御つれ申候、其夜者虚空蔵拝殿江居置、壱町ゟ弐・三人ツヽ、若者夜番罷出申候、尤四ケ町計この記録によれば、この年は世間が殊のほか「六つケ敷」い事情にあり、日光西町も例外ではなかった。このような事情の中で、下大工町の年寄衆の一人である梅原勝蔵は、惣町の年寄衆と町の運営について顔を合わせる機会があった。ここで、惣町の年寄衆の中から西町の惣鎮守である虚空蔵社に大杉大明神を勧請したいという「咄シ」が出された。

勝蔵は、この相談を内々で若者仲間に伝えた。これを受けて四カ町の若者仲間が音頭をとって惣町（西町）に相談した。そして、東町から大杉大明神を、西町の虚空蔵社へ「御つれ申」して「拝殿へ居置」いた。また、拝殿の大杉大明神は、音頭をとった西町の四カ町の若者仲間が夜番をして守った。

大杉大明神は関東では著名な世直し神でもあった(38)。大杉大明神を虚空蔵社に借用してきた西町の人々は、当然のことではあるが、この神を勧請し、ケガレ（穢れ）を祓う宗教儀礼をおこなった。「大杉大明神ヲ廻り候」とは、大杉大明神を担いで西町の町中の家々を廻り、ケガレを取り祓う宗教儀礼をするという意味である。このケガレを取り除いてケ（褻）を回復するための宗教儀礼がハレ（晴れ）なのであるが(39)、日光町人の集合心性は、世直し大明神へ祈願するハレの宗教儀礼を通じ、ケガレを除去して町方社会のケの日常を回復させようとする点にあった。

そして、若者仲間が、このように町社会の中で強い主導権をとる以前においても、人々の日常的な心性は、町や家の安全と平和を習俗的・慣習宗教的な儀礼によって確保しようとする志向を日常的な社会意識として持っていたのであった。若者仲間は、領主の統制が強化されて自治の代表者としての自律性が強く規制されるようになると若者仲間が町方自治の担い手としての権力を強めていく。

一方、宝暦九年（一七五九）四月、天台宗の鉢石町観音寺・御幸町龍蔵寺と当山派（真言宗）修験の鉢石町金剛院・板荷村天学院・森友村南照院とが、日光町方の旦那場をめぐって争った。この訴訟書を抜粋すると次のようである(40)。

一　拙僧共始日光住居四十ケ院修験共、古来ゟ数代、日光山御神用相務来候而祈願旦方、日光町方、其外祈願用相努、代々相続仕候処、此度同所鉢石町観音寺・御幸町龍蔵寺ゟ町方会所江相頼候而、当山派修験之分江祈願一向不相頼様、出合候儀茂差留、剰其段日光山御神領会所杉江太左衛門殿ゟ被申渡候十三ケ条、日待・火防・地祭・遷宮・火卸・釜・注連払・参宮・門注連・疱瘡祭・荒神祭・仁王祭・宝開等、先達而右之分祈願指留申候

この事件は観音寺と龍造寺が、神領会所の鉢石町名主杉江太左衛門に頼んで、町方での当山派修験の祈願を妨害した。しかし、事件は、幕府寺社奉行所に持ち込まれて内済となった。この内容で注目しておきたいのは次の点である。すなわち、この時期の日光の人々は日常的な生活の多くの場面において修験による祈禱と深く関わっていた。その実態は少なくとも日待・火防・地祭・遷宮・火卸・釜祓い・注連祓い・参宮・門注連・疱瘡祭・荒神祭・仁王祭・宝開などの祈願・祈禱におよんでいた。これらの祈願は災厄・汚穢・罪障などを除き去るためにおこなう宗教儀礼であった。日光の町人は、日常の中で蓄積されたケガレを、修験の祈禱という呪術儀礼によってケの日常へと回復させようとする生活のサイクルの中で暮らしていたといえるのである。

また、前述のような若者仲間の日常的な秩序意識は、明治五年（一八七二）一〇月の若者仲間の規定書によれば、次の通りであった。(41)

今般　御一新御触達之御趣意、御役元様ゟ厳重ニ被御申渡候ニ付、往古ゟ規定取極メ有之候所、猶亦相改、取締役与して御中老衆ゟ阿久津錦七様・増渕栄吉様規長役被御申付候段、一同難有承服仕候、右ニ付以来一同心得方規則、左之通取極候事

規定書

一　会合之節者世話人一同判決之上、規長役江相届、萬事差図を請、頭取中江申付、一同へ触廻、相揃候ハヽ、頭取江其段申出、立会を請、評議可致候

一　御法度之儀不及申、喧嘩・口論・不作法なる事、決而致間敷候、万一心得違之もの有之候ハヽ、早速、其向江無用捨相届、規定法被申付候事

一　出稼、其外無拠他行いたし候節者年行事江申出、其上世話役江相届、他出可致候、尤諸向掛り割合銭等、無差支可差出申事

一　他町突合《(付合)》者不申及、町内ニ而も実意ニ相慎、利不仁《(理不尽)》成義無之様、堅相心得可申事

一　会集之節者勿論、平生仲ケ間突合《(付合)》ニ至迄、悪口・雑言・無礼之儀致間敷候事

一　御役触之通、第一家業向、一同骨折出精いたし、寄合触れ来り候ハヽ、早速出会可致候事

右前条之趣意深く相心得、聊相背申間敷候、万一心得違之もの有之、規定法相崩候ものハ、其筋々江相届ケ候上、町内儀絶可致候段、一同取極、連印如件

明治五年壬申十月

維新変革によって町方自治にも町役人制度などの変革があった。若者仲間についても従来は、大老・中老・若者という役割の秩序が存在し、若者の総体的な自律性が高かった。しかし、この規定書の前書にも見られるように、ここでは新たに規長役という役職を設けている。そして、この規長役に中老を宛てている。これによって町方自治の変革に対応して建前としては、若者仲間の自律性に制限を加えるという姿勢をみせている。しかし、現実の町役人と若者仲間の秩序意識は大杉大明神の勧請をめぐって相互補完的であり、維新変革以前と同じ意識構造をとっていた。すなわち、この規定書は、こうした町人たち――若者仲間を含む――の意識的な基層を背景に作成されたのであった。また、こうした町人たちの意識構造は、第六条にもみられるように、みずからの家業の安定によって家を継続させようとする日常的な営みに照応していた。家業の存続と平和・安全、弥生祭をはじめとする町の年中行事は、このための共同体の営みであり、若者仲間の秩序とは、こうした町の人々の志向のうえに成り立っていた。この意味で若者仲間の意識構造は、日光の町人が、家業の相続と神役の負担との権利・義務関係をみずからの正当性観念として一揆を結成した点に対応するのである。

おわりに

本稿では、安永七年（一七七八）五月における都市日光の惣町一揆を事例とし、この一揆の集団的な秩序が、日光の町人のどのような正義・正当性観念を基礎として形成されたのか、また、この一揆の秩序とはどのような実態だったのかについて検討してきた。

ここでは、まず、一揆を「むすぶもの」として理解した勝俣鎮夫の視点に注目した。この人と人とが「むすぶもの」としての一揆は、日光の町人が共通に負担しなければならない神役への義務、および、この義務意識から派生した権利意識が基盤となっていた。神役の負担は、尾藤正英が指摘したように、社会の中で個人や家が担当する義務としての役割であったが、人々は、この責任を果たすことによって家業や家の存続が保証された。これが神役の義務にともなう権利意識の派生した根拠であった。

日光の町人にとって神役の負担義務は、東照宮を中心とする堂塔社殿の普請・作事による家業の存続と不即不離の関係にあると意識された。安永七年五月の惣町一揆の原因となった作事請負方法の変更は、このように伝統的に培われてきた神役と家業との関係を絶ち切り、町人を裏切って家業の存続を破滅に導く施策であると人々に意識させた。ここに神役を負担する町人たちが、一揆を結んで立ち上がった正義・正当性観念の形成の根拠を見出すことができる。

ところで、一揆を結んだ町人たちの社会的な結合は、このような神役の負担という公的な表層の次元の媒体のみを基盤としていたのではなかった。

日光の町人は、弥生祭や小正月の火祭をはじめとする年中行事を営んだが、これらの習俗的・慣習宗教的な年中行事は、この儀礼の過程の中に共同体的にして相互的な賦役を生み出し、同時に社会権力の秩序を再生しつづける能力を保持させていた。

そして、この共同体の儀礼の中軸にあって町方社会の役を中心となって担ったのが若者仲間であった。若者仲間は、家業の存続と安全を願う町共同体の町人の秩序意識のうえに成り立っていた。このような秩序意識こそが、家業の相続と神役の負担との権利・義務関係を媒体として一揆を結成し、打ち毀しを実行した日光の町人の社会的正当性観念の源泉だったのである。

（1）勝俣鎮夫『一揆』（岩波書店、一九八二年）。
（2）尾藤正英「徳川時代の社会と政治思想の特質」（『思想』第六八五号、一九八一年）。
（3）塚田孝「三都の非人と非人集団」（『歴史学研究』第五三四号、一九八四年）。
（4）秋本典夫『近世日光山史の研究』（名著出版、一九八二年）。
（5）高木昭作「最近の近世身分制論について」（『歴史評論』第四〇四号、一九八三年）。『日光市史』中巻（一九七九年）。
（6）『社家御番所日記』（日光叢書　第一一巻）五六〇頁。
（7）上山忠夫家文書（『栃木県史』史料編　近世六）三二四頁。
（8）『柴田豊久著作集――近世日光・下野刀剣考』（柴田豊久著作刊行会、一九八三年）八一頁。
（9）『日光市史』（中巻）二四三頁。
（10）澤登寛聡「都市日光の神役と町役人制度――稲荷町の町政運営の変動を中心として」（村上直編『幕藩制社会の展開と関東』吉川弘文館、一九八六年〔本書第二編第一章所収〕）。
（11）澤登寛聡「都市日光の神役と町役人制度――稲荷町の町政運営の変動を中心として」（村上直編『幕藩制社会の展開と関東』吉川弘文館、一九八六年〔本書第二編第一章所収〕）。
（12）上山忠夫家文書（『栃木県史』史料編　近世六）三二〇頁。
（13）『日光市史』（中巻）四五五頁・六四三頁。
（14）澤登寛聡「都市日光の神役と町役人制度――稲荷町の町政運営の変動を中心として」（村上直編『幕藩制社会の展開と関東』吉川弘文館、一九八六年〔本書第二編第一章所収〕）。
（15）尾藤正英「徳川時代の社会と政治思想の特質」（『思想』第六八五号、一九八一年）。

(16) 上山忠夫家文書(『栃木県史』史料編 近世六)三一九頁。
(17) 『会津藩家世実紀』一二巻(吉川弘文館)一二〇頁。
(18) 上山忠夫家文書(『栃木県史』史料編 近世六)三二三頁。
(19) 勝俣鎮夫『一揆』(岩波書店、一九八二年、一〇三頁)は、「変身と変装」と題して、一揆を結ぶ人々のさまざまなシンボリックな姿を取り上げて「神ないし神の意志の代行として位置づける潜在的な一揆の思想」を興味深く分析する。ここでは一揆に参加した人々がシンボリックな共同行動をとる現実的な媒介項としての絆を役と位置づけ、一揆に参加した人々の行動と人々の集合体としての一揆の潜在的な思想を繋ぐものとみた。
(20) 日光の町人身分には①家持=町屋敷の所持者、②町共同体の構成員、③地子免許の特権を持つ町人足役の負担者という条件が必要とされた。これは吉田伸之が析出した江戸での町人身分の条件とも合致する(吉田伸之『歴史学研究』別冊特集、一九八〇年)。
(21) 「日光・奥州・甲州道中宿方大概帳」(児玉幸多編『近世交通史料集』吉川弘文館)二三一頁。
(22) 柴田豊久氏蒐集文書。
(23) 澤登寛聡「都市日光の神役と町役人制度――稲荷町の町政運営の変動を中心として」(村上直編『幕藩制社会の展開と関東』吉川弘文館、一九八六年〈本書第二編第一章所収〉)。
(24) 鈴木長雄家所蔵文書。
(25) 澤登寛聡「都市日光の曲物職仲間と地域秩序――近世後期における門前町の林業・手工業と地域経済について」(徳川林政史研究所『研究紀要』昭和六二年度、一九八八年〈本書第二編第二章所収〉)。
(26) 澤登寛聡「都市日光の神役と町役人制度――稲荷町の町政運営の変動を中心として」(村上直編『幕藩制社会の展開と関東』吉川弘文館、一九八六年〈本書第二編第一章所収〉)。
(27) 星野理一郎『日光史』(日光山輪王寺門跡寺務所内「日光史」特別頒布会、一九七七年)。『日光市史』(中巻)六七九頁。以下、日光町方の年中行事についての記述は、特に断わらない限り、これらを参考とした。
(28) 下大工町若者中「日記」大工町自治会所蔵(『日光市史』史料編 中巻)一〇八三頁。
(29) 星野理一郎『日光史』二一四頁。こうした例については、水江漣子「天和の江戸市中と町触――水あびせの禁をめぐって」(『藝能史研究』第五九号、一九七七年)がある。また、『魔女とシャリヴァリ』(二宮宏之・樺山紘一・福井憲彦編、新評論、一九八二年）は、イギリスやフランスの例を扱っている。
(30)『社家御番所日記』（日光叢書　第六巻）。
(31) 下大工町若者中「日記」大工町自治会所蔵（『日光市史』史料編　中巻）一〇九三頁。
(32)「弥生御祭礼家躰順取極送帳」大工町自治会所蔵（『日光市史』史料編　中巻）一〇五二頁。
(33) 文政八年三月「日記」大工町自治会所蔵（『日光市史』史料編　中巻）一〇七九頁。
(34) 文政八年三月「日記」大工町自治会所蔵（『日光市史』史料編　中巻）一〇七九頁。
(35) 文政四年一〇月「村方五人組帳」（小来川円光寺所蔵）。
(36) イヴ＝マリ・ベルセ『祭りと叛乱』（井上幸治監訳、新評論、一九八〇年）。多仁照廣『若者仲間の歴史』（日本青年館、一九八四年）。高橋敏『日本民衆教育史研究』（未來社、一九七八年）。安丸良夫『日本の近代化と民衆思想』（青木書店、一九七四年）。
(37) 文化一二年正月「日記」大工町自治会所蔵（『日光市史』史料編　中巻）一〇六五頁。
(38) 宮田登「江戸町人の信仰」（西山松之助編『江戸町人の研究』吉川弘文館、一九七四年）。
(39) 桜井徳太郎『結衆の原点』（弘文堂、一九八五年）。宮田登『神の民俗誌』（岩波書店、一九七九年）。
(40) 上鉢石町観音寺所蔵（『日光市史』史料編　中巻）一〇四六頁。
(41)「若者代々記」（石屋町自治会所蔵）。

第三編　祭礼の集合心性と一揆の秩序

第一章　一揆・騒動と祭礼

――近世後期から幕末期の神による相互救済・正当性観念と儀礼・共同体について

はじめに

宗教を、特定の教祖・教説・教団によって形成された宗教のみならず、人々の日常生活によって生み出された慣習的な信仰を含む広義の概念でくるとすれば[(1)]、こうした意味での宗教や信仰が、地域社会の中でいかなる役割・機能を持っていたのかという点の検討はきわめて重要な課題だといわねばならない。なぜなら、比較的変動しにくいとされる慣習的・潜在的な価値意識の総体としての町社会や村社会の文化構造を理解するためには、人々が日常生活の中で営む行動様式、これらの行動様式を生み出す規範的な価値意識を分析するとともに、その相互の関連について考察することが不可欠の課題だからである。

こうした意味における地域の慣習的宗教と文化構造との関連についての理解[(2)]は、戦後の日本近世史研究が主要なテーマとして持ち続けてきた都市・村落共同体の基本的性格の検討にとって避けて通ることのできない課題であった。しかし、これらは、従来の階級闘争史・政治史や社会・経済史的な方法での都市・村落構造の検討に際して必ずしも正当な位置を与えられてきたとは言い難い。

日常生活によって生み出された慣習的な信仰を含む宗教を、都市や村落社会の人々の慣習的な行動様式、潜在的な価値意識の形成・共有という視座から分析・考察し、この顕在化した姿として都市・村落共同体の基本的性格を検討するという視点は、戦後の日本近世史の研究史からみれば、主要な課題として意識されてこなかったといわねばならないのである。

ところで、このような視点から最近の近世史研究をみた場合、最も重要な課題の中に一揆・騒動と人々の慣習的な宗教儀礼、殊に祭礼との関連についての検討があるのではないかと考えられる。祭礼は、生産・流通・消費という人間のすべての生活過程の中から生み出される共同体儀礼であり、それは同時に人々の慣習的な宗教としての要素をともなっている。一揆や騒動に際しても祭礼に類似・共通する各種の現象がみられ、この点から一揆と祭礼とは相互に類似性・共通性を持つのではないかと指摘されてきているが、両者がいかなる関連にあったのかといった点についてはほとんど解明されていないのが実情といわねばならない。

だが、この点を初めて意識的・本格的に論じた安丸良夫は、一揆と祭を峻別するとともに、一揆は、一つの側面としては、共同体の祭の熱狂的な性格と深く関連する。祭は「民衆の抑圧された精神と肉体のカタルシス」であると述べ、それが抑圧によって無意識の中に存在する精神的な傷による凝を、人々が言語や行為・情動として表出する浄化であり、地域社会のすべての人々に容認されたものである点を強調する。これに対して一揆は、人々の「幻想的共同性の全体性のなかから、〈敵〉を明示して懲悪し、また除去しようとするものだった」のであり、この意味で敵対関係が明示された階級闘争であり、であるがゆえに、人々の熱狂的な活動性も、伝統的な共同体の祭の中ではなく、打ち毀しという闘争を遂行する中でこそ発揮されるとする。そして、一揆の祭的な性格を指摘するのは「民衆の運動と意識との統一的な把握のためにはぜひ必要なことであるが」、一揆の祭的な現象の強調が、階級闘争としての一揆の全体的な評価を見失わせるものであってはならないと指摘する(3)。

氏の一揆と祭との性格の比較はきわめて貴重な成果であったが、しかし一方で、このような一揆の祭的な現象に関する検討への消極的な見解・指摘は祭と一揆に関する以後の研究に少なからぬ消極的影響をおよぼしてきたのではないかといわざるをえない。また、氏にあっては、一揆と祭との比較が、現象としての熱狂的性格という一点によってのみ説明されているにすぎず、このような熱狂的性格を強調するあまり、一揆の中のさまざまな祭的な要素が、人々のいかなる集合心性の結果として現象したのかという点についての検討が課題として残されてしまったのではないかと考えられる。

著者は、後述するように、一揆として結集する人々の社会的な正義・正当性観念は、慣習的な信仰・宗教儀礼を繰り返す共同体の人々の神による相互救済的な平等観念を母体としており、これが、一揆の際に、分母としての祭という儀礼の多様な側面の一部として現象するのだと考える。この意味で、一揆と祭とは、類似するのではなく、人々の集合心性の深層世界において共通するのであるといえる。

本稿では、以上のような観点から関東の一揆・騒動の中で、人々の慣習的な信仰による祭礼との関連が指摘できる事例を取り上げ、両者が具体的にいかなる関連にあったのかについて検証することを課題とする。

一　若き者共と高間傳兵衛騒動

享保一八年（一七三三）正月の高間傳兵衛騒動は、米価高騰にともなう江戸での最初の打ち毀しとして広く知られ、山田忠雄の詳細な検討によって実態が明らかにされている。(4)

この時期、幕府は下落する米価の回復・安定を意図して下り米問屋の高間傳兵衛を中心とする八人の商人を大坂に派遣し、大坂金蔵の資金をもって江戸へ送る上方米取捌方の独占的営業を命じ、米価の調整・回復政策を実施した。しかし、享保一七年七月、西国・中国・四国筋の蝗害によって大規模な凶作に遭遇する。凶作を契機とする飢饉によって米価安は一変し、幕府は、一時的な米不足と米価の高騰による人心の不穏に悩まされる。飢饉の影響で、江戸市中でも、この年の冬には深刻な米穀払底・米価騰貴におちいるが、翌一八年正月、市中では、町人や借家・店借・裏通りの人々までもが一体となって集結し、江戸廻米制限令・特定米穀問屋の撤廃による米の買い占めの停止と米穀自由売買を町奉行所に訴願・要求し、廻米制限の撤回と救米の下付を決定させた。

また、これと前後する正月二〇日、町奉行所は、米が高値で町方が困窮しているので、「初午祭礼ニ付町方ニ而大幟・飾物、其外目立候儀差控、祭礼之義茂軽ク致可然事」、「月待・日待等之義茂、大勢人寄せ候儀ハ致無用可然事」(5)とする規制を年番名主の寄合で申し達している。初午祭や各種の祭礼、月待・日待といった慣習的な信仰儀礼で使われる大幟・飾物といった象徴的な祭具の利用、これらの習俗的・慣習的信仰儀礼のための結衆的・講的な寄合が、米の高値にともなう米商人や町奉行所の施策に対する人々の不信や怒りと結びつき、騒動・一揆への導火線となることを危惧しての通達であろうといえる。

しかし、米価の高騰が依然として治まらないため、二〇日前後から人々は、町奉行所に対し、米価の高騰は高間傳兵衛をはじめとする七軒の問屋が米を買い占めているからだとして傳兵衛の身柄を町中に引き渡すよう要求する。一方、二三日、傳兵衛も人々の非難を恐れて自分の所持する米一八万石のうち二万石を幕府に廉価で売却する。幕府も、これを救米として人々に販売し人心の平穏を回復しようとする。しかし二六日、人々は、傳兵衛を召し捕らえるとして本船町の本店に押し寄せ、これを打ち毀すにいたった。

打ち毀しに参加した人々は、約一七〇〇人から四〇〇〇人、主体は「江戸中軽きもの共難儀仕、畢竟、傳兵衛諸国の米穀買置・〆売仕との風評に付、此意趣を存、乱妨いたし候由」(6)とも、これらの町人達は多くが麹町に住む者達で、町奉行所の与力・同心が出動して約三〇人を召し捕らえたと記録されているように、(7)「江戸中軽きもの共」や麹町の人々であったとも伝えられる。

また、このときの打ち毀しの下手人として甚右衛門町の船主彦兵衛が遠島刑、このほかの三人が追放刑に処せられているが、山田忠雄は「彦兵衛の住む甚右衛門町は、高間傳兵衛店のある本船町の南寄りに近接した町である。地元にかなり接近した、いわば地域内の住人が、この打毀しにおいて重要な役割を果たしたことになる。今後、闘争主体の問題としてつめる必要があろう[8]」と述べている。

「高間騒動之事」とする記録にも「糀町の者共が発気《起》のよしにて、一町切〳〵幟を立て、山の手・下夕町、芝筋・本所辺、下谷・浅草残らず高間が家に至り、大勢入込み、手に当る物を幸とみぢんにして、帳面抔は堀江投入、乱れ合て夥敷、高間の者も不叶、家を捨て逃行ぬ、おもふ儘に打崩して、皆々、其所々江帰りぬ[9]」とある。くわえて「月堂見聞集」によれば「江戸高間傳兵衛屋敷江江戸の若き者共申合、土蔵・屋敷共に破却す[10]」ともある。若き者共とは、この時期、水浴びせや婚礼の際の石打という慣習的な制裁的行為によって町奉行所の取締政策の対象となった若者仲間に類する人々と考えられるが[11]、これらの人々が申し合わせて高間傳兵衛の屋敷に集結し、土蔵と屋敷を打ち毀したというのである。

町奉行所への嘆願には、町人や借家・店借・裏通りの町の人々までもが一体となって参加したとしか記述が見られないが、しかし、打ち毀しの際には、糀町の人々が発頭人となり、芝・下谷・浅草・本所というように、当然、嘆願の際に参加した人々も一部は含むであろう山手・下町の町々の人々が、一町毎に幟を押し立て、高間傳兵衛宅に群衆として押し寄せた。傳兵衛の店の近隣地域の人々も集結した。これらを総合すると打ち毀し勢は、講や結衆のような寄合の枠組みあるいは町という地域を単位に、自律的秩序を生み出して行動していた。そして、きわめて興味深いことに若き者共は、これらの人々の中心となって事前に打ち毀しまでの手順を相談したということができるのである。

二　神輿の巡幸と鋳銭座一揆

明和八年（一七七一）四月、水戸藩の鋳銭政策に反対する百姓一揆については、木戸田四郎の研究がある[12]。銭は、寛永一三年（一六三六）六月の寛永通宝の鋳造開始以来、流通経済の発達にともなって増鋳を繰り返したが、需要量の増加に比して供給量が不足したため相場の高騰をまねいた。供給量の不足は原料の銅の不足にあり、これに対処するため幕府は元文四年（一七三九）以後、初めて鉄銭（寛永通宝鉄一文銭）の鋳造を開始する。また、明和二年（一七六五）九月に江戸亀戸鋳銭座で、明和四年七月に伏見鋳銭定座で鉄銭の鋳造を開始し、五年四月には、水戸・仙台両藩に鉄銭の鋳造を許可した。水戸藩では領内から産出する砂鉄を使って久慈郡太田村で鋳造を開始した。鋳銭座は太田村の庄屋で藩の米会所の責任者でもあった特権商人の小沢九郎兵衛が運営したが、ここで鋳造した鉄銭は銅銭に比して価値が極めて低かったことはいうまでもない。このため領内に鉄銭が出回るようになると相場が下落して激しいインフレーションをまねき、人々に深刻な影響を与えた。これに対して人々は、常陸国の二宮で那珂郡三三カ村の鎮守として人々から厚く信仰されている静明神の明和八年四月朔日の祭礼の日、供奉する神輿を先頭にして鋳銭座を打ち毀したのであった。

この様子を「静神社記」によって見れば、鋳銭座棟梁の小沢九郎兵衛は鋳銭によって得た利益を藩に上納し、褒美として郷士格に取り立てられたが、「此鋳銭座、始りてより国中銭安く、万民貴賤共難儀ニ成事甚しき、因茲国中ハ不申及バ、隣国共ニ九郎兵衛ヲ憎まぬ者ハナカリケル(13)」という事態に立ち至った。鋳銭座の銭が流通するようになってからは、商品の値段は変わらないにもかかわらず、流通する鋳銭座の鉄銭が安くなり、この銭で商品を買う場合には、従来より多額の銭を支払って商品を買わねばならない。しかも、消費者の収入は流通する鋳銭座の銭でしか得られないので、実質的には大幅な支出の増加を招いており、人々のすべてが困窮して小沢九郎兵衛を憎まない人々はいないほどだというのである。

三月上旬には「誰云出す共無、御町在々所ニ而語リケルハ、当四月朔日、静神社浜迄渡御之節、道中ニ而神輿ヲ奪取、打悪沙汰なる事(14)」と磯浜へ巡幸する静明神の神輿を道中で奪い取り、悪を打つ沙汰、すなわち、貴賤を問わずすべての人々を難儀におとしいれる悪の元凶としての棟梁小沢九郎兵衛の鋳銭座に対して制裁を加えるという風聞が藩にも伝えられるようになった。そこで寺社奉行所は静明神の神官を呼び出し、風聞のような事態にならないようにと厳しく申し渡したとある。

しかしながら藩の取り締まりにもかかわらず、「加藤寛斎随筆」によれば「静明神磯出之神輿供奉人、黒羽・喜連川・烏山・馬頭辺、南ハ下総を限り、其勢ハ二・三万人、雲霞の如く神輿と共に鋳銭座門内江押入、大吹江炭百俵余・夜具投込、吹立松のひでを以、会所〳〵小屋〳〵江火を掛候所、折節、東風烈しく巳の一刻ニ不残灰燼と成ル」[15]とある。神輿の磯浜への渡御を見物しようと西は下野の黒羽・喜連川・烏山から南は下総まで休日をとって二万から三万人の人々が祭礼に群衆として参加したが、供奉する人々に舁がれた神輿が途中から鋳銭座への制裁に向かうと見物の人々も雲霞のごとく押し寄せ、銭の鋳造施設をさんざんに打ち毀したとある。また、「鋳銭実秘録」によれば、人々は「神輿かき出、一同ニ太田ヲさして押シ登ル、然ル所、鋳銭場の大吹ゟ煙り少し出して見る内、八方ゟ一度にもへあかり、折節、東風はげしく吹、三丁四方之鋳銭、一宇も不残、片時之間ニ焼落けり、神輿は木崎より下江戸坂を下り、稲木・天神林・藤田・中野・小嶋・舟渡ハ瀬越、同日八ツ半時、御入山とそきこえけり」[16]とあるように、打ち毀しの後、鋳銭座が炎上するのを見ながら神輿の巡幸を続け、八つ半の時刻に静明神に還御している。藩は、静村・古徳村の庄屋・組頭に五〇日の入牢を命じるとともに、この祭礼にともなう一揆を契機に、静明神祭礼での神輿巡幸を禁止した。

一方、藩は、この年の一〇月に鋳銭座の再建にとりかかり、一一月には操業を再開した。また、万一の場合を警戒して翌安永元年（一七七二）四月の祭礼から神輿の出社を禁止したが、しかし、祭礼の準備期間にあたる三月、人々は、執拗に神輿の出社許可を求めた。また、「水戸紀年」によれば、安永三年三月一六・一七日、今度は再び四〇〇人から五〇〇人の人々が太田村木崎の鋳銭座に群衆として押し寄せて領内の豪商宅を打ち毀し、さらには「剰エ常奥ノ界ニアル近津神輿ヲ振立、水戸ニオシ来ラントス」と近津明神の神輿を再び舁いで水戸城下へ強訴するという風聞も流れたという[17]。

禁止された静明神の神輿の巡幸は、文化元年（一八〇四）四月の祭礼から荒々しい神輿の磯出ではなく、飾物や趣向を凝らした各種の衣装によって仮装し、囃子に合わせて踊り歩く風流祭へと姿を変えての再開が許可された。しかし、これ以後も人々は、神輿の磯出巡幸を繰り返し願い出たようで、遂に天保三年（一八三二）四月、藩主の斉昭は、静明神祭礼の神輿の磯出巡幸を再び許可せざるをえなくなった。次の文書は、この際に斉昭の意を奉じて発給された「被仰出書」である。(18)

静明神之儀ハ神徳ヲ奉仰、古来より出社供奉致来候処、先年、心得違之もの有之、不法・手荒之儀も度々有之ニ付、磯出相止、文化元子年ヨリ風流祭りニ御改ニ相成候、然ル処、静明神武勇之神ニ御座候へ共、不法・手荒之義ハ犯礼の所為ニ而真の武勇ニ無之、神慮ニ不叶事勿論ニ有之、氏子之もの共仕業より起候事、氏子共明神へ奉対、不相済事ニ候、畢竟鎮守明神の義ハ、其所の乱を鎮候為の鎮坐ニ有之、一ハ村々の障ニ成りなバ、神慮ニ叶可申筈無之、出社の節も名将の軍法正敷如く、行儀正敷供奉致候社神慮ニ相叶候事ニ候、依而此度、尊慮被為在、隔年磯出致候様被仰出候

これによれば、静明神は「武勇之神」ではあるが、明和八年（一七七一）四月や安永元年（一七七二）四月などの度重なる「不法・手荒之義」のような礼を犯す行為は、地域の「乱を鎮候為の鎮坐ニ有之」るというように、鎮守の神慮に適うものではないというのが斉昭の認識だったといってよい。

しかし、ここで注目されるのは、祭礼の日、神輿の磯出という神輿渡御儀礼の最中に打ち毀しがおこなわれている理由である。祭礼の日という点に関していえば、この日は祭礼のための休日でもあり、地域の人々が最も集合しやすい日として準備されていた。また、祭礼日は、人々が、地域社会の無事と安全を鎮守の神に共同で祈願する時間の取れる日であり、この日こそ人々が、みずからの心性や社会的な意思を表現するのに最もふさわしい空間として存在していたものといえる。神輿は、人々が共同で祈願する静明神の神が乗る神慮の象徴であり、神輿の渡御は、神が村々・家々を訪れて地域や家の無事や安全を保証するという観念を確認するための儀礼である。

通常、祭礼のような儀礼は前儀・本儀・後儀から構成される。前儀は歌舞の伝習を含む準備・潔斎・致斎、本儀は神迎え・神と人との対面、神輿の渡御、歌舞音曲の披露、神と人々との共飲・共食といった神と人との交歓、神送り、

後儀は解斎と祭具の収納・後片づけを内容とする。[19]したがって、神輿の渡御は、祭礼全体の中心をなす神迎え、神と人との対面や交歓、神送りという本儀の基本を構成する重要な単位儀礼だといえる。この神輿に供奉する輿丁役の人々は、垢離をとって精進・潔斎のうえ地域社会の無事と安全を保証するという静明神の神慮を体現して神輿を進める。この神輿の巡幸の際に、人々が、神が乗ると観念する神輿を舁いで鋳銭座を打ち毀したという事実は、藩の鋳銭政策こそが地域にとっての困窮と経済秩序の混乱の原因で、神慮に背いて神の怒りにふれる政策であり、この象徴的な存在ともいえる鋳銭座の打ち毀しこそが、静明神の祭礼に際しての神慮に適うものであり、また、みずからこそが、このような神慮を体現しているという集合心性を共有していたからだといえる。

このように鎮守の祭礼は、人々が村・町や家の無事と安全を共同で祈願する儀礼の空間であったが、同時に、人々の無事や安全が脅かされている場合には、これを、神慮を体現する儀礼によって取り除き、再び地域社会の無事と安全を回復させるという空間として存在した。打ち毀しを含む制裁としての行為は、祭礼という儀礼を共同で執行する人々にとっての集合心性の一部であったといえる。

三　天狗の少年と江戸米騒動

天明七年（一七八七）五月の江戸市中の米騒動については山田忠雄・竹内誠・岩田浩太郎によって各々の視点から詳細な検討がなされている。[20]これらによれば、米騒動は、天明三年七月の浅間山噴火を契機とする全国的な凶作・飢饉、特に天明六年七月の凶作を契機とする飢饉と米価高騰を背景とする。天明七年三月には米価の高騰によって投身自殺や餓死する人々も現われ、豆腐や野菜類のような米以外の日常の食料品までもが高騰し、五月初旬の米の小売値段は前年同月の約五倍にもおよんだ。五月一八日、町々では町年寄を通じて北町奉行曲淵甲斐守景漸に救済の嘆願をしたが、具体的な救済策をもたない町奉行所によって却下され、これが打ち毀しの契機となった。

打ち毀しは五月一八日に深川・本所で開始され、一九日には芝・赤坂に拡大した。また、二〇日夜の赤坂・深川から本格化し、二一日には山の手の麹町・日本橋・浅草・四谷、次いで二二日から二五日までには、本所・深川、千住（日光・水戸・佐倉道分岐点）、駒込・巣鴨・板橋（中山道）・大久保（青梅道）・淀橋（甲州道）・渋谷（大山道）・品川（東海道）と主要街道に沿って「江戸一統はしく〵まで」が打ち毀されている。(21)

打ち毀しの対象となったのは米屋・油屋・餅屋・味噌屋を中心に質屋・酒屋などの九八〇軒余に達した。五月二〇日の赤坂の打ち毀しの様子を幕臣の書いた書状の写によって見れば次のようにある。(22)

五月廿日の夜五ツ時頃、赤坂御門外の米屋伊勢屋方江数百人押懸ケ、家財を悉ク打崩此いせ屋といふ者、此邊の大米屋なり、米俵を切崩し、皆往来江打散ス往来米ニて一尺或ハ、二・三尺高くなる、臼を砕キ、杵を割、建具ハ勿論、鍋・釜・衣類迄微塵になす、後は彼党類ふえて凡千五・六百人にも及ひて赤坂中の米屋を不残打崩シ、酒屋なと酒を振舞申候者ハ其儘通り、違背の者ハたゝちに打崩ス、此騒動によつて奉行所より捕手役人三十人程来けれ共、大勢の事故、提灯を打破り、制しかたき有様なり、かゝる所に赤坂定火消、出火ト心得、早メ太鼓を打、彼所へ向ふに出火にあらす、奉行所役人、是を見て定火消江加勢を乞ひたり、火消よりの返答ハ、怪我・即死の者有てもくるしからす哉との事なり、いふにや及ひ可申、天下の役制を不聞もの、思召次第ニて御加勢あるへしと也、爰において定火消人数、大鳶・長道具或ハ抜身刀切先をならへ、多勢之中へ馳向ふ、此勢ひニ恐れて四角八面へ散ス、定火消屋敷よりハ、主人の一大事と厳敷上下の家人、追々ニ屋敷をふるつて馳せ向ふ、人聲ハ天に響き、提灯の光りは天を焦し、あたかも火災の起りたるか如く、町々半鐘をならして欠集る、しかり与いへ共、町人足ハ、此體を見て引返す、但、此時、捕人の方へ二十二・三人召捕ト言共、皆、此辺の軽き者共ニ而徒党張本人ニあらす、頭取たるもの共ハ取逃したり、崩シに来る者、先手五・六人、たんひらの刀を抜、振廻し、中に十五・六才の前髪立壱人、先ニ進ミ、懸矢の類、大鳶・玄能抔持来る、段梯子を壱人ニ而さけて出、打崩シ、下賤・無来の者の一統に言所、是凡人にあらす、天狗なるや、又ハ、何神なる哉、又ハ、大神宮の神使なとゝ得も言れぬたハけ申触ル、右の悪徒共の党類、四組も五組も別れて米屋〳〵を打崩ス、又按るに、彼者、来れハ、矢張、町内之者共、どやくやまきれに加り、忽大人数トなる、米石《米穀》・諸をうばひ取なり、其時寄柏子木・引太鼓を打なり

赤坂では打ち毀しに集合した人々の鎮圧に町奉行所の役人と定火消があたったが、頭取は捕縛できなかったとある。幅の広い刀を振り回して打ち毀しの先頭に立っていた五〜六人の頭取の中には、一五〜一六歳の少年がいたが、掛矢と呼ばれる杭を打ち込むための大型の槌、大きい鳶口、玄能と通称される大型の金鎚を持参し、段梯子を一人で持って行って打ち毀しを始めた。打ち毀しに参加した人々は、この少年をとても人間とは思えない、天狗か、何かの神か、はたまた、伊勢大神宮の神の使いであろうかと述べていたとある。

また、「兎園小説」によれば「年十五・六の大わらはのいつも衆人に先きだちて檐《ひさし》に手をかけ矮樓《わいろう》に飛び入り、奮撃すること大かたならず、これは人間わざならで、必天狗なるべしとて牛若小僧と唱えつゝ人みな戦き、怕《おそ》れしが後に、その素性を聞きしに大工わらはといふものにて渠十二・三のころよりして身軽く力あり」(23)とある。打ち毀しの先頭に立っている若者が牛若丸を連想させる牛若小僧と形容された点は打ち毀しに参加した人々の心性を考えるうえできわめて興味深い。幼年時代に牛若丸といわれた源義経が鞍馬山で天狗に鍛えられたという義経伝説は浄瑠璃や歌舞伎によって当時の人々に広く知られていたことは想像に難くない。天狗は異常な怪力と極端な清浄を好み、激しい感情を持ち、常人の意表をつくように身を隠したり、顕われたりする妖怪だと想像・伝承された存在である。人々は、若者が打ち毀しの先頭で天狗の申し子ともいえる牛若丸のように活躍するのを見る。これによって若者に天狗が憑依したのではないかという印象を持ったのである。

勝俣鎮夫は「一揆を天狗の行動と関連させて蜂起している例は各地に多くみられる」として「この天狗は、この時代の民衆意識のなかにおいて、妖怪であるとともに、天の意思にもとづいて勧善懲悪をおこなう天の使であるという両義性をもつものとして存在していた。一揆とこの天狗の深い結びつきは、一揆の主体がこの後者の天狗になりかわって行動する意識から生まれたものといえる。ここでは、一揆は天狗に変身し、その正義感情を表示したのである」

としている。(24)

こうした指摘に従えば、この打ち毀しで人々は、天狗や天狗に鍛えられた牛若丸の霊が若者に取り憑き、これによって若者が天狗の意を体現して飢饉から人々を救済するために打ち毀しの先頭に立ったという印象を持ったのだと考えられる。このような類感的・感染的な呪術によって形成された集合心性は、(25)若者が大神宮、すなわち、伊勢神宮の神使とも人々から観念されていた点からしても、打ち毀しによる制裁が天狗や大神宮の神、すなわち、天照大神の神慮であるという正当性の観念へと導かれ、みずからも「正義感情」を、神や天狗が取り憑いた若者と同じように、神による社会的正当性観念を表示するものとして打ち毀しに参加したのだといえる。この意味で繰り返しになるが、「ここでは、一揆は天狗に変身し、その正義感情を表示したのである」と述べ、先頭に立って打ち毀し勢を導く身軽な一五〜一六歳の少年の姿を大神宮の神使や天狗に見立て、これを一揆や打ち毀しの正当性観念の表出と捉えた氏の指摘は、米価高騰に苦しむ人々の救済のための党類（党）の形成を希求・歓迎する人々の心意を的確に述べたものとして極めて示唆に富んでいるといえよう。

また、町内の住民は、これらの頭取が打ち毀しを開始すると混乱に乗じて柏子木や引太鼓を打ち鳴らし、大挙して群衆として集合し、これによって打ち毀しへの参加人数が急激に増加したのではないかとしている。しかし、三井江戸店の書状によれば二一日、本所では「扨又夜前、私町内之衆中、本所四ツ目之原江不残寄合、則私も罷出候處、町内之内、相応ニ暮居候ものへ無心申掛ケ候積ニ相談相極候處、町内家主、右之趣承知いたし候ニ付、今朝差留、家主共最中相談罷有候儀ニ御座候、右之外、隣町ニても大勢打寄、相談いたし居候由被申立候(26)」と町内の住民が集合し、とりあえず打ち毀しはせず、町内で相応の暮らしを立てている人々に無心を申し入れるという相談が決まり、これに家主も同意したとある。また、この件について現在、隣の町でも相談中であると報告されている。書状は打ち毀しの前日に開催された寄合（集会）の直後に書かれたもので、町内の緊迫した空気をリアルに伝えていて興味深い。このような良質な文書はきわめてまれにしか存在しないので、別の文書類からも同様の質と内容のものを見出せるかといえば今後の調査をまつしかない。しかし、これからすれば、赤坂でも、頭取の出現以前に町内のなかで、米の安売りや合力の救済要求が存在し、これが実現できそうもない場合には打ち毀しを実施するというような、人々の中に共通の心性が潜在的に形成されていたとみてもよい。

また、そうであるからこそ、人々は、盗賊・悪党に侵入された地域が付近の地域に危険と集合を告げ知らせる太鼓・鐘を打ち鳴らし、これを聞いた地域の人々が次の地域に危険と太鼓・鐘の鳴る村へ集合するよう告げ知らせる拍子木を打って打ち毀しに集合したのだといえる。太鼓・鐘・拍子木は、五人組帳の前書にも見られるように、人々の危険を近隣の地域に告知し、これを知った人々が得物を持って集結して盗賊や悪党と対峙し、地域社会の無事と安全を共同で実現するための道具でもあるが、一方で、悪霊や鳥獣・敵を威嚇して退けるための道具として使用されたので、祭礼を含む宗教的・呪術的な儀礼にとって欠かせない祭具としても定着していた。したがって、飢餓に瀕した人々が米の安売りや施行という相互救済を要求し、これが実現されなければ、打ち毀しによる社会的制裁によって飢餓を解決しようとする人々の秩序的な集合心性を高めようとする群衆の集合のための合図として使用したのはきわめて当然のことであった。

人々の目標は、米の安売りや合力による施米の実行、すなわち、相互救済の実現にあった。天明七年（一七八七）五月の江戸市中の米騒動は、凶作に加え、商人の米の囲い込みによって起こった飢饉の中で、生存の危機に瀕した人々が、身分や経済的な格差に関わりなく、平等に食を得る機会を求め、米の安売り・施行という救済を要求したものであり、商業取引の利害を優先させて米を囲い込み、人々の相互救済の要求に従わなかった場合には社会的制裁としての打ち毀しが実施されたということができる。また、打ち毀しについては、天狗、天狗に鍛えられた牛若丸、大神宮の神使、太鼓・鐘・拍子木などのような人々の心意を表現する記録が残されているが、これらは、慣習的な宗教に関わる儀礼的秩序が人々の集合心性の形成を強く促したことを示しているのである。

四　三社祭の神輿巡幸と喧嘩

ところで、竹内誠は、天明七年（一七八七）五月の江戸市中での打ち毀しと幕府の打ち毀しに対する法的処置について注目すべき見解を示している。[27] それによれば、打ち毀しに参加して捕縛された人々は、旗本の森山孝盛の日記、天明七年六月二一日の条に「此度、騒動之町人共、多く被召捕、米屋茂大勢被召捕候処、喧嘩之取捌に成、被差免、牢屋より帰る」[28]とある点や「天明七年丁未五月、米穀払底ニ付、江戸騒動之次第」という記録に、「五月廿三日朝千人も牢屋へ参候処」、「喧哢之名目ニて、其日之内ニ皆、御赦免ニ御座候」[29]とある点から多くが喧嘩と裁定されて釈放されたというのである。

「翁草」によれば、[30] 打ち毀し勢は当初から党を結んで理不尽の働きをしたのではなく、後日の申し開きを考えていた。まず、打ち毀そうとする米屋の名前で、米の安売りの日時を謀書した広告のための引札を作って各所に張っておく。次に、これを見た人々が、われもわれもと引札広告に書いてある日時に米屋に群をなして集合する。しかし、元来、謀書なので米屋は安売りをするつもりはまったくなく、米屋と集まった群衆が押問答を繰り返すうちに喧嘩となってしまう。最後に、喧嘩になると頭取が命じて米の強奪や家屋の打ち毀しが始まり、米屋に集まった人々も、これに同調して打ち毀しを手伝ったとある。

これを氏は、喧嘩両成敗法の原則を指摘する平松義郎の研究を引用しながら当時の法にあって喧嘩は理非互角として処罰の対象とはならなかったと説明し、打ち毀しに参加した人々は、当初から「徒党を組むという非合法の行動」にでたのではなく、打ち毀しという「本来非合法な行為を、喧嘩の論理を導入することによって、合法的な行為として認めさせようという知恵」を経験的に体得していたのであったとする。

これによれば、米を囲い込んだ商人に対する人々の打ち毀しという社会的制裁は、前述の記録で見たように、多くの場合、法的には喧嘩という裁定のもとに処理されたといえるのであるが、氏はさらに祭礼の際の喧嘩と打ち毀しとの関連について注目すべき見解を江戸の浅草三社祭の事例から述べている。

三社祭は、浅草寺の本尊である聖観世音菩薩を宮戸川（浅草川）から拾い上げた漁師の土師真中知および家人の檜前浜成・武成をまつる浅草三社大権現の祭礼である。聖観音を網で拾い上げた日にちなんで、毎年三月一七日・一八日、子孫長久、国家安全や害虫・悪疫の消除を祈願して開催される。祭は、三月一五日の神輿の荘厳、一七日には神を移す儀礼と観音堂外陣の旅所への遷座、獅子舞と田楽の奉納、また、一八日には、獅子舞と田楽の再度の奉納や神輿の巡幸が執り行われる(31)。

『浅草寺日記』の明和七年（一七七〇）三月晦日の条によれば、浅草の三社祭や浅草寺境内西宮稲荷社の祭礼では、門前町の「若者共」や「子供」が、頻繁に神酒代や寄進のための勧化を山内の地借人に「押勧化」として強制している(32)。また、境内には参詣人を対象とする楊枝店・茶店・酒店が数多く出店・営業していた。寛政八年（一七九六）六月の記事によれば、これらの店に対して神輿の舁ぎ人足役を分担する材木町・花川戸町・山之宿町の若者頭を中心とする人々が、出店・営業の届出や金銭の寄進・勧化物を強制し、「其上、年々、三社祭礼之節、神輿持歩キ、平常之挨拶悪キ者宅江持込、打こハし候義など時々相聞候(33)」と普段の寄進・勧化に応じない挨拶の悪い人物の自宅に神輿を持ち込み、打ち毀しをおこなっている。これらは基本的には喧嘩として処理されていたものとみられる。

しかし、このような若者仲間も、浅草寺境内にあっては町役人から出入・喧嘩の仲裁役として貴重な存在であるとの評価を受け、町内にあっては祭礼の主役として町共同体の慣行を維持し、「町内社会の円滑な運営に欠かせ」ない存在であった。氏は、こうした若者頭を中心とする人々の各種の勧化・寄進の強制や打ち毀しの事例を指摘し、このような事実、すなわち、喧嘩として処理されてしまう打ち毀しに対してなんら法的な処置が講じられず、処罰されないとすれば、天明七年（一七八七）五月の打ち毀しと同様の状況を現出すると述べ、寛政三年四月の江戸町法改正の際の若者仲間への規制の前段の状況を位置づける。

「平常之挨拶」によって取り集められた金銭が何に使用されたのかは注目に値する問題であるが、とりあえず、ここでは神輿による打ち毀しが、町共同体の日常的な相互扶助的交流を無視して営業する商人への社会的制裁であるとともに、法的には喧嘩として規制・処罰の対象圏外に位置づけられており、また、若者頭を中心とする人々によって祭礼という町共同体の平和と安全を共同祈願する儀礼にともなって打ち毀しのなされた点が確認できるのである。

五　地芝居一揆と水神供養祭

野尻騒動は、安政六年（一八五九）八月二二日、下野国都賀郡野尻村で開催された地芝居興行に関東取締出役の手先が弾圧を加え、これに対して対峙した百姓の一揆である。文政改革の取締政策と地芝居興行の主体としての若者組との関連を検討した多仁照廣によれば「文政取締改革によって、在方に求められた地芝居取り締まりの頂点に立つ事件であると共に、地芝居で百姓一揆が起きた稀有の事件であった」[34]と評価されている。

これによれば、地芝居の興行は大芦川と荒井川との合流点付近にある野尻村が、洪水によって流された大芦川の橋を再建しようと水神宮供養の石碑を建立したのにともなって計画された。菅原伝授手習鑑・番町皿屋敷・太閤記十段目・義経千本桜などを演目とする地芝居は三日間の予定で開催されたが、八月二二日夜八ツ過ぎ、取締出役の手先の岡っ引きが舞台に踏み込んで主催者や役者を捕縛しようとした。岡っ引きに対して百姓たちは板や竹の棒を投げつけ、さらに、引き揚げた岡っ引きが再び来襲するのを防ぐために得物を持って河原に集結した。

洪水によってたびたび、橋を流すほど荒れ狂う川の霊としての水神を鎮めようとしたのが水神の宮の建立であり、地芝居の興行は、橋の再建費の調達という側面とともに、人々の水神への慣習的な信仰、すなわち、水神を勧請するとともに供養して鎮魂し、荒れ狂う川を鎮めようとする儀礼にともなった奉納芸としての側面を持っていた。地芝居は奉納の芸能としての性格からいえば、本来、鎮魂の対象である水の神に見せるものだと観念されたが、この時期の芸能は神を鎮める奉納芸から人々が楽しむための芸能へと次第に重点を変えてきている点も見逃せない。

この点に関して古川貞雄は、祭の中で奉納の芸能が演じられることが多い休日を「遊び日」と呼ぶのは、原義が神遊びの日であるからであり、「十七世紀までは原義に近い宗教的心情が色濃く保たれていたとみられるが」、一八世紀以降、貨幣経済の進展にともなって合理的心性が強まる過程で、「神遊び」の日も、人の遊休日へと次第に姿を変える。しかし、こうした変動過程の中で、都市・村落社会の中の人々が、師職や講を媒体とした信仰・寺社参詣によって見聞し、新たに設けられた休日も、福神を招き寄せたり、災害や流行病などの悪神（怨敵・魔障）の退散・降伏のための「神々の新規祭礼という形をとっている限り、本来の意味が失われていない」と述べている。[35]これらによれば、共同体の休日も、神を鎮めるための祭日と人々が褒美祭・武運祭・名主交替祭・年貢完納の祝祭のような類型に次第に分化しつつあったが、しかし、現実の人々の心性においては両者が並存していたのが実態だといえる。

しかも、芝居も、また、多くの芸能と同じようにドラマの展開にしたがって役者と見物人・見物する人々相互の中に精神的な緊張感と共感をもたらす。諏訪春雄は、演劇史の立場からは歌舞伎と能はまったく違うものとする見方が常識的であるが、歌舞伎の隈取や化粧には能の仮面と同様の働きがあり、それは、基本的には神楽の悪霊退散のモチーフを受け継いでいるとする。[36]このことから神々を人間に置き換え、悪神を敵役として歌舞伎の脚本が生み出されるという見通しを述べるが、これからすれば、歌舞伎の演目のエッセンスが繰り広げられる地芝居を観る人々の中には、[37]主役が敵役を制裁する場面に、社会的な正義感情と共感を覚え、主役の中に人々を守護する神を、敵役の中に悪神を見立てるという深層部分での共通の心性が生み出されていく。くわえて、それが水神への共同体的な鎮魂を目的としたものであったのである。したがって、こうした集合心性によって形成された空間に対する関東取締出役の手先の侵犯は神慮に背くものであると観念されたのだといえる。

野尻騒動は、慣習的な宗教儀礼としての水神宮供養祭の地芝居への関東取締出役捕縛吏の侵犯に対する百姓一揆であったといえるが、ここでも、水神への鎮魂と結びついた地芝居の奉納・見物という分離しがたい二つの要素が入り交じった慣習宗教の儀礼的な秩序によって共有される心性が、人々の一揆的な結合と捕縛にあたった役人に対する攻撃となって現象するのを見て取ることができよう。

このような集合心性は、また、相互扶助的な資金の調達によって橋を再建しようとする村落共同体の人々の正当的な権利意識を背後から支えるものであり、こうした目的のための鎮魂の芸能としての地芝居への取り締まりを不作法に強行しようとする岡っ引きを撃退し、地域社会の無事と安全を共同で実現しようとしたのが、野尻村の地芝居一揆であった。

六　神木伐採騒動と神輿の巡幸

慶応二年（一八六六）四月、静明神氏子の三八カ村の人々は、那珂湊の大黒屋兵介・梅屋権十郎を中心とする数軒の商人を打ち毀している。二人は、水戸藩の国産掛商人で、藩の木材払下げ政策によって静明神の社内の神木を伐採しようとした。神木の植林と管理・利用の権利を持っていた氏子の百姓は[38]、神木伐採の中止を郡方役所に願い出るが、しかし藩は国産掛商人の両人を使って神木の伐採を強引に実施しようとした。人々は、伐採を命じられた小屋掛けの職人を捕えるとともに、三月二〇日からは、静明神の山林に陣を取って神木の伐採を中止させるための相談をする。

水戸藩士の鈴木寛敏の手記によれば、静明神の山林に立て籠もった人々は「右頭取と云ハ、昔年、太田ノ銭座コハシ候時、頭取候者ノ様トカノ由、其外一村毎ニモ頭取有之、大頭取年六十位ノ由、彼等申合候ハ嘆願書壱通、湊コハシ候後、御城下へ出、鈴木石見殿へ出シ、取請無之時ハ、公辺へ出候趣[39]」であったとある。

頭取はかつて鋳銭座を打ち毀した時を彷彿とさせた。頭取には六〇歳くらいの大頭取と一村毎に普通の頭取とがいた。相談では、まず、神木の伐採を請け負った湊の商人を打ち毀し、次いで水戸城下に出向いて家老の鈴木石見に嘆願書を差し出し、それでも嘆願が聞き入れられない場合は、江戸に出向いて公儀に嘆願しようと取り決めたとある。

四月一三日朝八ツ時、人々は静明神の神輿を舁いで神社を出発し、氏子三八カ村の人々と合流して大黒屋兵介・梅屋権十郎を中心とする数軒の商人を打ち毀している。このときの事情を鈴木寛敏の手記によれば次のようにある。[40]

尚又、コハシ候時、品々分捕物等一ト品ニ而も持帰リ候者ハ、仲間ニ於テ厳刑可行、扨又、打コハシ十五日ト申義、偏ク申触、湊へも聞へ、郡庁へも知レ、其防キ十四日より出役、途中ニテ喰止メ、湊へ入候事不被成候手当致シ、湊ニ於テモ夫々手当可致用意候所、全ク計策ニテ十三日、不意ニ押来り候故、夫々手当見ニ合不申、扨百姓等抜身・槍并竹槍持来候ハ虚説ニ而名《銘》々カラ手、湊へ来リ打コハシ候店ノ布《キレ》ニ取テ、名々襷・鉢巻ニ致シ、大黒やニハ剣附筒十挺計有之、大小十腰計、是ヲ取テ扣キ廻シ、引散シ候故、筒も刀も一切役立不申様ニ相成、大黒やハ前日より用心金ヲ積、海上へ逃ケ候故、金貸シ候帳面取出シ、井戸水丈ケ、石ト小箱類投入埋メ、其上へ帳ヲ置、此ニテあぶなき事ナシト火ヲ附、焼捨候也、十三日暮迄乱妨致シ、十四日明方引取候由、扨十三日ニハ湊ノ者ハダカ馬ニ乗、丸ニ生ノ字付タル諸生ノ御印ヲ背ニ付、石見殿御城へ櫛ノ歯ヲヒク如ク注進候、依十四日引候後、御郡奉行両人支配召連出張、御先手物頭、二頭切火縄ニ而出張十三日湊御殿守大古、庄兵衛小筒打セ候由、百姓共湊より石見殿へ押来候説有テ、石見殿下知ニ而水門・見附ノ扉ヲ閉、荒神見付ハ御先手物頭、切火縄ニテ堅メ候所、湊より引取、其人数、静御山ニ屯集候由

これによれば、打ち毀しは四月一五日と触れ出しておいたので、湊や郡方役所にも知れ渡っていた。当日は、藩の出役が打ち毀し勢を途中で制止し、また、湊でも打ち毀しに対抗する準備も整えるだろうというので、打ち毀し勢は、不意を衝き、予定より二日早い一三日の早朝に静明神の神輿を舁いで打ち毀しを開始した。用心深い大黒屋兵介は前日の一二日に「用心金」を積んだ船で海上に避難して無事だったが、大黒屋で備えていた剣付筒や大小は引き散らかされてまったく使用できなかった。人々は、抜身の刀や槍・竹槍は持っておらず、対象となった店から布を取り出して襷・鉢巻の出で立ちとなり、私欲による略奪の厳禁と出火の防止を内部規律として翌一四日の明方までに打ち毀しを完了し、鎮圧のための藩の出役が火縄銃で出動すると神輿を舁いで静明神に還御・撤退して集結したとある。ここ

でも、また、四月一日の祭礼にともなって準備された神輿が、人々によって舁がれて静明神からの出御を開始し、人々の正義観念を損なうような商業活動をおこなう商人が打ち毀され、神輿は、人々に舁がれて静明神に還御しているのであり、打ち毀しの過程が、神輿の巡幸という祭の本儀での単位儀礼と共通するという事実を指摘することができる。

おわりに

以上、本稿では、一揆・騒動と祭礼とが、人々の集合心性の深層世界において共通するのではないかという点を指摘し、これを具体的に検討してきたが、細部にわたる説明は本文に譲り、全体的な要約をすると次の通りである。

人々は、法的には、徒党と規定される人的な結合としての一揆を結んで蹶起したが、これらの蹶起は、具体的には商人などに対する囲い込んだ米の安売りや施米による社会への還元という相互救済の要求、質の悪い銭によって騰貴した物価の本来の状態への回復の要求、奪われた神木管理権の回復、停止を命じられた水神供養のための地芝居の上演の再開を実現しようとするものであったといえる。

この時期の一揆・騒動は、蹶起の後、要求実現が不可能だと判明すると打ち毀しへと進むが、これらの経過をみると蹶起・救済要求・打ち毀し・救済実現・退去というプロセスがあったことがわかる。天狗や大神宮の神使という象徴的な表現、神輿を舁いで打ち毀しをおこなうという象徴的な行為は、蹶起・救済要求・打ち毀しの段階でみられる現象であるが、また、これらは、迎神・神人交歓・送神という祭礼の単位儀礼の中での神輿の巡幸、神楽や地芝居といった奉納芸の中に見られる象徴的な表現と共通する。神による人的結合は、一揆・騒動にも祭礼にも共通して見られる現象であり、これらに参加する人々の精神的な支えが、神という観念に象徴された集合心性によるものであったことを意味する。くわえて、組織的な主体が、町や村とはいっても、実質的には、これらの自治の精神的な結合の軸となる神社の氏子や若者仲間のような儀礼のための組織であったり、あるいは、結衆的・講的な地域結合の枠組みとしての町や村である点でも、また、一時的にではあれ、人々が支配の規制からの解放によって自律的な空間的秩序を志向するという点で、両者は共通している。

ここでの神とは、人々に地域社会の安全と平和を保証する慣習宗教的な神という観念であった。人々は、地域社会の安全と平和を継続して維持するために神を措定し、措定された神との交歓を現実たらしめようとして初穂などの収穫物や収穫物の代替品としての金銭を献上するとともに、神に対する鎮魂の芸能を奉納して祭礼を執行する。これによって、人々は、相互に平等に日常の再生をはかるための交流空間を創出する。人々の集合心性の深層には、神は、地域社会の安全と平和を保証する存在であるという慣習的な宗教意識が存在したが、これは現実には、このような人々の集合心性に基づく日常の再生のための人的な交流と結合を継続させる空間としての祭礼によって認識されていたといえる。

祭礼を担う人々の以上のような観念が、三社権現祭礼の際に、普段の挨拶、すなわち、寄進・勧化という共同体的な相互扶助に協力しない人物の建物を打ち毀すという社会的制裁の現象として表出したのであり、鋳銭座一揆や神木伐採騒動で、神輿を舁いで打ち毀しをおこなったのも、私的な利益のための米の囲い込みや物価を騰貴させるような政策が、人々を生存の危機に陥れ、都市や村落という地域社会の安全と平和を破壊する行為・政策であるからで、これが神の意思に背くものと観念されたからだといえる。

人々の安全と平和が神のもとに平等に保証されるという観念が、一揆・騒動の集合心性の基層的な軸となり、表層としての打ち毀しという社会的制裁を実行する社会的正義・正当性観念形成を導き出す基礎であったのは、このためだったということができ[41]、祭礼は、このような神のもとの人々の平等な平和と安全を村落や都市の共同体において継続的に保証する儀礼の空間として位置づけることができるのである[42]。

（1）　宮家準『宗教民俗学』（東京大学出版会、一九八九年）七頁。ここで氏は民衆宗教を「ところで、わが国で民俗といった場合には、特定の地域で生業形態や生活の中から育まれ、長く伝承されてきた、固定的な生活体系やそれを支えている思考様式をさしている。しかもそれは強い規範性を持ち、無意識のうちに住民に内在的に受け入れられる基層文化をなしている。そうだとすると、民俗宗教の語義は特定地域の住民が生活の中からうみだした生活慣習としての宗教をさすと考えられるのである。具体的には年中行事・人生儀礼・除災儀礼・伝説・神話などが中核をなしている。それ故、これを宗教学における既述の宗教の類型論に位置づけると自然宗教にあたるものである。ただ民俗という語は上記のような広い意味をもつ故、私は民俗宗教を普遍宗教と対応する包括的な概念として用いることにしたい」と定義している。筆者が本稿で使用する慣習的な宗教・信仰・慣習宗教というタームは、このような氏の定義に沿っている。

（2）これについてはとりあえず伊藤幹治「日本文化の構造的理解をめざして」（『季刊人類学』第四巻第二号、一九七三年）を参考とした。

（3）安丸良夫『日本の近代化と民衆思想』（青木書店、一九七四年）は、この点を初めて意識的・本格的に扱った成果である。しかし、第二篇第五章「民衆蜂起の意識過程」の結論の部分（二五五―二六六頁）では、一揆と祭礼とを峻別して本文のように論述する。

（4）山田忠雄『一揆打毀しの運動構造』（校倉書房、一九八四年）二〇二頁。

（5）「町年寄手控」（『東京市史稿』産業篇　第十三）八三一頁。

（6）「枯木集」五・巻之十（『東京市史稿』産業篇　第十三）八四八頁。

（7）山田忠雄『一揆打毀しの運動構造』（校倉書房、一九八四年）、二一六頁。

（8）山田忠雄『一揆打毀しの運動構造』（校倉書房、一九八四年）、二三四頁。

（9）「高間騒動の事」・「江戸真砂六十帖広本」巻之六（『燕石十種』中、中央公論社）三二〇頁。

（10）「月堂見聞集」巻之二十三（『続日本随筆大成』別巻4、吉川弘文館）二五〇頁。『東京市史稿』（産業篇　第十三）八四九頁。

（11）水江漣子「近世江戸の民俗――水あびせについて」（『風俗』第六二号、一九八〇年）、多仁照廣『若者仲間の歴史』（日本青年館、一九八四年）一〇六頁。

（12）木戸田四郎『維新黎明期の豪農層』（塙書房、一九七三年）。『水戸市史』中巻（二）二四七頁。

（13）「静神社記」（『那珂湊市史料』第一一集　祭礼編）一一三頁。

（14）「静神社記」（『那珂湊市史料』第一一集　祭礼編）一一三頁。

(15)「加藤寛斎随筆」（茨城県史編さん委員会編『近世史料』Ⅳ）一四二頁。
(16)「鋳銭実秘録」（宇野小衛門家所蔵文書）。『常陸太田市史』（通史編上）八七〇頁。
(17)「水戸紀年」（『茨城県史』近世政治編Ⅰ）五六四頁。
(18)「加藤寛斎随筆」（茨城県史編さん委員会編『近世史料』Ⅳ）二三八－二三九頁。
(19)川出清彦『祭祀概説』（学生社、一九七四年）。倉林正次『祭りの構造――饗宴と神事』（日本放送出版協会、一九七四年）。アルノルト・ファン・フェネップ『通過儀礼』（綾部恒雄・裕子訳、弘文堂、一九九五年）。
(20)山田忠雄「一揆打毀しの運動構造」（校倉書房、一九八四年）二三七頁。竹内誠「天明の江戸打ちこわしの実態」（徳川林政史研究所『研究紀要』昭和四五年度、一九七一年）。岩田浩太郎「都市打ちこわしの論理構造――日本近世の都市食糧蜂起について」（『歴史学研究』第五四七号、一九八五年）。
(21)「天明打こはし一件」・「後見草」下（『燕石十種』上、中央公論社）四五五頁。『東京市史稿』（産業篇　第三十一）一八二頁。
(22)「天明七未年江戸町方騒動荒増書記」・「天明丁未江戸騒乱記」（『国立国会図書館櫻園叢書』三十一）。『東京市史稿』（産業篇　第三十一）一〇九頁。
(23)「兎園小説」第十一集（『東京市史稿』産業編　第三十一）二二八頁。
(24)勝俣鎮夫『一揆』（岩波書店、一九八二年）一三二頁。
(25)類感呪術・感染呪術についてはとりあえず柳田國男監修『民俗学辞典』（東京堂出版、一九五一年）二七三頁の「呪法・呪術」の項、および、アルノルト・ファン・フェネップ『通過儀礼』（綾部恒雄・裕子訳、弘文堂、一九九五年）。
(26)「別證拾壱番」（『東京市史稿』産業編　第三十一）一八頁。
(27)竹内誠「江戸における法と民衆――『祭り』と『喧嘩』」（『新史潮』第一七号、一九八五年）。
(28)「森山孝盛日記」（『日本都市生活史料集成』第二巻）一四六頁。
(29)「天明七年丁未五月、米穀払底ニ付江戸騒動之次第」（『編年百姓一揆史料集成』第六巻、三一書房）二六〇頁。
(30)「翁草」（『日本随筆大成』第三期・第二二巻）一八〇頁。
(31)『台東区史』（社会文化編、一九六六年）一〇二六頁。なお、概要についてはとりあえず『江戸名所図会』（鈴木棠三・朝倉治彦訳、第五巻、角川書店）二一四頁を参照していただきたい。
(32)『浅草寺日記』（第三巻）四四一頁。

(33)『浅草寺日記』(第七巻) 六六六頁。

(34) 多仁照廣『若者仲間の歴史』(日本青年館、一九八四年) 一三三頁。同「地芝居と若者仲間——文政改革と『かくれ芝居』」(『地方史研究』第一三一号、一九七四年)。

(35) 宮田登「農耕・神遊び・日読み——伝統的生活リズムの自律性」、古川貞雄「神遊びから休養日へ」(『週刊朝日百科 日本の歴史』第八〇号、一九八七年)。古川貞雄『村の遊び日——休日と若者組の社会史』(平凡社、一九八六年)。著者も江戸近郊地域の休日について検討してみた。澤登寛聡「東西葛西領の休日調査に関する基礎史料——江戸近郊地域の人々の日常生活史の理解のために」(東京都葛飾区教育委員会編『プラネタリウム・郷土資料館資料調査報告書』一九八六年)、同「近世の地方文化と消費社会の形成」(竹内清己編『文学空間——風土と文化』(桜楓社、一九八九年)。ここからも氏の指摘と同様の事例の存在が確認できる。

(36) 諏訪春雄『日中比較芸能史』(吉川弘文館、一九九四年) 四頁。

(37) 守屋毅『村芝居——近世文化史の裾野から』(平凡社、一九八七年)。

(38)『水戸市史』中巻 (四) 七六二頁。

(39)「水戸藩士鈴木寛敏手記」(『那珂湊市史料』第八集) 三七頁。

(40)「水戸藩士鈴木寛敏手記」(『那珂湊市史料』第八集) 三七頁。

(41) 慣習宗教的な神慮・神意という神の意思に関する観念は、人々の世俗的な社会での正義・正当性観念と一義的に一致しない。そこには、祭礼の場に限らず、措定された神との交歓・交流のための儀礼が必要とされるが、これが一味神水である点については勝俣鎮夫『一揆』(岩波書店、一九八二年) によってもあきらかである。なお、役論と関連した社会的正当性観念については澤登寛聡「『一揆』集団の秩序と民衆的正当性観念——安永七年五月 都市日光の惣町『一揆』を中心として」(『歴史学研究』第五四七号、一九八五年〔本書第二編第三章所収〕) で若干の見解を述べておいた。

(42) 一揆・騒動と祭との関連を検討しようとする試みは、本稿では取り上げられなかったが、高橋敏『日本民衆教育史研究』(未來社、一九七八年)、同『民衆と豪農——幕末明治の村落社会』(未來社、一九八五年)、氏家幹人「近世解体期における在方風俗の逸脱と統制」(『地方史研究』第一七一号、一九八一年)、渡辺浩一「近世後期における在郷町共同体と藩権力」(東北大学日本文化研究所『研究報告』別冊二六、一九八九年)、同「在郷町における町年寄・若者仲間・祭礼」(渡辺信夫編『近世における都市と交通』河出書房新社、一九九二年) がある。

第二章　祭と一揆

――明和八年四月における水戸藩鋳銭座の打ち毀しと磯出祭を中心に

はじめに

祭は、江戸時代の人々にとって神による平和と安全が保障・実現されているとの観念を持つ場であった。この場で形成された除災意識や社会的な平等意識、正義・正当性観念が、一揆や騒動に参加した人々の集合心性の基軸となった。打ち毀しなどの暴力的な社会的制裁も、こうした集合心性に基づいて実行された(1)。

祭が一揆へと転化するには、どのような契機と条件が存在したのか。本稿は、この点について明和八年（一七七一）四月、水戸藩領分の那珂郡静村の静明神磯出祭で、この祭に際して起こった水戸藩鋳銭座（久慈郡太田村）への打ち毀しの経過を辿りながら検証してみたい(2)。

第一節では、幕府の鋳銭政策と水戸藩鋳銭座の設立事情について概観する。次に第二節では、本稿の主題である静明神磯出祭での太田村鋳銭座への打ち毀しを検討する。

これらを通じて打ち毀しの中に祭と関連する要素があるとすれば、それはどんな点だったのか。ここでは、これによって祭が一揆へと転化する際の契機を探ってみたい。

一　幕府と藩の鋳銭政策と水戸藩鋳銭座

元文元年（一七三六）五月、幕府は、正徳金銀・享保金銀に対して金銀含有量の少ない元文金銀を発行したが、元文金銀の流通は銅銭価格の相対的高騰をもたらした。(3) 銅銭の高騰は、元文金銀の質的低下のみならず、銅銭の原材料である銅の産出量の減少や海外への銅の流出にともなう供給量不足をも要因としていた。このため幕府は元文四年、銭相場の高値を是正する目的で、銅銭に代えて鉄一文銭を、江戸の深川十万坪・本所郊外の押上村、仙台藩領分石巻で鋳造させた。また、明和二年（一七六五）七月、金座の後藤庄三郎は、幕府の命を受けて江戸近郊の亀戸村に従来の請負制に代わる直営の鋳銭定座を設立した。亀戸鋳銭定座では、この年の九月から安永三年（一七七四）九月までの約一〇年間に二二六万一五八九貫余の鉄一文銭を鋳造させた。(4) 鉄一文銭は、伏見鋳銭定座でも、明和四年七月から安永三年九月までの七年間に一四二万一七八〇貫文を鋳造させた。

幕府は長崎で銅銭二三万一〇〇〇貫文を明和四年から安永二年までの六年間に鋳造させているが、一方で、明和五年五月、銅と亜鉛の合金である真鍮の四文銭鋳造も許可している。

この時期において幕府は、寛永通宝の鋳造を、銅から鉄へと急速に切り換える政策をとっていったが、真鍮四文銭の鋳造も含め、これらの政策は、銅銭の原材料の不足を補いながら銭の流通量を、元文金銀の流通に応じて適正化させ、これによって銭相場の高騰を抑制しようとする意味を持っていた。

幕府は、このような銭貨政策を背景として水戸藩と仙台藩にも鋳銭座の設立を許可した。両藩では、江戸鋳銭定座の差配のもとで、鉄銭一三九万四九六貫文、銅銭二三万二九貫文を鋳造したといわれる。

幕府は、天明七年（一七八七）九月の触によって鋳造を停止するまでの二四年間、この一連の政策を継続させたが、このような幕府と藩による大規模な鉄銭の供給・流通政策は、水戸藩の場合、信用力のある銅銭と信用力のない鉄銭価格の著しい落差を生じさせ、鉄銭相場が激しく下落した。次の文書は、明和五年(一七六八)四月、幕府が水戸藩鋳銭座の設立を許可した際、勘定奉行へ伝達した書付である。(5)

御勘定奉行江

水戸殿御領分打続田畑不熟、其上度々之火災・損毛等ニ而、農民扶助之御手当、行届兼候ニ付、御領分之産砂鉄を以、農民為扶助鋳銭御申付被成度由、右無拠御事ニ付、壱ケ年吹高拾万貫文を限り、三ケ年之間、於御領分、江戸定座差配ニ而鋳銭御申付被成候様可被申上候、尤小澤九郎兵衛と申者、当時江戸表江呼出し被置候由候間、諸事仕方之儀、金座人江致対談候様可被致候、且公儀江上納之御益金之儀も、右対談相済候上、員数等取極可被申聞候

(明和五年)四月

右之通、水戸殿家老江相達候間、可被得其意候、尤後藤庄三郎江も可被申渡候

これによれば幕府は、江戸鋳銭定座による差配のもとで、小沢九郎兵衛を請負人として水戸藩鋳銭座の設置を許可している。小沢九郎兵衛永隆は当初、次郎兵衛と称して太田村の東中町に住み、村の年寄・庄屋を歴任したが、一時、家産が傾きかけた。しかし、明和四年六月、水戸藩が米会所を新設した際、領分内の米を一手に買い集めて江戸へ積み送る会所の責任者となって、再び家業の盛り返しをはかりつつあった。(6)

許可を受けた鉄銭の吹高は一カ年に一〇万貫文であり、三カ年の鋳造許可期間を合計すると三〇万貫文となるが、後述するように、明和五年一〇月から九年一〇月までと安永三年(一七七四)四月から六年七月までの間に実質、七年間の鉄銭鋳造をおこなっており、その鋳造高の合計は六九万五〇〇貫文となる。また、後藤庄三郎が幕府に内密に上申した書上には「右鋳銭座之儀ハ定座差配ハ被仰付候得共、伺之上、仕法伝達幷拾万貫文吹場所相當見届、御益上納取扱候迄に而吹高之儀ハ差綺ひ不申候」とある。(7) このように書かれているところをみると、右の吹高は幕府への益金上納高の基準にすぎず、それを遥かに上回る鉄銭鋳造がおこなわれていたものと考えられる。

領分内で採れた原料の砂鉄は、久慈郡松岡浜で吹立を開始したといわれるが、小沢九郎兵衛が金座の後藤庄三郎に見本として差し出した鉄が備中産の良質の銑鉄だったと噂されたように、実際はきわめて粗悪だった可能性がある。

鋳銭座は太田村木崎に設置されたが、規模は、図1に示した通り[8]、東西一一〇間（約一九八メートル）・南北七〇間（約一二六メートル）で、外側を幅二間（約三・六メートル）の水堀が囲繞し、この内側に海鼠塀《なまこべい》の土手をめぐらせ、さらに、この海鼠塀の内側に堀を掘って二重の堀としていた。東側の表門の門前には、土手と幅の狭い外堀を挟んで六棟の職人の長屋が並んでいた。長屋の規模は奥行がいずれも三間（約五・四メートル）、桁行は三棟が二一間（約約三七・八メートル）、残りの三棟が三六間（約六四・八メートル）で、屋内はいずれも一〇から一七の小部屋に分けられていたという。「加藤寛斎随筆」によれば[9]、約三〇〇〇人の職人がいたとされるが、構内の規模からして相当数の職人がいたことは確かであろう。

経営組織は、小沢九郎兵衛を中心として惣元締に堀江九郎兵衛、江戸の金主として岡田五郎兵衛・間宮太兵衛・遠藤又兵衛・楠後文蔵といった人たちが名を連ね、座内の役人には銭頭七四人・錵屋《にべや》一二人・勘定方六人・物書五人などが置かれている。一方、これを前提として構内の施設を図によって見ると、番号（1）の表門を入って（25）の作事小屋前の番所（2）・（3）手前を右折すると会所の建物に入る。内部は、玄関（4）・次の間（5）・座敷（6）・元〆居間（7）・茶の間（8）・銭見所（9）・役所（10）・勘定所（11）・部屋（12）・会所広間（13）・名代部屋（14）・目付部屋（15）・台所役人部屋（16）・男部屋（17）・台所（18）・土間（19）・中庭（20）に仕切られている。裏には、稲荷社（23）と諸色小屋（24）がある。会所の前には銭蔵（21）も設けられ、会所を中心に、これらと三カ所に設置された遠見番所（29）とが鋳銭座の鉄銭鋳造を実質的に管理・監視したものといえる。

鋳銭場は板塀で仕切られており、大別すると二つのエリアから構成されていた。まず、帯解門（22）から中門（26）を入ると会所に近い作業空間があり、ここには、行事場（27）・渡場（28）・頭取部屋（30）・割場（31）・磨臼部屋（32）・鉄洗場（33）・形屋（34）・鍛冶方（35）・桶屋（36）・焙火《ほど》部屋（37）・焙火出場（38）・石摺場（39）・図細工所

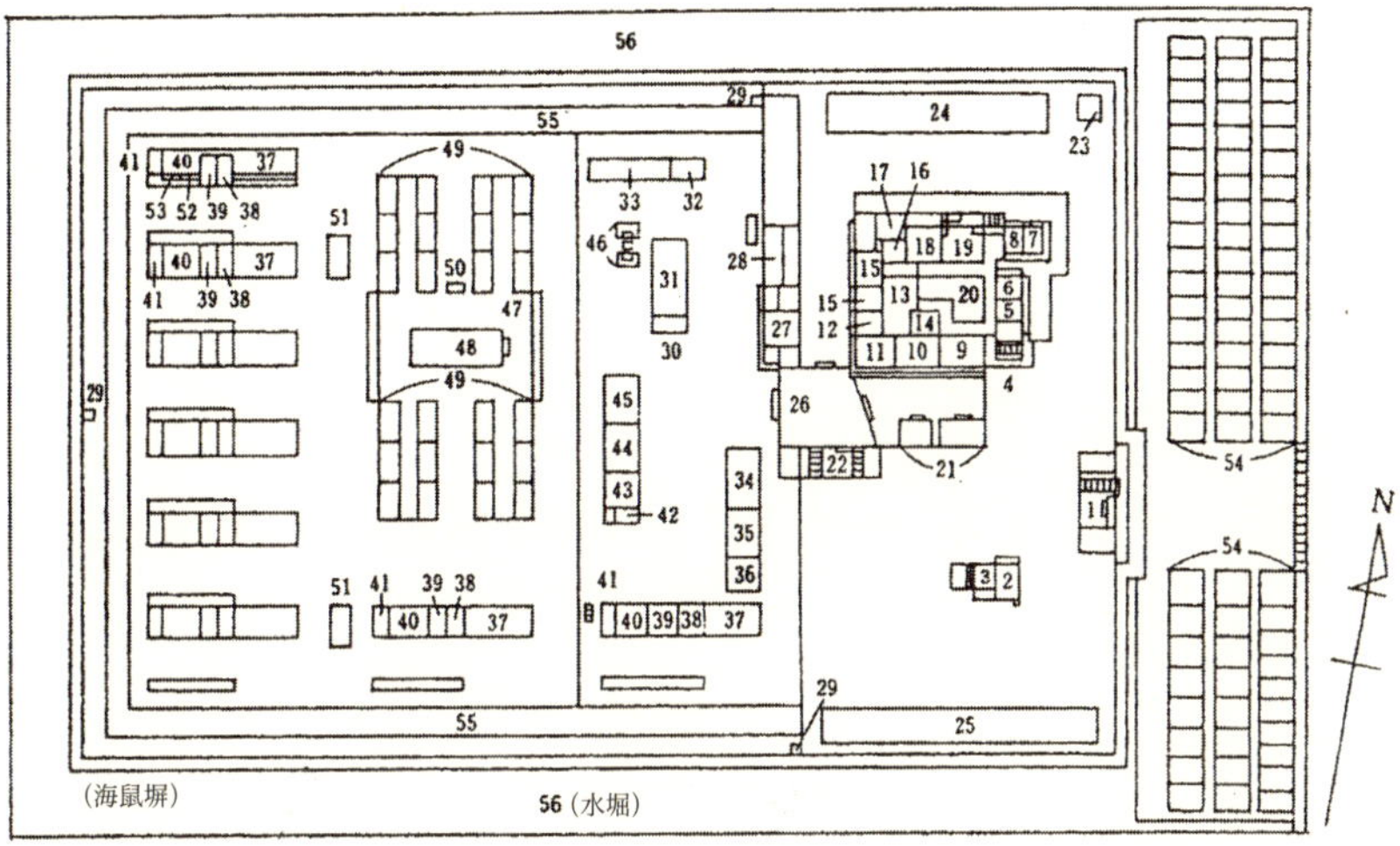

1 表　門	15 目付部屋	29 遠見番所	43 焙火出場
2 番　所	16 台所役人部屋	30 頭取部屋	44 鋳物師細工人部屋
3 休 息 所	17 男 部 屋	31 割　場	45 鑪勒部屋
4 玄　関	18 台　所	32 磨臼部屋	46 テウシハ
5 次 の 間	19 土　間	33 鉄 洗 場	47 鑪　勒
6 座　敷	20 中　庭	34 形　屋	48 大　吹
7 元〆居間	21 銭　蔵	35 鍛 冶 方	49 形　場
8 茶 の 間	22 帯 解 門	36 桶　屋	50 番　所
9 銭 見 所	23 稲 荷 社	37 焙火部屋	51 ナマシバ (鈍し場)
10 役　所	24 諸色小屋	38 焙火出場	52 丸 目 場
11 勘 定 所	25 作事小屋	39 石 摺 場	53 平 研 場
12 部　屋	26 中　門	40 図細工所	54 長　屋
13 会所広間	27 行 事 場	41 錵屋部屋	55 内　堀
14 名代部屋	28 渡　場	42 鋳物師棟梁部屋	56 外　堀

図1　鋳銭座見取図 (『常陸太田市史』通史編 上) 865頁.

（40）・銧屋部屋（41）・鋳物師棟梁部屋（42）・焙火出場（43）・鋳物師細工人部屋（44）・鑪勒《りょろく》部屋（45）・テウシハ（46）などの作業工程を処理する仕事場がある。

　次いで奥の作業エリアに入ると大吹（48）を中心に傍らに鑪勒と形場（49）、これらの作業を管理するための番所（50）が置かれている。このエリアには二カ所のナマシバ《（鈍し場）》（51）と各一カ所の丸目場（52）・平研場（53）を別とすれば、焙《ほ》火《ど》部屋（37）・焙火出場（38）・石摺場（39）・図細工所（40）・銧屋部屋（41）までの建物が七棟あり、第一のエリアと合わせると計八棟となる。大吹で精錬された錬鉄は、ここで焙火から銭の鋳型に流し込まれて成形され、銭としての姿が整えられたものといえる。

　このような鋳銭場の作業工程のもとに、明和五年（一七六八）一〇月、水戸藩の鉄銭鋳造が開始された。鉄銭は、久慈郡太田村で鋳造されたので、郡名をとって裏面に「久」の文字が浮き彫りにされ、寛永通宝久字銭と称された。

　しかし、このようにして鋳造された久字銭も、素材が粗悪な鉄で、しかも大量に鋳造されたために、鋳銭開始以前には一両について銭三貫八〇〇文から四貫五〇〇文くらいであった相場が、鋳造を開始して数カ月が過ぎた明和六年の春には五貫七二〇文に暴落し、さらに明和九年八月には金一両に六貫文と五〇%前後にまで落ち込んでいる。[10]これによって、「鋳銭座立候以来、相場下落ニ相成、近国商人ニ至迄、甚難儀致候」、「浜々百姓迄難儀」、「此鋳銭大ニ民ヲ害ス」とあるように、[11]鉄銭の大量鋳造による銭相場暴落の被害は、商人や浜百姓と称されるような飯米を購買する人々にまで拡大し、銭を主要な流通手段とする庶民は、米や日常生活物資の購入にも差し支えるまでに立ち至ったのである。

二　鋳銭座の打ち毀しと静明神の磯出祭

水戸藩鋳銭座への打ち毀しは、以上のような背景の中で、明和八年四月一日、静明神の磯出祭への神輿の出社を契機として引き起こされたが、まず、静明神と磯出祭との関連について概観しておきたい。

静明神は、「静神社記」[12]によれば、武勇の神として「人王五十一代平城天皇大同元年丙戌御建立」とあるように平安時代の平城天皇のときに勧請されたと伝えられ、「常州第二之霊神ニシテ」と常陸の二の宮として那珂郡三三カ村の惣鎮守でもあった。

水戸藩からも「御国主様御崇敬之余り、依而御祈願所」と藩主の祈願所として崇敬を受けており、この祈願所のゆえに「神ハ人々敬シ依テ威を増テ（ト）かや」という神観念と相俟って寛文七年（一六六七）八月、第二代藩主の光圀は壮麗な社殿を造替している。社殿は「誠ニ金銀ヲ鍛、唐木ニ而結構成事、筆ニも尽難シ」ともあるように、装飾の金具は金や銀を鍛造して細工を施し、部材には上質な材木を使い、建物の結構は筆舌に尽くしがたい壮麗さであったという。氏子三三カ村の村々と神社は表1に示しておいたが、静明神の祭礼は、寛文七年八月の光圀による社殿造替を契機に新たな段階に入っていく[13]。

従三位宰相光圀公（二代藩主）、寛文七年未八月、新ニ御建立被遊、祭事ハ前代より毎年四月七日祭礼ニ而那珂郡平磯浜江渡御有之候、尤是迄ハ御輿に召れ御祭有しか、大祭礼ニ成し事、寛文七未年ニそ初メル

これによれば、社殿が造替されると祭礼日が四月七日と決定され、静明神の祭礼は、平磯村の磯浜への神輿の出社を始めたが、これを契機にして祭礼は大規模になっていったとある。この時期の水戸藩は、修験・山伏の祈祷という呪術的な活動と密接に関わって人々の日常生活の中にある慣習的な宗教・信仰を、寺院整理政策と一村一神社制の実施によって統制しようとしたが、この地域にあっては、村々の神社を静明神の氏子へと編制し、磯出祭を大規模化することによって人々の生活を藩の風俗政策の枠内に吸収しようと試みた。図1に示したように、静明神の神輿の磯出祭への出社は、静村・古徳村・戸崎村・飯田村・福田村・木ノ倉村・後台村・田彦村・市毛村・馬渡村から平磯村へと至り、平磯村での神事の完了とともに、平磯村・馬渡村・足崎村・高野村・稲田村・沢村・堤村・杉村・酒出村・門部村・中里村・古徳村のルートを通って静明神へ帰社する[14]。「静村より平磯迄、里程七・八里ノ場所、供奉之人数

引続大郡(群)成事、坂東第一之祭礼也」⑮とあるように、静村を出発する神輿に供奉した人々の行列は次第に人数が増し、平磯村に到着する前後には延々七里（約二八キロメートル）から八里（約三二キロメートル）にまで引き続き、その様子はあたかも大群が進むような景観で坂東第一の祭礼であるとまで形容されている。

平磯村に到着した静明神の神輿は、阿字ケ浦の奇岩として知られる護摩壇石まで進んで祝詞を受けるが、静の神輿に従って平磯村に入った村々の神輿は、酒列明神社に集結し、最後に村松大神宮の神輿が酒列明神社に到着する。これを合図に村松村の浜から出発した競馬は、阿字ケ浦のゴールに向けて二里八丁（約九キロメートル）の砂浜を走り抜ける。ゴールに到着すると競走馬の騎手は手にした鉾を投げ、これを拾った立会役人が騎手の村名と名前とを披露するとともに、酒列明神の神前に奉納する。このように磯出祭は、静明神の磯浜への出社と砂浜での競馬によって五穀豊穣・豊年豊漁を祈願する予祝の神事・祭礼であった。祭礼日は、その後、元文期に四月朔日の祭礼へと変更になり、「三ヶ年ニ一度ツ、渡御有之候」と平磯村の磯浜出社も三年に一度に変わっている。

このような祭礼を契機として打ち毀しが引き起こされたのであるが、ここでは、経過を辿りながら打ち毀しに参加した人々の集合心性の一部を探ってみたい。

まず、人々の祭礼への期待と打ち毀しの風聞についてであるが、「于時明和八辛卯(明和八年)年四月朔日、渡御ニ而相当ケレバ、三十三ケ村之氏子ハ申ニ及ハズ、御国中・近国ニ至迄、卯正月初メヨリ支度心掛ニケル」とある。この年は三年に一度の静明神の磯出祭にあたっており、国中・近国の人々までもが正月当初から祭礼の支度を心がけていたとある。前年八月からの旱魃によって人々の暮らしが疲弊・窮乏していたとすれば、豊漁・豊穣への期待はより一層、強いものであったに違い

酒出村は南酒出村 118 軒／1,303.400 → 1,399.033 と北酒出村 57 軒／647.483 → 711.045 との合計の数値を示す．

なお，出社の村は，寛延 3 年 4 月「磯前江諸社之渡御留書上帳」／文化 4 年 4 月「諸社渡御留帳」／文化 8 年 4 月「磯前江諸社之御渡御書上帳」／文化 9 年 4 月「諸社渡御留帳」／嘉永 4 年 3 月「磯前江諸社之渡御留書上帳」（酒列磯崎神社旧蔵『那珂湊史料』第 11 集　祭礼編）15-21 頁に掲載されている村を示す．

表1　出社する村々の神輿の神格と家数・村高数

村名	神格	家数	村高		組
		文化4年4月	元禄15年4月	天保5年11月	
静　　村	静　明　神	64軒	755.222石	810.622石	八田組
戸　　村	国神明神	199	1,572.931	2,052.453	常葉組
国井村*1	正　八　幡	224	2,330.501	2,806.548	常葉組
田谷村	春日明神	116	1,753.034	1,838.729	常葉組
木倉村*2	諏訪明神	65	1,086.108	1,141.325	常葉組
中河内村	鹿嶋明神	84	753.311	908.130	常葉組
西蓮寺村	神　明　宮	51	572.449	584.952	常葉組
青柳村	鹿嶋・香取神宮	137	1,894.691	1,993.000	常葉組
中台村	沖洲明神	40	953.592	1,262.734	常葉組
津田村	鹿島明神	76	702.897	1,158.819	常葉組
後台村	三嶋明神	120	564.923	774.404	常葉組
勝倉村	香取明神	133	1,342.380	1,476.088	浜田組
外石川村	八　幡　宮	30	188.310	214.146	浜田組
三反田村	新宮明神	179	1,357.344	1,483.833	浜田組
中根村	吉田明神・鹿島明神	169	1,233.485	860.717	浜田組
柳沢村	稲荷明神	61	900.465	959.647	浜田組
湊　　村	四社明神	1,024	2,427.373	2,645.815	浜田組
部田野村	弁財天・八幡宮・釜上宮	81	668.286	792.006	浜田組
馬渡村	酒面明神	130	522.291	788.780	浜田組
上高場村	静　明　神	43	260.446	313.332	石神組
下高場村	鉾宮神宮・香取神宮	45	426.250	490.039	石神組
須和間村	住吉明神	38	357.511	424.848	石神組
白方村*3	埴田神宮	63	1,010.814	1,114.023	石神組
石神村*4	住吉明神	92	842.459	906.550	石神組
本米崎村	三嶋明神	168	1,042.967	1,185.493	石神組
額田村*5	正　八　幡	374	2,487.639	4,428.027	石神組
稲田村	今鹿嶋明神	57	391.870	524.342	石神組
沢　　村	神　明　宮	94	635.606	776.296	石神組
堤　　村	静　明　神	54	277.108	357.397	石神組
杉　　村	鹿嶌明神	78	527.544	618.952	石神組
菅谷村	鹿嶌明神・八龍神	217	2,204.841	2,454.513	常葉組
福田村	春日明神	93	835.694	947.545	常葉組
鴻巣村	鷲　明　神	153	838.391	1,470.725	常葉組
酒出村*6	駒形明神	175	1,950.883	2,110.078	大里組
村松村	神　明　宮	151	1,235.133	1,439.696	石神組

出典：家数の出典は「水府志料」(『茨城県史料』近世地誌編)，村高は各々「元禄郷帳」・「天保郷帳」(関東近世史研究会編『関東甲豆郷帳』) によった．

注：①国井村は上国井村 112 軒／970.943 石（元禄郷帳）→ 1,198.155（天保郷帳）と下国井村 112 軒／1,359.558 → 1,608.393 との合計，②木倉村は東木倉村 15 軒／271.263 → 293.003 と西木倉村 50 軒／814.845 → 848.322 との合計，③白方村は郷帳では石神白方村，④石神村は郷帳では石神内宿村，⑤額田村は天保郷帳では高岡原村と米崎村とを合併した村高，⑥ ➚

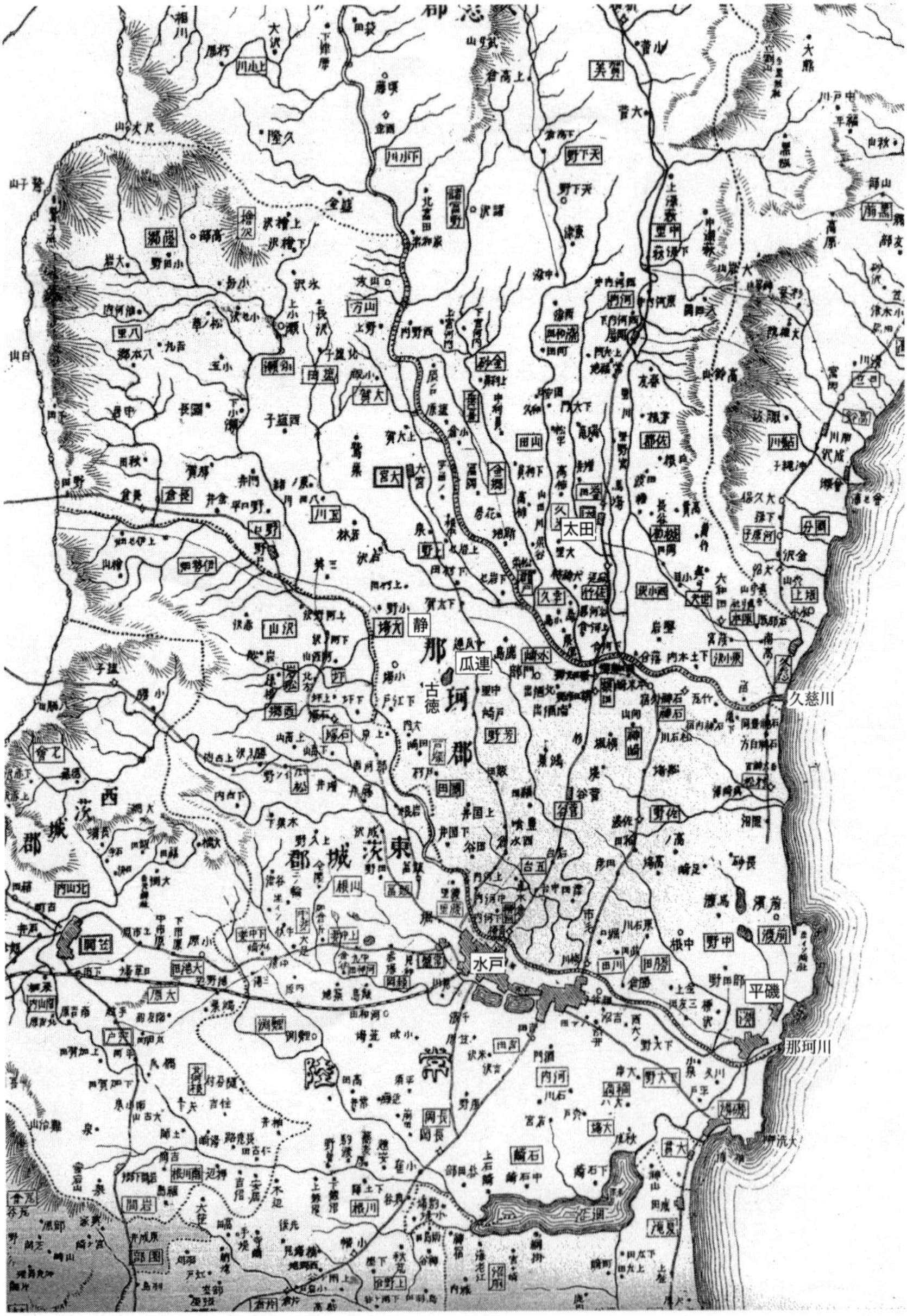

図1　水戸藩太田鋳銭座と静明神の神輿巡航地域
（大日本管轄分地図　茨城県管内全図　明治28年4月発行）.

ない。

打ち毀しの風聞は、この年の三月上旬から流れていたようで、誰が言い出すともなく「当四月朔日、静神社浜迄渡御之節、道中ニ而神輿ヲ奪取、打悪沙汰なる事」というように、四月一日に静明神の神輿が平磯浜へ出社する際、悪を打つ沙汰となったとの情報が町方・在方を問わず流れていた。

ここにいう「悪」とは、具体的には鉄銭の鋳造による銭の暴落によって人々を窮状に導いた小沢九郎兵衛の営利活動をさしている。次の記述を見てみたい[16]。

> 爰ニ大田御郡之内、此里小沢九郎兵衛迚庄官有、此もの天晴発明ニして転《くるめ》く暮すといふ事なけれハ、三ケ津迄も其名高、万国皆大の《ママ》知処なり、小沢氏明和六年之頃より御上之御免を蒙り、太田村ニ鋳銭座を立て新銭を吹出し、京都・大坂・江戸、其外諸国より金主・願主ヲ召寄、其弟わ《は》鋳銭座棟梁と成てより七代九郎兵衛ト改名し、鋳銭ヨリ浮金数両《ママ》、御上之御益ニ上納致し時之為御褒美、郷士之格被仰付、大小・鑓等迄御免許ニテ国中威勢を振ルれハ、靡かね《ぬ》草木なかりケル、打続万国一同ニ世中悪敷、百姓等安からぬ思ひあり、此鋳銭座始りてより国中銭安く万民貴賤共難義ニ成事甚しき、因茲国中ハ不申及バ、隣国共ニ九郎兵衛ヲ憎まぬ者ハナカリケル

鋳銭座は小沢九郎兵衛によって運営され、九郎兵衛は、この鋳銭によって得た利益の一部を藩に上納して郷士格の地位を得て帯刀の特権を免許された。その威勢は国中で靡かぬ草木もないほどだと述べられている。しかし、一方、この鋳銭の運営が開始されて以後、鉄銭の流通によって銭の相場が暴落し、「国中銭安く万民貴賤共難義ニ成事甚しき」事態となり、これによって「国中ハ不申及バ、隣国共ニ九郎兵衛ヲ憎まぬ者ハナカリケル」という情勢にまで立ち至っていた。銭の暴落によって人々の暮らしはインフレーションに襲われた。収入が従来と変わらないのに、人々の買わねばならない商品の価格は暴騰し、これを従来の収入の中から銭で支払わねばならない。このような人々の犠牲のうえに立った小沢九郎兵衛の営利活動と献金郷士への身分的な上昇・出世が、ここでは善悪観念の「悪」として表現されている。それは、人々の慣習的・相互扶助的な生活の中から共通に形成されてくる規範的な正当性観念の対

極にあった道徳意識、すなわち多くの人々の困窮という犠牲の上に立った個人的な営利活動を峻拒する意識であったろうと考えられる。ここでは、このような人々の意識が、小沢九郎兵衛に対する社会的な共通の憎悪にまで高まっていった点を見て取ることができる。

藩は、こうした風聞に対して静明神の神職を急遽、寺社奉行所へ呼び出し、次のような厳重な申し渡しをおこなっている(17)。

> 三月十九日ニ静神社之神職共、急ニ社寺奉行所エ召サレ、厳敷被仰付候事ハ、今般儀御評定所より被仰付候ハ、去年(明和七年)中より旱魃ニ而、国中万民餓ニ及候段、就夫諸祭礼等惣而物入多く相掛候義ハ相止候様ニ可然ト被仰付候条、依之平磯江渡御相止、居祭ニ致シ候様可仕方被仰付候故、神職等奉畏候由御請申上罷帰り、則磯浜　渡御相止候段、高札社領・道筋ニ立直、居祭ニ罷成候

これによれば、今年は、明和七年（一七七〇）の夏からの旱魃で、国中の万民が飢餓状態にある。したがって評定所から祭礼のような経費の多くかかる行事は止めよという命令があったので、これを中止せよとある。ここでは人々の窮乏の原因が、旱魃によるという点を強調し、銭相場の暴落も大きな原因となっているという藩の失政には触れられていない。

神職は、これを了承して静明神へ帰り、出社を中止して居祭とする旨を知らせる高札を、社領と道筋に立てたとある。また、藩は「同廿日、御郡奉行所より静村・古徳村之庄屋・組頭之御召呼ニ而□□(神職)方同様仰付候テ厳敷相止」とあるように、静村と静明神の神輿出社の際の勢揃山となる古徳村の庄屋・組頭を呼び出し、神職と同様、祭礼の中止を厳重に申し渡したとある。くわえて、藩は「其上四郡村々江渡御相止候段、刻付ヲ以御配府之唱有けれハ、村々役人共、其旨百姓中へ申渡シ、決而供奉罷出間敷、銘々印形取置申候」とした。すなわち、領分四郡の村々へは神輿出社の中止命令の触を廻し、名主には、村内の百姓から請書を提出させるようにと命じたのであった。

このような藩の対応処置にもかかわらず、人々の鋳銭政策の撤回を求める声と悪徳に対する暴力的制裁への社会的

合意は頂点に達し、四月一日、人々は藩の中止命令にもかかわらず静明神の神輿を出社させ、太田村の鋳銭座に打ち毀しをかけた。この日はいうまでもなく静明神の磯出祭が催される日であった。

今日北領ノ農民数千人、静神輿ヲ振立、太田鋳銭場ノ門ヲ破テ乱入シ、火ヲ放ツ、連屋忽焼亡ス、焦死凡二百人ニ至ル、元来、此鋳銭大ニ民ヲ害ス、今災ノ起ル所以ナリ、然レトモ悉ク、コレヲ禁スルコトアタハス、四日、場ノ四方ニ幕ヲ打、無丸ノ鳥銃ヲ放テ警衛ス、七日又場ヲ再興ス、炉ヲ滅シテ廿四トス、コレヨリ静神祠ノ出輿ヲ禁セラル

右の史料は、立原翠軒の門人で水戸藩士の石川慎斎が、文政九年(一八二六)三月に編纂をした「水戸紀年」の明和八年(一七七一)四月一日の条であるが[18]、これによれば、打ち毀しの人数は、数千人とある。

一方、水戸藩士の郡方役人であった加藤寛斎の執筆になる「加藤寛斎随筆」の「鋳銭座焼失」の条によれば、記述はより具体的に書かれており、次のようにある[19]。

明和五年迄ハ世の中鐚相場、金壱両ニ三貫八百文より四貫五拾文迄、鋳銭座立候以来、相場下落ニ相成、近国商人ニ至迄、甚難儀致候、然に明和八辛卯四月朔日巳の刻、鋳銭座内焼失、静明神磯出之神輿供奉人、黒羽・喜連川・烏山・馬頭辺、南ハ下総を限り、其勢ハ二・三万人、雲霞の如く神輿と共に鋳銭座門内江押入、大吹江炭百俵余・夜具投込、吹立松のひでを以、会所〳〵小屋〳〵江火を掛候所、折節、東風烈しく巳の一刻ニ不残灰燼と成ル、尤稲荷の社計残ル、門外之商家ハ一軒も不焼、公儀江ハ座内自火と申立候、右ニ付、静・古徳両村庄屋・組頭、入牢五十日にて御免、役儀如元、焼失之後、願主九郎兵衛鋳銭座　被召上、上ニて御普請有之候

これによれば、静明神の祭礼には、黒羽(下野)・喜連川(下野)・烏山(下野)・馬頭(下野)付近から下総までの広い地域におよぶ人々が、静明神の神輿に供奉しようと集まり、これらの人々も合わせて打ち毀しの総勢は、二〜三万人におよんだとある。人々は「静明神を振立」とあるように、静明神の神輿を振り立て、「太田鋳銭場ノ門ヲ破テ乱入シ」たが、その光景は、「雲霞の如く神輿と共に鋳銭場門内へ押入」ったとあり、雲霞の大群が一時に襲ったよう

なありさまだったと伝える。

鋳銭座の表門を破って構内へ乱入した人々は「火ヲ放ツ、連屋忽焼亡ス、焦死凡二百人ニ至ル」とあって鋳銭場の施設に放火したので、連棟の建物はたちまち火の海となって焼失し、この点はより詳しく検討する必要があるが、死亡者が二〇〇人におよんだとある。また、さらに詳しくみると人々は「雲霞の如く神輿と共に鋳銭座門内江押入、大吹江炭百俵余・夜具投込、吹立松のひでを以、会所〳〵小屋〳〵江火を掛候所、折節東風烈しく、巳の一刻ニ不残灰燼と成ル、尤稲荷の社計残ル、門外之商家ハ一軒も不焼」ともある。これによれば、祭礼に集まった参詣人も、神輿とともに鋳銭座の門内に押し入り、百俵もの大量の炭や夜具を投げ入れて大吹の許容範囲を超えるまで火力を強くし、また、松脂を使って会所や小屋に火をかけた。折から烈しい東風が吹いていたので火はまたたくまに広がり、鋳銭座は稲荷社のみを残して焼失したとある。

このような鋳銭座の打ち毀しに対して藩は、「コレヨリ静神祠ノ出輿ヲ禁セラル」として以後、静明神の神輿を磯出祭に出社させることを禁止したが、他方、打ち毀しに参加した人々には「右ニ付、静・古徳両村之庄屋・組頭、入牢五十日にて御免、役儀如元」というように、静村と古徳村の庄屋を、わずか五〇日間、入牢させるという処罰でのみしか対処できなかった。

藩は、鋳銭座焼失の原因を「公儀へハ自火と申立候」とあるように、幕府へは座内の失火によって焼失したと上申し、鋳銭座の運営に関しては「願主小沢九郎兵衛鋳銭座被召上、上ニ而御普請有之候」と小沢九郎兵衛を罷免した。明和八年（一七七一）秋、藩は鋳銭座を再建し、請負商人による運営ではなく、直営によって操業を再開するが、翌明和九年一〇月、幕府は、次のような鋳銭停止命令を達している。(20)

御勘定奉行江

水戸殿御領分鋳銭之儀、農民為扶助去ル子年（明和五年）、御願之通被　仰付、御益金も上納有之候得共、江戸表銭相場ニ響、相障候間、年季中ニハ候得共、御領分鋳銭先被差止候様可被致、尤当年分御益金之儀ハ、是迄之月割を以、上納

之積可被相心得候
(明和九年)
十月
右之通、水戸殿家老江相達候間、可被得其意候

これによれば、水戸藩の鉄銭鋳造は、幕府による鉄銭鋳造と相俟って江戸の銭相場の下落にも影響を与え、この結果、幕府は、鉄銭鋳造の停止を命じたことがわかる。安永二年(一七七三)四月、水戸藩は、触によって鋳銭座の建物の落札を公示し、藩営による鉄銭鋳造を最終的に停止する。しかし、六月には、小沢九郎兵衛に命じて再度、請負制による鉄銭の鋳造を幕府に申請する。翌安永三年四月、小沢九郎兵衛は請負制による鉄銭鋳造を再び開始するが、これに対しても人々は再び静明神の祭礼を契機に打ち毀しをおこなうのである。

おわりに

以上、本稿では、明和八年(一七七二)四月、水戸藩領那珂郡静村の静明神磯出祭に際し、久慈郡太田村の水戸藩鋳銭座に対して実施された打ち毀しの経過を辿り、祭を契機とした人々の意識構造について検討してきた。

「悪」を打つという表現にもみられたように、人々の犠牲のうえに立った小沢九郎兵衛の営利活動と献金郷士への身分的な上昇が、ここでは善悪観念の「悪」として表現されていたが、それは、人々の相互扶助的・慣習的な生活の中から共通に形成されてくる規範的な正当性観念の対極にあった金融的な利益による生活破壊を不正として憎悪し、これを峻拒する意識であったろうと考えられる。また、こうした意識が、人々の中で共通の観念として形成されており、小沢九郎兵衛に対する社会的に共通性を持つ憎悪にまで高まり、それが、神輿とともに鋳銭場に乱入し、鋳銭施設に放火して焼失させるという暴力的制裁の執行となって表われてくる点に特徴があった。「悪」を打つという観念が、神輿を舁いで神とともに制裁に赴くという心性と行為、そして、悪を生み出す現実に対する放火という制裁とセット

となっている点を見逃すことはできない。

鶴巻孝雄は、明治一三年（一八八〇）一月、元弘前藩士と推定される青森県士族の間山菊弥が、奥羽各県を宮内庁御用掛として巡察した議官の佐々木高行に提出した「旧来ノ悪習ヲ具上ス」と題する具申書の中で、人々の生活を脅かす営利活動が私欲に基づく不徳な「悪」であるとともに「罪」と意識され、奥羽地方では数百年の間、人々による放火という暴力的制裁の対象とされてきた事例を提示し、このような暴力的制裁が、慣習法による世の中の規範――モラル・エコノミー――に由来するものであると説明している。[21] この意味で、このような焼き討ちといってもよい暴力による社会的制裁によって当該社会の慣習法上の不正を人々が自力解決――自力救済――してしまうという在り方は、公的権力が人々の生存権の安定のために当然、実施しなければならない処置を、人々が、みずから代執行するものと観念していたという柴田三千雄の指摘を、日本近世社会においても同様とみなせる見解と受け止めることができる。[22] また、こうした事例についてはすでに近世後期の村社会の自検断権――自力救済権――について論じた落合延孝の報告もある。[23]

これらを祭と一揆との関連性という視点からみれば、祭の際に出社する神輿は、人々に豊穣と安全と平和とを保証してくれる祭の主役としての神々が乗るものであったという点に留意する必要がある。鋳銭座による鉄銭の製造と流通は、人々の生活を困窮に導き、人々が祭という儀礼を通じて神々に期待する願望を根底から脅かすものであった。鉄銭の鋳造による銭の暴落は、五穀豊穣・豊漁豊年・家内安全などの予祝として人々の安全と平和を保証するために、神輿に鎮座する神の意を損なうものと観念されたのであり、その意味で、この打ち毀しは、人々が共通に悪徳と感じる事態に対する神慮に沿った伝統的な自力救済権の発動であったといえる。このような一揆や特に打ち毀しについては、高橋敏[24]・多仁照廣[25]によって主体が若者仲間であったとの指摘がなされている。日常活動を通じた若者仲間の思想形成や社会組織としての若者仲間を含む神社の氏子組織が儀礼――神事・祭礼――を契機として以上にみたような意識構造・心性のもとに集合した時、祭は一揆へと転化したものといえるが、なお、その相互のメカニズムの関連を構造的にとらえるためには、村や町の政治（自治）と共同体――社会組織――との関連も含めて多くの事例検討が必要とされよう。

（1）澤登寛聡「一揆・騒動と祭礼――近世後期から幕末期の神による相互救済・正当性観念と儀礼・共同体について」（地方史研究協議会編『宗教・民衆・伝統――社会の歴史的構造と変容』雄山閣出版、一九九五年〔本書第三編第一章所収〕）一五一頁。

（2）水戸藩鋳銭座の打ち毀しと磯出祭との関連について考察した論文に、藤田雅一「打ちこわしと喧嘩――ヤンサマチにおける暴力沙汰をめぐって」（『遡源東海』第4号、一九九〇年）がある。本稿の執筆に際して多くの示唆を得た。ただし氏は、水戸藩鋳銭座への打ち毀しを「民俗的次元から歴史的次元への転換を意図的に目ざしたものであり」、これ以外にもたびたび引き起こされた「神輿同志の衝突はあくまでの民俗的次元のもの」で、神輿同士の衝突・喧嘩は「その次元を決して越さないように配慮しつつ行われたもの」であるとし、打ち毀しを歴史的次元、祭の神輿による衝突・喧嘩を民俗的次元と定義する。しかし、著者は、両者が二項対立的にのみ措定されねばならない理由はなく、もし、歴史的次元を政治的次元と置き換えることが可能ならば、両者は併存しながら相互に関連しあうものではないかと考える。

（3）以下、これらについては、日本銀行調査局（妹尾守雄）編『図録日本の貨幣』（全一一巻）、同編『日本貨幣略史』（一九八〇年）、日本銀行金融研究局編『貨幣年表』（一九八一年）を参考とした。

（4）佐藤治左衛門「貨幣秘録」（『日本経済叢書』巻三二）三〇五頁。

（5）「教令類纂」（『徳川禁令考』前集第三）一六七九号。高柳眞三・石井良助編『御触書天明集成』二八四九号。

（6）寺門守男・橘松寿「鋳銭座をめぐる動き」（『常陸太田市史』通史編　上巻、一九八四年）八五六―八七六頁。本稿を作成するにあたって本書から多くの参考を得た。なお、このほかに水戸藩鋳銭座の打ち毀しに関連した従来の研究には、研究書としては、木戸田四郎『維新黎明期の豪農層』（塙書房、一九七〇年）、植田敏雄編『茨城百姓一揆』（風濤社、一九七四年）、概説書に、瀬谷義彦・豊崎卓編『茨城県の歴史』（山川出版社、一九七三年）、木戸田四郎『茨城の歴史と民衆』（ぺりかん社、一九七九年）、自治体史に、木戸田四郎「太田鋳銭と百姓一揆」（『水戸市史』中巻二、一九六九年）、高橋裕文「明和八年の太田鋳銭座打ちこわしと安永三年の大田村騒動」（『那珂町史』中・近世編、一九九〇年）、平山和彦「若者組」、小沢浩「ヤンサマチと村びととのかかわり」(『勝田市史』中世編・近世編、一九七八年)、論文には、飯村祥子「静神社記について——明和八年太田鋳銭座一揆資料」(『郷土文化』第一五号、一九七四年)、秋山房子「神銭太平記について」(『茨城史学』第六号、一九七一年)がある。
(7) 「吹塵録」(『勝海舟全集』第三・四巻、改造社)。
(8) 寺門守男・橘松寿「鋳銭座をめぐる動き」(『常陸太田市史』通史編 上巻、一九八四年)八六五頁。
(9) 「加藤寛斎随筆」(茨城県史編さん委員会編『近世史料』Ⅳ)一四〇—一四一頁。
(10) 「加藤寛斎随筆」(茨城県史編さん委員会編『近世史料』Ⅳ)一四二頁。
(11) 寺門守男・橘松寿「鋳銭座をめぐる動き」(『常陸太田市史』通史編 上巻、一九八四年)八六七頁。
(12) 「静神社記」瓜連町静神社所蔵(『那珂湊市史料』第一一集 祭礼編)一一三頁。
(13) 「静神社記」瓜連町静神社所蔵(『那珂湊市史料』第一一集 祭礼編)一一三頁。
(14) 「加藤寛斎随筆」(茨城県史編さん委員会編『近世史料』Ⅳ)二三九頁。
(15) 「静神社記」瓜連町静神社所蔵(『那珂湊市史料』第一一集 祭礼編)一一三頁。
(16) 「静神社記」瓜連町静神社所蔵(『那珂湊市史料』第一一集 祭礼編)一一三頁。
(17) 「静神社記」瓜連町静神社所蔵(『那珂湊市史料』第一一集 祭礼編)一一三頁。
(18) 石川慎斎「水戸紀年」彰考館文庫所蔵(『茨城県史料』近世政治編)五六一頁。
(19) 「加藤寛斎随筆」(茨城県史編さん委員会編『近世史料』Ⅳ)一四二頁。
(20) 「教令類纂」(『徳川禁令考』前集第三)一六八〇号。高柳眞三・石井良助編『御触書天明集成』二八五九号。
(21) 鶴巻孝雄「焼カル、モノハ不徳ナル者——民衆的制裁としての〈放火〉」(同『近代化と伝統的民衆世界——転換期の民衆運動とその思想』東京大学出版会、一九九二年)一三四頁。
(22) 柴田三千雄『近代世界と民衆運動』(岩波書店、一九八三年)。
(23) 落合延孝「近世における火事・盗みの検断権と神判の機能」(『歴史評論』第四四二号、一九八七年)。
(24) 高橋敏「打ち毀しと代官」(『地方史研究』第一一九号、一九七二年)、同『日本民衆教育史研究』(未來社、一九七八年)、同『民衆と豪農——幕末明治の村落社会』(未來社、一九八五年)。
(25) 多仁照廣『若者仲間の歴史』(日本青年館、一九八四年)。

第三章　一揆・祭礼の集合心性と秩序

――百姓一揆絵巻「ゆめのうきはし」を素材として

はじめに

一揆・叛乱と慣習的・習俗的な宗教儀礼としての祭礼には、これに参加した人々に、なんらかの共通する集合心性を見ることができる。

このような事例は、日本のみならず、ヨーロッパやアジア各地の研究おいても指摘されている。たとえば、フランスのアンシャン・レジーム社会においては、謝肉祭あるいは祖霊観念と深く関わる守護聖人祭などといった祭礼で醸成される共同体の人々の集合心性が、自治・一揆・叛乱に参加する人々の社会的結合と秩序を生み出す重要な絆となっていた。このような集合心性に基づく自律的・自治的な秩序は、共同体の人々が持っていた救済と平和を担保するための日常的な習俗・慣習と規範意識を基礎として形成されたのであった。共同体の人々の規範意識は、人々が日常的な生活を営むうえでの知を組み込む慣習的な宗教儀礼によって繰り返し再生されたが、同時にこれらの儀礼には共同体の権力装置としての公共的暴力も組み込まれていた。このような公共的暴力を、イギリスではラフ・ミュージック(1)、フランスではシャリヴァリと呼んだが(2)、日本で、これに該当するのは、町や村の規範を破った人物に対する共同体制裁としての村八分や打ち毀しであった。そして、これらもまた、共同体の習俗的・慣習的な宗教儀礼と分かち難く結びついていた。

一方、東アジア社会においては、一揆・叛乱の集合心性の背景にある救済や再生に関する観念としてミロク信仰の広範な分布がみとめられる。弥勒菩薩は、釈迦に次いで仏（如来）になるという菩薩で、兜率天に住み、釈迦が入滅してから五六億七〇〇〇万年後に現世に下生する。そして竜華三会の説法によって釈尊の救いに洩れた衆生を済度・救済するという尊格である。こうした仏教思想とアジア各地の地域社会の中で育まれた習俗的・慣習宗教的な救済願望とが習合し、宗教的救済思想（信仰）としてのミロク信仰が形成されたが、この信仰をめぐっては、朝鮮半島と日本列島の人々の社会変革への意識という視点から優れた比較がなされている。それによれば、ミロクの世の到来を通時的に観念する朝鮮半島では、世界の交替や社会変革についての人々の意識も、通時的な意識として存在する。これに対し日本列島では、ミロクの世の到来は共時的に意識されており、世界の交替や社会変革への意識も、明確な通時性をもった見通しの中で意識されるのではなく、漠然とした共時的な観念の中で意識されていたという(3)。

共同体制裁としてのラフ・ミュージックやシャリヴァリや打ち毀し、規範と秩序、共同体の慣習的・習俗的な宗教儀礼、祖霊観念、宗教的な救済思想と世界の交替や社会の変革への意識、これらのヨーロッパならびに日本を含む東アジア社会の研究は、しかしながらいまだ事例の指摘という段階に止まっている。これらを単なる事例に止めず、日本を含む世界各地の多様な文化の比較という観点から理解するためには(4)、比較のためのなんらかの基準が必要とされている(5)。

このような作業の出発点として本稿では、天保一一年（一八四〇）一一月から約九カ月半にわたって出羽国庄内藩領分の人々が、主として江戸幕府に対して展開した藩主酒井忠器の転封撤回運動に注目してみたい。

この事件は、百姓一揆絵巻「ゆめのうきはし」に記録されているが(6)、この絵巻物に描かれた数々の場面は、江戸時代における一揆を視覚的に検証し、日本の叛乱・一揆を、この当時の世界各地の叛乱と比較・検討するための貴重な画証史料といえる。

これによって江戸幕府の天保改革を前にした——一九世紀前半の——日本において、一揆という絆で結ばれた当時の人々の集合心性が、慣習的・習俗的な宗教儀礼としての祭礼を催す人々の集合心性とどのような共通性を持ち、どのような意識的な深層と関連していたのか、また、それがどのような秩序を形成させたのかという問題を検証し、このテーマに接近していきたい。

一　鎮守の宮の宗教儀礼と秩序

三方領知替えと飢餓からの救済

天保一一年（一八四〇）一一月、江戸幕府は、川越藩・長岡藩・庄内藩を治める三人の大名に所領の交替を命じた。出羽国庄内藩主の酒井左衛門尉忠器を越後国長岡藩主へと転封させ、長岡藩主の牧野備前守忠雅を武蔵国川越藩主に、川越藩主の松平大和守斉典を庄内藩主へと領知替えしようというのであった。この三方領知替えの理由には、前将軍家斉の二四男大蔵大輔を養嗣子としていた松平斉典が、藩財政の窮乏を打開するため、財政収入の多い庄内藩への転封を強引に画策した結果であるという点、また、鎖国制のもとで頻繁となってきた外国船の来航に対する沿岸防備のためだという点があげられている。

こうした事情の中で庄内藩領分の人々は、天保の飢饉によって藩から食糧をはじめとする多くの救済政策を受けていた。一方、藩は、領分の人々が供出し、緊急の食糧を備蓄する郷蔵の管理権も握っていた。人々は酒井家ならば、この食糧を緊急のとき、人々の救済のために使うであろうと天保飢饉の対応をみて予想していた。だが、新たな藩主となるかも知れない松平家は財政窮乏に苦しんでおり、酒井家と同様な姿勢で、人々の安全で平和な暮らしや飢えからの救済を保証してくれるのかどうかわからなかった。このため人々の中には言い知れぬ不安感が漂っていた。また、人々は、酒井家に対しても、転封費用が嵩むために、郷蔵の備蓄米を返却してくれないのではないかという

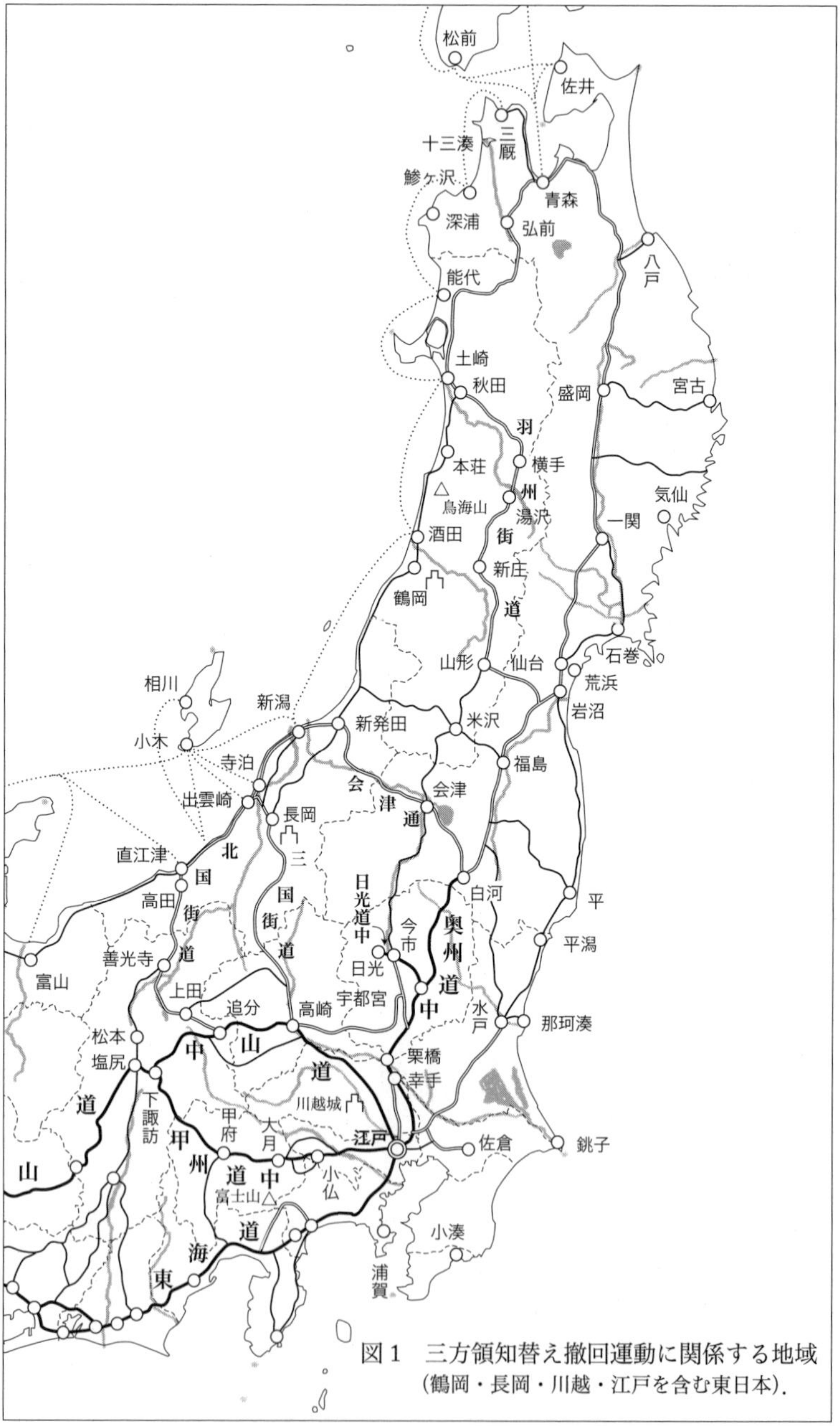

図1　三方領知替え撤回運動に関係する地域（鶴岡・長岡・川越・江戸を含む東日本）.

一揆の不安をおぼえていた。今回の転封では、酒井家の領知高の減少も危惧されており、藩にとっては、これにともなう財政収入の確保も必須の課題であったからである。

それにしても藩主の転封という事態は、庄内藩領分の人々にとっては突然にして思いも寄らぬ出来事であった。そして、人々は、このような不安感から藩主の転封の撤回を求める激しい訴願運動を展開させたのである。

「ゆめのうきはし」という百姓一揆絵巻

百姓一揆絵巻「ゆめのうきはし」は、この天保一一年（一八四〇）一一月から藩主の転封が撤回された翌一二年七月中旬までの約九カ月半におよぶ庄内藩領分の人々の訴願運動の過程を、詞と絵とによって描いた絵巻物である。百姓一揆の絵巻物は、現在の日本に、これ一件しか確認されていないという意味で、大変に貴重な画証史料だといえる。

しかし、最も重要な点は、この絵巻には、当時における訴願運動のさまざまな場面が描かれていることである。絵巻の前書によれば、藩主の酒井家は天保飢饉に際して米を筑紫（筑前・筑後）から輸入して飢餓に瀕した人々を救済した。また、藩領分のみならず、奥州各地から救済を求めてやってきた人々にも食糧や衣類を与えて手厚い保護をした。人々は、このような藩主が転封することを嘆き悲しんだと述べている。これによれば一揆を結成した人々は、藩主が、領主として人々の安全と平和のための統治をおこなうべきであり、また、人々が生活の危機に陥った場合には、領主の救済を受ける権利があるという意識を持っていたことがわかる。このようなモラル・エコノミーに基づく運動は、藩主が、人々のさまざまな権利を擁護してくれる限りにおいては、これに服従しながら自分たちの権利を守っていくという服従の均衡関係（パターナリズム）に基づく権利のための運動としてみることができる[7]。この意味で、一揆に参加した人々にとって藩主転封撤回の訴願運動とは、従来の統治秩序を再生して自分たちの生存権を確保しようとする権利のための闘争であった。

藩主転封撤回運動の経過と戦術

天保一一年（一八四〇）一一月一日、幕府から出された転封命令が、一一月七日、国元の鶴岡城に伝えられると同月後半から訴願運動が組織されていった。これ以後、藩主転封撤回運動は、翌天保一二年七月一二日、幕府の転封撤回令が出されて人々の訴願目標が実現し、七月一六日、この情報が国元に伝えられて一揆が祝祭へと転化するまで続く。転封撤回運動の戦術は、訴願と藩領分での大小の規模の集会（寄合）の開催を軸としていた。以下、簡単に、この藩主転封撤回運動の経過を述べておきたい。

運動は、藩領の地域社会を単位として展開した。庄内藩は、領内を流れる最上川の右岸を川北、左岸を川南といった。川北の地域は遊佐郷・荒瀬郷・平田郷の三郷、川南の地域は、鶴岡城から放射状に走る街道に沿った京田通り・中川通り・山浜通り・櫛引通り・狩川通りの川南五通と称される地域から構成されていた。これらの郷や通りは組と称される地域から構成され、組は村を基礎的な地域的結合の単位としていた。これらの地域には、百姓身分の中から命じられた大庄屋―大組頭―村肝煎と呼ばれる郷村の役人が存在した。この人々が管轄する地域は、藩の立場からみれば地方統治の単位であったが、藩領分の人々の立場からみれば村を基盤とする地域自治の単位であった。

訴願では主として越訴や愁訴の戦術がとられた。越訴とは、正規な手続きの訴願が、管轄の役所・役人に受理されない場合や妨害された場合、訴願の趣旨を所定の役所以外の機関に訴えることをいった。駕籠訴・駆込訴が、越訴に含まれ、幕法では差越訴・筋違訴とも称された。この一揆で越訴は藩を越えて幕閣に対して実行された。

幕閣を対象とした最初の越訴は一一月末に大庄屋書役本間辰之助を中心とする京田通り西郷組の人々によって開始されたが、失敗に終わった。しかし、翌一二年の一月二〇日には、川北の人々一三人が玉龍寺住職文隣の指導で、大老井伊直亮・老中水野忠邦・太田資始・脇坂安董、水野忠邦家来の中山備中守への駕籠訴を成功させた。川北の人々一七人は、二月九日にも二度目の駕籠訴にも成功している。また、川南の人々八人も三月一六日、大老・老中・若年寄、将軍の側用取次への越訴に成功している。

愁訴は一般に苦しみや悲しみを嘆き訴え出ることをいうが、この一揆では、東叡山寛永寺貫首に仕える役僧ならびに奥羽・関東の大藩の藩主を対象として実行している。寛永寺役僧への愁訴では三月三日、藩領分寺院惣代の僧侶と川北一八人・川南一三人の人々が江戸へ上って試みた。訴願のために江戸に上った人々で、庄内藩が江戸屋敷に引き取った人数は六月二二日の段階で二二三人にのぼったという記録もある。このように訴願のために江戸に上った人々の数はきわめて多数であった。また、四月に水戸、五月に仙台、六月に秋田と会津、七月に米沢へと関東・奥羽の大藩の藩主への愁訴も実施された。

これらの越訴・愁訴は、前将軍家斉による三方領知替えが不当な命令だという武家社会内部の世論形成へも大きな影響を与え、幕閣の三方領知替え継続への政策決定を阻む政治的効果を生み出したのであった。

集会も、大小を問わず、波状的に開催された。殊に大規模な集会は「大寄」と称した。大寄は最上川を境界とする川北・川南の地域で数次にわたって開催されている。

川北については、まず、天保一二年（一八四二）閏正月二八日、酒田五丁野の谷地に酒田町・平田郷・荒瀬郷・遊佐郷の人々が集結した。絵巻によれば「惣人数」は「〆七万六百人余」と記録されている。次いで三月二三日、酒田大浜でも大寄が催された。

二月二一日は、藩主の酒井忠器が参勤交代で鶴岡城を離れ、江戸へ向かって出発する日であった。川南の大寄は二月一五日から一六日および二月一九日、中川通りの藤島村のはずれにある六所神社の社頭で開催された。この大寄は忠器の江戸「発駕」を差し止めようとする目的を持っていた。人々は、江戸へ出府した忠器が、幕府の命令を受けて転封の準備を進めてしまうのではないかという危惧の念を持っていたからである。

二月一九日の大寄に集結したのは中川通り・狩川通り・櫛引通り・京田通りおよび庄内藩の預地となっていた丸岡・余目の幕領の人々であった。このときの人数は「〆五万五千人余」と記録されている。この日の夜の大寄は川南のみに止まらなかった。絵巻には「所々方々合図之火ノ出ニ而大寄之図」として、川北・川南を問わず藩領分の三二カ所で篝火を焚いた様子が描かれている。篝火は江戸へ出府する忠器を差し止めたいという意志の象徴的な表現であった。詞書は、これを「廿一日御発駕御指留之為、国中一統群集之図」としている。しかし、忠器の出立を本格的に妨害しなかった点から推察すれば、この場面は、もし国元の滞在が、これ以上できないのであれば、江戸でできる限りの方法を使って転封の命令に抵抗してもらいたいという人々の期待（心性）を表象している。

四月二〇日には、中川通りの荒屋敷や藤島村六所神社で、川北・川南が合同する大寄が開催された。ここにおいて藩主の転封撤回を求める人々の地域的結合は藩領分の全域におよんだのであった。また、村の集会については、川南京田通黒森村の鎮守山王社での寄合の場面が描かれている。

以上の経過によってみれば、この一揆は、単純に藩主の転封撤回を求める訴願運動や集会によって構成されていたというだけでなく、転封撤回を祈祷・祈願するきわめて呪術性の強い、慣習的・習俗的な宗教儀礼をともなっていた点を特徴としていたといえる。以下、これらの持つ意味を百姓一揆絵巻「ゆめのうきはし」を通じてみていきたい。

起請文を作って一揆を結ぶ人々

庄内藩領分の黒森村の人々（百姓身分）は、一揆を結ぶために神仏に誓約し、この誓約を起請文という形で書き表わした。図2-1の絵は、このときの場面を描いている。絵の右下には画中詞とでもいうべき詞があるが、ここには次のように書かれている。

天保一一年（一八四〇）一一月七日、藩主の転封が伝えられると京田通りの黒森村では、村の人々が鎮守の山王堂に打ち寄り、酒井忠器の転封先である長岡まで付き添って行こうと相談した。このとき頭取の本間辰之介から幕府に愁訴するために江戸に上ろうという提案が伝達された。山王堂の中では、彦右衛門という百姓が、この呼び掛けを受けて江戸に上ろうではないかと声を発した。黒森村の人々は、この彦右衛門の発言に共感・共鳴し、山王堂という宗教的な空間の中で、起請文という神仏への誓約書に署名し、互いの結束（一味同心）を誓い合った。

図 2-1

絵は、このときの場面であり、囲炉裏を囲んだ四二人の百姓達が、起請文に誓約をしている。誓約は一味神水という儀礼を伴っていた。一味神水は、人々が神前で、もし、互いに約束を違えたならば、神仏の罰を蒙ってもやむをえないという旨を書いた誓紙に署名し、これを焼いた灰を清浄な水にまぜて飲み交わす儀式であり、シンパシーの共有を促す類感呪術的な性格を持った宗教儀礼といってよい。このように神仏が祀られた村の鎮守は、人々が一味神水して神仏に互いの人的結合を確認する誓約の場であった。村の鎮守は、その土地で生まれた人々の産土神であり、平和で安全な暮らしを保証する守護神であった。一揆を結んだ人々は、この守護神に関する習俗的な宗教儀礼を催し、互いの日常的な生活の結びつきを確認し続けていた。この意味で、村の鎮守の宗教儀礼は、人々の日常的・慣習的な秩序を年中行事として定期的に確認する場であったといってよい。

　山王堂という鎮守の宮での起請文の作成は、人々の類感呪術的な心性をともなう習俗的な宗教儀礼を媒介としており、その儀礼は、人々の日常的・慣習的な社会的結合の絆・紐帯を確認し、これを基盤に一揆としての非日常的な結合を改めて生み出していくという意味を持っていた。

図 2-2

裸参りして転封撤回の成功を祈願する人々

黒森村の鎮守の山王社は、前述のように人々が寄合をしたり、起請文を作って一揆の誓約をする場であった。この意味で、この山王社は、人々にとって大変、霊験あらたかな産土神を祀る空間であった。図2-2の画中詞には、人々が村単位に黒森村の割ケ山という場所に集まり、雪の中で鎮守の山王社に「不動明王・国家安全」という幟を立てて裸参りをしたとある。裸参りは心身の穢れを避けて寒中などに裸で神仏に参詣し、願い事の成就を祈る呪術的な宗教儀礼である。絵には八人の百姓たちが藩主の「永城」・「武運長久」を祈り、裸で参詣・祈願している様子が描かれている。

この人々は、自分たちを「誠心一同」と称し、互いの名前を刻んだ石碑を建立し、毎月一日と一五日には、訴願運動について評議をし、川に入って水垢離を取ったともある。水垢離は水によって心身から穢れを祓い浄める儀式である。神事・祭礼は、これを開始するために神霊を呼び迎えねばならない。また、この神事・祭礼を執行する人々は穢れを避けて物忌し、これによって心身を潔めなければならなかった。この場面でも、人々が、水垢離で穢れを流し去り、心身を祓除して願い事を叶えようとしている姿が確認される。ここでも人々の社会的結合にとって

図 2-3

呪術的な宗教儀礼が重要な紐帯（絆）となっていた点が確認されよう。

川越藩に内通する人物の家に押し寄せた人々

港湾都市酒田の秋田町に白崎五右衛門という人物がいたが、五右衛門は、川越藩に内通していると風聞のある人物であった。大浜の大寄（大寄合・大集会）に参加した人々は、この五右衛門宅に向かった。これが図2-3である。画中詞には「惣勢」が押し寄せて「大乱」になってしまったので、これを役人が制止したと書かれている。

絵を見ると人々はみな同じように蓑と笠を身に纏っている。「遊佐郷」・「平田郷」などというように、五右衛門宅に向かった人々の住む郷を示す幟や梵天も見える。「乍恐御永城」・「なんても御居り」という運動の目標を記した幟、「いなり大名仁」・「不動大明王」と神仏の尊名を書き、「神力堅固」などと神仏の効験を表象する幟が翩翻と翻っている。ここには掲げなかったが、「保定記」という記録には、この場面で人々が、五右衛門家に向かって石を投げつける石打という集合的・身体的暴力による制裁（シャリヴァリ）を実行した絵も描かれている。(8) 一揆という絆で結ばれた人々は、一揆の目標に敵対する人物に対

図 2-4

し、言語的・身体的な集合的暴力によって制裁を加えたのであった。

このように人々は、運動の主張を簡潔に示した言葉や運動組織の名称、その主張と組織を守護してくれる神仏の名称を書いた幟を持参し、これらに加えて攻撃的な言葉と石打という集合的・公共的暴力としてのシャリヴァリによって五右衛門の川越藩への内通を批判したのであった。これらは、後述するように、村の鎮守を中心とする宗教儀礼を前提とし、この儀礼を執り行ったうえで参加した大寄を踏まえての行動であった。「いなり大名仁」や「不動大明王」や「神力堅固」などの神仏の幟は、このような集合的暴力をともなう行動が神仏の意志の結果なのだという人々の正当性観念を表象していたのであったが、また、同時に宗教儀礼の中に社会権力の本源的な力としての集合的暴力が装置として組み込まれていた点を示していたといってよい。

虫送りの儀礼と一揆

天保一二年（一八四二）五月下旬、一揆についての情報を得るために川越藩の隠密が酒田に侵入した。図2-4の絵は、この事情を描いている。

画中詞によれば、押切村の入口には一揆の立札があった。隠密は矢立から筆を取り出し、この立札の内容を書き留めようとした。そのときちょうど近くの村で法螺貝を吹いて鉦を鳴らす虫送りの神事が催されていた。村の人々は笠を被り、蓑を着けて隠密の近くを通りかかった。隠密は、これを自分を襲おうとする一揆勢の行動であると勘違いし「何事とをどろき引かへ」した。絵は、蓑を着けて笠を被り、旗を持って吹き流しを靡かせ、太鼓を叩く虫送りの人々、および、驚いて立札から逃げ去る隠密を描いている。

当時、虫害は悪霊の仕業だとも考えられていた。虫送りの儀礼は、藁で人形を作って行列の中心に据え、籠や草葉に包んだ害虫を、この藁人形の中に包み込み、あるいは、藁人形に持たせ、この霊を村の境で祀り棄てようとする鎮送呪術である。こうした習俗的な宗教儀礼には雨乞い・風祭・虫送り・疫神送りなどがあるが、これらは法具・祭具や衣装において一揆と同様の象徴的な表象をとった。この意味で川越藩の隠密が驚くのは当然であった。こうした鎮送呪術と一揆との表象における類似性は、これら習俗的な宗教儀礼を担う人々と一揆に参加した人々との基層的な集合心性の同一性を示唆していたと考えられる。

なお、紙幅の都合で、これ以上の例示は割愛せざるをえないが、このような呪術に類似する絵巻物の場面には、一揆を結んだ人々が盗人を取り締まり制裁する図、幕府や川越藩への内通者を制裁する図などがある。ここからは一揆を結んだ人々がシャリヴァリと同質の集合的暴力によって一定の社会的・政治的な権力秩序を形成させていた点が読み取れるとともに、これが鎮送呪術という宗教儀礼を媒介として形成された集合的な儀礼の秩序ときわめて類似する点も指摘しておきたい。

二　鎮送呪術の集合心性と大寄の秩序

大寄に向かう人々

一揆としての人的な結合を確かめ合った人々は、藩主の転封を撤回させるという共通の目標を達成するため、郷や

図 2-5

村を単位として大寄という大規模な集会に参加した。図２‐５は、一つの段の中に、三つの時間的に異なる場面を描き、事件の推移を説明する異時同図法という絵巻物表現の手法によって大寄の場面を描いたものである。

この最初の場面が図２‐６である。この場面では、一揆という人的・社会的結合のために誓約をした人々が、大寄の場所へ向かおうとしている。掲載したのは酒井神社所蔵本であるが、致道博物館所蔵本によれば画中詞には「酒田岸通」りの場面で「三方ヨリ大濱江御百姓打寄之図」という説明がある。梵天や旗や幟を賑々しく掲げながら大寄の場へと向かう人々（一揆衆）、また、これを見守るかのように神仏を祀る山王社・稲荷社などの様子が描かれている。ここでは、大寄に集合しようとする人々の心性が、山王社や稲荷社といった産土神・地主神としての神仏の霊験への期待と深く結びついていた点を読み取ることができる。

梵天については、悪霊や怨念が憑依していると観念されていた。というのは、梵天は、図２‐７の場面で祈祷を受けた巻数とともに、図２‐８で船で海に流されてしまう。すなわち、梵天には人々の日常のさまざまな怨念や穢れが憑依していると観念されていたが、大寄に集合した人々は、これを海へ流し去るという呪術的宗教儀礼によって祀り棄てたのであった。

柴灯護摩を焚いて祈祷する人々

次の図２‐７は、この大寄に集合した人々が柴灯護摩によって祈祷している

図 2-8

図 2-6

図 2-7

光景である。絵の右上の詞には次のように記されている。

大浜において三三坊の山伏と遊佐郷の修験四〇人余が集まって絵のように柴灯護摩を修した。四方から村々の旗印を持って集合した人々は「凡一万人余」にも達した。

絵には、川北通りで一揆を結んだ人々の象徴として「川村北之助」という人物の作り物が据えられている。「川村北之助」は「武者人形也」と説明されている。絵にもあるように、武者人形は、鎧や兜を着けた武士の人形で、兜人形とも称され、年中行事としての端午の節句に飾られる。また、これを機能的にみると人形は本来、神霊を呪術的な意味を込めて憑依させた。この絵の場合は「大将分」であるとも説明されており、一揆の頭取の身代わりとして災禍を憑依させる形代であったといえる。

柴灯護摩とは護摩壇を設け、ここにおいて柴で神仏の灯明となる火を焚き、悪霊降伏・所願成就などを神仏に祈る宗教儀礼である。中央には護摩壇が北の方角にある鳥海山に向かって設置されている。護摩壇の手前には閼伽と称される水と火箸、大小の護摩木が置かれている。北門に向かって正対する護摩供養の導師は、清水坊という山伏が勤めている。これに表白・経頭の山伏が付き随い、護摩壇を権先達・柴灯先達・閼伽先達・小木先達が取り囲んでいる。導師の正対する北の門には、護摩檀、神仏の依代である大幣束、そして、遥か北の向こうには鳥海山が聳えている。人々にとって鳥海富士・出羽富士と称される鳥海山は悪霊退散・所願成就の祖霊・神仏の存在する霊山としての意味を持っていた。また、山伏にとっても鳥海山は山岳信仰と密教の呪法・修行法が習合した修行の場であり、ここで修行を終えた里山伏は山中でとれる薬草や鉱物を調合して病いを治療すると共に加持祈祷をおこなう呪医によって人々を救済する立場にあった。

巻数と大梵天を河口から海に流す人々

ところで、山伏を招いた護摩祈祷、これを開催した大寄にはどんな目的があったのだろうか。図2-8を見れば、これを知ることができる。

　ここではまず、祈祷のために読誦した陀羅尼経などの経典の名称と祈祷回数を書いた目録としての巻数を川に流し、次いで大梵天を船に乗せて流したとある。神霊の憑いた依代が流されているのを確認しておきたい。浜辺では多数の山伏が居並んで読経したともあるが、それも図2-8に描かれている。

　梵天も、また、神霊の依代である。したがって、人々はこの儀式を前述したように大梵天という依代に憑いた怨念や悪霊を、流し去る儀礼だと観念していたと考えられる。しかも、ここには村や郷の名称が書かれた幟が数多く描かれている。すなわち、この場面は村や郷を単位に一揆を結んで集まってはみたが、それ以上には統合されていない不均質で分散的な人々の心性をさらに統合していこうとする場であり、このような社会的・文化的装置としての儀礼の空間であった。それは、また、村や郷を単位に分散している力を集中させてより強固な社会的権力を創出する装置としての儀礼の空間であったといってもよい。図2-7の柴灯護摩祈祷は、このような意味を持つものとして藩主の転封という不幸な事態を引き起こした悪霊を、この大梵天に憑依させるための儀礼であった。また、柴灯護摩祈祷の大寄に集合した人々は悪霊の憑依した梵天を祀り棄て、これによる秩序の再生を祈願したのであった。

　宮田登は、これらに類する宗教儀礼を鎮送呪術と定義し、この鎮送呪術が、当時の共同体に暮らす人々の年中行事の中の世直し観念と深く結びついていた点を指摘した(9)。

　そして、著者は、このような呪術的な宗教儀礼が、前述したように、産土神をまつる郷村の鎮守を中心に執り行われた点に、その重要さがあると追加して指摘しておきたい。これら郷村の鎮守は、日本列島に暮らす人々の産土神であるとともに、皇祖神ともされる伊勢神宮を中心とする明神信仰へと習合・統合されていた。この統合は、創始も古く、霊験にも優れた明神を、国郡を単位として祀る社に、郷村の鎮守を合祀するという方法によって進められた。また、これら郷村の鎮守は、別当寺の僧侶が関与するという形で、人的にも修験道や顕密の仏教と分かち難く結合していた。

このような鎮守の産土神を中心とする年中行事には、たとえば、悪霊（疫神）を追放し、幸せな年を迎えようとする小正月の予祝行事の飾り物に、不老不死の豊かで楽しい幸福な世界としてのミロクの世を重ねてイメージさせようとする観念が存在していたと指摘されている。また、ミロクの世の幸福なイメージを、悪霊を追放するための年中行事の際、ここで使う道具や空間を華やかに飾り立て、ここにミロクの世の幸福なイメージを表象させようとする観念が存在していたとも指摘されている。(10) 宮田登は、産土神としての鎮守を中心とする年中行事と渾然一体となりながらも、ここに人々の心性の深層としての日本型ミロク信仰の存在をみていた。

三　弥勒信仰の願望と一揆の秩序

鳥海山と富士山の弥勒浄土信仰

このような日本型ミロク信仰と一揆との関連を示す景観を絵巻物の中から示しておきたい。それが前掲の大寄を催して柴灯護摩供養の祈祷をする場面の図2-7および巻数と大梵天を最上川の河口から流す場面の図2-8である。

これらには遥か遠くに鳥海山が描かれている。注目しておきたいのは、この鳥海山が、救済を求めて集まった人々の大寄の空間を見守るかのように描かれている点である。鳥海山は飽海嶽とも称され、出羽富士・鳥海富士とも呼ばれていた。絵師は、鳥海山を、人々の救済願望を叶えてくれる聖なる山として象徴的に描いたのだと考えられる。

鳥海山ばかりでなく日本の山々は、各々の地域社会に根ざした特徴を持っている。地域にとっても代表的な山々は、日本六十余州の国を単位に、たとえば、鳥海富士・出羽富士と称すように、富士の前に国や山の名称を冠して呼ばれている。これらを調べて約五〇前後の山々を析出した井野辺茂雄は、これを異称富士と呼び、富士山は日本の山の中で最も高く美しい山であり、日本を代表する聖なる山として列島に住む人々の憧憬の対象であり、このような意識が異称富士を生み出していったと述べている。(11)

宮田登は「修験が濃厚に関与した山岳には必ず蔵王権現が祀られ、御嶽の美称が与えられている。御嶽は地方修験の拠点として、各国に一山ずつ存在したため国御嶽とも号されていた。中央の御嶽が金御嶽であり、その山頂には弥勒浄土が出現すると予想された時期が歴史上あらわであった」と述べ[12]、金峰山や富士山をはじめとする数々の国御嶽の山頂が、現世の救済を約束する弥勒の住む浄土、すなわち、兜率天と観念されていたことを明らかにした。人々は、この国御嶽を富士山への憧憬を込めて何々「富士」と称したのである。

鳥海山も、また、略縁起によれば「殊更吾日本にて富士に次たる高山なれば」として富士山への憧れを示すとともに、役小角による開峰伝承を持ち、人々の不幸を取り除く大物忌信仰の霊場であった[13]。この意味で鳥海山は、当時の地域社会の人々に、弥勒浄土を約束する霊山だと観念されていたのである。

それでは、このように形成された日本列島の人々の救済観念はどのような内容だったのか。ここでは、これを富士山の頂上をめぐる人々の宗教的観念を通じてみておきたい。

ここで取り上げるのは、芳賀登によって紹介された「富士山禅定図」という木版印刷物である[14]。当時、この印刷物は、大宮口や村山口からの富士山登拝の案内書として配られたのだが、ここから江戸時代の後期においても富士信仰の中世的伝統すなわち修験道を受け継ぐ信仰形式を濃厚に残していたことがわかる。この信仰形式とは富士山の頂上の次の九つの尊格に表象されている。

すなわち、一の嶽が地蔵菩薩、二の嶽が阿弥陀如来、三の嶽が観音菩薩、四の嶽が釈迦如来、五の嶽が弥勒菩薩、六の嶽が薬師如来、七の嶽が文殊菩薩、八の嶽が宝生如来、そして、中央に胎蔵界の大日如来が勧請され、内院には金剛界・胎蔵界の両界曼荼羅が配置されている。これらは富士山の本地が大日如来であるという中世的富士信仰の伝統を表しているが、同時に、五の嶽に弥勒菩薩が入っている点にも注目しておきたい。

富士山は小御嶽社を祀っている点から御嶽とも呼ばれ、平安時代の末期から修験の道場であったと考えられている。また、富士上人と呼ばれた末代という聖が、富士山頂に埋経した時の願文に「三会立、初値慈尊之出世」とある[15]。慈尊とは弥勒菩薩の異称であり、三会とは、後述するように、弥勒菩薩による竜華樹の下での三度の説法をいうので、ここでも富士山の頂上を弥勒浄土に措定している。そして、末代は頂上に大日寺という寺を建てたが、その後も頼尊という人物が出現し、富士行人と称する修験の祖となった。

弥勒下生信仰と富士講信仰

江戸時代の富士講信仰は、このような修験道信仰の中心であった頂上と内院を、神道でも儒教でも仏教でもない、習俗的・慣習的宗教としてのミロクの浄土である兜率天に通じる空間に措定したのである(16)。富士講信仰は、戦国時代末期の長谷川武邦(角行藤仏)を祖としたが、角行の伝記は「駿河国不二仙元大日神と奉申は天地開闢、世界の御柱として月日・浄土・人体の始也」と述べ(17)、また、この仙元大日神は「万物の根元」であり、この神をもって「日本人王の御始也」としている。藤谷俊雄は、この記述によって富士信仰は天皇神話と接合されていた点を指摘している(18)。著者は、これを、天皇をめぐる神話が、列島の人々の地主神への習俗的な信仰と習合したものとして理解しているが、こうした観点からみると人々の郷村の鎮守を中心とした基層的な日常的・習俗的な信仰は、天皇神話と習合した山岳信仰としてのミロク信仰によって背後の深層世界から秩序づけられていたといえるのである。

ところで、このような富士講信仰は享保一八年(一七三三)七月、富士山七合五勺の烏帽子岩で入定した伊藤伊兵衛(食行身禄)の登場によって本格的な展開をみた。食行身禄の「身禄」は弥勒菩薩を比喩した表現である。弥勒菩薩は、釈迦に次いで仏になるという菩薩で、釈迦が入滅してから五六億七〇〇〇万年後、この世に兜率天から下生して竜華三会の説法――華林園の竜華樹の下で三回にわたって説法して人々を救済する――をおこない、釈尊の救済から洩れて苦海に沈む人々を解放・救済するという尊格である。食行身禄は、富士山の頂上を弥勒の浄土に措定し、自分こそが、ここから弥勒(ミロク=身禄)として下生し、人々を救済する救世主だとして富士山七合五勺の烏帽子岩で宗教的瞑想によって死を迎える入定をしたのであった。

宮田登は、このような食行身禄の信仰思想を弥勒下生信仰との関連で解き明かし、くわえて、朝鮮半島において東学党に結びつくさまざまなミロク系の信仰と日本列島の習俗的な弥勒信仰の違いを次のように述べている。日本におけるミロク信仰は「豊年の世」と「飢饉の世」とで共時性をもって表現され、「ミロクの世の到来は漠然としか意識されない」が、朝鮮半島におけるミロク信仰は「通時性をもって表現」され、ミロクの世の到来はシャカの世からミロクの世への変革として「明確に意識されている」[19]。朝鮮半島と比較すると日本の人々の弥勒信仰は、表層としての国家や社会の政治的な激しい変革に直接的な影響を与えず、人々の日常生活を、習俗的な宗教儀礼を通じて深層から秩序づける役割を持った。

このように、日本のミロク信仰は、社会の緩やかな変動を、当時の人々が各々の深層世界において共時性をもって秩序づける機能を持っていたというのが、氏の見解である。とすれば、ミロク信仰は、政治的な変動といかなる関連をもっていたのか。この点について宮田登は、当時の「凶年を払い豊年を待望する農耕儀礼と、悪霊のこもる世を払い幸運を迎えようとする鎮送呪術の中に、ミロク信仰をうかがえる」と述べ[20]、著者が産土神と指摘した鎮守神を中心とする年中行事や世直しの観念とミロク信仰との深い関係性を示唆した。とはいっても、宮田登の指摘は、習俗的・慣習宗教的な再生観念の次元に限定されているのであり、これが、どのように社会的・政治的な秩序の形成と関連していたのかを明らかにはしていない[21]。

一方、安丸良夫は、宮田登の研究から多くを吸収するとともに、これと通俗道徳という社会的・政治的な道徳意識とを接合し、この地点から日本における変革の特徴を探ろうとする当時としてはきわめて優れた成果を提示した。しかし、この研究は、著者が、ここで述べるような視点、すなわち、一揆に参加する人々によって表象された集合心性が、宗教的な秩序、社会的な秩序、政治的な秩序、これら各々の秩序といかなる関係にあったのか、また、それは、表象の母体としての儀礼が生み出す秩序といかなる関係にあったのかという視点から深められる必要があった。そして、この社会秩序が政治的な秩序の変動とどのように連動していたのか。宗教的な意味だけに限定した世直しでなく、また、同時に、呪術的・宗教的要素をほとんどまったく排除した通俗道徳的な世直しでなく、これら双方に媒介された社会的・政治的な意味での世直しを含む政治文化形成の集合心性とどのように関連していたのかについて検討される必要があった。この意味で宮田登や安丸良夫の研究は、習俗的・慣習的な宗教儀礼という視点から改めて検討しなければならない課題をわれわれに提起していたのだと考える。(22)

おわりに

本稿において、百姓一揆を描いた絵巻物「ゆめのうきはし」を取り上げ、一九世紀前半期の日本において一揆という絆で結ばれた人々の集合心性が、習俗的な宗教儀礼としての祭礼を催す人々の集合心性とどのような共通性を持ち、また、それが、どのような秩序を形成させたのかという問題を検討した。この結果、宮田登・安丸良夫の残した課題に対して次のような結論を得られたと考える。

当時において人々の一揆という人的結合を基礎とした訴願運動や打ち毀しの運動は、習俗的・慣習宗教的な儀礼に基づく集会を秩序形成の媒体としていた。これらの儀礼は、産土神としての鎮守の宮への習俗的な信仰を基層とする集合心性によって支えられていた。また、この祖霊によって担保された鎮守の宮での儀礼を媒介とする基層的な集合心性は、山上を祖霊の存在する霊地と観念し、これによってミロクの世という観念に象徴される社会、すなわち、再生の世を願う救済願望を意識的深層としていた。アジア社会の中で信仰の跡を広汎に遺すミロクの世への救済願望は、富士山を頂点とする国御嶽を媒介とし、産土神としての鎮守の宮への習俗的な信仰儀礼へと展開し、ここでの宗教儀礼の担い手が一揆的な人的結合によって社会秩序を生み出していたといえよう。この社会秩序を生み出した人的な結合こそが、地域的な政治秩序を形成させていく集合心性と組織の力を生み出す契機・原動力となっていった。百姓一揆絵巻「ゆめのうきはし」は、このことを如実に証明する絵巻だといえる。

スザンネ・デサンは、E・P・トムスンやナタリー・デーヴィスの群衆・共同体・儀礼に関する研究の意義、および、今後の研究の可能性について重要ないくつかの点を指摘しているが、(23) ここで検討した一揆・祭礼の集合心性と秩序に関する問題も、その重要な検討課題の一つとなっている。また、宗教儀礼としての祭礼と一揆の集合心性に関する事例は、イギリスやフランスのみならずヨーロッパの各地、また、宮田登が指摘した朝鮮半島だけでなくアジア社会の各地で広汎にみられる現象である。(24) したがって、最初に述べたように、本稿では、これらの中に日本の事例を置き、これを比較史的・文化多元主義的な立場から比較・検討してみた。

これによって当時の人々の集合心性が、都市・村落を問わずに存在する鎮守の宮での習俗的・慣習宗教的儀礼を媒体として生み出される点、また、このようにして形成された集合心性の深層には祖霊信仰と深く関わる再生観念が存在する点、また、これらの観念に基づく集合心性が、社会的・政治的な秩序の形成にとってきわめて重要な意義を持っていた点について示した。また、この点のさらなる検討こそが、国民国家史としての国史や日本史という研究上の限界を乗り越え、(25) 国籍を越えた市民社会のための歴史研究、(26) すなわち、世界・アジアの中の地域史としての日本列島あるいは日本列島の中の地域史研究を深める契機となるという見通しを提起して本稿を終わりたい。

（1）　エドワード・P・トムスン「ラフ・ミュージック」（『魔女とシャリヴァリ』二宮宏之・樺山紘一・福井憲彦編、新評論、一九八二年）七九頁。同「一七九〇年代以前のイギリスにおける社会運動」（『思想』第六六三号、一九七九年）。近藤和彦「民衆運動・生活・意識――イギリスの社会運動史研究から」（『思想』第六三〇号、一九七六年）。同「一七五六～七年の食糧蜂起について（上）・（下）」（『思想』第六五四～六五五号、一九七八～一九七九年）。

（2）　クロード・ゴヴァール、アルタン・ゴカルプ「中世末期のシャリヴァリ」（『魔女とシャリヴァリ』二宮宏之・樺山紘一・福井憲彦編、新評論、一九八二年）一三九頁。ロランド・ボナン＝ムルディク、ドナルド・ムルディク「ブルジョワの言説と民衆の慣行」（同書）一六三頁。イヴ＝マリ・ベルセ『祭りと叛乱――一六～一八世紀の民衆意識』（井上幸治監訳、新評論、一九八〇年）。立川孝一『フランス革命と祭り』（筑摩書房、一九八八年）。

（3）宮田登『ミロク信仰の研究』（未來社、一九七五年）三二四頁。

（4）この点については分野も専門も異なるが、柴田三千雄・遅塚忠躬・二宮宏之の鼎談「『社会史』を考える」（『思想』第八一二号、一九七九年）、二宮宏之編訳『歴史・文化・表象』（岩波書店、一九九九年）所収の二宮宏之の立場ならびに青木保『多文化世界』（岩波書店、二〇〇〇年）の見解が参考となる。

（5）これまで著者は、このような視点から下記の研究を報告してきた。澤登寛聡「『一揆』集団の秩序と民衆的正当性観念——安永七年五月　都市日光の惣町『一揆』を中心として」（『歴史学研究』第五四七号、一九八五年〔本書第二編第三章所収〕）。同「一揆・騒動と祭礼——近世後期から幕末期の神による相互救済・正当性観念と儀礼・共同体について」（地方史研究協議会編『宗教・民衆・伝統——社会の歴史的構造と変容』雄山閣出版、一九九五年〔本書第三編第一章所収〕）。同「祭と一揆——水戸藩鋳銭座の打ち毀しと磯出祭を中心に」（赤田光男他編『身体と心性の民俗』講座、日本の民俗学2、雄山閣出版、一九九八年〔本書第三編第二章所収〕）。

（6）「ゆめのうきはし」には三巻に軸装された致道博物館所蔵本と五巻に軸装された酒井神社所蔵本とがある。酒井神社所蔵本はもともと真柄直國が所有したが、松井憲禮という人物の手に移り、明治時代の後半に、須佐太郎兵衛親恭が譲り受けて酒井神社の宝物とした。本稿が使用したのは、この酒井神社本であり、これについては、若干の講演をおこない、要旨を「百姓一揆絵巻の成立——「ゆめのうきはし」の制作の背景について」（『法政史学』第四九号、法政史学会、一九九七年、八八頁）に掲載しておいた。いま、参考として、この短文を掲載すると次の通りである。

「天保一一年（一八四〇）一一月一日、江戸幕府は、出羽国庄内（鶴岡）藩主の酒井左衛門尉忠器を越後国長岡藩主へと転封させ、長岡藩主の牧野備前守忠雅を武蔵国川越藩主に、川越藩主の松平大和守斉典を荘内藩主に命じる旨を達した。

転封は、七日後の一一月七日に国元の鶴岡城へと伝えられたが、これを知った庄内藩領分の百姓は、一揆を結んで、藩主忠器の転封撤回を要求する。百姓一揆による撤回要求は八カ月余におよぶ幕府への歎願運動として展開されたが、これによって翌天保一二年七月一二日、幕府は遂に領知替えの撤回を決定するにいたる。この領知替えは、研究史のうえでは三方領知替えと命名され、また、この領知替えの撤回を要求する百姓一揆研究は戦前からの豊富な研究蓄積を持っている。

「ゆめのうきはし」は、この転封撤回のための百姓一揆を、絵と詞書とで記録した絵巻物である。

ところで、この百姓一揆絵巻は、教科書の副読本や啓蒙書類で、近世後期の百姓一揆を紹介する際の代表的な挿絵として幅広く用いられてきている。絵巻物は、通常、詞が絵を説明するという構成を基本形式として制作されているが、「ゆめのうきはし」も、また、この例外ではない。しかし、これまでの「ゆめのうきはし」の利用方法は、このような絵と詞とからなる絵巻の基本形式を考慮しておらず、絵巻の中の特定の場面が、絵巻の全体的な構成と切り離して取り上げられてきていたといわざるをえない。

絵巻物の特定の場面だけを挿絵的に取り上げるという取り扱い方は、絵と詞とによって構成される絵巻物の独特の個性を損なうばかりか、その個性を前提として解明することができる百姓一揆の実像さえも切り捨てる結果となっていたといわざるをえない。

講演では、絵巻物についての史料学的な検討をおこなった。検討の対象としたのは、全五巻の酒井神社所蔵本（須佐満子家本、以下、甲本とする）と全三巻の致道博物館所蔵本（以下、乙本とする）、ならびに、絵師の手控か下絵と考えられる横浜市立歴史博物館所蔵本（以下、丙本とする）である。この結果、次の四点を提示した。

第一に絵巻の名称についてであるが、「ゆめのうきはし」は、従来、絵巻の外題や箱書から「夢の浮橋」として広く知られていた。しかし、甲本・乙本の内題には共に「ゆめのうきはし」とある。通常、題簽は表具の改装によって変更を受ける可能性が高く、史料学的——この場合は書誌学——には内題を名称とすることとされている。また、現実に、この絵巻物は改装されている。したがって、名称は「ゆめのうきはし」とするのが妥当だという点を示した。

第二に従来、知られている絵巻は乙本のみであったが、講演では、新たに発見した酒井神社所蔵の甲本と横浜歴史博物館所蔵の丙本について提示した。また、甲本の奥書には「ゆめのうきはし」には「五軸」に軸装された絵巻と「三軸」に軸装された絵巻とがあった点が記されており、ここでは五軸の酒井神社所蔵の絵巻を甲本、三軸の致道博物館所蔵の絵巻を乙本と定め、くわえて、絵師の控えか下絵と考えられる横浜市立歴史博物館所蔵の絵巻を丙本と定めた。なお、これらの制作の経緯や伝来・内容、保存・保管の現状については別稿を予定しているので割愛するが、ここでは「ゆめのうきはし」には、ほぼ同じ時期に制作された五巻本（甲本）と三巻本（乙本）とが現存しており、これらを比較・検討する必要がある点を指摘しておいた。

第三に、絵巻の制作主体であるが、当初からのものとみられる甲本の絵巻保存箱本体底部の墨書には、絵巻の撰文を担当したのは「真柄文二直國」とある。乙本では、この人物は「加茂屋文二」とあるが、この人物が真柄文二直國と同一の人物である点については現在、残されている関係史料から判明する。また、絵師は、丙本の奥書によれば、天保一三年（一八四二）三月の時点で六四歳であった「無為」という人物だった点を提示した。なお、乙本の奥書には「書画工大柳金右衛門書（花押）」という署名があるが、丙本の絵師と同一人物か否かについてはなお慎重な検討を必要とする。また、画風を検討した結果、絵師は文人画をよくする人物だった点も指摘した。

最後に、「ゆめのうきはし」の制作時点の史的背景についてであるが、一揆による転封の撤回実現が国元へ連絡された天保一二年七月一六日から約一カ月後の八月二一日、藩領内では一揆に指導的役割を果たした百姓によって地域社会の秩序と安全の維持するための起請文が作成され、これと前後して百姓一揆を後世に伝えるための絵巻物が制作される。

天保一三年三月までに絵巻は完成していたが、五月二日、絵巻は庄内藩徒目付の検閲を受け、藩からみて問題のある箇所について訂正を要求される。しかし、結局、六月二日には、内容の訂正の要求は撤回され、絵巻を「廿年之間」地中深くに「急度、埋置」き、「他見無之様可致候」と申し渡される。

また、嘉永七年（一八五四）三月、西郷組では一揆を指導した百姓を中心に、馬町村の地内に若宮大明神の社殿が建立され、ここに藩主の忠器が神としてまつられる。藩主忠器の神としての勧請の背景には、百姓一揆での転封撤回要求の実現とともに、地主制の展開、ならびに、天保四年六月からの打ち続く飢饉を契機とした富商の米の買い占めによる食糧の不足、これらに対する藩の救済政策の実行を期待する百姓の救済要求が存在する。

百姓一揆絵巻としての「ゆめのうきはし」は、以上のような一連の史的背景の中で制作されたが、これらが、絵巻の成立にいかなる影響を与えているか、講演は、こうした点も含んだうえで、基本形式が、絵と詞とによって構成される絵巻の固有の構造を分析・考察するための基礎作業から判明した点について提示した。」

このほか、この絵巻や一揆についてのデータは、国立歴史民俗博物館編『地鳴り　山鳴り――民衆のたたかい三〇〇年』（二〇〇〇年、同館発行）に集約されている。本書は、同館の企画展示にともなう図録であるが、その多くを、この絵巻物の解説に費やしており、貴重な文献といえる。その後の研究としては、齋藤悦正「百姓一揆にみる寺院と地域――天保一一年三方領知替反対一揆を中心として」（『民衆史研究』第六四号、二〇〇〇年）、久留島浩「移行期の民衆運動」（『近世の解体』日本史講座、第七巻、東京大学出版会、二〇〇五年）がある。また、百姓一揆の研究成果については、保坂智『百姓一揆研究文献総目録』（三一書房、一九九七年）が刊行されており、これまでの研究文献をほとんど網羅していて貴重である。

（7）　柴田三千雄『近代世界と民衆運動』（岩波書店、二〇〇一年）二二四頁。

（8）　国立歴史民俗博物館編『地鳴り　山鳴り――民衆のたたかい三〇〇年』（二〇〇〇年）一九頁。

（9）宮田登『ミロク信仰の研究』（未來社、一九七五年）一八七頁。
（10）宮田登『ミロク信仰の研究』（未來社、一九七五年）九四、三二七頁。
（11）井野邊茂雄『富士の歴史』（古今書院、一九二八年）三六五頁。
（12）宮田登『ミロク信仰の研究』（未來社、一九七五年）一三九頁。
（13）五来重『修験道史料集』〔Ⅰ〕東日本篇（山岳宗教史叢書17、名著出版、一九八三年）六六頁。
（14）芳賀登『世直しの思想』（雄山閣出版、一九七三年）一九六頁。
（15）宮田登『ミロク信仰の研究』（未來社、一九七五年）一三九頁。
（16）富士山への信仰については、富士山信仰・富士信仰というタームが一般的だが、藤谷俊雄は、『神道信仰と民衆天皇制』（法律文化社、一九八〇年）一四八頁で、江戸時代の富士講系統の富士信仰を、特に富士講信仰と呼んで、それ以外の富士山をめぐる信仰と区別している。
（17）村上重良・安丸良夫編『民衆宗教の思想』（日本思想体系67、岩波書店、一九七一年）四五二頁。
（18）藤谷俊雄『神道信仰と民衆天皇制』（法律文化社、一九八〇年）一四八頁。
（19）宮田登『ミロク信仰の研究』（未來社、一九七五年）三二四頁。
（20）宮田登『ミロク信仰の研究』（未來社、一九七五年）三九〇頁。この点について宮田登はどちらかというとミロク信仰のほうに重心をおいて説明するが、本稿では、人々の産土神・鎮守神の宗教儀礼への関わりに比重をおいて理解し、これと社会的・政治的変動とのシステムとしての関連を普遍化して理解した。
（21）宮田登は、インドや朝鮮においてシャカの世とミロクの世は通時的な変化の結果として観念されるが、日本においては共時的に捉えられる。この「ミロクの世」に対する日本の人々の観念が、日本において通時的な意味での世直しの世界観を確立させえなかった要因だとする。この意味で、日本の民衆運動は、わずかな例を除いて矮小化し、早期に体制化したとも述べている（「『ミロク』の世の構造」、日本庶民生活史料集成『編集のしおり』第一八巻、一九七二年）。著者は、これを矮小化・体制化したと捉えるよりも、こうした「ミロクの世」に対する日本的なユートピアの世界観、ならびに、このような共時的な世界観を含んで形成される江戸時代社会の文化構造が、当時の人々の自主的・自律的な自治を媒介とした権利のための闘争とどのように関わっていたのか、また、これによって形成される日本的な政治文化にどのような影響を与えたのかについて関心を持っている。

(22) 安丸良夫『日本の近代化と民衆思想』(青木書店、一九七四年)。

(23) スザンネ・デサン「E・P・トムスンとナタリー・デーヴィスの著作における群衆・共同体・儀礼」(リン・ハント編、筒井清忠訳『文化の新しい歴史学』岩波書店、二〇〇〇年)六九頁。

(24) これに関わってたとえば宗教思想という視点から世界各地の事例を集めた論文集に、歴史学研究会編『再生する終末思想』(青木書店、二〇〇〇年)がある。また、歴史学研究会は、二〇〇五年度大会の近代史部会において「近代化における『伝統的』民衆運動の再検討」(『歴史学研究』第八〇一号、二〇〇五年)というテーマで報告と討論をおこない、この成果を『歴史学研究』(第八〇七号、二〇〇五年)によって公表しているが、これらとの比較は今後の課題としなければならない。

(25) なお、本稿は二〇〇五年一二月一日から三日間、法政大学国際日本学研究所とフランス国立科学研究院(ジョセフ・キブルツ教授)がパリ日本文化会館で開催した国際シンポジウム「日本学とは何か――ヨーロッパから見た日本研究、日本から見た日本研究」での報告に手を加えたものである。この時著者に与えられた課題は「国史と日本史、その問題点の克服」についてであった。国史にせよ、日本史にせよ、これらの成立には、国民国家の成立・確立、歴史学研究における文献史学の優越性の主張や民俗学との訣別という問題が深く関わっていたことがよく知られている。したがって、報告では、この点をどう乗り越えるべきかという見解が求められていたと考える。ここからは必然的に国民国家史を超えた視点、または、国民国家史を相対化するための比較史的・多文化主義的な視点が導き出されていくべきだと考えるが、本稿では、これを救済観念をめぐる祭(宗教儀礼)と叛乱の国際的・地域的比較という視点から論述した。

(26) ユルゲン・コッカ「歴史的問題および約束としての市民社会」(松葉正文・山井敏章訳『思想』第九五三号、二〇〇三年)三四頁。

第四章　富士信仰儀礼と江戸幕府の富士講取締令

――呪医的宗教儀礼としての江戸市中への勧進と身分制的社会秩序の動揺をめぐって

はじめに

富士信仰は、江戸時代後期の江戸と関東における代表的な庶民信仰といってよい(1)。富士講の源流となった富士信仰は、修験道系の修行者であった長谷川武邦（角行藤仏・東覚）を祖として展開した。しかし、この流れを受け継いだ伊藤伊兵衛（食行身禄）が、享保一八年（一七三三）七月、富士山七合目の烏帽子岩――実際には七合五勺の地点であった――で三一日間の断食修行の末に即身仏となって入定して以後、富士信仰は、角行の流れを継承する光清派（村上光清）と身禄派とに分派する。

身禄派の信仰は、修行者の信仰的・社会的立場によって複数の潮流の富士講へと展開していったが、文化五年（一八〇八）三月、身禄の三女「はな」の養子となった参王六行（花形浪江・中行・心行・二代目伊藤伊兵衛）から教義を継承した禄行三志（日光御成道鳩ケ谷宿河内屋庄兵衛・小谷三志）は、この中から富士信仰の呪術的性格と本格的に袂を分かち、後年には、二宮尊徳とも交流を持ちながら不二道を展開させていく。

身禄の入定は、享保の飢饉の影響によって米価が高騰し、米を買うことができず、飢餓におちいった人々の悲惨な姿や特権的な米穀米商人への打ち毀し――江戸での最初の打ち毀しであった高間傳兵衛騒動――を目の当たりにした事件が契機になった。

安丸良夫によれば、身禄の主唱した信仰思想は、角行から受け継がれた修験道的・呪術的な富士信仰を見直そうとした点にある。すなわち、日常生活の中で悩み苦しむ人々を、宗教的に救済するという伝統的な救済方法を否定的に見直そうとした身禄は、人々が、富士参詣の修行を積み重ねながら正直・慈悲・情・不足を旨とする道徳規範によって日常生活を営み、呪術でなく、これら通俗道徳的な規範を日常生活の中で実践することによって「身禄の世」を創り出せば、男女差別や封建的な身分秩序の不平等性、商品経済の展開による貧富の差の拡大から倫理的・精神的に解放されると主張した。このように氏は、富士山を修行の場としながらも脱呪化を志向して通俗道徳の実践を重視する主張に身禄の思想の意義を見出している(2)。

一方、身禄が、弥勒菩薩を比喩した表現であることはいうまでもない。弥勒菩薩は、釈迦が入滅してから五六億七〇〇〇万年後の世界に現われ、釈尊の救済から洩れた人々を説法によって救うという尊格である。身禄は、右の通俗道徳的規範の実践によって変革された社会を、弥勒菩薩が人々を救済する世界に仮託して「身禄の世」と表現し、この「身禄の世」への変革は、身禄が師の月行と共にはじめて富士山に登拝した元禄元年（一六八八）六月一五日に始まったと説いた。このような世界観を宮田登は、東アジア世界の人々が普遍的に持つ習俗的・慣習宗教的な救済思想の中に見出し、身禄の富士山への信仰思想を、このような物質的にも精神的にも豊饒な理想世界としてのイメージを持つミロクの世の実現という救済思想の日本的特質を象徴的に表現する思想であると論じた(3)。

食行身禄の信仰思想の中には、安丸良夫の指摘するような、通俗道徳の実践によって呪術によらない救済を求めようとする志向とともに、宮田登が指摘するような、習俗的・慣習宗教的な救済への願望が存在するがゆえに、必然的に呪術を求めようとする志向が併存していたといえる。

ところで、このような信仰思想を背景とした富士講については、これまでにも江戸幕府寛政改革の富士講取締令を中心にいくつかの検討がある(4)。

この時期の幕府は、江戸での旧里帰農令の実施や人足寄場の設置、出版統制の実施にみるように、無宿化した人々の流入によって弛緩した都市の統治・治安秩序を、江戸市中の人々に対する風俗の取り締まりによって再編しようとした。これらは、江戸幕府の身分制的な統治秩序の再編策と位置づけられよう。

こうした幕府の風俗取締政策が、町や村という公法上の組織を越え、富士信仰、殊に江戸市中や江戸近郊・遠郊地域で顕著な活動を展開させていた富士講という公法的性格を持たない講という信仰組織の活動と対峙した点は注視しておかねばならない。

本稿では、この時期における江戸幕府の富士講取締令を主として取り上げ、これらの取締令が、講の活動のいかなる点を取り締まろうとしたのか、また、取締令は、富士山北口師職――師職は、多くの場合、御師とも称される。御師は御祈祷師を意味する。[5] なお、富士山北口師職とは、富士山北麓の浅間明神を核として上吉田村に宿坊を構える師職をいう――へいかなる影響をおよぼしたのか、これらの点を宗教儀礼と身分制社会の統治秩序との関連に注目しながら明らかにしていきたい。

一　寛政の駕籠訴事件と富士講取締令

(1)　富士の加持水と寛保取締令

富士講に対する江戸幕府の取締令は、寛保二年（一七四二）九月の江戸町奉行による町触を初発とし、以後、安永四年（一七七五）九月の町触を経て寛政七年（一七九五）正月の町触にいたる。まず、寛保二年九月の町触を検討するが、この町触は、寛保二年九月四日の町方年番名主からの次のような書付を前提としていた。[6]

戌（寛保二年）九月四日

一　年番名主寄合相談之上、左之書付相認、町年寄衆迄差出候
　以書付申上候
一　近頃町方ニ而冨士加持水与名付、病人江毎日水をあたへ、服薬仕候得者、其薬を為止、加持水一通りニ為致、日々水計為給、病気快気仕候得ハ、冨士門弟与申事ニすゝめ込候由、快気仕候者ハ稀ニ而怪我有之者多御座候由風聞仕候、右躰之儀紛敷事ニ御座候間申上候、以上
（寛保二年）戌九月　年番名主共

江戸の町方では、富士の加持水と命名して病人に水を与える人々がいる。この人々は、病人が薬を服用している場合は、その薬の服用を止めさせて加持水だけを飲むようにと勧める。これによって病気が回復した場合は「冨士門弟」となるよう勧誘している。しかし、病気が回復する場合は稀にしかなく、逆に「怪我有之者多御座候」という風聞さえ立っている。このような事態は「紛敷事」なので町方として上申するとある。この富士の加持水に関する一件は、町方年番名主の寄合（集会）の席で議題に上り、この審議の結果として町方年番名主が町年寄に上申した。町年寄は書付を町奉行所へと進達したようで、この結果として町奉行所の「被仰渡」が出された。これによって町年寄は、次のような町触を触れ廻した(7)。

覚
此間町中ニ而冨士之加持水与名付、病人薬を茂為相止、右之水数盃相用、万一病気快候得者、冨士門弟与申なし勧込候由、不埒之事ニ候間、早々相止可申候、若於相背者、吟味之上急度可申付候、此旨町中可触知者也
（寛保二年）戌九月
右之通従町御奉行所被仰渡候間、町中不残可被相触候、以上
九月九日　町年寄三人

触書によれば、富士の加持水と称する水を病人に飲ませて病気を治そうとするのは「不埒之事」――「紛敷事」も

同じであるが、おそらく医師や師職・修験者でもないのに病人を診るのは「紛敷事」で「不埒之事」だという意味であろうと考えられる――であると述べている。この場合、加持水とは、加持祈祷して病人に渡した水という意味である。水を使った治療は水治療法と呼ばれるが、「冨士之加持水」も、こうした治療方法の一つと考えられる。この時期の水治療法は、呪術医療と分かち難く結びついていたと考えられるが、こうした呪術医療による病気の快復を望む風潮が、町触を公布せざるをえないほど江戸市中に蔓延していた雰囲気がうかがえる。また、このような呪術と医療とが綯い交ぜの呪医によって病気が快復した場合、治癒した人々は「冨士門弟」となるよう勧誘を受けたのであった。

身禄が富士山七合五勺の烏帽子岩で入定したのが享保一八年（一七三三）七月であり、このときからわずか九年余り後の出来事であるが、この書付と町触によって富士信仰が、呪術儀礼と医療とが結合した信仰として江戸町方の人々の中に、急速に浸透していった点を見て取ることができる。しかも、このような信仰は、安永四年（一七七五）五月の町触に続いて寛政七年（一七九五）正月にみられるように、身分や職分を問わず、社会のさまざまな人々へと拡大していった。

(2) 寛政の駕籠訴と富士信仰の公認化運動

永井徳左衛門と妻「そよ」の駕籠訴訟事件

寛政元年八月、江戸青山原宿に住む永井徳左衛門の妻「そよ」は、夫の照行が作成した江戸幕府による富士信仰公認化の嘆願書を、老中首座松平定信に駕籠訴した。しかも「そよ」の夫である徳左衛門は、徳川家康の分霊を東照宮としてまつる紅葉山庭方の同心であり、また、同時に照行と称する富士信仰の行者であった。徳左衛門は、食行身禄に倣って富士山七合目にある烏帽子岩に参籠して「願行」（祈願修行）し、これに代わって妻の「そよ」が、江戸城桔梗門外から登城する松平定信の駕籠に直訴を敢行したのであった。

岩科小一郎は、直訴を、八月二三日に駕籠訴として敢行したと報告しており、同時に、「この事件はのちに寛政七年（正月）の禁令に富士講の名を記して弾圧が下される因となる」と位置づけている。(8)

しかし、徳左衛門と「そよ」による駕籠訴事件から寛政七年（一七九五）正月の取締令までには約六年半におよぶ歳月の隔たりがある。したがって、この駕籠訴事件を統制令の発令と直接、結びつけるためには、なお関連史料の博捜をまたねばならない。しかし、この事件の直後、江戸幕府は、北口師職に対する審問を実施する。そこで、ここでは、身禄派の師職であった中雁丸由太夫の「出府記録」によって幕府による審問の経過、ならびに、富士信仰公認化運動の実態について検討する。

幕府の審問は「そよ」の出訴から開始された模様であるが、「出府記録」には、八月二七日、身禄派の師職であった田辺十郎右衛門・田辺門太夫・中雁丸由太夫が江戸青山から書状を受け取った時点から開始され、「十月五日記之、赤坂田町三丁目、加賀屋三右衛門宅ニ而」として終わっている。この記録は、中雁丸由太夫が、審問が終了した一〇月五日、逗留していた赤坂田町三丁目の加賀屋三右衛門宅で書き終えたのであった。また記録の末尾には「青山原宿名主後見山崎三十郎」とある。これは審問に際して永井徳左衛門の居住していた青山原宿の町名主山崎三十郎が後見人となっていた点を示している。次に、この記録によって三人の行動をみると次の通りである。(9)

寛政元年酉八月三日、永井照行エホシ岩江登山、同月廿六日マテ願行、同廿七日、青山ヨリ飛キヤク来ル、同廿九日、出立、九月二日、江戸着ク、同日、町御奉行所江出ル、当時初鹿野河内守様留役三村吉兵衛様、四日・五日・六日、御召出、又候十四日、御呼出シ、御番所様仰ラレ候ハ、思シ召ヲ以テ、御き置カル、旨、被仰候由、夫ヨリ尋、御支配当時守屋弥惣右衛門殿御手代足立和中次殿ヨリ用状来ル、夫ヨリ廿日、出立イタシ、甲府長善寺前御役所江出ル、御代官被仰候者江戸表　御老中　松平越中守（定信）様ヨ（リ脱）御勘定所江被仰渡御内達ツニテ、冨士行者アツケ置候書物、慥ニ有之候ヤノ由御糺、無相違御アツカリ候旨申上之也、右箱持参イタシ候ヤノ旨御尋、其時二箱持参ス、請取割印申請、宿大黒屋三十郎宅江帰参ス、廿一日也、田辺十郎左衛門・中雁丸由太夫、同月

表1　駕籠訴をめぐる富士信仰公認化運動の経過

8月　3日	永井照行，烏帽子岩へ登山して願行を開始
26	永井照行，烏帽子岩で願行を終了
27	江戸青山より由太夫へ飛脚の到来
29	由太夫，吉田から江戸へ出立
9月　2	由太夫，江戸へ到着して町奉行所へ出頭
4-6	由太夫，取り調べのために町奉行所へ出頭。取り調べは，町奉行初鹿野河内守信興の留役三村吉兵衛
14	由太夫，町奉行所に出頭。永井徳左衛門の処罰の保留を，番所より口頭で伝達
14-20	甲府代官守屋弥惣右衛門手代足立和中次より用状の到来
20	甲府代官所（長善寺前）へ出頭のため由太夫，江戸を出立
21	甲府代官守屋弥惣右衛門に身禄の書物を提出。宿大黒屋三十郎宅へ帰参
26	江戸青山へ向けて甲府を出立
28	高井戸宿で永井徳左衛門以下4名，身禄の書物を収めた「御箱」の出迎え
29	江戸青山へ到着
10月　2	代官屋敷へ到着の届出。町奉行所よりの「御書」，赤坂田町二丁目越前与兵衛宅へ到来
3	食行身禄の書物を入れた「御箱」を町奉行所へ提出
4	町奉行所より出頭要請の「御書」到来。町奉行所出頭の由太夫，「勝手次第帰参之旨」の申渡を受命

出典：「出府記録」早川日出子家文書（『富士吉田市史』史料編　第5巻　近世Ⅲ）1103頁.

> 廿六日、江戸ホツ足イタシ、廿九日、青山江着ス、廿八日、高井戸迄永井氏・長五郎殿門太夫・留五郎殿三右衛門殿御箱御迎見エル、廿九日、此時、加賀屋三右衛門殿也、右三人御世ハニ成居ル也、十月二日、御支配江着届ケ相スム、同二日、江戸御役所ヨリ宿赤坂田町二町(目・脱カ)、越前与兵衛方迄、御書来ル、三日明六ツ過、御箱差上ル田辺氏小菊氏中雁丸氏、同日、永井氏始、其外三右衛門殿・長五郎殿・留五郎殿・市右衛門殿・喜右衛門殿・善蔵殿、同月四日、御支配ヨリ御書付至(到)来ス、八ツ時出ル、此時御用相スミ、勝手次第帰参之旨、又、御用有之候ハヽ、被仰渡ヘキ由、御申渡シ也

ここに見られる十郎右衛門と由太夫の行動を中心とした一カ月余の日程を、表1に整理しておいた。これによって事件の経過についての幕府と師職の行動を見ていくと次のようになる。

八月三日から二六日までの二四日間、江戸城紅葉山庭方同心の永井徳左衛門（照行）は、富士山に登山して七合目の烏帽子岩で「願行」をおこなった。二三日、妻「そよ」は、徳左衛門の作成した願書を

持って松平定信の駕籠へ直訴を敢行した。徳左衛門の「願行」は、妻「そよ」の駕籠訴の成功や提出した願書の内容の実現、すなわち、江戸幕府による富士信仰の公認祈願のためであったといえる。願書の内容には次のようにある。(10)

食行身禄は元禄元年（一六八八）六月一五日、富士山の火口外輪北西にある釈迦の割石で、「男づな」と「女づな」を繋ぎ、この男女の道徳的な和合の実現によって現世を改める「みろくの御世」を開いた。「みろくの御世」とは、社会の善悪を示す判断基準を明確にするとともに、人々が、雨や日照りなどによる災害から救済される世界でもある。そして、身禄（弥勒）の世は、この世がある限り、天地が存在する限り続く世界である。しかし、幕府にあっては、これをいまだ公認するに至っていない。北口にある身禄の書物を実検し、「みろくの御世」を創出するという富士信仰の思想を、幕府によって公認して貰いたい。幕府の公認があれば、信仰思想がより広く人々のなかに浸透し、この富士信仰思想の浸透によって社会の善悪の判断基準がはっきりするとともに、災害から人々は救済されるであろう。

徳左衛門は、差出人に、角行藤仏（長谷川武邦）から日行日旺・旺心・月行劊忡・食行身禄（伊藤伊兵衛）・北行鏡月（田辺十郎右衛門）・浄行と続く先師・先達の行名を書き列ね、最後に、みずからの照行開山（永井徳左衛門）という行名を加えて願書を作成して江戸幕府による富士信仰の公認を訴えたのであった。

富士信仰公認化運動と師職・江戸の富士講

二六日、徳左衛門は、「願行」を終えたが、翌二七日、身禄派の師職であった田辺十郎右衛門・田辺門太夫・中雁丸由太夫は、江戸青山から出府を要請する書状を受け取った。

三人は二九日、吉田を出立して九月二日、江戸に到着し、町奉行所へ出頭した。三人は、この日と四日から六日までの計四日間、町奉行初鹿野河内守信興の留役三村吉兵衛の取り調べを受けた。一四日には再び呼び出しを受けたが、この時、幕府は「思シ召ヲ以テ、御き置カル、旨」を伝達した。すなわち、駕籠訴事件についての処分を保留とするという意味だと考えられる。

この後、九月一四日から二〇日の間に代官守屋弥惣右衛門からの甲府代官所への出頭を命じる用状が届けられた。田辺十郎右衛門と中雁丸由太夫の二人は、田辺門太夫を江戸に残して甲府に向け出立し、二〇日、甲府代官所に到着した。守屋弥惣右衛門からは、老中松平定信から「冨士行者アツケ置候書物、慥ニ有之候ヤノ由」の確認を求める内達が勘定奉行所にあったので、これを取り調べるための出頭命令である点が達せられた。また、二人は、書物を「無相違御アツカリ候旨」と回答し、代官から「右箱持参イタシ候ヤノ旨御尋」があったので、二箱を持参した旨を回答した。代官は、書物について四箱あるはずだがと糾問したが、これに対して十郎右衛門と由太夫は、守屋弥惣右衛門代官所に次のような願書を提出した。(11)

一　此度　御代官様ゟ被仰付候御箱、今般可奉差上旨奉畏候、右箱之内弐箱持参仕候処、四箱可有之由、如何之筋ニ而弐箱持参候哉と御尋奉恐、然ル所、帰村仕可差上候所、道中往来日数相延申候へハ、江戸表御屋敷様迄、来ル廿八日、持参仕、可奉差上候、此段、奉願上候、以上

すなわち、残りの二箱は今回、持参して来なかったので、吉田まで取りに帰り、二八日までに代官の江戸屋敷まで届けるとある。このようにして二人は、持参した二箱の書物を甲府代官所に提出し、「請取割印」を「申請」けて大黒屋三十郎宅に宿をとった。

翌日、二人は、残り二箱の身禄の書物を代官屋敷に持参するため一度、吉田に帰参し、二六日、再び書物を持って吉田から江戸に出発している。二八日、江戸の五人の人々が、甲州街道高井戸宿まで出迎えた。この目的は「御箱御迎見エル」とあるように、持参した師職の迎えに出るというよりも、身禄の書物を納めた二つの「箱」に対してする出迎えであった。迎えに出た五人のうち「永井氏」とあるのは徳左衛門であろう。「三右衛門殿」は、「御世ハ(話)ニ成居ル」とあって、十郎右衛門・門太夫・由太夫の三人が投宿した赤坂田町三丁目の加賀屋三右衛門という人物であろうと考えられる。残りの「長五郎殿・門太夫・留五郎殿」については詳らかでないが、しかし、いずれも身禄の書物を納めた箱を高井戸宿まで出迎えるほど富士信仰に熱心であり、永井徳左衛門と妻の「そよ」の駕籠訴を積極的に支援

する同行・講中、あるいは、志を同じくする別の講を代表する立場の人々だった可能性が高い。また、この日が書物を持参する代官との約束の日だったからであろうと考えられるが、ここで再び合流した三人は、次のような口上書（「口上書を以申上候」）を作成して代官屋敷に届け出ている。(12)

一　此度富士行者食行身禄書物奉差上由被仰付、於甲府表ニ御請仕候、依之甲府御代官所江去ル廿一日ニ右行者書物四箱之内、弐箱奉差上候、此度弐箱持参仕候、右之旨宜敷御披露奉願上候、以上

二九日、江戸に到着した三人の師職は加賀屋三右衛門宅に投宿したが、一〇月一日、再び口上書を作成し、翌二日「着届ケ」とともに、これを代官屋敷に提出している。(13)

口上書を以申上候事

一　此度冨士行者食行身禄十七才之頃より四拾五年行法仕、享保十八丑年六月、行年六十三才ニ而冨士山七合目烏帽子岩与申処おいて三十一日断食仕候上、被致入滅候、右之意趣者先達而松平越中守様(定信)江青山原宿徳左衛門妻、御駕籠訴仕候、依之、右行者書物如何様之儀御座候哉、私祖父御預置申候処、此度御支配様御糺ニ付、右行者書物四ツ封之儘、内弐箱甲府御役所江差上置候、将又、今般弐箱持参仕、則奉差上候、左候得ハ、私祖父ゟ年来御公儀様江奉差上度奉存候処、時節至(到)来仕、難有奉存候、何卒此度私共一□(同カ)、五拾年来之儀ニ御座候得ハ、冨士信仰之者諸国ニ御座候、何卒大願之義御座候ヘハ、私共、御奉行所様へ右御箱奉差上候節、罷出度奉存候、此度、御願申上度、如斯御座候、以上

(寛政元年)十月朔日

右ハ、江戸守屋弥惣右衛門様差上候下書也

これによれば、永井徳左衛門の駕籠訴による嘆願の内容、すなわち、江戸幕府による富士信仰の公認は、身禄派の師職および身禄の富士信仰思想に共鳴する「諸国ニ御座候」人々の主張でもあった。このことは「諸国ニ御座候」人々の主張であるがゆえに、必然的に個々の領主制的統治権を越えた統治権のある幕府への国制上の要求としての意味をも

っている。

また、この日、翌三日に書物を持って代官屋敷へ出頭するようにと命じる「御書」が、代官屋敷から赤坂田町二丁目越前屋与兵衛へ届けられた(14)。

明三日、書物差出候様、被仰渡候間、明暁六時過、書物持参、当役所江可罷出候、遅参有之間敷候、以上

（寛政元年）十月朔日　　守屋弥惣右衛門役所

田辺十郎右衛門

同　門　太　夫

中雁丸芳太夫

この出頭命令によって三日の明六ツ過ぎ（午前六時過ぎ）、三人は「御箱」を代官屋敷に提出したが、これには、「永井氏始」として「其外三右衛門殿・長五郎殿・留五郎殿・市右衛門殿・喜右衛門殿・善蔵殿」の六人、すなわち、三人の師職も含めて合計一〇人の人々が付き添ったのである。これらの人々は、前述したように、江戸の同行すなわち富士講の人々であった。ここからは、身禄派の師職と永井徳左衛門および江戸同行衆（講中）による富士信仰公認化運動の熱心で、かつ、組織的な活動の形跡を読み取ることができる。この際に提出された願書には次のようにある(15)。

乍恐書付を以奉願上候

一　此度奉願上儀ハ、甲府御役所ニおいて冨士行者食行身禄侚ゟ享保十八年丑六月十七日ニ冨士山七合目於烏帽子岩ニ、祖父十郎右衛門預り置申候書物四箱、御尋ニ付、内弐箱ハ先月廿一日ニ甲府御役所江奉差上候、残弐箱、此度奉差上候、依之、右三人もの共、為冥加、祖父ゟ之志を継、何卒、御奉行様迄書もの箱奉差上候節、御供仕度奉願上候、御慈悲を以、被仰付被下置候ハヽ、難有仕合奉存候、以上

守屋弥惣右衛門様

なお、この文書は年号・月日と発給主体が記されていない。覚書のためと考えられるが、しかし、「右三人もの共、

為冥加、祖父ゟ之志を継、何卒、御奉行様迄書もの箱奉差上候節、御供仕度奉願上候」とあり、願書は、田辺十郎右衛門（大国屋）・田辺門太夫（小菊屋）・中雁丸由太夫の三人の身禄派師職によって差し出されたことがわかる。そして、翌四日、代官屋敷からの出頭命令の書付が届き、八ツ時（午後二時前後）に出頭すると「御用相スミ、勝手次第帰参之旨、又、御用有之候ハヽ、被仰渡ヘキ旨」という申し渡しがあったと記録されている。

このように寛政元年（一七八九）八月から一〇月、江戸城紅葉山同心永井徳左衛門と妻「そよ」は、老中松平定信へ富士信仰公認化のための駕籠訴を決行したが、この事件を契機として富士山北口の三人の身禄派師職――田辺十郎右衛門・田辺門太夫・中雁丸由太夫――と江戸市中の富士講の人々は、この支援と公認化の運動に積極的に取り組んでいった。

結果として富士信仰公認化の嘆願運動は幕府にまったく取り上げられなかったが、ここでは運動を担った人々がさまざまな身分に属していた点に注目したい。すなわち、これらの人々とは、幕府の御家人、富士山北口の師職および江戸町方の住民であった。この町方の人々がいかなる身分であったのか、その具体的な実態を知ることはできない。しかし、後述するように、これらの人々は、町人身分のみならず、職人・日雇の人々、軽き商人などを含む都市下層の人々であった可能性がきわめて高い。富士講には、これらさまざまな身分の人々が同行（講中）として結集していた。しかも講に結集した人々は、永井徳左衛門と妻「そよ」の老中首座松平定信への駕籠訴を契機に富士信仰の公認化運動をおこなっていった。このように講に結集する人々は、江戸幕府による村や町を基盤とした身分制的な統治秩序の枠を超えた水平的な社会的結合を生み出していったのである。

(3) 寛政・享和の取締令と富士講の儀礼

寛政取締令と富士講の儀礼

寛政元年（一七八九）八月の富士信仰公認化運動の後も、富士信仰は次第に広く人々の中に浸透・拡大していった。次の文書は、寛政七年正月の町触である。[16]

町中ニ而職人・日雇取・軽商人等、講仲間を立、修験之袈裟をかけ、錫杖を振、唱事申連、家々之門ニ立、奉加ヲ乞、又者、病人等之祈念を被頼、寄集、焚上与申、藁を焚、大造ニ経を読、俗ニ而山伏躰ニ紛敷儀致候由并大造成梵天を拵、大勢ニ而町々を持歩行、家々・門々江幣を挿し、初穂を乞、中ニ者少し遣候得者及口論候旨相聞、甚不埒之至候間、早々相止可申候、且又、神事抔ニ事寄、店々より為致出銭、少々出候得者、仇いたし候儀、間々有之由相聞候、向後、右躰之儀、堅致間敷候、若於相背者、吟味之上、急度可申付候、此旨町中不残可触知者也

右之通、安永四未年五月中相触候処、近年富士講与号、奉納物建立を申立、俗ニ而行衣を着、鈴・最多角之珠数（数珠）を持、家々之門ニ立、祭文を唱、或者、護符・守等出し、其外前書同様之儀致候もの有之趣相聞、不埒之至ニ候、以来、右躰之儀堅致間敷候、若於相背者召捕、吟味之上、急度可申付候、此旨町中可触知者也

卯（寛政七年）正月

町触の添書には、安永四年（一七七五）五月にも、江戸市中の富士信仰に対する取締令が公布された点が示されている。この安永取締令については現在の時点で文書の現物が確認されていない。しかし、これによって関東や江戸市中の富士信仰は、寛保から明和・安永・天明・寛政にかけて急激に拡大していった様子が窺える。この信仰拡大の一つの到達点として寛政元年（一七八九）八月から一〇月にかけての富士信仰公認化運動があり、少なくとも、この運動の持続した結果として寛政七年正月の町触が流された点を理解できる。

このような信仰の拡大は、富士信仰公認化運動のほかに、江戸ではいかなる実態であったのか、右の触書によって整理しておくと次の通りである。

①町中で職人・日雇取・軽き商人などが講仲間を結成している。②これらの人々は、修験の袈裟を懸けて錫杖を振

り、唱え事（呪文）を唱え、家々の門の前に立って奉加を乞う。大規模な梵天を持って大勢で町々を歩き廻り初穂を要求する。また、奉加・初穂の額が少ないと口論におよぶこともある。つまり、修験・山伏躰の出で立ちで家々の前に集まって財物の寄進を強要するのだとある。③病人の「祈念」（祈祷）を頼まれると焚き上げと称して大勢が寄り集まり、藁を焚いて大きい声で経を読誦する。これは護摩祈祷・加持祈祷に類似した宗教儀礼といえる。④神事の際には市中の店々へ出銭を要求し、これも金額が少ないと「仇いたし候儀」が「間々有之由」とある。

触書は、寺社奉行所からみた富士講への認識であり、この理解は、講に結集した人々の側からの主張の対極にあったものと考えられる。したがって、この幕府の認識を鵜呑みにして富士講を理解するのは多分に一方的だといわねばならない。ともあれ、江戸市中での富士講の活発な展開の様子がうかがえる。

それでは、江戸町方では、この寛政七年（一七九五）正月の触の趣旨に沿って、いかなる統制がおこなわれたのか、次の文書は、このような事情の一端を示している。(17)

（端裏書）「小中屋分」

一　此度、御触有之候冨士講与号、俗ニ而行衣を着シ、鈴・最多角数珠を持、家々之門ニ立、祭文を唱ひ、或ハ護符等出し候義、寺社御奉行青山下野守様ニ而修験惣代之者江、於町方右躰之義有之候ハヽ、早々可申立旨被仰渡候由、勿論、町方御廻り方ニ而茂被召捕候筈之旨、及承り申候、早々相止メ可申候

一　右触之内ニ其外前書同様之儀致候もの有之趣御分言有之候、右ハ近来、真言講中与号、俗ニ而真言陀羅尼を唱ひ、祈念被相頼候得ハ、焚上ト申、護摩木・線香等夥敷焚上、講中打集り、其外参詣之者ゟ施物・賽銭等、頭立候者江致受納、職分同様之致方有之由、殊に裏店等手狭之所ニ而ハ、二階などにて焚上いたし候由、相止メ可申事

但し職人・日雇取・軽き商人等、修験之袈裟ヲ懸、錫杖を振、唱ひ事申連、奉加ヲ乞并大造成梵天振、大勢ニ而町々歩行、家々之門江幣を挟ミ、初穂を乞候義堅致間敷候旨、安永四未年御触、尚又、此

度再御触御座候、右ハ近来、俗ノ内江修験交り候も相見へ、何連ニ茂俗ニ而修験ニ紛敷候間為相止可申候

右之通、店々江申渡、是迄右躰之儀致候ものとも名前相改、其者共ゟ名主方江證文取置可申候、此段可申入候
(寛政七年)卯二月七日　惣肝煎

右頭取、致世話候もの名前、御組合密ニ御調来ル、十三日迄ニ源六方へ御書出し可被成候、且、無之分茂、其段可被仰聞候、以上
(寛政七年)卯二月十日

右の文書は、富士山北口師職の刑部家（申屋）から発見されたものである。江戸の「惣肝煎」が町役人へ差し出した公用の書状の写といえようが、「惣肝煎」も含めて詳らかな点はわからない。添書の部分から判断するとおそらく惣肝煎から公用の書状を受け取った町役人が、これを書き写し、富士講統制の実情を、富士山北口師職へ連絡した。端裏書に「申屋分」とあるように、師職は受け取った書状の写を必要な分だけ作成して仲間の師職に配布した。これによって師職の刑部家に残されたのであろう。

第一条目では、寺社奉行青山下野守忠裕が、役宅に修験の惣代を呼び出したことがわかる。修験の惣代は、富士講取締令の趣旨説明を受けるとともに、富士講に関わる人物については、町方を巡廻する役人にも捕縛を命じたので、このような人物がいる場合には早々に進達せよと命じられたとある。

第二条目は、取締令（町触）の添書に「其外前書同様之儀致候もの有之趣相聞」とある部分についての内容が説明されている。①それによれば、この部分は真言講と称する人々を指した触書である。②真言講は、真言陀羅尼を唱え、病人への祈祷の際には、講中の人々が打ち集まって焚上と称して護摩木や線香をおびただしく焚き上げる。③裏店などの手狭の場所では、家屋の二階などでも焚上をする人々がある。④講の宗教儀礼に参詣した人々からは布施や賽銭などを取り集めて「頭立」の人物が受納する。これらは、「職分同様」の致し方である。今後は禁止し、幕府の取り

締まりの対象とする。真言講も富士講の人々とよく似た儀礼のパターンを繰り返していることがわかる。(18)

このように江戸の修験惣代は、富士講と真言講が、寺社奉行所によって禁止され、幕府による取り締まりの対象となったので協力するようにと命じられた。取り締まりへの協力を要請した理由は、富士講や真言講に集まる人々の宗教儀礼が、修験・山伏の「職分」に基づく宗教儀礼と同様であるという点にあった。修験・山伏は、兜巾をつけて篠懸や結袈裟を懸け、金剛杖を手に持ち、笈を背負って山岳修行し、これによって得られた呪術的な宗教儀礼によって人々の救済に携わった。幕府は、このような職能的な宗教者である修験身分の人々を、職分という特権によって公認していたが、富士講や真言講に結集した人々の活動は、こうした幕府のコントロールの埒外で活発に展開しており、この意味で幕府の身分制的支配秩序を攪乱させる社会秩序を町方社会において醸成させつつあったのである。

享和取締令と勧進の拡大

享和二年（一八〇二）七月、幕府は、代官を通じて次のような富士講を取り締まる触を、児玉郡・秩父郡・大里郡・榛沢郡および埼玉郡八条領西方村に流している。(19)

武州児玉郡・秩父郡・大里郡・榛沢郡辺ニ而富士講与唱、俗人共相集、祈祷などといたし候もの多有之由相聞候、右躰之もの有之候得者、急度吟味之上、御咎被仰付候儀ニ付、決而携間敷旨、其村々小前不洩様厳敷申渡、若心得違、右躰之儀いたし候もの有之候ハヽ、早々可訴出、不時ニ手代・手附相廻し、穿鑿いたし候間、等閑ニいたし置、跡ニ而顕候共、当人は勿論、村役人迄一同、越度申付候条、可得其意候

（享和二年）戌七月

右之通、被仰渡奉畏候、得与相札、右躰之もの有之候ハヽ、早々御訴可申上、等閑ニいたし置候ハヽ、村役人一同、何様之御咎ニ茂可被仰付候、仍而御請印形奉差上候、以上

（享和二年）戌七月　御支配御役所

何村小前連印

冨士講与唱へ、俗人共相集、祈祷抔いたし候もの之儀ニ付、奉行所より被仰渡有之候間、別紙受書之趣令承知、
名主・年寄・百姓代致請印、昼夜ニ不限相廻し、留村より飛脚を以、早々役所江可相返者也

（享和二年）戌七月朔（日・脱）

触書本文の趣旨は次の通りである。①俗人であるにもかかわらず、富士講と唱えて祈祷などをする人々が多くいる。②このような人物がいた場合は、厳重に吟味して「咎」を申し付けるので、このような講の活動には携わってはならない。③代官所としては時を選ばず手代・手附を巡廻させて取り締まるが、これによって講の活動を摘発した場合には当人はもちろん、村役人まで「越度」を申し付ける。④この趣旨を、村々は小前に至るまで徹底するように命じる。本文の次には、村単位で提出する請書が付されている。また、添書には、この富士講取締令の趣旨を村単位で承諾させ、名主・年寄・百姓代の請印を取って差し出せとある。

一方、江戸の町方では、これより約二カ月後の享和二年（一八〇二）九月、次のような取締令が公布されている。(20)

冨士講与號し、講仲間を立、俗之身分ニ而行衣を着し、鈴・珠数等を持、家々之門ニ立、祭文を唱、又者病人之加持・祈祷致し、護符等出し、其外不埒之所業いたし候者有之由相聞候ニ付、以来、右躰之儀堅く致間敷、若於相背者急度可申付旨、去ル卯年（寛政七年）触置処、近頃又候講仲間を立、俗之身分ニ而行衣を着し、病人等之加持・祈祷致し、或者護符等を出し候もの有之由ニ付、此度、右之者共召捕、吟味之上、夫々御仕置被　仰付候、以来、触置趣忘却不致、急度可相守、若此上相背、右躰之者於有之者厳科可申付候、此旨町中可触知もの也

（享和二年）戌九月

書留文言に「此旨町中可触知もの也」とあるので、この法令が町触だとわかるが、この内容は次の通りである。江戸の町中で富士講と号して講仲間を結成する人々がいると聞く。これらは、世俗の身分であるにもかかわらず、行衣を着けて鈴や数珠を持ち、家々の門前に立って祭文を唱えて歩く。また、病人には、病いの快復のためと称して

加持・祈祷を施して護符を与え、そのほか不埒の所業におよんでいると聞く。

寛政七年（一七九五）正月の触で、今後、このような所業をしてはならず、もし、この触に背く者があった場合には処罰の対象にすると触れてあるので、今回は、この者を召し捕え、取り調べの後、吟味して仕置を申し付けた。したがって、今回の触の趣旨を今後、忘却してはならない。以後、このような所業があった場合には厳しく処罰する。

ここからは富士信仰が、江戸の人々の間に講の結成という形で広く深く浸透していたことがわかる。この浸透の媒体となっていたのが、右の町触にもみられるように、一つは、講を結成した人々による市中でのデモンストレーションであった。[21]この示威行動は、白い行衣を着て数珠を持ち、集団で行進して家々の門の前に立ち止まり、鈴を鳴らしながら富士信仰の祭文を唱えて歩くという形でおこなわれた。信仰のための修行の場に市中を選び、ここで一定の所作に則った信仰儀礼をおこなったのである。そして、富士講の人々は、こうした示威行動を講員拡大への媒体としていたといってよいだろう。

また、もう一つ富士信仰の拡大の媒体となったのは、病人救済のための加持・祈祷という宗教的行為であった点を、この触から読み取ることができよう。

僧侶・神官・師職・山伏といった職業的な宗教者による加持・祈祷ではなく、世俗身分であるにもかかわらず、富士信仰を深めた江戸の人々による加持・祈祷、しかも、この加持・祈祷という宗教的行為はただ護符を配布するだけではなく、病人に「富士之加持水」と称した水を薬として与えるという活動として展開していた。寛保二年（一七四二）九月の町触には、「一　此間、町中ニて富士之加持水と名付、病人薬をも相止させ、右之水はかり数盃相用ひ、万一、病気快候得は、冨士門弟と申成し、勧メ込候由」という活動は不埒であり、吟味のうえ厳しく申し付けると触れている。[22]これは今回、検討対象としている享和二年（一八〇二）九月の町触の「病人等之加持・祈祷致し、或は護符等を出し候」という実態に対応しており、富士講の信仰儀礼が呪術医療と深く結びつくものであった点を示している。

この時期の富士講は、江戸での信仰儀礼の場として市中を選び、ここを実践の場とした集団的示威行動に打って出た。また、これと呼応する病人救済のための呪術医療を媒体として江戸の人々の間に急速に浸透していった。

この町触は、このような富士講の人々の活動が、市中（町方社会）の身分制的な治安秩序を著しく阻害・攪乱する行為であると判断し、この活動の取り締まりの開始として発令されたものであったといえるのである。

二　富士山北口師職への影響と宗教儀礼

(1)　北口師職の職分と幕府への窺書

それでは、この取締令は、富士山北口師職にいかなる影響を与えたのであろうか。ここでは、この問題について検討してみたい。

次の文書は、町触が発せられてから三カ月後の享和二年（一八〇二）一二月、北口師職惣代の刑部伊豫・田邊和泉の二人が、幕府寺社奉行所へ差し出した窺書（伺書）である。[23]

乍恐以書付御窺奉申上候

川崎平右衛門御代官所甲州都留郡上吉田村冨士山御師惣代刑部伊豫・田邊和泉奉申上候、冨士山之儀者三国無双之霊山、諸神仙之元境たるを以て仙元与尊称し候得共、隠語ニして浅間与唱へ奉崇敬候、神体　木花開耶姫命ハ万代無窮之神霊、長生不老之神明なるを以て日本第一安産之大祖、五穀豊饒之守護歴然之儀ニ候間、往古穀集山を改号仕、冨士山与尊号、依勅宣唱へ来り候、尤日本武尊東夷御征伐之時、子之方より遙拝被為遊候処、大塚之丘与唱へ御旧社有之、夫ゟ以来三国第一山之大鳥居仮ニ御立、且諸国一般此神之奉預守護、安産仕候ゆへ、国郡之依仕来、十五才ニ罷成候得者冨士行之精進仕、其所々ニ勧請罷在候社中江拝礼仕、宮廻り仕候古例ニ有之、其節新ニ用候単物之白キ、是を行衣与申、六・七両月登山参詣之節用来候、尤冨士山坊中ニ而御影を摺、宝印仕

候、是を冨士山之登山浄衣与申来候、右浄衣判料之儀者坊中江取納候旧例ニ而、其外御山役銭・不浄祓料・坊銭等受納仕、御府内大小之祈檀家・諸国一統、神札之初尾物、且信仰ニよつて大々御神楽講或者日掛・月掛・月参講等相勤、登山参詣之助成を以御師相続仕候、誠以八月ゟ雪降り下り、翌年五月中ニ漸消候陰冷ニ而無毛同様之土地ニ有之候得者諸国配札并登山参詣之助成無之候得者壱ケ年之露命茂相続相成候場所ニ者無之候、依之古来者其国御領主様方ゟ配札御免被　仰付或者参詣等祈檀家江申触候様御書下等被成下、勿論三国第一之御山ニ而晴嵐不定ニ候間、麓役所ニおゐて人数巨細相改、坊中江相付ケ、先立(達)・強力等差添、猶又於中宮与申所ニ一人別ニ相改候而能々指南仕、太切ニ登山之人数紛無之様致来候、当山御縁年ニ相当り候節者御縁年之度々、諸国参詣之建札、御府内辻々、其外所々御免被成下、無此上重々有難仕合ニ奉存候、然処、寛政七卯年御府内ニおゐて心得違之者有之、冨士講唱へ俗ニ而平日行衣を着し、大道歩行、勧化仕候者御座候由ニ而、右御停止被仰出候ニ付、冨士山法令猥ニ不相成、御師職業全相立、難有仕合ニ奉存罷在候処、亦候巳年(寛政九年)十一月中、町御触有之候ニ付、俗人者当惑仕候哉ニ而配札等及断候もの侭御座候ニ付、乍恐午(寛政十年)ノ三月中寺社　御奉行所　土井大炊頭(利和)様江山例仕来ハ不及申、其外祈檀家断ニおよひ候始末、如何可仕哉之旨御願申上候処、御慈悲之御利解被仰聞候ハヽ、其方共往古ゟ冨士山之山例・仕来之儀者不及申、旦家之者及断、配札等致延引候共、去ル卯年(寛政七年)　御触之御趣意与不埒之所業差押へ候迄ニ候間、其方共、右段祈旦家江申聞、致示談、是迄仕来候通可致段被仰聞難有仕合ニ奉存、則御請印形奉差上事無故(無事故)、是迄相続仕候、然処又々当九(享和二年)月中　御触之御趣意ニ相背候者有之候由ニ而御府内一統之御触有之候儀者誠以冨士山法例猥ニ不相成、私共職業全相立、重々難有仕合ニ奉存候、乍併太切之御時節柄与奉存候ニ付、山内之旧例、乍恐左ニ奉申上候

一(1)冨士登山之節、山例ニよつて浄衣等、右冥加料致受納差出来り候

一(2)当山信仰ニよつて八葉御直会御供并大々御神楽、日掛・月掛・月参等之儀、其寄依(帰依)ニよつて執行仕、右御祓守等差出来候

一③諸国配札之節、臨時願ニよつて安産之御守ハ不及申、其外山例之御富世喜差出し来り候、是ハ外社ニ而用ひ
候御符之儀ニ御座候
一④信心ニよつて登山願候者江当山之文伝へ来り候
一⑤檀家江御札守差出来り候
前文申上候通、当山旧例之仕来相守、私共相続仕候、然処当御触御座候ニ付、猶又右之段、乍恐御窺奉申上候、
以上

川崎平右衛門御代官所
甲州都留郡上吉田村
富士山御師惣代
刑部伊豫
享和二戌年十二月
田邊和泉
寺社
御奉行所様

窺書の主旨は、九月の町触による富士講取締令が師職の活動を取り締まる法令でない点を寺社奉行所に確認し、今後の活動許可を得ようとする点にあった。このことは以下の三点に示されている。

まず寛政七年（一七九五）正月の富士講取締令についてであるが、この取締令は、富士山の法例の混乱を防止し、師職の職業としての存続と繁栄にとってありがたい法令であったと述べている。次に寛政九年一一月、再び公布された町触についてであるが、この町触によって師職からの配札を受けていた人々のなかには、師職の活動も幕府が禁止したものと勘違いして配札を拒否する人々が少なからずあった。このため師職は翌寛政一〇年三月、寺社奉行土井大炊頭利和に、往古から慣例となっている師職の宗教活動と「祈檀家」が配札を拒否している事情とを説明し、改めて配札活動の許可を求めた。この結果、師職の活動と富士講の活動とはまったく別であるとの理解を得た。師職は、こ

れ以後も触の趣旨に抵触しないという請書を提出して配札を許可された。また、「祈旦家」との示談によって配札活動も再開できたと述べている。

また、享和二年（一八〇二）九月の町触についてであるが、今回の町触も、また、師職の職業としての存続と繁栄にとってありがたい法令である。そこで、大切な時節柄なので、富士山北口での「山内之旧例」を改めて提出すると述べられている。

このように最初の二点においては、師職の活動が「祈檀家」・「祈旦家」と称される祈祷檀家（旦那）への従来からの幕府公認の宗教活動であり、富士講取締令による規制の対象外であり、それは、寛政一〇年（一七九八）三月の活動許可を求めた願書によって公認されたものだという点を主張している。そして、三点目では、師職の活動は、今回の取締令でも規制の対象外であり、これを改めて確認するために「山内之旧例」となっている活動内容を箇条書にして提出するとしている。このように取締令の公布に対して富士山北口師職の惣代は、師職の活動が取締令による規制の対象外であることを江戸幕府寺社奉行所に願い出た。これによって改めて宗教活動の公認を得ようとしたのであった。

(2) 北口師職の活動と宗教儀礼

しかしながら富士講への取締令がなにゆえに師職の職業の存続と繁栄にとってありがたく歓迎すべき法令であったのか、この点に若干の疑問が残る。というのは、富士講の人々もまた、師職の檀家の一部のはずであり、講への取締令は、師職の宗教活動に決定的な影響を与えないまでも、師職の存続と繁栄にとってなんらかの間接的な打撃を与えずにはおかないと考えられるからである。ここでは、この疑問について検討していきたい。

前掲の窺書は、前半部には師職の宗教活動の実態が富士信仰の由緒との関連で述べられ、後半部には活動の要点が箇条書にされている。そこで、これらによって師職の活動をみてみると次のような内容となっている。

まず、富士信仰の由緒についてであるが、富士山は、五穀豊穣の守護神で、往古から穀集山と称してきた。一方、富士山は、特定の人々のあいだで浅間という文字を宛て崇拝の対象としてきたが、元来は、三国に二つとない霊山で、諸々の神仙の元境なので仙元と唱えていた。理由は、富士山の神体である木花開耶姫命が、長生不老の永遠の神霊であり、日本で最も崇高な安産の太祖であったからだという。これらの理由から富士山は、三国無双の霊山という意味で富士山と称するよう勅宣を得たとある。

また、日本武尊が東征の時、北の方角から富士山を遥拝した地を「大塚之丘」と唱え、ここには古来から社殿が勧請されている。このときから社殿の手前には「三国第一山」と書かれた大鳥居が仮に建立され、大塚の丘の社殿は、諸国の神々を守護し、これによって安産を保証する神格として崇敬を集めてきたとある。

富士山は、このような神威・神格を持つゆえ、国郡の人々は、一五歳になると「富士行之精進」のため、まず、各地に勧請された浅間社に宮廻りするのを古例としてきた。その際、行衣といって白い単衣を新調して着るが、これを六・七月の登山参詣にも用いた。富士山への登拝は、各地の浅間社を参拝した後の総仕上げとしての意味を持っていた点を暗示している。

これらが師職の説明する由緒なのであるが、師職の説明する富士信仰とは、神話と神仙思想とを結合させ、この象徴として木花開耶姫命を富士山と一体となった神体として位置づけるもので、これを安産の神として修験道系の呪術的な宗教儀礼をもって祀るものであった。それは浅間社が勧請されていた各地の地域社会の中で、祈祷檀家による慣習的信仰に支えられる富士浅間信仰として存在していたのを知ることができよう。

次に、このように富士信仰を富士浅間信仰として認識していた師職の宗教活動について検討してみたい。活動の第一点目であるが、一五歳になると行衣を着して各地に勧請された社中を宮廻りし、この「冨士行之精進」の古例精進後の六・七月、登山参詣に訪れた。師職たちは、この人々の行衣に、坊中で富士山の影像を摺り込み、仏・菩薩の印相や種子・真言を書き込んで浄衣とする。行衣に、これらの宗教的装飾と祈祷を施して浄衣とし、浄衣判料を収入として得たが、参詣する人々にとっては富士登拝の貴重な証明であり、信仰体験を思い起こして実感するかけがえのない持ち物となった。一つ書の第一条目の「一　冨士登山之節、山例ニよつて浄衣等、右冥加料致受納差出来り候」という説明が、これにあたる。

　このほか師職は、登山参詣の人々から山役銭・不浄祓料・坊銭などを徴収したが、これについては「勿論三国第一山之御山ニ而晴嵐不定ニ候間、麓役所ニおゐて人数巨細相改、坊中江相付ケ、先立（達）・強力等差添、猶又於中宮与申所ニ一人別ニ相改候而能々指南仕、太切ニ登山之人数紛無之様致来候」とある。つまり、富士山は天候が不順なので遭難する登山参詣人が出ないように管理しなければならない。それゆえ、師職の経営する坊中に宿泊させる。このときに徴収するのが坊銭・不浄祓料である。坊中から先達・強力を付き添わせて登拝させ、山麓の役所と中宮改役所で登山参詣の人数を調査する。このときに徴収するのが山役銭であるという。

　また、江戸の大小の「祈檀家」や「諸国一統」の参詣の人々に対して「神札之初尾物」を提供するとともに、信仰によっては、日掛・月掛・月参講に対して大々神楽を催して「登山参詣之助成」をおこなった。この活動は、第二条目の「一　当山信仰ニよつて八葉御直会御供并太々御神楽、日掛・月掛・月参等之儀、其寄依（帰依）ニよつて執行仕、右御祓守等差出来候」という内容にあたる。

　最後に、一つ書の第四条目には「一　信心ニよつて登山願候者江当山之文伝へ来り候」とある。これについては、この文書には詳しい説明がみられないが、信仰によって登山参詣を積み重ねると師職から富士参詣の先達としての資格を持つ修行者としての「行名」とともに、信仰に関する免許状が授与されたが、この点をさすのではないかと考えられる。

　江戸および諸国の浅間社を中心とする地域的・慣習的信仰に基盤をおいた富士登山参詣に際し、師職は、このような宗教活動をおこなっていたのである。

師職の宗教活動の第二点目には、毎年、八月から次の年の五月までの「諸国配札」の活動があった。これについて古来は、配札の許可と参詣に関する事項を「祈檀家」へ申し触れる権利を国々の領主より免許されていたとある。これに該当するのは、一つ書の第五条の「一　檀家江御札守差出来り候」という師職の配札活動ならびに北口浅間社の護符について説明した第三条であるが、注意を要するのは、ここに「一　諸国配札之節、臨時願ニよつて安産之御守ハ不及申、其外山例之御冨世喜差出し来り候、是ハ外社ニ而用ひ候御符之儀ニ御座候」という点である。この場合、「外社」とは祭壇を備えた師職の宿坊をさしたものと考えられる。北口浅間明神の発行する護符は安産の守護を主とするものであったが、このほか浅間明神とは別に「外社」すなわち祭壇と宿坊とを持つ師職によって「冨世喜《ふせぎ》」と称する護符が発行されていた。「冨世喜」は呪文の記された護符であり、これを細かく切って水に溶かして飲むと病気が治癒すると信じられていた。「冨世喜」は、富士山に生育する自然の薬草から造った薬を紙に染み込ませた護符だと考えられる。師職は、これを併用して呪術的な宗教儀礼をおこない、富士信仰の宗教的効果と称したのであった。「冨世喜」と称された呪符は、師職の「祈檀家」を獲得する有力な媒体であった[24]。

師職の第三点目の活動には、富士山の縁年儀礼によって富士山北口への参詣人を確保し、これらの人々に対して縁年儀礼にともなう特別の宗教儀礼をおこなう活動があった。富士山にはいくつかの出現伝説があるが、これらの一つに庚申年である孝安天皇九十二年六月、雲や霧が晴れ、はじめて国中の人々が富士山を遥拝できるようになったという伝説がある。庚申の年は六〇年に一度の割合で廻ってくる。庚申縁年とは、このときの出現を記念して富士山への登山参詣をおこなう宗教儀礼である。師職は「諸国参詣之立札」を江戸府内と江戸の出入口に建てることを幕府から許可されていた。これによって縁年に際しての富士浅間信仰に基づく参詣人の確保がはかられ、祈祷檀家の拡大への契機となっていったものと考えられる。

このように、富士山北口の師職は、各地の地域的・慣習的信仰を基盤とする富士浅間信仰を師職としての宗教活動の由緒とした。富士浅間信仰は安産を守護する木花開耶姫命を神体としたので、これが源流となって産土神的な信仰を集め、人々の登山参詣の対象となっていった。師職は、これを背景としながら登山・参詣の管理や配札活動によって職業的収入を得たが、同時に、「冨世喜」と称する呪符によって祈祷檀家の病気の治癒を促し、この救済活動によって信仰を拡大したのであった。

この点で、富士山北口師職の活動は、食行身禄の教義に基づいて富士講の人々が江戸市中で信仰を拡大するためにおこなった「冨士之加持水」による呪術医療と競合する側面を持っていた。言い換えれば、富士講の人々の活動は、師職の職業的な存続と繁栄を損なう一面を持ち合わせていたのである。これが富士講に結集して信仰を深める人々の急激な拡大と相俟って師職による取締令への賛同、すなわち、「富士山法例猥ニ不相成、御師職業全相立、難有仕合ニ奉存罷有候」という対応となっていったものと考えられる。

前述の窺書は、このような事情を背景として提出されたのであったが、次の文書は、この結果を示す願書である。(25)

乍恐以書付奉願上候

御支配所上吉田村冨士山御師代刑部伊豫・田邊和泉奉申上候、寛政七卯年御府内ニおゐて心得違之者有之由ニ而御停止被　仰出、其後同巳年(寛政九年)中、冨士講与号し候者有之由ニ而猶又御触有之候処、御当地旦家之もの心得違仕、配札等及断候間、其段同午年(寛政十年)三月中、土井大炊頭様江御願申上候所、御役人中様御利解被　仰聞候ハ御触之御趣意ハ俗ニ而行衣を着し、家々門々ニ立、祭文を唱、御符守ヲ出し、不埒之所業等有之ニ付、御触御座候事ニ候、私共旦家、古来ゟ仕来之分ケ、配札等及示談差出し候而も不苦候間、是迄之通、示談可致旨御役人中様御利解被仰聞、難有相守罷在候、然所当九月(享和二年)中、又々　御厳重之御触御座候ニ付、檀家猶又配札等可及断哉ニ奉存候間、是迄之通り、祈旦家山例古来仕来之通り、配札等示談之上、差遣し候而も不苦哉之旨御窺申上候所、寛政十午年三月中　土井大炊頭様　御役人様中御利解被　仰聞候通相心得、古例仕来り之分ケ、祈旦家江示談之上、差上ケ置配札等差遣し候而も不苦旨、御役人中様御利解被　仰聞承知奉畏候、左候へ者外相窺候儀も無之候間、差上ケ置候御窺書、御下ケ被成下置候様奉願上候、右願之通、御聞済被下置候ハヽ、難有仕合ニ奉存候

御師惣代
刑部伊豫
田邊和泉

享和二戌年十二月

寺社
御奉行所様

上吉田村
富士山御師代兼
刑部伊豫
田辺(ママ)和泉

前書之通、寺社御奉行所松平右京亮(輝延)様御役人中様被　仰渡、古例之通相済候ニ付、乍恐御届ケ奉申上候、以上

願人
外河美濃
刑部伊豫
小佐野出雲
外河能登
田邊近江
小菊駿河
渡邊丹後
田邊和泉
田辺越後
小澤信濃

享和三亥年正月

川崎平右衛門様
御役所

これによれば、享和二年（一八〇二）一二月、刑部伊豫・田邊和泉が寺社奉行所に宛てて提出した伺書（窺書）は、本文の最後にあるように「差上ケ置候御窺書、御下ケ被成下置候様奉願上候、右願之通、御聞済被下置候ハヽ、難有仕合ニ奉存候」と取り下げ願いが出されている。それは、「古例仕来り之分ケ、祈旦家江示談之上、配札等差遣し候而茂不苦旨、御役人中様御利解被　仰聞承知奉畏候」とあるように、寛政一〇年（一七九八）三月の時点で公認された師職の活動が、ふたたび公認されるとともに、「左候へ者、外相窺候儀も無之候間」とあるように、窺書も改めて提出する必要がない旨の内示が寺社奉行所よりあったからだと考えられる。この結果、願人としての署名に見られるように、師職惣代の刑部伊豫・田邊和泉以下、八人の師職は、下吉田村を管轄する代官川崎平右衛門役所に対して寺社奉行所への伺書が返却され、師職の活動が再び公認されたことを報告したのであった。

おわりに

以上、本稿では、寛保二年（一七四二）九月から享和二年（一八〇二）七月までの富士講取締令を検討するとともに、これら幕府の取締政策が富士信仰のいかなる実態を反映したものだったのか、富士山北口師職への影響とはいかなる内容を持つものだったのか、という点を検討してきた。

これによって寛政元年（一七八九）八月の江戸城紅葉山庭方同心永井徳左衛門と妻「そよ」の松平定信に対する富士信仰公認化の駕籠訴（直訴）、ならびに、これを支援する人々の富士信仰公認化運動の宗教的・社会的基盤には、富士講の人々の江戸市中における勧進・勧化という宗教儀礼が広汎に展開していた点が確認された。また、このような勧進・勧化は、呪術と医療とが結びついた救済のための宗教儀礼であり、これらを担う人々は、下層の武士身分や町人身分のみならず、都市社会の中での下層の職人・日雇の人々・軽き商人などを含んでいた。この意味では、これらの人々は、病いや貧困からの世俗的救済を必要とする人々であり、三人の身禄派師職を別とすれば、師職という専門的・職能的な宗教者として幕府によって公認された身分・職分の人々ではなかった。講に結集する人々の富士信仰とは、このような呪術と医療との結合を基盤とし、これらをコミュニケーションの現実的な媒体としながら幕府による身分制的統治秩序を超えて社会の中に深く浸透していったのである。

また、享和二年九月の江戸町触による取締令も、身禄派の富士講の人々の呪術的な医療活動と市中における示威行動を取り締まるものであった。これに対して富士山北口師職は、この取締令が、師職の宗教活動の存続と繁栄にとってありがたい取締政策である点を表明し、師職の江戸での宗教活動は、この法令の規制外である点の確認を求めたのであった。この結果、師職の江戸での宗教活動は、寛政九年（一七九七）一一月の町触による取締令にもかかわらず、この講に対する取り締まりとは別の次元の宗教活動として翌一〇年三月の裁定によって公認された。取締令が、師職の宗教活動の存続と繁栄にとってありがたい、すなわち歓迎すべき取締政策であるとの表明は、師職の「富世喜」による祈祷檀家への信仰拡大の活動が、富士講の人々の「富士之加持水」による講の拡大の活動と競合する呪術医療を媒体とした宗教活動であったからだといえよう。

（1）　富士信仰についての代表的な研究としては、①井野邊茂雄『富士の信仰』（名著出版、初版：一九一四年、復刻版：一九八三年）、岩科小一郎『富士講の歴史――江戸庶民の山岳信仰』（名著出版、一九八三年）がある。ここでは、統制令の内容紹介がなされているが、その影響については触れられていない。なお、著者の富士信仰に関する論稿については「富士信仰の形成・発展と不二道」（東京都北区史編纂調査会編『北区史』通史編　近世、一九九六年）四七二―五〇四頁、および、「江戸の富士信仰――黎明期の信仰」（『法政通信』第二九六号、一九九六年）を参照していただきたい。

（2）　①安丸良夫「富士講」（村上重良・安丸良夫編『民衆宗教の思想』日本思想体系67、岩波書店、一九七一年）、②同『日本の近代化と民衆思想』（青木書店、一九七四年）。

（3）　①宮田登『ミロク信仰の研究』（未來社、一九七〇年）、②同「弥勒信仰」（『神々の思想』講座日本の古代信仰　第一巻、学生社、一九八〇年）、③久木幸男「富士講と弥勒信仰」（『日本学』二―一、一九八四年）などがある。

（4）代表的な論文として木野主計「富士講取締令の研究」（大倉精神文化研究所編『大倉山論集』第二九輯、一九九一年）。

（5）宮家準編『修験道辞典』（東京堂出版、一九八六年）四三頁。

（6）近世史料研究会編『江戸町触集成』第五巻（塙書房、一九九六年）六六三二号。なお、この九月四日付の文書の存在について最初に指摘したのは大谷正幸「金明水と富士講」（『風俗史学』第一六号、二〇〇一年）である。氏の論稿は、呪術医療や水治療法についての理解に積極的ではなく、著者の見解とは異なるが、富士講による水治療法を考えるうえで興味深い情報を提供している。なお、呪術医療への著者の見方については「細野健太郎・長田直子両氏の報告に寄せて――出版物から読む呪術・医療と日常生活文化」（『関東近世史研究』第六二号、二〇〇七年）にも掲載している。こちらも参照していただければ幸いである。

（7）石井良助・高柳真三編『御触書寛保集成』二八四九号。近世史料研究会編『江戸町触集成』第五巻（塙書房、一九九六年）六六三三号。

（8）岩科小一郎『富士講の歴史――江戸庶民の山岳信仰』（名著出版、一九八三年）二三八・三五三頁。

（9）早川日出子家文書（『富士吉田市史』史料編　近世Ⅲ）一一〇四頁。

（10）井野邊茂雄『富士の信仰』（名著出版、一九八三年）。なお、この文書は原本が確認できないため、本書から転載した。

（11）早川日出子家文書（『富士吉田市史』史料編　近世Ⅲ）一一〇三頁。

（12）早川日出子家文書（『富士吉田市史』史料編　近世Ⅲ）一一〇三頁。

（13）早川日出子家文書（『富士吉田市史』史料編　近世Ⅲ）一一〇三頁。

（14）早川日出子家文書（『富士吉田市史』史料編　近世Ⅲ）一一〇四頁。

（15）早川日出子家文書（『富士吉田市史』史料編　近世Ⅲ）一一〇四頁。

（16）「天保集成」風俗之部（旧幕引継書、国立国会図書館所蔵）。石井良助・高柳真三編『御触書天保集成』下　五五二九号。

（17）刑部自生家文書（北口本宮富士浅間神社所蔵）。

（18）なお、吉田伸之「講中と民衆世界」（『年報都市史研究――宗教と都市』6、一九八八年）は、富士講と木魚講との関連について「また富士講についてはは食行身禄の思想とのかかわりでいろいろ検討され、それはまたそれで分厚い研究史があるわけですが、都市民衆世界との関係で考えると、木魚講とほとんど同じ基盤にあるものとして広がっていくのではないかと思われるわけです。そして、こうした講中の実質は、どうも若者中なのではないかと。だから富士講が弾圧されれば、木魚講のほうに鞍替えしたり、それがだめなら題目講というように、宗派的にはあまり節操がないような気がしてしょうがない」と述べている。氏の論文の全体としてのコンセプトは的を射たものと考えられる。また、若者中が講の実質であるという指摘は、部分的に重なっているという意味で問題ないといえる。しかし、これらの人々の社会的性格について、弾圧を受ければ、木魚講にも題目講にも鞍替えしてしまい、「宗派的にはあまり節操がない」という指摘には慎重な検討が必要であろうと考える。

(19)『新編埼玉県史』(資料編17　近世8　領主)二九七頁。

(20)「天保集成」風俗之部(旧幕引継書、国立国会図書館所蔵)。石井良助・高柳真三編『御触書天保集成』下　五五四一号。

(21)江戸での勧進・勧化については、比留間尚「江戸の開帳」(西山松之助編『江戸町人の研究』第二巻、吉川弘文館、一九七三年)、湯浅隆「近世的開帳の成立と幕府のその政策的意図について」(『史観』第九〇冊、一九七五年)、同「江戸における近世的開帳の展開」(『史観』第九九冊、一九七八年)、同「江戸における開帳場の構成——享和三年、善光寺出開帳の事例を中心に」(『国立歴史民俗博物館研究報告』第一一集、一九八六年)、北村行遠『近世開帳の研究』(名著出版、一九八九年)、倉地克直「『勧化制』をめぐって」(京都大学近世史研究会編『論集近世史研究』同会発行、一九七六年)がある。

(22)石井良助・高柳真三編『御触書寛保集成』二八四九号。

(23)刑部自生家文書(北口本宮富士浅間神社所蔵)。

(24)なお、「富世喜」については井野邊茂雄『富士の信仰』(名著出版、一九八三年、一〇頁)、および岩科小一郎『富士講の歴史——江戸庶民の山岳信仰』(名著出版、一九八三年)に詳しい。また、酒井耕造「富士山北麓の薬園について」(『富士吉田市史研究』第一一号、一九九六年)によれば、富士山北口師職は、宗教活動とともに山中で採取した薬草を医療に利用していたが、享保改革の薬園政策の中で丹羽正伯による薬草調査が実施された。続いて享保一三年(一七二八)四月には、北口本宮浅間明神の南方に薬園が設置され、江戸幕府への献上も実施された。

(25)刑部自生家文書(北口本宮富士浅間神社所蔵)。

終　章——本書の成果と研究史の中の位置について

はじめに

本書は、江戸時代社会における政治文化形成の最深部からの根源的な力を、百姓身分・町人身分の人々が生み出した村や町の自治秩序の中に見出し、この自治秩序を生み出す自治文化の中に、国民国家成立以後の日本における政治文化形成の原点を探ろうとした論文集である。これらの基になったのは、著者が、一九八三（昭和五八）年三月から二〇〇七（平成一九）年三月までに執筆した論文である。本書は、これらの中から一一本の論文を選んで三編に編成し、これに執筆当初の論旨を損なわない限りでの加筆・訂正を施した。以下、江戸時代自治文化史論に収めた論文についての課題意識と方法および結論を概観的に論じる。

さて、ここに収めた論文は、第二次世界大戦以後に形成された日本の経済や政治社会の環境が大きく変動しつつあった中で書かれている。この中で特に世界史的な出来事は、一九八九年一一月、ドイツを東西に分断していたベルリンの壁の崩壊であり、ペレストロイカ（改革）やグラスノスチ（情報公開）の結果として一九九一年一二月、ソビエト連邦共産党、ソビエト社会主義共和国連邦が消滅し、これらと前後して東欧社会主義国家も崩壊した事件であった。これらの国々ではロシア革命に続いて社会主義や共産主義の理想を掲げて「前衛党」の指導による国家建設がなされたが、しかし、これらの指導者は、民主集中制という組織論を掲げながら党と国家に対する独裁を強めていった。そして、この独裁は、国民に対し、平和と安全な暮らしを担保し、自由や平等にもとづく幸福を保証するどころか、逆に多くの悲惨な抑圧と疎外を強制したのであった。

こうした「社会主義」の矛盾はすでにロシア革命以後におけるソ連での秘密警察の暗躍、スペイン人民戦線の帰還義勇兵に対する迫害、政治犯の強制収容所への送致・幽閉によって少しずつ知られるようになっていた。一九五六（昭和三一）年一〇月には、ハンガリーでの非スターリン化を求める市民運動へソ連の軍事介入と弾圧がなされた。一九六八年八月には、ソ連軍を中心とする東欧五カ国軍がチェコ・スロバキアに進入して民主化運動を鎮圧——プラハの春として知られる——するという事件も起こった。アジアにおいても、一九六六年五月の紅衛兵結成に始まる中国の文化大革命で、知識人・文化人や宗教への激しい迫害がなされた。また、カンボジアにおいて一九七六年五月に成立したポル・ポト政権は、毛沢東主義に基づく共産主義社会を実現するために社会から資本主義的要素を払拭するとして百数十万人の人々を粛清した。こうして「社会主義」の矛盾は、政治的信条や宗教・信仰をめぐる迫害の問題として、一九五〇年代の後半から七〇年代中期に広く世界の人々に知れ渡っていった。このような中で長らく日本の進歩的な知識人や研究者にシンパシーを与え続けてきたマルクス主義的なユートピアは、加速度的に終焉への歩みを速めていかざるをえなかった。

一方、第四次中東戦争は一九七三年一〇月、オイル・ショックとして日本経済に深刻な影響を与えた。原油価格の高騰は、一九五〇年代初頭の朝鮮戦争特需から続いてきた日本の高度経済成長を低成長時代へと切り換えさせた。原油を産出するイスラム国家の台頭は、世界経済の中で、これらの国々がきわめて重要な位置と役割を担っていることを世界の人々に改めて認識させたといってよい。

また、これに対抗して原油を確保するため、アメリカを中心としてコングロマリット化した資本は地球規模での経済秩序の主導権確保を強引に推し進めようとした。これによる経済のグローバル化は、結果として政治・文化・社会のグローバル化をも著しく進展させた。これらはやがてイスラム国家やアメリカに対抗するＥＣの経済統合の深化・

拡大を促し、外交・安全保障・司法などの面で政治統合を進める組織体としてのＥＵを成立させる契機となった。アジアにおいては、中国やインドあるいはＡＳＥＡＮなどの東南アジアの国々の地域的・経済的相互協力をめざす共同体も形成されてきている。このような中で世界はいまやイスラム教・ユダヤ教・キリスト教・仏教・儒教などの文化圏の人々が、相互の文化を異文化と位置づけ、互いの文化の理解と共生をめざすべき人類史的課題に向き合っている。

ところで、ベトナム戦争の停止を求めた市民運動、沖縄の施政権返還を求めた運動あるいは一九六九（昭和四四）年一一月の日米安保条約の自動延長の撤回を求めた平和運動は、一九七〇年を前後して水俣病をはじめとする公害病認定訴訟や環境破壊に対する環境保全のための市民運動を生み出していった。これらの運動は一九世紀の最後の四半世紀以来、日本の政治を担ってきた政党政治の限界を露呈させたといっても過言ではない。これら市民運動の潮流は、ソ連を中心とする「社会主義」国家の終焉を目の当たりにしながら一九九〇（平成二）年代の後半になると草の根的なＮＧＯやＮＰＯのような自主的・自律的な組織体による社会運動を生み出した。そして、ＩＴ（インフォメーション・テクノロジー）の急速な普及は、地球環境の保護運動にもみられるように、国境・国籍を越えた地球規模での市民的結合の形成を促した。これらによって形成されたネットワークは、人種や宗教や国籍を越えて地球的な規模で、従来の見方を乗り越え、多文化主義的な立場から人類史的課題に取り組み、場合によっては、国家の政策をも動かす市民の結合体・運動体を生み出して今日に至っている。

今日、人類は、世界各地の人々が暮らす身近な地域で、こうした変動に応じた新しい自治の在り方を模索すべき段階にきている。歴史学研究の先端的潮流もまた今日、こうした世界の変動を背景として国籍を越えた市民運動・市民主義・市民社会の構築という新しい視点からの研究の必要性を提示している。(1) そして、日本の歴史学の研究も、このような地球規模の社会変動と無縁ではない。以下、この点について、著者の問題関心に沿って日本の歴史学界を振り返ると次のような点が注目される。

一　社会史の潮流と日本の歴史学界

日本史における歴史学の研究方法は、事実として久しく西洋から強い影響を受けてきたと言わざるをえない。これらの契機となってきたのは、日本における西洋現地の研究の日本西洋史研究者による翻訳あるいは現地での研究に影響を受けた研究論文の発表であったと考えられるが、これらとともに学界での方法論をめぐる問題提起や議論の展開が深く関係していたといってよい。そして、このことは日本での社会史的な研究方法の導入においても例外ではなかった。

一九七七（昭和五二）年五月、日本西洋史学会は、「近代国家の形成をめぐる諸問題」というテーマで大会を開催し、これを、一九七九年三月に大会報告の論文集として公刊した。(2)

この中において二宮宏之は、絶対王政が、単に絶対君主に直属する官僚と常備軍あるいは王権神授説と重商主義によって集権的に統治されていた専制的な政体とする従来からの理解を再検討し、フランスにおける絶対主義の国制が地域的・身分的・職業的な社団の複合的な構成による統治構造をとっていたとする見解を提示した。(3)

成瀬治も、この大会報告を受けて執筆した総論において次のように論じた。(4)戦後の日本西洋史学会は、大塚久雄を中心とする経済史の研究が主流であった。この潮流は、産業資本の萌芽的経営体の析出と労働者階級の成立という資本主義の発生史的側面にのみ学問的な認識の有効性を認めてきた。また、このほかの経済外的な社会関係については、初期独占や共同体規制という概念を使って説明したにすぎず、前者と対立する存在であり、資本主義と市民社会の発展によって克服の対象としてのみ扱われたにすぎなかった。

だが本来、この時期において絶対主義がイギリス以上に大きな意味を持つフランス・ドイツなどの国々では、経済史的研究にも増して国制史の研究が重要な意味を持っていなければならなかった。にもかかわらず、国制史の研究方法は、前述の発生史的研究ではないがゆえに多くの点が切り捨てられてきた。しかし、こうした視点からの大塚久雄を中心とする研究はもはや学問的な説得力を失っており、これに代わる方法が求められている。

氏は、このように指摘し、絶対主義国家とは、人的結合国家としての側面と制度的領域国家としての側面の相互作用によって構成される社会であるというオットー・ブルンナー（『ヨーロッパ――その歴史と精神』岩波書店、一九七四年参照）の説を紹介し、このような社会は身分制と地域主義との結合という形式をとった社団国家としての実体を持つという理解を、国制史の研究史的再解釈を試みながら示した。これらの見解の公表は、資本主義の発生史的理解および社会の物質的基礎としての経済からのみ政治・文化・社会の変動を読み解こうとする従来の研究方法への批判的視点を生み出し、この経済還元論的な史実の解釈から多くの研究を解放する契機となった。

また、これに続く一九七九（昭和五四）年九月、『思想』（第六六三号）は、特集に「社会史」を組み、この当時における社会史の現状や展望をさまざまな角度から検討している。

殊に柴田三千雄・遅塚忠躬・二宮宏之の三氏がおこなったフランスの社会史をめぐる鼎談(5)は、袋小路にあった日本の歴史学界――戦後歴史学――、この中でも特に日本近世史の進むべき可能性を新たな光で照らし出し、この時点から今日までの研究の道筋を指し示していたのではないかと考える。

鼎談は、一九五〇年代のフランスで台頭しつつあった社会史を位置づけるため、まず、E・J・ホブズボームの分類によって欧米の歴史学界で社会史という言葉がどのように使われていたかを紹介し、次に当時における社会史の四つの潮流について論じている。以下、この鼎談の内容を掻い摘んで紹介し、社会史について日本のフランス史家がどのように受け止めていたのかを見ておきたい。

欧米学界での社会史という言葉の使用法は、主として①貧民・下層階級を対象とする歴史や貧民の社会的抗議運動の歴史、②社会の風習・慣行・日常生活など従来の歴史学で分類が困難な人間の行動を扱う歴史としての文化史、③社会問題や社会構造よりも経済の変化に関心の重点をおいた社会経済史という三つに分類される。また、社会史という言葉は、政治史という言葉の対極に位置する概念という意味での共通点を持っていた。

社会史が批判する政治史とは「下層階級以上を扱う正史」としての政治史であった。「下層民というのは政治的主体から除外されている」というのが「一九世紀の伝統的な観念」であったが、この時期の「下層民」・「下層階級」の問題は、「産業革命に由来する社会的貧困の問題」として捉えられ、それは一九世紀三〇年代に成立をみた「選挙法改正などを中心とする政治改革によって解決される」と考えられた。したがって、「下層民」問題は社会問題であり、この社会問題としての「社会的なるものはすべて政治的なるものに包摂され従属している」のであり、この結果「歴史は必然的」に「下層階級以上を扱う正史」としての政治史であると観念されたのだった。

これに対して①の意味での社会史としての使用法は「社会問題を固有の問題とみなす社会改良家ないしは社会主義者」によって、右のような政治至上主義への批判」という意味で使われた。②の文化史という意味での社会史という使用法についても、このような「政治史中心の正当派歴史学に対し異端として登場し」たカール・ランプレヒトなどの歴史学をさしていた。また、③については、レオポルド・フォン・ランケ的な「政治史に対する異質な歴史として登場」してきた歴史学である。これらの社会史は「伝統的歴史学の正統的位置を占める政治史学に対して、異端ないし傍系の歴史として」存在していた。

このような異端の歴史学としての社会史の伝統を踏まえ、そこに「従来の正統的歴史学のもっていた実証的な方法を継承しながら」も、新しい見地や理論・方法をともなって生み出されてきたのが一九七〇（昭和四五）年代末期に至る社会史であった。

これらフランスの社会史は、次の四つの潮流に分類されている。①は、マルク・ブロックやリュシアン・フェーブルによって開始されたアナールの潮流、②は、ジョルジュ・ルフェーブルに代表される革命史研究の潮流、③はエルンスト・ラブルースをはじめとする経済史から社会史へと接近しようとした潮流、そして、④は国制史の地平から社会史をめざすロラン・ムーニエに代表される潮流である。

①の潮流が、雑誌『社会・経済史年報』(*Annales d'histoire économique et sociale*) を中心として論説を展開したので、この名称をとってアナール学派と称されている点は広く知られている。アナールは、考証学的歴史学に基づく伝統的政治史学や外交史――下層階級以上を扱う正史としての政治史と部門史――を批判し、また、同時に、俗流マルクス主義的な歴史理解あるいは歴史法則の客観的実在論や経済決定論を批判しながら人間の政治・文学・宗教・哲学などのすべての営みと――なお、アナールにあっては、経済も、これら政治・文学・宗教・哲学などと同じ構成要素の一つに位置づくと理解される――社会との関連を全体史的な眼をもって明らかにしようと志向していた。

②のルフェーブルの革命史研究については、アルフォンヌ・オーラル『フランス革命の政治史』に対するアンチ・テーゼとしてのジャン・ジョレース『フランス革命の社会主義的歴史』のマルクス主義的な経済史の分析あるいはアルベール・マティエのフランス革命の政治史を「所有をめぐる対立」などの経済史からの解釈を踏まえ、経済構造の分析や社会運動の研究と政治やイデオロギーの次元での問題の相互関係を明らかにしようと試み、これらの相互関係を分析するための方法を打ち立てた。そして、こうした視点から階級・社会集団を軸に社会構造を考え、これを社会史と称して研究の主要なテーマとした。

③のエルンスト・ラブルースの研究は、ジャン・ジョーレスやアルベール・マティエを踏まえ、「経済変動の歴史的な追跡」という視点から短期的・長期的な経済変動が人間に与えた影響を主要なテーマとする経済史であり、経済的な下部構造から上部構造を位置づけようとする立場の社会史であった

④のロラン・ムーニエを中心とする国制史は、社会集団の構成原理を、経済的な社会構成を基軸に考えるのではなく、従来の政治史における制度史研究を批判しながらも、これを国家や社会を成り立たせている社会的結合のシステムの側から考察していこうとした。

四つの潮流は、鼎談で、このように要約されているが、柴田三千雄は、②のルフェーブルや③のラブルースについてアナール学派との違いを次のように発言する。

「そこでいえることは、ジョレースにせよ、マティエにせよ、ぼくはあれは、結局は政治史中心だと思うんです。経済の分析から始めて、所有の問題を引出し、所有をめぐって階級が分かれ、所有の問題をめぐって政治抗争が行われる。政治の場が現実化の場であり、具体的なものの最高の発露はそこで見られる。経済・社会・政治が階層的にとらえられ、政治が優位に立っている。

それに対してルフェーブル、ラブルースどちらにも共通していえることは、階級のとらえ方が経済からオートマティックに出てきていない。経済における所有の分析からアプリオリに階級が出てこずに、運動体として階級をとらえていく。

運動はどうしてあらわれるかというと、片方においては経済の構造、片方においては意識がおかれ、その意識の面で経済関係をどういうふうに当時の人間は考えていたのか。そういうところで現実の運動が出てくる。その運動のなかにその社会の階級構成があらわれてくるというところで、階級とか集団をとらえていると思うんです。その点で、これ〈ルフェーブルやラブルースの方法的立場〉はジョレース、マティエとは明らかに違うし、アナール学派とその点においてはある意味で共通性があるんじゃないかと思います。」

また、遅塚忠躬が、ルフェーブルとアナール学派との方法上の違いを、「一つ違う点は、少し極端にいえば、ルフェーブルは全体をとらえようとはしていないことだとぼくは思う。どうしてかといいますと、ルフェーブルは、いろいろな問題について、それぞれに違ったアプローチの仕方を試みているように思われるからです」。「ルフェーブルのいちばんの特徴は、まず土地所有の分布から始めたということなんで、そこにはマンタリテの入る余地はないですよ。だからそれをやって、それからのちにマンタリテになる」。「そうじゃないんだ。そうじゃなくて、その階級なり社会集団なりがどう動くかというときには、もちろんマンタリテは入ってきますけれども、ルフェーブルの場合には、土地所有、それから経営のつぎには農民層の階層区分をやりますよ。それをやって農民が動く場合には必ずマンタリテを入れてきますけれどもね」などのような理解の仕方をする。

しかし、これに対して柴田三千雄は、このルフェーブルへの理解について異議を唱え、「そうはぼくは思わない。あるひとつのものを説明するときに、必ず全体的視野でとらえているという」「そういうとらえ方だと思うんですよ。さっき遅塚さんがルフェーブルの場合、相互の関係を問題にしているといって、経済・階級関係、政治、そしてイデオロギーないしマンタリテといったんだけれども、イデオロギーはともかくとして、ルフェーブルの場合、マンタリテが上部構造としてあるのじゃなくて、すべてのところにマンタリテが入っている。これはルフェーブルに限らない。そこがアナール学派の特徴なのだから、アナール学派と共通するところだけれども、マンタリテはすべてに入ってくるのです。つまりマンタリテを離れては、経済も、政治も、階級はもちろん、ありえないというんじゃないですか……」。「土地所有をやって、しかし、その土地所有からすぐに、所有が大きいから、小さいからといってただちにそれで階級区分をやらないんですよ。階級区分するときには、マンタリテ、つまりどういうふうな意識がそこにあるかというところで階級区分が入る」と発言し、遅塚忠躬の理解に異議を唱えている。

このような柴田三千雄の発言に対して二宮宏之は、ルフェーブルの方法論を「経済的なカテゴリーの上に行動というレベルを置き、そこを重視しているところがある。行動に移るときには、経済的なカテゴリーからそのままつながっていくんではなくて、ワンクッションなくてはならない。そのワンクッションを社会的なレベルとしてとらえ直そうという」点、「ある経済的現実があって、それが社会的レベルでは人びとのつながり方というところにどうかかわって行き、そこから人びとのあいだにどのようなこころの傾きというものが出てくるのか、そういう集合心性がどういうきっかけで革命行動をささえる革命的心性に転化するかということを論ずる」点、「ただなんといってもルフェーブルの場合は、それが決定するとはいわないけれども、いちばんの基礎には経済的構造があるという、そういう了解がある」ということ、これらに特徴があるのだと指摘する。

また、ラブルースの方法論について「ルフェーブルに比べれば経済決定論的な発想ではないでしょうか。経済的なものが、どのように各社会グループに影響を及ぼしたかということをいうのですが、経済的なレベルに密着させて考える傾向が強いと思うんです」と評価する。また、ラブルースとの対比においてアナール学派の方法論を次のように述べる。

「そういう構図でいいますと、アナールのほうはむしろ逆へいっているので、もちろん経済的なファクターを無視することはないのですが、マンタル（心的）な要素、意識のレベルを重視しているわけですね。

そして、意識を重視する形で、たとえば行動に移る場合には、必ず意識が介在しなければ行動は出てこない。その意識は自覚的な意識でなくてもいいのですが、とにかくマンタリテ（心性）があいだに介在しなければ行動にはならないという形で、マンタリテ（心性）を重視する方向へ行き、そういう観点をグーッと入れてこなければ全体的な構図が見えてこないんだ、そういう傾向が強いですね。」

柴田三千雄は、これに応えて「つまりね、その意識というのは経済から出てきていない別の説明原理によっている。たとえば経済レベルで飢饉が生じたとき、食糧不足ということだけで貧農や都市貧民は行動しているのではない。その食糧飢饉のとらえ方が社会的正義だとか、公正な分配原理とか、要するに神の公平さとか、あるいはイギリスの（E・P）トムソンのいうモーラル・エコノミー、そういうまったく経済とは別のある価値観念で経済をとらえる独特の見方があって、それがバネになって行動に移る。だからその行動に表現される階級関係は必ずしも経済分析だけから説明できないということですね」と発言している。

これらにおいて伝統的な考証史学に基づく一九五〇（昭和二五）年代までの政治史とラブルースあるいはルフェーブルの方法的立場の違い、ならびに、これらとアナール学派やロラン・ムーニエの国制史の方法的な違いが概観できたのではないかと考える。

こうした学問的前提を踏まえ、この時期に新しい歴史学として登場してきたのが国制史・心性史や地域史であった。これらの潮流は、日常生活を支えている物質文化、これら物質文化との関わりの中で生み出される日常生活意識や日常生活史、これらの具体的課題としての女性史を含むジェンダーの問題やマイノリティの問題、食物・住居・疾病・

犯罪・教育・書物・気候・環境などの問題を時系列史的・心性史的に検討したり、あるいは、これらを全体史との関連で理解するために一定の時期的・空間的枠組みを設定し、この中で「経済構造や生活文化や心性の相互関連を解こうとする方法」としての地域史であった。

二　江戸時代史研究の新しい視点

このような潮流の登場は、従来の進歩的とされた世界観や学問的な価値意識に大きな転換を余儀なくさせ、また、それに代わる新たな世界観・学問観を模索しつづける契機となった。また、このような学問的視点の転換は、社会史の日本への紹介と相俟って日本史の分野にも少なからざる影響を与えた。日本中世の無縁・自由・自治について論じた網野善彦[6]、中世後期から戦国時代の村落を国制史に位置づけようとした勝俣鎮夫[7]や宮島敬一[8]、法制史・国制史の側から日本近世史にアプローチした水林彪[9]、比較史的立場から絶対王政と日本近世の国制との関連を論じた山本博文[10]、国制を役と家との関連を通じて論じた尾藤正英[11]、国役と国家支配との関連を論じた高木昭作[12]や笠谷和彦[13]、町役と町人身分について論じた吉田伸之[14]、村役を通じて近世初期から前期の村の自治と国家について検討した水本邦彦[15]、国役普請体制や役の実現機構について論じた村田路人[16]、惣代庄屋という政治的中間層による村の連合的自治について扱った久留島浩[17]、中世後期から続く郷・「領」の地域秩序と国郡制との関連を役についての議論をも組み込みながら国制の問題として検討し、また、まずもって起こす一揆から結ぶ一揆研究への視点の転換を促すとともに、一揆の社会的結合の在り方を、これに参加した人々の正当性観念や自律的・自治的な役の秩序の成立という視点から論じた著者[18]、幕領支配における在地手代制から大庄屋制への移行について論じた佐藤孝之[19]、日光社参という儀礼と国役との関連あるいは由緒・贈答と儀礼との関連を論じた大友一雄[20]、江戸幕府の高外地支配の問題を論じた大石学[21]、鷹をめぐる儀礼と鷹場編成について論じた斉藤司[22]、また、自然と人間の関係の変化という視点から綱吉政権の生類をめぐる政治にアプローチした塚本学[23]などの研究が、それらにあたる。
これらに共通していたのは、日本史における産業資本の萌芽的経営体の析出と労働者階級の成立という発生史的側面に強く学問的な認識の有効性を認め、これを基準に史実を論じるという大塚久雄の経済史研究、そして、こうした論点を活用しながら研究を主導してきた講座派的な社会経済史研究・幕藩制構造論研究の延長線上から出発するのではなく、国制や地域あるいは従来の部門史的な学問的価値意識に捉われないテーマを設定して日本近世社会を検討し、ここから当時の人々の歩みを理解しようという学問を志向していた点である。
著者の研究上の問題関心もまた、世界各地での国境を越えた市民運動の新たな志向と形成、あるいは、いま述べたような学問的な潮流と関わって深められてきたといってよい。
これに関連して著者はかつて鋳物師や三都の非人を対象とする身分制史研究に、社会集団論的視点からアプローチした一九八四（昭和五九）年度五月の歴史学研究会大会で、日本近世史部会運営委員会の設定した問題提起に、従来の経済史を基盤とした幕藩制構造論的視点から疑問を提示した佐々木潤之介に対し次のように述べたことがある。[24]
今回の大会は、共同体規制を中心とし、封建遺制の克服を課題とした従来の研究とは視点を異にしている。戦後日本において進歩的知識人は、丸山真男に代表されるように西洋から遅れた日本で実現されていない近代的自我の確立、個の確立を至上の命題とし、このことを解決する一つとして封建遺制の克服のための研究を考えてきた。[25]しかし今日、克服されるべきは封建遺制ではなく、人間が社会の中で孤立してしか存在しえないという現実における疎外の問題である。ここに人と人との結合の在り方を社会集団の研究として進める意義がある。
当時の大会記録をいくぶん補いながら要約すると以上の通りである。また、この時期に次々と登場してきた新しい研究視点について次のように総括したこともある。[26]
「一九七〇年代から九〇（平成二）年代、われわれは新たに多くの人類史的課題のなかに身をさらすことになった。それは核の問題を含む世界的規模での環境破壊に対する（地球環境の）保全、宗教・民族・少数者《マイノリティ》・ジェンダー（の問題の検討）による差別の克服、共存と共生の問題、そして、これら異文化への差別に端を発しながら世界各地で依然として続く戦争の停止と平和の実現、飢餓と貧困の克服、老いや病いや死についての再考などの諸課題であった。これらは、日本近世史を学ぶ研究者に対しても、従来とられていた研究視角からではない、新たな学問的課題を提起したといってよい。

すなわち、この時期に新しい研究のテーマとして身分・女性・アイヌ・琉球・環境などの問題が登場してきたのはそれまでの政治史や社会経済史の方法による構造論研究では、日本近世史研究も、人類史が抱える課題に応えきれないという見方があったからである。また、それと同時に、村落や都市社会を対象とする研究も、それまでの社会経済史的な構造論の視点からだけではない研究がみられるようになってきた。それらは地域史と呼ばれるようになって研究史のなかに市民権を獲得してきたということができる。一揆史・騒動史も、階級闘争史や人民闘争史から次第に、一揆の象徴性や集合心性をめぐる問題、代議制形成史をふくむ民衆運動史へと軸足を移してきたのである。」

当時、このように述べたのは、一九八〇（昭和五五）年代の中期、大塚久雄の流れをくむ経済史研究や講座派的な社会経済史的視点からする幕藩制構造論の研究がもはや学問的な説得力と生彩さを失い、これに代わって登場してきたのが、新しい研究テーマであったという点を総括しようとしたからであった。

そして、今日においては、これらが、江戸時代史研究の中で、ますます大きな潮流をなすに至っている。著者の「江戸時代自治文化史論」を構成する論文もまた、このような潮流の形成過程の中で執筆したのであった。

三　自治文化からの政治秩序への視点

石田雄は、政治文化を、人々が一定の政治的な選択をする際の社会的な信条の体系であると論じている(27)。このような政治文化は、日本の場合、共同体としての社会集団の「同調と競争」の原理によって形成されたのだとする。この場合、同調とは、法や良心や善悪を基準として意思決定の判断をするのでなく、集団の構成員の多数が参加しているか否かを判断基準とする意思決定に基づいた行為である。[28] また、競争とはいっても、これは同調社会の中での競争という意味で、独立した個人の自由な競争ではない。この同調によって著しく制限された社会、閉塞性の強い同調社会の中での競争は、限定された範囲内での攻撃的な競争の激化としての過当競争――意思決定のための判断基準の質的低下による多数派への安易な賛同――を生み出し、これが強者に対する同調と弱者に対する排他的な攻撃となって全体主義的な国家秩序形成の契機となる。[29]

氏は、このような集団の「同調と競争」の秩序が、日本社会の政治文化を形成させているのであり、この組織的な弊害を克服して人間のための組織を作り出していく途こそが、新たな社会を創造していくために必要なのだと述べる。氏の政治文化についての見解は、主として明治維新以後、一九六〇（昭和三五）年代までの約一〇〇年にわたって形成された国民国家を対象としていた。この政治文化の型を比較・検討する視点は、西洋社会の先進性と普遍性、西洋以外の社会の後進性と非普遍性・特殊性という近代・現代社会の理解の仕方に対して根本的な視点の転換を迫り、文化の相対的・多元的理解すなわち今日の多文化主義的な視点からの歴史研究への途を開こうとする視点を内包していたといえる。

このような政治文化の基礎構造は、松下圭一が「今日も、日本の憲法理論の主流の理論構成は、国民主権を国家主権へと置換して、『国家統治』を起点におき、国民は国家の要素ないし機関にすぎず、自治体も国家受任機関とみなしている」[30]と指摘するような戦後における憲法解釈と接合され、今もなお日本の政治構造を支えていると考えられる。

これについて氏は「とするならば、憲法理論は、今日あたらしく『市民自治』から出発しなおさなければならない。国民主権は、国家主権に解消することなく、市民主権・分節主権という展開によって市民レベル、自治体レベル、国レベルで日常的に活性化されることを必要としている。《憲法》とは、国民社会において、市民自治により、市民自由・市民福祉を実現する、市民共和の基本準則なのである」と論じたのであった。[31] 氏の伝統的な憲法解釈に対する批判的分析と市民自治という視点からの憲法の再解釈による指摘は、今日の地球規模で形成されつつある市民運動を考慮に入れても、これらと十分に接合しうる市民自治の理念を提示していたといえよう。(32)

一方、歴史学の立場からは近年、近藤和彦(33)によって政治文化という語の使用法を含めた研究史の整理がなされている。(34)氏は、福沢諭吉の『西洋事情』に見られる「政治風俗」というタームを取り上げ、この言葉の使用法は今日、われわれが考えようとしている政治文化というカテゴリーの出発点としての意味を持っていた。漢籍の世界の中で形成された福沢諭吉の「風俗」についての観念は、中国語で「士風」や「民俗」といった言葉をさし、この「風俗」という言葉が、氏の論文と同じ論集にある吉澤誠一郎の「人々の生活のありよう」と「その文化」に関わる概念であるという指摘や manners and customs と英訳される衣食住や年中行事、民事的な規範や集合的な秩序状態に関わるという岸本美保の定義と深く関わると述べている。

また、政治文化という概念は、一九八〇（昭和五五）年代中期以後の西洋のフランス革命史研究において政治的エリート史観や発展段階論に基づく目的論的進歩史観・基底要素還元論からの脱却と史料研究の新たな展開にともなう実証的学問の蓄積によって新たな局面を迎えたなかで使われ始めた。ここでは歴史を「因果連関や要素の解析」として考察するのでなく、「つくられ」・「表象された」ものとして理解しようとする学問的態度が形成された。これに対応する概念としての政治文化も「あるコミュニティにおける政治を特徴づける一連の言説と実践のこと」であり、この実践とは「日常くり返しおこなわれる行為、慣行、実務、礼拝、練習あるいは経験（的知識）」として理解されていると指摘した。

このような視点と方法による歴史の解読法は、人々が一定の政治的な選択をする際の社会的な信条の体系として政治文化の比較研究を試みた石田雄の視点、あるいは、「経済的なるものと、意識的なるものとが結合した運動体としての社会集団、社会階級というところで歴史を捉え」、「政治のレベルにすべてを収斂して行く論理を断ち切った上で、今度は社会史の方に、政治を取り込んで」いく、すなわち「社会が政治を捉える道筋」としての社会史という柴田三千雄の視点と共通性を持っていると考えられる。ここでは、国家的な統治に対して相対的自律性を持った社会の側から政治を捉えようとする立場が示されているからである。このような地点から政治文化を検討しようとすると必然的に対象となるのが自治についての政治文化である。政権を担当する立場から統治秩序へと集約しようとするベクトルの政治文化を狭い意味での政治文化とすれば、なんらかの自律的社会の中で暮らす人々の習俗的・慣習的な地点からのベクトルによって形成される政治の文化を自治文化と定義することができる。政治文化は、この狭義の国家的な政治文化と自治的な政治文化としての自治文化の複合的な競合の結果によって形成されるのだと考えたい。

本書は、以上のような位置づけから江戸時代社会の自治文化を検討しているのであるが、以下、ここで自治秩序・自治文化という語を使用する場合の立脚点についても若干の説明をしておきたい。

自治秩序という用語が、自治という政治の秩序だという意味であることはいうまでもないが、この政治秩序を生み出す文化が自治文化である。この自治文化の中に江戸時代社会における政治文化形成の原動力を見出そうというのが本書の基本的立場である。本書所収論文の前提となる自治をめぐる研究については、郷村社会の中世後期から近世初期の連続性と非連続性を検討しながら人々の共同性による村の自治と国家支配の問題を検討した水本邦彦[35]の研究があり、また、組合村の近世後期から幕末・維新期を経て近代との連続性と非連続性を追求しながら政治的中間層の主導する行政と自治について論じた久留島浩[36]の研究が挙げられる。両者の研究は、一九八〇年代前期に日本近世史学界が到達した貴重な成果であったが、これらに共通するのは、主として公的な政治社会のみを対象とした行政を軸とする自治についての研究であり、こうした公的な自治秩序を背後から動かす政治文化としての社会秩序については十分に論じられていなかった。

これに対して著者は、行政が、自治を構成する司法・立法・行政のうちの一部――もちろん、これらが機能的に完全に分離しているわけではないが――であるという点を強く意識し、むしろ、司法や立法に自治の権力的な基盤があるべきだという観点に立ち、日本近世社会においては、このような自治秩序のもとに行政が存在したのだという視点から一揆を含む自治の秩序を、国家や領主制との関連で問題となる役（公役）だけではない、この意味では相互扶助性の強い祭礼や年中行事の役――これを著者が獲得した今日的な地平から言うと相互扶助的な労役としての用役ということができる――、あるいは、これらの儀礼に基づく集合心性形成の問題として位置づけ、ここに日本の政治文化の基層をみていこうする立場をとっている。

佐藤進は、自治文化を制度としての自治ではなく、制度を使う人々の思想・文化・意識構造であると論じ、ここから自治意識が形成され、日本型自治の伝統が形成された点を論じているが[37]、前述の政治文化に関する議論を踏まえたうえで、著者もまた、こうした地平からの自治文化史論を考えている。

ところで、このような視点から江戸時代の国家と社会を検討する場合、この国家が主として天皇を中心とした公家、武家（大名）と士族（侍）・卒族、僧侶・神官、百姓・町人、穢多・非人をはじめとするさまざまな身分の人々から構成される身分制社会であった点を指摘しないわけにいかない。とはいえ、江戸時代社会は、遥かに多様な身分が存在した中世末期までの社会と比較すれば、格段に身分的統合が成し遂げられた社会であった。この意味で江戸時代社会は、高度に組織化・管理化された集権的な身分制社会であったといえる。

また、この社会のほとんどの人口は百姓・町人身分や被差別身分を中心とする人々から構成されていた点も見逃せない。たとえば、関山直太郎の紹介する「庚午年概算」という記録は、江戸時代の人口調査方法を踏襲したとされる明治三年（一八七〇）の身分別戸数（家数）・人口（人数）統計――この統計には、調査対象に年齢の制限がなく、また、武家も対象となっていて江戸時代より精度が高くなったが、北海道が対象となっていなかった――であるが、これによれば、当時の日本人口は、三二七九万四八九七人であり、戸数は七〇五万八九六一軒となっている。このうち戸数については身分別の数値が提示されており、華族四〇四軒（〇・〇一％）、士族二三万一八六六軒（三・三％）、卒族一九万四五三八軒（二・七六％）となっている。神官が四万四九五三軒（〇・六三％）、僧侶が三万五七九四軒（〇・五％）となっているので[38]、これらすべてを合わせて多く見積もっても、江戸時代の支配身分の人々は、五〇万七五五五軒で全体の七・二％にしかならない。これに対して被支配身分であった百姓・町人・穢多・非人などの人々は平民として登録されているが、この人々は六五五万一四二六軒であり、全体の九二・八％を占めている。

また、明治五年（一八七二）正月末日の族籍別人口によれば、当時の総人口は三三一三万一五二五人である。このうち皇族二八人、華族二八二二人、士族一四八万八九五三人、卒族三四万三八八一人、地士三三八〇人で、この合計は一八三万九〇六四人となり、全人口の中での比率は五・五五％となる。祈る人である神官が七万六〇〇九人、僧侶・僧尼が二一万六九一七人であり、合計は二九万二九二六人で、全体の〇・八八％となる。これら支配身分であった人々の人口合計は二一三万一九九〇人で、全人口の中の比率は僅か六・四三％でしかない。これに対して百姓・町人・被差別身分を出自とする平民は合計三〇九九万九五三五人で全人口の九三・五七％を占めていた。

百姓身分・町人身分や被差別身分の人々の社会においても、各々の身分の内部にさまざまな序列は存在したが、しかし、これらの社会は、村や町といった政治的・自治的な共同体を単位とする公民社会であり、これに準じる形で商人や職人の株仲間（同業組合）を単位とする自治的な共同体が社会的な権力秩序を構成していた。

このような社会は、二宮宏之・成瀬治の両氏の視点、山本博文と水林彪の日本近世社会についての絶対主義の定義をめぐる論争、勝俣鎮夫・水本邦彦や宮島敬一の論点からみるならば、身分的・職業的・地域的な社団によって複合的に構成される絶対主義的な政治社会であり、また、社団国家・社団社会であったということができる。このような身分制社会としての江戸時代社会は、全人口のほとんどを占めた百姓や町人身分の人々の自律的な自治によって運営され、この秩序に基づく自治文化が、この時代の政治文化・政治秩序を形成させていた。そして、今日、このような意味における百姓身分や町人身分の人々による自治といった視点、また、「はじめに」でも述べたような研究の視点を踏まえ、江戸時代社会の自治文化を意識的・自覚的に検証するための研究が必要とされている。日本における国民国家の形成を相対化して捉え、これを、国境を越えた新たなる市民社会・市民的自治の形成のために役立てる研究が必要とされているのである。

本書では、このような観点から江戸時代社会の中で、みずからの社会的義務を全うしながら町や村を基礎とし、自治的な社会的・政治的秩序を生み出していった百姓身分・町人身分の人々の立場から当該社会の自治文化を位置づけようとする試みである。内容は、全体を、第一編「江戸幕府の地域社会編成と自治秩序」、第二編「一揆の正当性観念と役による秩序」、第三編「祭礼の集合心性と一揆の秩序」という三つに編成した。以下、これらを少しく説明すると次の通りである。

四　江戸時代自治文化史論の概要と成果

第一編　江戸幕府の地域社会編成と自治秩序

第一編では、戦国時代から織豊政権・江戸幕府の初期を経て正徳の治に至るまでの幕府の国郡制的——国・郡・村——な政治的・社会的な統治・編成を、地域史的な視点を踏まえて検討し、また、これに対して地域社会がどのようなシステムによって自治秩序を形成させていたのかについて検討した。

第一章の「近世初期の国制と『領』域支配——『徳川政権』関八州支配の成立過程を中心に」を発表した時期は、太閤検地を、総体的奴隷制から封建制への変革であるとする安良城盛昭[39]の太閤検地に関する評価および政策としての「小農」自立論を中心とする研究史の伝統を強く受け継いだ潮流、すなわち、佐々木潤之介[40]の軍役論を中心とする幕藩制構造論の研究がいまだ日本近世史学界の中心的な潮流をなしており、水本邦彦による村の自治の再検討がわずかに始まっていたとはいえ、太閤検地までの社会構成と以後の社会構成の不連続性が自明の前提とされていた時期であった。

このような戦国時代までとの不連続説とも断絶説ともいえる見解が主たる潮流を形成する中で、著者は、関東においては、「領」という戦国時代から続く地域の枠組みが存在している点を提示した。「領」は、豊臣政権から江戸幕府の初期に、戦国時代までに形成されていた「領」――地域（在地）秩序の枠組み――が継承・再編・拡大されて成立をみた。豊臣政権や江戸幕府は、国郡制――国・郡・村――という国制的な統治秩序を設定したが、現実には、従来から存在した「領」という地域社会の秩序を通じて支配せざるをえなかった。このように論じて戦国時代から織豊政権を経て江戸時代に至る地域社会の連続性を指摘し、この連続性の構造を、「領」を構成する郷や村の秩序に求めたのである。

また、この秩序は、戦国時代において郷や村といった村落社会の中で小領主といえる存在――地侍・名主・年寄・老百姓（乙名百姓・長百姓・大百姓）としての地位と身分にあった人々など――を再編する中で形成された秩序であり、江戸時代の初期から元禄・正徳期までの郷村社会の地域秩序は、百姓身分でもあり、また、地侍身分でもあった大庄屋・割元――これを著者は小領主とした――を中心に維持されていたと論じたのである。

第二章「三田領の成立と地域秩序」は、奥多摩地域における戦国時代末期から織豊政権を経て江戸時代初期の支配が、地域社会の政治的な秩序変動とどのように関連していたのかを検証した。戦国時代の三田領は三田谷と称された。三田谷の地侍衆は戦国時代から織豊政権期にかけて身分的には国侍的な身分の在地領主であった三田治部少輔を推戴するとともに、八王子城主北条氏照の軍役衆でもあったが、一方で、きわめて自律性の強い郷村の地侍（小領主・土豪）衆であった。三田谷は、この「谷」を単位に、地侍が衆として結び合う社会的結合の地域的な単位であった。

しかし、豊臣秀吉の惣無事政策によって小田原城とともに北条氏照の八王子城が落城し、この地域は豊臣大名としての徳川家康の支配に組み込まれていった。三田谷は、江戸奉行衆でもあった代官頭大久保長安のもとに三田領と呼ばれる地域に再編され、三田領は、「領」を単位として江戸城の築城で使う石灰を輸送するための伝馬役を命じられていく。このようにして地侍衆の結合の単位であった谷は、幕府の分業編成の単位としての「領」に再編成されていったのである。ここでは戦国時代の谷という地域――谷は国侍や地侍の結合の単位としての「領」と名称は異なるが、同質の地域結合の単位とみなすことができる。戦国時代の庄や保も谷と同様であったと考えられる。――が豊臣政権から江戸幕府の初期にどのような過程で「領」に継承・再編されたのかを検証した。

ところで、これらの論文は多くの場合、国家が、地域や社会をどのように編成したのかという視点からの研究として取り上げられることが多かった。確かに、これらは、こうした指摘の通りの側面を持つが、一方で、著者の当時の問題関心は、この時期における地域社会の自律的・自治的な秩序を、水本邦彦(41)が析出しつつあった村の自治とは異なる視点から析出する必要があるという課題意識と結びついていた。豊臣政権や江戸幕府が目標とした国制は、国・郡・村という国郡制的な統治秩序であり、これを最終的に実現するためには、封建制・領主制的な地域編成を限りなく国郡制へと集権化させる必要があった。「領」や郷は、戦国大名の支配の単位であったが、豊臣政権や江戸幕府は、この「領」や郷という村と郡の中間にある人的な結合の秩序としての地域社会と契約を結び、この契約した人的・組織的な自治秩序を通じて封建的・領主制的秩序を国郡制的——御前帳は、年貢・小物成・運上・冥加とともに、役を賦課する台帳の基礎としての意味を持っており、この意味で国郡制の編成と密接に関連していた——な統治に接合し、国制的な秩序を完成させたのだといえる。

第三章「割本制と郷村の自治秩序」は、寛文・延宝～元禄・正徳期における武蔵国多摩郡三田領吉野家の管轄地域を素材として、このような自治についての見解を具体的に検証した。ここでの主たる論点は、割元(割本)といえども百姓身分の人々によって形成された村の自主的・自律的な寄合と評議に基づく自治的な秩序を無視しえなかったという点にあった。というよりも、いま一歩、踏み込んだ言い方をするならば、ここでは、大庄屋や割元が、村という基礎的自治体に推戴された存在であり、この意味で村を統括する郷村や「領」といった地域を単位に、これらの地域の中間的自治を代表する立場にあった点を明らかにしたといってよいと考える。

大庄屋制や割元制の研究は、常に注目されてきた課題であるが、従来の研究の問題点は、久留島浩(42)の政治的中間層という捉え方以外は、大庄屋・割元・惣代を、奉行所や代官所の手付・手代・下代と連繋あるいは代わって地域を行政的に統治する中間支配機構としてのみ理解してきた点にあったと考える。しかし、繰り返しになるが、大庄屋や割元といえども村の百姓身分の人々の自主的・自律的な寄合と評議に基づく自治的な秩序を無視しえなかった。このように大庄屋や割元の機能と役割には、地域を行政的に統治する機能だけではなく、みずからの管轄する郷村社会の自治(立法・行政・司法)を代表しなければならない中間的自治体の首長としての役割があったのだといってよい。

この点については、多くの研究者による今後の検討を俟たねばならないが、このような見解の提示によって基礎的自治体としての村や町の自治についての研究とともに、これを基盤に形成される中間的自治体としての郷や組合村あるいは、これらの連合体についての新たな研究が切り拓かれていくべきであろうと考えている。

第四章「家綱政権の織物統制と木綿改判制度の成立」では、江戸幕府の織物統制令と城下町木綿改判制度を事例とし、幕府の法令が、どのような支配秩序として現実化したのかについて検討した。この結果、幕府の織物統制令が具体化され、関東の城下町で木綿改判制度として成立・運用されるには、城下町を構成する惣町の町役人たちが、幕法の町方社会への適用を諒解し、なおかつ、これを城下町の経済的な振興・繁栄政策に積極的に運用していこうとする惣町としての自主的・自律的な合意の形成が不可欠であった点を論じた。ここでは複数の町の連合体としての惣町が、経済をめぐる法を、どのように受容・運用したのかという問題、すなわち、江戸幕府という中央政権による地方統治、ならびに、これに対する地域の自治による捉え返しを、惣町(都市)の自治秩序形成という視点から論じ、「領」の中の郷村社会の自治秩序と同様、町方社会の中にも如上の自治が存在することを検証した。

第二編　一揆の正当性観念と役による秩序

第二編には、「一揆の正当性観念と役による秩序」として三つの論文を収めた。一揆や祭礼が、当時の人々の自治的な秩序意識を極限において表象するのだという点については、伊藤忠士(43)も、著者の歴史学研究会大会報告の約一カ月半前に出版された論文において同様の指摘をしており、この点についてのみ言えば氏の指摘は、著者も、その限りで肯首できるといってよい。ここでは、一揆は自治の原点であるという観点を前提としつつ宗教都市(門前町)日光を事例とし、まず、この一揆という社会的結合を取り結んだ町人身分の人々の社会的正当性観念と都市自治秩序との関連を取り上げた。

第一章「都市日光の神役と町役人制度」では、門前町日光が、東照宮を中心とする権門寺社の宗教儀礼のために設けられた町であり、町人身分の人々は、神役に象徴される課役を義務づけられていた点を明らかにした。従来の近世門前町研究では、なにゆえに門前町が存在し、そこに人々が暮らしていたのかという最も基本的な点について学問的な定義が存在しなかったといってよい。この点を、ここでは、東照宮を中心とする二社一寺の宗教儀礼のための神役(徭役・賦役・夫役)による分業編成のためであると意義づけ、門前町研究の視点を提示した。

次に、都市日光の地域構成と町役人制度について概観し、そのうえで、近世中後期における稲荷町の神役の負担と町人の家業の発展とが、相互補完的関係から対立する関係に転化・増幅しつつあった実態について明らかにした。そして、この神役をめぐる町の社会構造が町方騒動、すなわち、稲荷町の町政運営の基底をなす自治的な政治構造とどんな関連をもっていたのかという点を論じた。

これらを通じ、近世後期の都市日光では、町人身分の人々を中心とする都市自治——人々の公的な社会的・政治的秩序の形成——にとって役をめぐる問題がきわめて重要な意味を持っていた点、ならびに、この役をめぐる秩序が商品経済の浸透によって破綻しつつあった点を提示した。

第二章「都市日光の曲物職仲間と地域秩序」は、まず、町人身分であるとともに、職人身分でもある曲物職人が、町共同体の構成員であると同時に、曲物職仲間という職人仲間を結成し、この職人の同業組合(クラフト・ギルド)の構成員でもあった点について述べ、曲物職人の手工業生産が、門前町日光の人々が従事する近世後期の林業や木材採取業といかなる関連にあったのかについて検討した。

次いで、曲物職仲間という同職組織・同業組合が、曲物職人の職業的な利益を、どのような方法で相互に保証しようとしたのか、また、それが曲物職人を含む門前町の人々の町を単位とした地縁的な社会的結合といかなる関連にあったのかについて検討した。

ここでは、この事例によって、町共同体の政治（自治）が、単に町人の身分的な権利と義務に基づく公的な共同体からだけでなく、職人をはじめとして商人や諸々の仲間組織——これらは町政という観点からみると非公的な共同体、領主からみると最初は非公認の共同体と位置づけられたと考えられる。——との相互作用によって成立していた点を明らかにした。

第三章「一揆の正当性観念と役による秩序」は、安永七年（一七七八）五月における都市日光の惣町一揆を事例とし、一揆の社会的結合と集合心性とがどのような関連にあったのかについて検討した。

勝俣鎮夫は、著書『一揆』において従来「おこすもの」と見られてきた一揆を、「むすぶもの」であるとし、近世の一揆史研究にも視点の転換を促した。(44) しかし、この当時、日本近世史学界では、一揆を「おこすもの」と理解する視点がなお主流であった。(45) 著者は、こうした潮流に対し、勝俣鎮夫のまずもって「むすぶもの」としての一揆という視点の有効性を取り上げ、この視点から一揆という集団の正当性観念を、これに参加した人々の集合心性の問題として検討し、従来、「おこすもの」と理解されてきた訴願や打ち毀しなどの運動の原点としての一揆を検討した。

また、これに加えて一揆の正当性観念形成の集合心性を、役に関する研究と結合させ、役を、当時の人々が集合心性を形成させる社会的労働（物質的絆）の問題として提示した。すなわち、役を、一揆に参加する人々の正当性観念の物質的な絆（相互扶助的な労働）——この役は著者の今日的な到達点からいうと用役と定義できる。用役は徭役・賦役・夫役よりも水平性・共同性・相互扶助性の強い概念である。——と位置づけ、党を結んで訴願運動や打ち毀しを繰り返す一揆という社会集団（共同体）にとって、役の持つ役割・機能を検討すべきだという課題を提起した。

東照宮を中心とする宗教儀礼執行のために編成された日光の町では、寺社の祭祀儀礼執行にともなう物資の調達や堂塔伽藍の普請・作事は直接、日光の職人・商人が請け負っていた。日光の人々は、これらによって家業の収入が保証されていた。そして、こうした分業編成の形式をとった家業の存続は、神役の負担にとって不可欠であるという権利意識を町人身分の人々の中に生み出していた。町人身分の人々の社会的結合の軸となったのは、このような神役負担の義務意識と家業存続への権利意識であった。

しかし、萩藩・岩国藩・広島藩による安永の大名手伝いによる作事は、経費を削減させるために藩の直営でおこなうのではなく、日光と江戸で特権を得た作事請負商人が実施することになった。これまで日光の町人は、幕府や藩の直営の作事を請け負い、これによって家業を営んできた。一方、この時期、幕府による課役が大名（藩）財政を困窮させ、これによる財政窮乏を少しでも回避するため、経費の節約・削減という名目で、作事を特定の商人に請け負わせようとする政策が実施されていた。しかし、この請負を日光と江戸の特定の商人が一括して請け負うと従来から日光の人々が営んできた家業の存続が難しい。したがって、作事の特定の商人への請負政策は、家業存続の権利を奪い取る処置であるとの危機意識を日光の町人に与えた。このように日光では神役を負担する義務と家業を営む権利とが切っても切れない関係にあると意識されていたが、幕府の作事政策は、このような町人の権利を奪う内容となっていた。日光町人の一揆の結成ならびに訴願や打ち毀しという行為は、このような神役負担と家業存続とのバランスを回復するのは当然であるという正当性観念を集合心性の基礎としていた。

ところで、一揆を結んだ町人たちの社会的な結合は、このような神役の負担という公的・政治的な表層の次元の媒体（絆）のみを基礎としていたのではなかった。日光の町人は毎年、弥生祭や小正月の火祭をはじめとする年中行事を繰り返していた。そして、この共同体の儀礼にあって町社会の役（用役）を中心となって担ったのが若者仲間であった。若者仲間は、家業の存続と安全を願う町共同体の人々の秩序意識のうえに成り立っていた。このような秩序意識こそは、家業の相続と神役の負担との権利・義務関係を媒体として一揆を結成し、打ち毀しを実行した日光の町人の社会的正当性観念の源泉であった。

このように、ここでの論点は、一揆の集合心性および集合心性の結果として形成される役を絆とする正当性観念についての見解にある。このうち一揆と祭礼・慣習宗教的な年中行事の表象との関連については、次編で論じる予定であるので、ここでは役についての検討の意義と課題について論じておきたい。

役とは徭役・賦役としての労役という意味で使われていたが、著者の役についての見解は一九七〇（昭和四五）年代の後半から八〇年代初頭半に高木昭作[46]・吉田伸之[47]・朝尾直弘[48]によって交わされた役と身分についての議論を基礎としている。すなわち、高木昭作の提起を踏まえた吉田伸之は、公儀による役を媒介とした分業編成が、職人身分や町人身分の国や地域を越えた横断的な身分編成を実現し、近世身分制社会を成立させたとするのであるが、朝尾直弘は、町人身分を決定するのは、公儀でなく、町の人々によって構成される町共同体であるとして吉田伸之の見解を批判した。

著者は、このような議論を踏まえ、役について関東近世史研究会の一九八四年度大会「関東の領域支配と民衆 Ⅲ——役と地域秩序」の問題提起で書いた見解を持つに至った。この問題提起では、一九八二年度から開始して三年目に入った大会の「役と地域秩序」というテーマが、過去二年間の大会での検討を踏まえ、いかなる課題意識から生み出されてきたのかを論じたのであったが、いま、論旨に関わる限りで、この主要な部分を改めて紹介すると次の通りである[49]。

「そして、ここでの方法上の特徴は、近世関東の社会構造を直接に階級的観点を導入して考察するのではなく、まず、近世社会のなかで関東という地域が持つ固有の社会関係を探り出し、そのなかから新たに近世関東の歴史像を組み立てていこうとするものであった。そこには、従来、近世史研究の主流であった社会経済史的視角からする基本階層論や構造論および階級闘争論を踏まえつつも、しかしむしろ、そうした方法のみではなく、前述の報告課題の設定方法にみられるように、これを、さらに、より多様な社会関係からとらえなおすことによって、近世固有の歴史的性格を明らかにしていこうとする志向があったことをみとめることができよう。

本年の大会では、以上のような方法上の特徴を踏まえたうえでの取り組みを前提としつつ、『役と地域秩序』というサブ・タイトルを掲げたのであるが、それは、およそ、次のような観点を前提としている。

すなわち、この間の研究によれば、近世の社会構成は、まずもって役を媒介とし、地域の民衆が、法的・政治的に定置された身分制によって編成されていたことが指摘されている。したがって、このような観点に立って、関東という地域のもつ固有の社会関係を探り出すためには、さしあたり、尾藤正英氏によって、近世の成立期に兵農分離という社会的変革を可能にし、また、それ以後も社会の組織原理をなした、と提示されている、労働を負う義務としての役についての検討が不可欠の課題であるといえよう。氏は、『「役」とは、社会の中で個人が担当する役割と、その役割にともなう責任とを、合わせた意味で用いられる所の、おそらくは日本語に特有の語感をおびた観念である』と指摘し、『「役」は、夫役に限定されず、その夫役の負担を可能とする石高の所持は、貢租の負担義務を伴っていたから、広い意味では農民の負う負担の全体が「役」であった』と論じている〔「徳川時代の社会と政治思想の特質」(『思想』第六八五号　一九八一年七月)〕。このような観点からすれば、役とは、かならずしも朝廷や幕府ならびに大名・旗本・寺社領主などの支配組織のみによって独占的に占有され、この支配権力によって公認された村や町に一方的に賦課・強制されるだけのものではない。そこでは、百姓や町人の地域的結合の組織でもあった町や村によって自律的秩序として生成される点をも重視される必要があるのである。また、いうまでもないが、こうした役を生み出す地域民衆の自律的秩序は、『領』や『領』を構成する郷村・組合村のように、個々の町や村が、みずからの集団的意志を領主との直接の対抗関係のなかで実現する郷村制的・組合村制的な地域の結合組織のなかにも存在しよう。すなわち、この郷村制的・組合村制的な地域の結合組織は、一方では、領主によって、法的・制度的地域支配を維持するために公認された性格をもつ。が、しかし、他方では、この結合関係の母体である町や村は、民衆社会のなかで不断に生成される社会秩序を、支配権力が外側から統合したものであるために、その内部に自律的な性格を抱え込むことにもなる。

『役と地域秩序』というサブ・タイトルは、このような地域的結合組織の両義性、すなわち、地域秩序が、支配権力によって強制される法的・制度的側面と民衆の社会権力を基礎とする自律的秩序の対抗によって成り立っている側面に視点をすえ、これを役を媒介とする村や町の地域的結合組織の在り方を通じて考察し、これによって、近世の関東に固有な地域社会の構造を見直す必要がある、という見通しのなかで設定されている。」
役を媒介とした身分制社会の分業編成についての議論を踏まえ、著者は、右に提示したような課題意識に立って次の年の一九八五（昭和六〇）年度歴史学研究会大会日本近世支部会報告で、都市日光の一揆と自治秩序形成の問題に接近してみた。日光で析出した役には公儀役、領主としての日光山寺社権門によって賦課される神役、門前町の町人身分に賦課される町役、弥生祭などの鎮守祭礼のために賦課される祭礼役、町方の年中行事のために賦課される年中行事役などがあった。公儀役や神役は日光山における権門寺社の宗教儀礼――東照宮への祭祀儀礼――を支える重要な徭役・賦役・夫役であった。この課役のために編成されたのが門前町（宗教都市）であり、また、神領（寺社領）であったという指摘は、近世宗教都市史の研究を一歩、前進させる意義を持ちえたと考える。また、町役は、課役のために編成されたのが門前町であるという点において公儀役や神役を補完する役としての意味でも位置づけられる。

しかし、産土神祭礼としての弥生祭や年中行事のための役は、以上の公的な町の自治のために設定された町役とは截然と区別される町の人々の相互扶助のための役であると指摘した点がより重要である。役には、高木昭作や吉田伸之が論証したような幕府や領主の公的な役や町・村の役だけでない役が存在する点について水本邦彦がわずかに触れているにすぎなかったが[50]、著者は、町や村に住む人々の日常的な慣習的な生活の中から形成されてくる役、すなわち、祭礼役や年中行事役のような相互扶助のための役――当時は、この言葉は使わなかったが、これを今日の著者の到達点で言えば用役と表現したい――の存在したのであるとし、これらの役が相互に関連して人々の一揆的・水平的な集団的・集合的な社会的結合の絆となっていた点について論述した[51]。

村や町の祭礼や年中行事の役を、勝俣鎮夫は、家役という[52]。本書では、これを町役の一つとして捉えているが、これはむしろ町を中心とする共同体が家に課す家役と呼ぶのが妥当だと考える。また、この家役には、村や町が住民に課す公的・制度的な家役と鎮守・産土神や諸々の習俗的な信仰によって賦課される家役とがあった。

深谷克己は、役の生成を、百姓が生活を成り立たせるための相互扶助関係の形成という視点から捉え[53]、これを年貢

・諸役と夫食・種貸との関係を述べる中で、公儀と領主による救済の問題へと導いていった[54]。しかし、著者は、人々の救済を最終的に担保するのは、町や村の祭礼や年中行事によって保たれる水平的結合の絆としての相互救済のための役であると考える。

このような役は、国家の公的・制度的な統治とは逆のベクトルから形成される役であった。これらが、当時の人々の「むすぶもの」を原点とし、ここから「おこすもの」へと展開する一揆的な結合の繰り返しを担保した。祭礼や年中行事は、相互扶助的にして物質的な絆としての役を恒常的に生み出す日常的な生活空間によって担保された。この中にこそ当時の人々が一揆を「むすび」・「おこす」正当性観念の根拠があったと考える。この点で「結ぶ一揆」を中世の一揆とし、「起こす一揆」を近世の一揆であると主張した深谷克己[55]とは、一揆の結合と役との関係から当時の人々の正当性観念を導き出そうとした著者と見解を異にせざるをえない。

ともあれ、これらによって、著者は、「おこすもの」とみられてきた一揆を、「むすぶもの」とみて日本近世史学界の一揆史研究に視点の転換を促そうとした勝俣鎮夫の論点を多くが否定的に捉えたのに対し、これを改めて肯定的に取り上げ、また、戦国時代からの自力救済権は、近世社会にも脈々と内包されている事例を示した拙稿[56]、および、藤木久志[57]の指摘を取り入れながら近世社会の中での一揆による社会的結合が、当時の人々の自力救済権の発動であったという点を提示し、勝俣鎮夫および藤木久志の見解と高木昭作・吉田伸之・尾藤正英によって論じられつつあった役についての見解と結合させるとともに、朝尾直弘の指摘を受け止め、これを前述の役についての解釈によって一歩前進させようと試みたのであった。

すなわち、ここでの論点は、一揆の社会的結合を担保する絆は何であったのかという点にあった。そして、このような人と人との水平的な結合の絆こそ、日光という都市社会の中にある役——もちろん、これは当時における都市・村落の全般についていえるが——、それも、人々が町の祭礼や年中行事などの際に負担する相互扶助的な用役・労役としての役であるという点を提示した。これは従来の一揆研究ではほとんど提示されてこなかった一揆を、一揆という社会的結合として存続させていた根源的な絆についての見解――伊藤忠士の研究は、役の研究を踏まえた視点がみられないという点で著者の研究とは大きく異なると言わざるをえない――であり、これを著者の到達した今日的な言葉で表わすとすれば、相互扶助的な社会秩序を生み出す役としての用役・労役が町方社会という集団の社会的結合の絆となったと要約することができよう。そして、人々を一揆へと動員する課役――これも今日的な著者の到達点から言えば一揆によって生み出される用役と表現できる――を生み出し、このような運動秩序の形成の根拠となったということができる。

第三編　祭礼の集合心性と一揆の秩序

第三編は、「祭礼の集合心性と一揆の秩序」として一揆・祭礼――ここでいう祭礼とは広義の祭礼の意味である。広義の祭礼は、狭義の神事あるいは仏事と祭礼および付祭からなっていたといえる。――に参加した人々の集合心性が、どのような意識構造をとっていたのかについて追跡するとともに、この意識構造が、都市や村落の社会秩序、一揆の秩序といかなる関連にあったのか、このメカニズムについて考察した。

ところで、第二編第三章で考察した都市日光の弥生祭は、東町・西町から構成される門前町日光の鎮守の神事・祭礼という宗教儀礼としての意味を持っていた。このような宗教儀礼のための役、すなわち、祭礼役・年中行事役は、町人身分を中心とする門前町の人々の平等にして水平的・一揆的な結合を形成する絆（媒介項）となっていた。これらの慣習宗教的な年中行事は、この儀礼を執行する組織――鎮守の氏子組織としての老若組織（年齢階梯制・﨟次階梯制）――の共同体的な相互扶助性を持った用役としての家役――相互扶助の精神、あるいは、この精神に基づく労働や出銭――を生み出し、この家役としての用役労働は町の中の社会権力秩序を繰り返し再生する機能を持っていた。

日光惣町の年中行事には、道睦神（道祖神）・小正月の火祭・鬼遣らい（追儺）神事・弥生祭・牛頭天王祭礼、これに町の神社を単位とする神事・祭礼や天気祭、流行神としての大杉祭などがあり、また、家を単位とする宗教儀礼には、日待・火伏・地祭・遷宮・火卸・釜祓い・注連祓い・参宮・門注連・疱瘡祭・荒神祭・仁王祭・宝開きなどの祈祷・祈願にみられる修験道的・呪術的宗教儀礼を不可欠とする当時の人々の常識（コモン・センス、社会通念）が存在していた。そして、これらの慣習的な宗教儀礼は、人々の一揆的な結合を生み出す装置（儀礼）として機能していた。また、このような祭礼や年中行事といった宗教儀礼は、その儀礼の過程の中に制裁権という共同体的な暴力としての社会権力の秩序を保持していた。

ここでは、このような第二編第三章で指摘した一揆的な結合の論理を、江戸を中心とする関東の一揆・騒動、あるいは、江戸幕府の三方領知替令にともなう出羽国庄内藩主酒井忠器の越後国長岡藩主への転封撤回を目標とする百姓一揆の空間に拡大し、ここで祭礼と一揆・騒動との関連を検討した。

第一章「一揆・騒動と祭礼」は、副題に「近世後期から幕末期の神による相互救済・正当性観念と儀礼・共同体について」としたように、一揆の集合心性の形成を、慣習宗教的な宗教儀礼の中に探ろうとした。このような観点から関東の一揆・騒動を観察した場合、人々の慣習的な信仰儀礼としての祭礼との関連が少なからず指摘できるが、ここでは、この中からいくつかの事例を取り上げ、両者が具体的にいかなる関連にあったのかという点について検証した。この結果、次のような結論が得られた。

一揆は、これに参加する人々の水平的な社会的結合に基づく一時的な集合体であるが、この結合のための作法や儀礼には、祭礼の際のさまざまな象徴表現がみられる。このような一揆と祭礼の場での表象表現の共通性は、人々の祭礼を催す際の意識が、一揆的な結合を生み出す意識の母体であったことを示している。また、一揆の表象が祭礼の部分的な表象であったのは、一揆の中の祭礼的な表象が、祭礼を構成する作法・所作の多様な側面――祭礼は、個々の儀礼の複合によって構成されるので――の一部として表現されていたからだといえる。この意味で、一揆と祭とは、類似するのではなく、祭礼を母体とする共通の心性によって支えられており、この意味で祭礼と一揆とは人々の集合心性の深層世界において共通していたのであった。

また、この祭礼とは、産土神としての鎮守の祭礼であった。一揆を結ぶ際の集合心性は、人々の社会的な正義観念を共通の意識とするが、それは神による相互救済的な平等観念を母体としており、また、この観念は、共同体の人々が産土神を中心に年中行事として繰り返す慣習的な信仰儀礼・宗教儀礼によって形成された。

第二章「祭と一揆」は、明和八年（一七七一）四月における水戸藩鋳銭座への打ち毀しと那珂郡静村の静明神祭礼における磯出祭との関連について検証した。ここでは、幕府の鋳銭政策と水戸藩鋳銭座の設立事情について概観し、次に静明神磯出祭での太田村鋳銭座への打ち毀しを検討した。この打ち毀しは、常陸国の二宮である静明神の例大祭に際し、祭礼を催した人々が神体の乗る神輿を舁いで鋳銭座へ押し寄せ、焼き討ちによって鋳銭場を灰燼に帰せしめるという事件であった。人々はなにゆえに祭礼にともなって打ち毀しをおこなったのか。それは人々のどんな意識構造の結果だったのか。ここでは、祭礼が一揆へと転化する契機を、人々がどんな集合心性を形成させていたのかという視点から検討した。

これによって、人々が、打ち毀しや焼き討ちの正当性を主張する根拠を神慮に求めていた点について提示し、この神慮を生み出す場（空間）としての産土神祭礼を催そうとする集合心性が、人々の魂の救済のみならず、現実の生活の困難から救済するための人々の集合心性形成の場であった点を示した。

第三章「一揆・祭礼の集合心性と秩序」は、江戸幕府の三方領知替令の撤回を求める天保一一年（一八四〇）一一月から翌年八月までの一揆を取り上げ、この訴願運動を描く百姓一揆絵巻「ゆめのうきはし」を素材に、一揆に参加した人々のどのような集合心性のメカニズムが、一揆の秩序を形成させていたのかについて検討した。この結果、人々の集合心性のメカニズムは、実は、祖霊が存在すると観念されていた国御嶽を媒介とし、アジアの世界の中に多様な形で広汎に存在するミロクの世への救済を願う意識に象徴されるような再生願望を深層としており、この深層としての救済願望は、人々に、鎮守の宮への慣習的な宗教儀礼の繰り返す産土神信仰と結合しており、こうした産土神信仰が集合心性の基層となったと論じた。

一揆における祭礼的な表象は、産土神祭礼での宗教儀礼の人的結合によって生み出された地域社会の再生願望への象徴的な表現であり、そして、このような象徴的な社会秩序を形成させた人的結合こそが、表層としての地域的な政治秩序を形成させていく集合心性と組織の根源的な力であった。

このように、ここでは、神事や祭礼といった近世社会の人々の日常生活の中から生み出された慣習的な信仰をふくむ宗教儀礼が、一揆や騒動に結集した人々の集合心性の深層・基層の絆となり、表層としての訴願運動や打ち毀しという社会的制裁を実行する社会的正義・正当性観念を形成する基礎になっていた点を示した。そして、人々が一揆を結成する際に成立する儀礼を通じた平等にして水平的・一時的な社会的結合は、自治的な寄合と評議によってなんらかの政治的な目標を決定し、この権利のための目標に向かって闘いを継続する相互扶助的な用役としての役を絆として行動する際の原点であるとした。

第四章「富士信仰儀礼と江戸幕府の富士講取締令」では、前章までに検討した江戸時代の人々の集合心性と関わる祖霊信仰や弥勒信仰、これによる再生や救済への願望の問題を富士信仰の問題を通じて検討した。富士信仰は、江戸時代後期の江戸と関東における代表的な庶民信仰であったが、この源流としての富士信仰は、修験道系の修行者であった長谷川武邦（角行藤仏）を祖として展開した。この流れを受け継いだ伊藤伊兵衛（食行身禄）は、享保一八年（一七三三）七月、富士山七合目の烏帽子岩で三一日間の断食修行の末に即身仏となって入定するが、これによって富士信仰は、角行の流れを継承する光清派（村上光清）と身禄派とに分派する。身禄の入定は、享保の飢饉の影響によって米価が高騰し、米を買うことができず、飢餓におちいった人々の姿や江戸での最初の打ち毀しであった特権的な米穀商人への打ち毀し高間傳兵衛騒動を目の当たりにした事件が契機になったといわれ、上下を問わず、江戸に暮らす人々の中に深く浸透していった。それは、富士講の呪医的宗教儀礼や江戸市中への勧進と深く関わっていたが、ここでは、こうした当時の人々の信仰活動を一つの政治性の強い社会運動として捉え、これらへの幕府の取り締まりを身分制的社会秩序の動揺の再編と位置づけ、江戸時代の政治文化が、こうした集合心性に基づく自治秩序や自治文化と幕府の統治秩序との対抗の中で形成されたのであった点を示した。

おわりに

本稿では、江戸時代社会における自治文化を、明治維新以後、今日に至る日本の政治文化の心性を見出すための基点と位置づけ、これを国家の地域社会に対する国制的統治あるいは自治秩序の背景を通じて論述してきた。江戸時代社会の政治文化、殊に自治文化がいかなる秩序によって形成されたのかについて国制ならびに国制の対極に位置する習俗という地点から検討してきたといってもよい。江戸時代社会は、封建制の最終段階としての高度に組織化された身分制社会であった。この身分制社会の実態は、全人口のほとんどを占めた百姓や町人身分の人々の自治に基づく政治社会として成り立っていた。これら百姓身分や町人身分の人々の自律的な自治が江戸時代の政治文化を決定する基底的な力となっていた。本書では、これを「領」という地域の枠組みや郷・組合村・村・町・割元（割本）・若者仲間・祭礼・一揆・自治・秩序・身分などの概念装置を使いながら自治文化という視点から明らかにしようとした。

これらの見解を提出する出発点となったのは、オットー・ブルンナー(58)が提示した空間的・領域的な概念として自由権についての論稿や井上幸治によって日本に紹介されたイヴ＝マリ・ベルセ(59)の研究、そして、結衆について論じた桜井徳太郎(60)の見解であった。これらを出発点として江戸時代社会の自治文化について論じたのが本書であるが、当時の社会では、人々の安全と平和が神のもとに平等に保証されるという観念が、一揆・騒動の集合心性の基層・深層となり、この基層が土台となって表層としての政治秩序、一揆に参加した人々の訴願運動や打ち毀しという社会的制裁権の発動という正義・正当性観念を導き出す基礎となっていた。また、人々が、このようなモラル・エコノミーに基づく暴力的な社会的制裁によって社会の慣習法上の不正を自主的・自律的に解決する自力救済という在り方は、公的な権力が、みずから統治する人々の生存権の安定のために当然、執行しなければならない政治を実行できないため、人々が代執行するものと観念していた点を基礎としていた。

このような自治文化の伝統は、維新変革から自由民権運動を経て大日本帝国憲法、市制・町村制ならびに府県制・郡制が成立する政治過程の中で、立憲君主制的・官治的な地方自治の創出に対抗する共和制型の人民的自治・市民的自治の源流としての意義を持っていたと展望される。[61] 国民国家形成の史的過程としての江戸時代の政治文化を、自治文化という視点から論じたのが本稿であるが、このような慣習的な生活世界から形成されてきた秩序が、官治的自治に対抗しながら一方では、明治維新以後、一九六〇（昭和三五）年代までの約一〇〇年、いや、今日までにわたって形成された国民国家の政治文化の基層となっていたことも事実である。[62]

なお、本書において著者は、従来の幕藩制構造論研究の流れの中から議論を組み立てるという方法をとらなかったが、これらの研究についても若干の付言をしておかねばならない。

深谷克己[63]は、一九七九（昭和四五）年二月の段階で、みずからの研究への位置づけとして百姓一揆研究は、伝統論的一揆史研究（階級闘争史研究）から構造論的一揆史研究へと至り、次に情勢論的一揆研究への潮流が形成されつつあると述べている。そして、みずからは、この中の構造論的一揆研究に位置しており、「その視角からの百姓一揆論の仕上げを『義務』づけられているような気持でいる」としている。[64] 伝統論的一揆研究とは林基の研究[65]であり、情勢論的一揆研究が佐々木潤之介[66]をはじめとする研究である点についてはいうまでもない。山田忠雄[67]や青木美智男[68]、三河加茂一揆を思想史的に研究した布川清司[69]の研究も、祭と一揆との関連を階級闘争史を踏まえざるをえない中で検討した安丸良夫[70]の研究も、こうした潮流の中で理解できる。

現在の百姓一揆研究の主たる潮流は、こうした情勢論的一揆研究を一面で濃密に受け継ぎ、深谷克己の小農自立論と土地所有論の再定義による百姓成立論[71]などを出発点としながらも、これと社会集団論とを結合させた「集団論的民衆運動史」研究とでも称すべき方向を生み出している。それは一方で、藪田貫[72]・白川部達夫[73]・平川新[74]・谷山正道[75]などの代議制形成史をめぐる研究潮流に結実し、他方で、都市の人々の食糧確保と打ち毀しを幕藩制的米穀市場論を踏まえた経済史的な視点から再検討した岩田浩太郎[76]、義民という視点から百姓一揆を再検討しようとする保坂智[77]、江戸時代から明治時代の前半期に至る悪党・暴力と秩序との関連について検討する須田努[78]、史料論にこだわりながら一揆を検討しようとする高橋実[79]の研究などを生み出してきている。ただし、これらの潮流の多くは、一九七〇年代後半から開始された身分論・役論の成果を方法論として積極的に取り入れてこなかった。この意味で戦後歴史学に特徴的であった古典的な階級闘争史研究や幕藩制構造論的研究の方法をどのように止揚しているのか明確にする必要がある。また、これらとは立場を異にする研究に、民衆運動の担い手を行政的な自治を担う政治的中間層の連合体という視点からみていこうとする久留島浩[80]の研究、著者と比較的近い立場から習俗と一揆の秩序との関係を探ろうとする鯨井千佐登[81]の研究がある。こうしてみれば、幕藩制構造論の遺産を濃密に継承する高橋実までの研究潮流と縷々述べてきた国制史的・社会史的な国家・都市・村落史研究とが異なっているのは明白と言わねばならない。役という国制史的・社会史的視点を軸に据えながら一揆・祭礼の集合心性と地域・国制の秩序との関連を通じ、江戸時代の自治文化・政治文化を探ろうとした著者の研究——国制史型の統治と中間的自治体・基礎的自治体・一揆史・心性史から政治文化・自治文化を探ろうとする研究と言ってよい——との異同も少なからずみえてくるはずである。大方の御教示を乞う次第である。

（1）ユルゲン・コッカ「歴史的問題および約束としての市民社会」（『思想』第九五三号、二〇〇三年）。
（2）吉岡昭彦・成瀬治編『近代国家形成の諸問題』（木鐸社、一九七九年）。
（3）二宮宏之「フランス絶対王政の統治構造」（吉岡昭彦・成瀬治編『近代国家形成の諸問題』木鐸社、一九七九年）一八三頁。同『フランス　アンシャン・レジーム論——社会的結合・権力秩序・叛乱』（岩波書店、二〇〇七年）所収。
（4）成瀬治「『近代国家』の形成をめぐる諸問題——『等族制』から『絶対制』への移行を中心として」（吉岡昭彦・成瀬治編『近代国家形成の諸問題』木鐸社、一九七九年）三頁。
（5）この鼎談は、二宮宏之編訳『歴史・文化・表象——アナール派と歴史人類学』（岩波書店、一九九九年）にも付論として所収されている。
（6）網野善彦『無縁・公界・楽――日本中世の自由と平和』（平凡社、一九七八年）。
（7）勝俣鎮夫「戦国時代の村落」（『社会史研究』第六号、一九八六年）。同『戦国時代論』（岩波書店、一九九六年）所収。
（8）宮島敬一「移行期村落論と国制史上の村落」（『歴史評論』第四八八号、一九九〇年。同『戦国期社会の形成と展開――浅井・六角氏と地域社会』（吉川弘文館、一九九六年）。
（9）水林彪「近世の法と国制研究序説補論――山本博文『日本近世国家の世界史的位置』によせて（一）」（『人民の歴史学』第七八号、一九八四年）。同「近世の法と国制研究序説補論――山本博文『日本近世国家の世界史的位置』によせて（二）」（『人民の歴史学』第七九号、一九八四年）。
（10）山本博文「日本近世国家の世界史的位置――水林彪『近世の法と国制史研究序説』によせて（一）」（『人民の歴史学』第七五号、一九八三年）。同「日本近世国家の世界史的位置――水林彪『近世の法と国制史研究序説』によせて（二）」（『人民の歴史学』第七六号、一九八三年）。同「日本近世国家の世界史的位置補論――水林彪・中小路純両氏へのお答え」（『人民の歴史学』第八四号、一九八五年）。いずれも同『幕藩制の成立と近世の国制』（校倉書房、一九九〇年）に所収する。ちなみに、水林彪・山本博文の論争に関わる論文としては、中小路純「水林彪『近世の法と国制史研究序説』について」（『人民の歴史学』第八二号、一九八四年）、松本良太「日本近世国家をめぐる議論をふりかえって――山本・水林論争の性格と問題点」（『人民の歴史学』第一〇〇号、一九八九年）がある。
（11）尾藤正英「徳川時代の社会と政治思想の特質」（『思想』第六八五号、一九八一年七月）。同『江戸時代とはなにか――日本史上の近世と近代』岩波書店、一九九二年）所収。なお、本書に収めた「日本における国民的宗教の成立」（『東方学』第七十五輯、一九八八年）は、葬式仏教論・仏教堕落論といった視点からする従来の江戸時代の仏教史研究に、新たなる視点を提示した研究として高く評価できる。また、ここで主たるテーマとなっている宗教と家、殊に家については、宮城公子「宗教史のためのノート――尾藤正英『国民的宗教』批判」（『甲南大学紀要』文学編　第一一七号、二〇〇二年）があって注目される。氏は、これを改稿後、「宗教史のためのノート――尾藤正英『江戸時代とはなにか』に寄せて」として同『幕末期の思想と習俗』（ぺりかん社、二〇〇四年）に収めているが、ここでは尾藤正英の国民的宗教論を家父長制的・温情主義的国家観に基づく理解であると規定し、これを相対化して克服する方法として『家』内部で『差別と抑圧』された人々、『家』社会に包摂されない人々、身分的被差別民などの存在をふまえた、社会に沈殿する様々な民俗的心性の形に注目する」必要があると述べ、制度史的な政治思想史を克服する心性史の必要性をシャープに提起している。

(12) 高木昭作「幕藩初期の国奉行制について」(『歴史学研究』第四三一号、一九七六年)。同「幕藩初期の身分と国役」(『歴史学研究』一九七六年)。いずれも同『日本近世国家史の研究』(岩波書店、一九九〇年)に所収する。

(13) 笠谷和彦「近世国役普請の政治史的位置」(『史林』第一五九号、一九七六年)。

(14) 吉田伸之「公儀と町人身分」(『歴史学研究』別冊特集、一九八〇年)。同『近世巨大都市の社会構造』(東京大学出版会、一九九一年)所収。

(15) 水本邦彦「村共同体と村支配」(『講座日本歴史』5、東京大学出版会、一九八五年)。同『近世の村社会と国家』(東京大学出版会、一九八七年)所収。同『近世の郷村自治と行政』(東京大学出版会、一九九三年)。

(16) 村田路人『近世広域支配の研究』(大阪大学出版会、一九九五年)。

(17) 久留島浩「直轄県における組合村――惣代庄屋制について」(『歴史学研究』別冊特集、一九八二年)。同『近世幕領の行政と組合村』(東京大学出版会、二〇〇二年)所収。

(18) 澤登寛聡「近世初期の国制と『領』域支配――『徳川政権』関八州支配の成立過程を中心に」(『関東近世史研究』第一五号、一九八三年)。本書第一編第一章所収。同「『一揆』集団の秩序と民衆的正当性観念――安永七年五月、都市日光の惣町『一揆』を中心として」(『歴史学研究』第五四七号、一九八五年)。本書第二編第三章所収。

(19) 佐藤孝之『近世前期の幕領支配と村落』(巌南堂書店、一九九三年)。

(20) 大友一雄「日光社参と国役」(『関東近世史研究』第一八号、一九八五年)。同『日本近世国家の権威と儀礼』(吉川弘文館、一九九九年)。

(21) 大石学「享保期幕政改革と幕領支配」(『歴史学研究』別冊特集、一九八一年)。

(22) 斉藤司「近世前期、関東における鷹場編成――拝領鷹場の検討を中心として」(『関東近世史研究』第三二号、一九九二年)。

(23) 塚本学『生類をめぐる政治』(平凡社、一九八三年)。

(24) 歴史学研究会大会「近世史部会討論要旨」(『歴史学研究』第五三四号、一九八四年)一一四頁。

(25) 丸山真男『日本の思想』(岩波書店、一九六一年)。

(26) 「総論――二〇〇〇年の歴史学界　回顧と展望　近世」(『史学雑誌』第一一〇編第五号、二〇〇一年)。

(27) 石田雄『政治と文化』(東京大学出版会、一九六九年)。

(28) 石田雄『日本の政治文化』(東京大学出版会、一九七〇年)。
(29) 石田雄『日本の政治文化』(東京大学出版会、一九七〇年)一四八頁。
(30) 松下圭一『市民自治の憲法理論』(岩波書店、一九七五年)。
(31) 松下圭一『市民自治の憲法理論』(岩波書店、一九七五年)。
(32) ユルゲン・コッカ「歴史的問題および約束としての市民社会」(『思想』第九五三号、二〇〇三年)。
(33) 近藤和彦「政治文化 何がどう問題か」(歴史学研究会編『国家像・社会像の変貌』現代歴史学の成果と課題Ⅱ 1980-2000年、青木書店、二〇〇三年)二四〇頁。
(34) なお、日本近世史からは、小野将が、政治文化に関して「近世固有(中世とも近代とも異なるという意味で)の社会編成と文化的枠組の関係、その下での文化事象のもつ政治性を問い直す」、「国家・社会・文化を包括する大きな問題群を一括して考察するための暫定的な符丁として、『政治文化』概念を用いる」としているが、この概念の検討については保留すると述べている。「日本近世の政治文化」(歴史学研究会編『国家像・社会像の変貌』現代歴史学の成果と課題Ⅱ 1980-2000年)二七六頁。
(35) 水本邦彦『近世の村社会と国家』(東京大学出版会、一九八七年)。同『近世の郷村自治と行政』(東京大学出版会、一九九三年)。
(36) 久留島浩『近世幕領の行政と組合村』(東京大学出版会、二〇〇二年)。
(37) 佐藤進『日本の自治文化――日本人と地方自治』(ぎょうせい、一九九二年)。
(38) 関山直太郎『近世日本の人口構造』(吉川弘文館、一九五八年)三〇八頁。以下、人口に関する部分は、本書によった。
(39) 安良城盛昭『幕藩体制社会の成立と構造』(御茶の水書房、一九五九年)。
(40) 佐々木潤之介『幕藩権力の基礎構造』(御茶の水書房、一九六四年)。
(41) 水本邦彦『近世の村社会と国家』(東京大学出版会、一九八七年)。同『近世の郷村自治と行政』(東京大学出版会、一九九三年)。
(42) 久留島浩「直轄県における組合村――惣代庄屋制について」(『歴史学研究』別冊特集、一九八二年)。同『近世幕領の行政と組合村』(東京大学出版会、二〇〇二年)所収。
(43) 伊藤忠士「百姓一揆と『民衆自治』」(歴史学研究会・日本史研究会編『日本歴史』6 近世2、東京大学出版会、一九

八五年）。同『「ええじゃないか」と近世社会』（校倉書房、一九八五年）所収。なお、氏には、これに関連して『近世領主権力と農民』（吉川弘文館、一九九六年）がある。

(44) 勝俣鎮夫『一揆』（岩波書店、一九八二年）。

(45) たとえば、深谷克己は、著者の報告から一年半後、一揆は中世においては「結ぶ」一揆であり、近世においては「起こす」一揆であるとしている。深谷克己「『結ぶ』一揆から『起こす』一揆へ」（『一揆』朝日百科　日本の歴史81　近世Ⅱ-④、一九八七年）。同『綱ひきする歴史学——近世史研究の身構え』（校倉書房、一九九八年）所収。

(46) 高木昭作『日本近世国家史の研究』（岩波書店、一九九〇年）一〇七頁。

(47) 吉田伸之『近世巨大都市の社会構造』（東京大学出版会、一九九一年）三頁。

(48) 朝尾直弘「近世の身分制と賤民」（『部落問題研究』第六八号、一九八一年）。

(49) 著者文責「関東の領域支配と民衆　Ⅲ——役と地域秩序——」（『関東近世史研究』第一八号、一九八五年）。

(50) 水本邦彦「村共同体と村支配」（『講座日本歴史』5、東京大学出版会、一九八五年）。同『近世の村社会と国家』（東京大学出版会、一九八七年）所収。

(51) 澤登寛聡「『一揆』集団の秩序と民衆的正当性観念」（『歴史学研究』第五四七号、一九八五年）。本書第二編第三章に「一揆の正当性観念と役による秩序」とタイトルを変えて所収した。

(52) 勝俣鎮夫「戦国時代の村落」（『社会史研究』第六号、一九八六年）。同『戦国時代論』（岩波書店、一九九六年）所収。

(53) 深谷克己「日本近世の相剋と重層」（『思想』第七二六号、一九八四年）。同『百姓成立』（塙書房、一九九三年）。

(54) 深谷克己「取立てとお救い——年貢・諸役と夫食・種貸」（『負担と贈与』日本の社会史　第4巻、岩波書店、一九八六年）。同『百姓成立』（塙書房、一九九三年）所収。

(55) 深谷克己「『結ぶ』一揆から『起こす』一揆へ」（『一揆』朝日百科　日本の歴史81　近世Ⅱ-④、一九八七年）。同『綱ひきする歴史学——近世史研究の身構え』（校倉書房、一九九八年）所収。

(56) 澤登寛聡「近世初期の国制と『領』域支配——『徳川政権』関八州支配の成立過程を中心に」（『関東近世史研究』第一五号、一九八三年）。本書第一編に第一章所収した。

(57) 藤木久志『豊臣平和令と戦国社会』（東京大学出版会、一九八五年）。

(58) オットー・ブルンナー「旧身分制社会における自由権」（『ヨーロッパ——その歴史と精神』石井紫郎・石川武・小倉欣

一・成瀬治・平城照介・村上淳一・山田欣吾訳、岩波書店、一九七四年）二八六頁。
(59) イヴ＝マリ・ベルセ『祭りと叛乱』（井上幸治監訳、新評論、一九八〇年）。
(60) 桜井徳太郎『結衆の原点――共同体の崩壊と再生』（弘文堂、一九八五年）。
(61) 石川一三夫『日本的自治の探求』（名古屋大学出版会、一九九五年）。
(62) 国民国家の議論についてはいとまがないが、とりあえず多角的な視点から集中的な議論がなされている例として西川長夫・松宮秀治編『幕末・明治期の国民国家形成と文化変容』（新曜社、一九九五年）を挙げておきたい。また、戦国史の立場からは勝俣鎮夫『戦国時代論』（岩波書店、一九九六年）が国民国家の成立を論じている。なお、比較的最近の視点や研究史を紹介するものとして歴史学研究会の編集した『国民国家を問う』（青木書店、一九九四年）や『歴史学における方法的転回』（現代歴史学の成果と課題Ⅰ、青木書店、二〇〇二年）なども参考となる。
(63) 深谷克己『百姓一揆の歴史的構造』（校倉書房、一九七九年）一三頁。
(64) 深谷克己『百姓一揆の歴史的構造』（校倉書房、一九七九年）一三頁。
(65) 林基『百姓一揆の伝統』（新評論、一九五五年）、同『続 百姓一揆の伝統』（新評論、一九七一年）。
(66) 佐々木潤之介『幕末社会論』（塙書房、一九六九年）。
(67) 山田忠雄『一揆打毀しの運動構造』（校倉書房、一九八四年）。
(68) 青木美智男『百姓一揆の時代』（校倉書房、一九九九年）。
(69) 布川清司『農民騒擾の思想史的研究』（未來社、一九七〇年）。
(70) 安丸良夫『日本の近代化と民衆思想』（青木書店、一九七四年）。
(71) 深谷克己『百姓成立』（塙書房、一九九三年）。
(72) 藪田貫『国訴と百姓一揆の研究』（校倉書房、一九九二年）。
(73) 白川部達夫『日本近世の村と百姓的世界』（校倉書房、一九九四年）。同「近世の百姓結合と社会意識――頼み証文の世界像」（『日本史研究』第三九二号、一九九五年）。
(74) 平川新『紛争と世論』（東京大学出版会、一九九六年）。
(75) 谷山正道『近世民衆運動の展開』（高科書店、一九九四年）。
(76) 岩田浩太郎『近世都市騒擾の研究――民衆運動史における構造と主体』（吉川弘文館、二〇〇四年）。

（77）　保坂智『百姓一揆と義民の研究』（吉川弘文館、二〇〇六年）。同『百姓一揆とその作法』（吉川弘文館、二〇〇三年）。なお、本書は、近世社会を一揆ではなく、百姓一揆の時代であると論じ、百姓一揆は「むすぶもの」でなく、「おこすもの」であることを論証しようとしている。しかし、ここでは意図とは異なって百姓一揆が、まずもって「むすぶもの」である点を検証する結果となっていて論証としては興味深い。
（78）　須田努『「悪党」の一九世紀――民衆運動の変質と〝近代移行期〟』（青木書店、二〇〇二年）。
（79）　高橋実『助郷一揆の研究――近世農民運動史論』（岩田書院、二〇〇三年）。
（80）　久留島浩「描かれた一揆――『夢の浮橋』を読む」（『地鳴り・山鳴り』国立歴史民俗博物館、二〇〇二年）八三頁。同「移行期の民衆運動」（『日本史講座――近世の解体』第7巻、東京大学出版会、二〇〇五年）一六三頁。
（81）　鯨井千佐登『境界紀行――近世日本の生活文化と権力』（辺境社、二〇〇〇年）。

初出一覧

はしがき　新稿

第一編　江戸幕府の地域社会編成と自治秩序

第一章　近世初期の国制と「領」域支配――「徳川政権」関八州支配の成立過程を中心に
『関東近世史研究』第一五号、一九八三年一一月

第二章　三田領の成立と地域秩序――奥多摩地域における戦国期から近世初期の支配をめぐって
『歴史手帖』第一三巻一二号、一九八五年一二月

第三章　割本制と郷村の自治秩序――寛文・元禄期の武蔵国多摩郡三田領吉野家の管轄地域をめぐって
『法政史学』第五四号、二〇〇〇年　九月

第四章　家綱政権の織物統制と木綿改判制度の成立――関東および関東近国の商品流通と幕藩関係
『法政史論』第一〇号、一九八三年　三月

第二編　一揆の正当性観念と役による秩序

第一章　都市日光の神役と町役人制度――稲荷町の町政運営の変動を中心として
村上直編『幕藩制社会の展開と関東』吉川弘文館、一九八六年一二月

第二章　都市日光の曲物職仲間と地域秩序――近世後期における門前町の林業・手工業と地域経済について
『徳川林政史研究所研究紀要』昭和62年度、一九八八年　三月
第三章　「一揆」集団の秩序と民衆的正当性観念――安永七年五月　都市日光の惣町「一揆」を中心として
『歴史学研究』第五四七号、一九八五年一一月

第三編　祭礼の集合心性と一揆の秩序

第一章　一揆・騒動と祭礼――近世後期から幕末の神による相互救済・正当性観念と儀礼・共同体について
地方史研究協議会編『宗教・民衆・伝統』雄山閣出版、一九九五年　九月
第二章　祭と一揆――水戸藩鋳銭座の打ち毀しと磯出祭を中心に
『身体と心性の民俗』講座日本の民俗2、雄山閣出版、一九九八年　一月
第三章　国史と日本史――19世紀前半期の日本における一揆・祭礼の集合心性と秩序
『日本学とは何か』（法政大学21世紀ＣＯＥ国際日本学研究叢書6）、二〇〇七年　三月
第四章　富士信仰儀礼と江戸幕府の富士講取締令
――呪術的信仰儀礼をめぐる江戸市中への勧進による身分制的社会秩序の動揺をめぐって
『法政大学文学部紀要』第四七号、二〇〇二年　三月
終　章　　新稿

あとがき

本書は、法政大学大学院に提出した学位請求論文『江戸時代の政治文化と自治秩序に関する研究』を基礎とし、これに若干の論文を添えて編集した論文集である。

ところで、本書を上梓するにあたって述べておかねばならないのが、本書執筆の動機である。一九六九（昭和四四）年一一月、佐藤栄作内閣総理大臣は日米安全保障条約の自動継続のために訪米した。このときベトナム戦争に反対する市民運動も最盛期に達し、多くの人々が安保条約に反対する街頭でのデモンストレーションに参加した。国政を揺るがした六〇年の安保闘争に続く七〇年の安保闘争である。

当時、高校生であった私も少し早熟ではあったが、この闘争に参加して政治意識に目覚めていった。翌七〇年六月、安保条約は自動継続となったが、この熱い政治の季節を経ることで公害運動を始めとする日本のさまざまな市民運動は新たな段階に入ったといえる。私も、こうした市民運動の転換を感じ取り、ここから新たな課題意識を持つことになった。一度は就職しながらも、時を経て立正大学文学部史学科へ入学したのも、歴史学という学問を通じ、当時に至る日本人の社会意識・政治意識の源流について考え、これを原点として日本社会の未来を考えたいという青年としての課題意識からであった。大学を卒業した後、法政大学大学院の修士・博士課程で勉強する機会に恵まれた私は、爾来、一貫して以上のような学問的問題関心から歴史に向き合ってきた。

一九九六（平成八）年四月から現在の職場に勤務することになり、暫くして個々の論文を体系的に編集して論文博士を申請し、二〇〇四年三月二四日付で博士（文学）の学位を授与された。しかし、この時から本書を刊行するまでになんと六年もの歳月を費やしてしまった。また、原稿を入稿したのが一昨年の一〇月中旬だったので、校正にも一年三カ月がかかってしまったわけである。全てにわたって仕事の遅い私ではあるが、しかし、それでも、こうして研究の成果を一冊の書物にしてみると、やはり何かほっとしたような安堵感を得ることができる。

本書の完成は多くの先生や先輩・友人や後輩との出会いに支えられている。高校時代の恩師である竹内清己先生や酒井右二先生、卒業論文の指導教授であった故北島正元先生、大学院の指導教授であった村上直先生、法政大学に奉職するまで職業としていた学芸員の仕事を手取り足取り指導して下さった段木一行先生、法政大学文学部史学科の先輩教員として多くの指導をいただくと共に、学位審査の主査をして下さった中野榮夫先生、副査をして下さった伊藤玄三先生や早稲田大学の深谷克己先生、本書の出版に尽力して下さった法政大学大学院の先輩であり、恩師でもある丹治健蔵先生、以上の先生方に心から感謝の意を表したい。

大学時代は、なんといっても筑波山の西方を流れる桜川流域で地方文書を採訪し、古文書を読んで江戸時代の歴史の研究方法を学ぶ古文書研究会の暮らしが全てであったように思う。ここで古文書の解読や大学生としての研究の手ほどきをしてくれたのが松尾公就・武井達夫の両氏である。研究会では青木直己・青木睦・望月真澄・斉藤司の各氏と勉強する機会に恵まれた。ここでの村落史を中心とする勉強が私の研究者としての出発点であったといってよい。

法政大学大学院に進学してからは村上直先生の指導を受け、研究の視野を村落史から地域史を前提とする江戸幕府政治史へと拡げることができた。武田庸二郎・米崎清実・故酒井耕造の三人の後輩とも強い絆で結ばれ、青梅・日光あるいは富士吉田の地で調査を行い、酒を酌み交わしながら刺激的な議論をしたのがつい昨日のことのようである。馬場憲一氏や宇佐美ミサ子氏、また、多くの村上直先生の講筵に連なる先輩・後輩達と一緒に勉強したことは懐かしい想い出である。東京学芸大学から出講されていた竹内誠先生の演習では都市史や寛政改革の政治史研究の手法について学んだ。

大学院在学中には関東近世史研究会や歴史学研究会の近世史部会、法政大学で開催された日本古文書学会で大会報告をさせていただいたが、このため日本近世史を専攻する友人達と夜遅くまで勉強会に熱中し、議論を闘わせて多くの学問的示唆を与えられた。大友一雄氏や久留島浩氏、和泉清司氏や佐藤孝之氏や神立孝一氏と出会い、多くの刺激を受けたのも、このころからであった。

このように本書は、紙幅の都合上、いま個々に氏名をあげることができない方々も含め、著者が、研究途上で知遇を得た多くの先生・先輩・友人・後輩達との出会いがあったればこそ、完成したのであると言うことができる。終章には、法政大学大学院博士課程の演習の授業で黒澤学君・中山学君・川上真理さん・木村涼君・若曽根了太君と共に学んだ成果の一部も盛り込んである。

本書を完成させるにあたって大学院を修了した玉井ゆかりさんに素読によるチェックを頼み、故酒井耕造氏の妻恭子さんが校正の確認を引き受けてくれた。大学院生の寺内健太郎君にも索引づくりを手伝って貰った。

妻の千賀子は、いつもながらのフォローも含め、私の校正作業を心を込めて手伝ってくれた。少し照れ臭いのであるが、この際、改めて、お礼を述べておきたい。また、遅くなったが、両親の墓前にはようやく宿題の一つが完成したことを報告したい。

最後に、本書の出版については、法政大学出版局の元編集長平川俊彦氏、現編集長の秋田公士氏に格別のご配慮をいただいた。緑営舎の佐藤憲司氏にも厚くお礼を申し上げたい。

なお、本書は、本年度より開始された法政大学競争的資金獲得研究助成金のカテゴリD（出版助成）の補助を受けている。心から感謝申し上げる次第である。

二〇一〇年早春

澤登 寛聡

村瀬正章著　伊勢湾海運・流通史の研究……三八〇頁　六八〇〇円

松薗斉著　王朝日記論……二二六頁　四五〇〇円

丹治健蔵著　関東水陸交通史の研究……五八四頁　一〇〇〇〇円

川嶋將生著　室町文化論考　文化史のなかの公武……三三六頁　五五〇〇円

安野眞幸著　楽市論　初期信長の流通政策……三四〇頁　六三〇〇円

澤登寛聡著　江戸時代自治文化史論　一揆・祭礼の集合心性と地域・国制の秩序……四三二頁　五八〇〇円

■叢書・歴史学研究

各巻Ａ５判上製（＊印はオンデマンド版並製）／表示価格は税別です

澤登寛聡（さわと・ひろさと）

1952年，千葉県夷隅郡夷隅町（いすみ市）に生まれる．法政大学大学院人文科学研究科日本史学専攻博士課程単位取得満期退学．博士（文学）．現在，法政大学文学部教授，法政大学国際日本学研究所兼担所員．編著書：『(高井蘭山）農家調宝記』（編著，岩田書院，2001年），『富士山と日本人の心性』（共編著，岩田書院，2007年），『北東アジアのなかのアイヌ世界』（共編著，岩田書院，2008年）．

＊叢書・歴史学研究＊
江戸時代自治文化史論
一揆・祭礼の集合心性と地域・国制の秩序

2010年 3 月25日　初版第 1 刷発行

著　者　澤　登　寛　聡

発行所　財団法人　法政大学出版局
〒102-0073 東京都千代田区九段北 3-2-7
電話 (03) 5214-5540／振替 00160-6-95814
整版／緑営舎　印刷／平文社
製本／ベル製本

ISBN 978-4-588-25056-9

人名索引

ア　行

カ　行

サ　行

タ 行

ナ 行

ハ 行

マ 行

ヤ 行

ラ　行

ワ　行

地名索引

ア　行

カ 行

サ 行

タ　行

ナ　行

ハ　行

マ　行

ヤ　行

ラ　行

研究者索引

サ　行

タ　行

ナ　行

ハ　行

マ　行

ヤ　行

ラ　行

ワ　行